【文化经济学书系】

文化经济学经典导读

WENHUA JINGJIXUE
JINGDIAN DAODU

周正兵 ◎ 主编

首都经济贸易大学出版社
Capital University of Economics and Business Press
·北京·

图书在版编目（CIP）数据

文化经济学经典导读 / 周正兵主编. -- 北京：首都经济贸易大学出版社，2021.3

ISBN 978-7-5638-3116-6

Ⅰ.①文⋯ Ⅱ.①周⋯ Ⅲ.①文化经济学 Ⅳ.①G05

中国版本图书馆 CIP 数据核字（2020）第 162836 号

文化经济学经典导读
周正兵　主编

责任编辑	王玉荣
封面设计	老树画画
出版发行	首都经济贸易大学出版社
地　　址	北京市朝阳区红庙（邮编 100026）
电　　话	（010）65976483　65065761　65071505（传真）
网　　址	http://www.sjmcb.com
E- mail	publish@cueb.edu.cn
经　　销	全国新华书店
照　　排	北京砚祥志远激光照排技术有限公司
印　　刷	北京建宏印刷有限公司
成品尺寸	170 毫米×240 毫米　1/16
字　　数	356 千字
印　　张	20.25
版　　次	2021 年 3 月第 1 版　2024 年 6 月第 3 次印刷
书　　号	ISBN 978-7-5638-3116-6
定　　价	45.00 元

图书印装若有质量问题，本社负责调换

版权所有　侵权必究

文化经济学译丛编委会（按拼音排序）

Arjo Klamer　　Bruno S. Frey　　David Throsby
Gillian Boyle　　Jen Snowball　　Ruth Towse
Tyler Cowen

何　群　　金元浦　　刘双舟
祁述裕　　齐勇锋　　魏鹏举
向　勇　　张晓明　　周正兵

译丛总序

自威廉·鲍莫尔于 1966 年开创本学科之后，文化经济学就开始了其独立发展的历程。在文化经济学的诸多应用研究领域，众多学者取得了丰硕的成果，并构筑了学科的基本问题框架。特别是 2006 年，文化经济学界通过集体的努力，撰写了《艺术和文化经济学手册》，并纳入爱思唯尔（Elsevier）的经济学手册序列，标志着文化经济学学科基本成型，并得到社会的认可。而在此之前由著名文化经济学家露丝·陶斯编撰的《文化经济学手册》，则通过对学术史的梳理，集中呈现了文化经济学几乎所有具有分量的著作，从而为文化经济学学科圈定了研究范围。所有这些都标志着文化经济学不仅有了"建筑物"，也有了"城墙"，学科独立的基本要件都已经具备。

21 世纪以来，学界同仁纷纷引介文化经济学领域的经典，不少有分量的"建筑物"已经移植至中国，为国内学术界所熟悉，并为我国文化产业学术体系建设奠定了良好的基础。但是，毋庸置疑，这些译本缺乏学术史支撑，导致选本方面有着明显的缺憾，难以反映西方文化经济学的历史脉络与宏观概貌。一方面，遗漏了其中若干重量级的代表作，如学科创始人威廉·鲍莫尔的《表演艺术：经济学的困境》、著名文化经济学家艾伦·皮考克的自传体学术专著《打赏艺术：文化、音乐与金钱》，因此使得文化经济学的版图不够完整；另一方面，也缺乏对学科发展前沿的捕捉，如简·斯诺鲍尔的《文化价值评价：文化经济学的方法与例证》和阿尤·克莱默的《做正确的事：以价值为基础的经济学》，从而难以让中国读者了解西方学术的前沿发展。这套译丛就是在已有译著的基础上，拾遗补阙，试图与已有译著共同拼接出文化经济学学术史的完整版图，以此作为我国文化产业学术大厦建设的重要基础。当然，这也意味着这套丛书暂时无法毕其功于一役，我们将继续努力，也欢迎更多学术同行的加入。

编者谨识

目 录
CONTENTS

0 绪 论 1
　0.1 经济学的文化观　3
　0.2 文化经济学简史　10
　0.3 文化经济学学术史　11

1 文化经济学的历史序曲 28
　1.1 凯恩斯　28
　1.2 罗宾斯　45

2 文化经济学的历史开端 73
　2.1 威廉·鲍莫尔的贡献　73
　2.2 表演艺术收入差距分析　78
　2.3 非均衡增长的宏观经济学：城市危机的剖析　87

3 文化经济学的实证进展 98
　3.1 艾伦·皮考克　98
　3.2 泰勒·考恩　124

4 文化经济学的理论探索 168
　4.1 大卫·索斯比　168

4.2 理查德·凯夫斯 199

5 文化经济学的领域扩张 224
5.1 提勃尔·西托夫斯基 224
5.2 布鲁诺·弗雷 249

6 文化经济学的体系建构 276
6.1 露丝·陶斯的贡献 276
6.2 创意、版权与创意产业范式 281
6.3 为什么文化经济学忽视版权问题 296

后 记 314

0 | 绪 论

引 言

国际著名文化经济学家大卫·索斯比（David Throsby）这样描述自己当初研究文化经济学的经历："虽然文化学者多年来在剖析文化和文化实践的社会意义中注意到某些经济学问题，一些经济学家也有意无意地探究经济活动的文化背景……当我在20世纪70年代研究艺术的经济学问题时，我的很多同事还是将'文化经济学'仅仅当作业余爱好而已，文化经济学注定被排斥在正统经济学研究范围之外。"[①] 无独有偶，笔者在第二届南京大学文化产业学术年会（2006年）上也遇到过类似的现象，会上我国一位知名产业经济学教授在发言之前就声明，他与搞文化产业的同事（同样是经济学教授）"不是一伙的"。当时，在笔者看来，30年后的产业经济学教授恐怕和当年索斯比的同事们一样，"文化经济学"或者国内习惯称呼的"文化产业"作为经济学教授的业余爱好还算差强人意，却无法进入正统经济学研究的范围。时间如白驹过隙，如今又过了十余年，作为一名在这个领域研究十几年的研究者，笔者认为大卫·索斯比所谓的困惑至今似乎仍没有消除。笔者在所供职的学校每年给近100人教授文化产业类课程，并且每年也有几十名毕业生；就全国范围而言，这个数据更为喜人，全国设立文化产业管理专业的学校就有百余所，这就意味着笔者在全国的同行也有千余人。而在国家层面，文化产业不止一次地被作为战略性新兴产业，不仅要被培育为支柱性产业，而且要在国民经济结构调整与转型升级中起到战略性作用，我们似乎遇到了一个前所未有的好时代。这是一个好时代，也是一个新时代，文化产业很新，故它颠覆传统的经济模式的同时，自身也常常处于未定型的状态，这自然让研究这个行业的学科变得支离破碎，缺乏体系化的学科范式。作为受教于传统学科的研究者，笔者内心的焦虑可想而知。这种焦虑更明显地体现在教学中，每次带着

---

① David Throsby. Economics and culture [M]. New York: Cambridge University Press, 2001: Preface.

一本"薄薄"的教科书，去面对那些无限渴求知识的学生时，笔者都觉得十分亏欠，别的学科动辄有数千年的历史，其间的经典更是汗牛充栋，而笔者的学生只能汲取如此"贫瘠"的营养，这自然会影响人才培养的质量。

如此看来，笔者终于明白内心焦虑的来源，这种焦虑更确切地说是学科焦虑：文化产业是否能够作为一个独立的学科，不管官方的国家学科目录如何界定，都能让所有的教授坦然接受"我和他不是一伙的"？它有没有一个基本的问题领域，从而构建一个规模相当的学科城池，以至于能够称之为学科？它有没有一个较为完整的历史脉络，不管这个历史有多长，让人们有着起码的学科归属感？它有没有颇有影响力的经典文献以及在思想史上可能留下痕迹的经典作家，让这个学科拥有自己的精神根基？这种焦虑倒是让笔者想起经济学家莱昂内尔·罗宾斯（Lionel Robbins）在论述经济学科时引用的约翰·穆勒的一段话："正像修建城墙那样，通常不是把它作为一个容器，用来容纳以后可能建造的大厦，而是用它把已经盖好的全部建筑物围起来。"① 也就是说，一个学科的形成与发展并不是事先就规划好了的，对于一个学科而言，那种具有事先规划性质的"城墙"也许并不重要，也不太可能，重要的是要有"建筑物"——各种各样有价值的问题，当这些"建筑物"达到一定规模之后，修建"城墙"就顺理成章，一个新的学科也就有了眉目。当然，对于文化产业学科发展史而言，梳理的角度会有许多种。例如，《普通高等学校本科专业目录（2012年）》就将文化产业专业归于管理学和艺术学两大学科，这种分而治之主要是为了满足我国文化产业迅速发展对人才的现实需求。但是，客观地说，这种做法多少有些权宜之计，因为"文化产业概念在当前的运用实质上是指文化产品的经济功能，如增加产出、促进就业、创造利润以及满足消费者需求"②。文化产业就其学科而言更多的是运用经济学方法研究文化问题，应该归属于应用经济学之下的文化经济学。因此，自20世纪60年代以来，西方文化产业研究学科建设就定位为应用经济学之下的二级学科——文化经济学，与旅游经济学、信息经济学等大体相当，如美国经济学会就将文化经济学置于应用经济学之下的"Z-Other Special Topics"名下，与其他诸如体育经济学、旅游经济学等经济学分支学科并列。当然，更为重要的原因是，在最近的半个多世纪里，艺术学或管理学领域对于文化产业研究并无太多建树，或者说，并无多少有分量的"建筑物"，离筑墙建城尚有时日。自1966年

---

① 约翰·穆勒. 论政治经济学的若干未定问题[M]//莱昂内尔·罗宾斯. 经济科学的性质和意义. 朱泱，译. 北京：商务印书馆，2000：9.

② David Throsby. Economics and culture [M]. New York: Cambridge University Press, 2001: Preface.

威廉·鲍莫尔（William Baumol）提出"成本病"概念以来，文化经济学开始了其独立的发展历程，并在趣味及其形成、文化需求与供给等诸多领域取得了不错的研究成果，构筑了不少具有标志性意义的"建筑物"；而且，在新时期开始的几年间，学者们修建"城墙"的努力，让这个学科有了自己的雏形。著名经济史学家马克·布劳格（Mark Blaug）评价道："文化经济学的发展程度介于教育经济学与卫生经济学之间，较之教育经济学更有创新精神，但是较之卫生经济学则在研究成果方面略有逊色，这可能要归因于文化经济学有些孤立，不太愿意借鉴经济学其他领域的发展成果，更不要说心理学、社会学和政策分析等领域的成果，尽管如此，文化经济学还是不断为文化热衷的问题提供了各种新的经济学方法应用。总而言之，文化经济学在新的领域生机勃勃。"[①]

质言之，文化经济学就其学科归属而言，就如同20世纪60年代崛起的教育经济学、环境经济学等，都是经济学的一个分支。当然，对于文化经济学研究而言，我们的确可以直接从这个学科的"建筑物"或者"城墙"开始研究，但是，作为一个新兴学科，其"城墙"并不坚固，甚至连其边界都在变动之中，所以，从其母体——经济学入手研究也许是一个不错的选择，毕竟文化经济学在某种程度上也算是经济学"帝国"领域扩张的结果。[②] 而且按照马克思的说法，"人体解剖对于猴体解剖是一把钥匙，低等动物身上表露的高等动物的征兆，反而在高等动物本身已被认识之后才能理解"[③]。对于文化经济学这样的新兴学科而言，这无疑是一种十分重要的方法论，它有助于我们利用成熟学科的范式来了解"低等动物身上表露的高等动物的征兆"。

0.1 经济学的文化观

0.1.1 从亚当·斯密到罗宾斯

我们知道，1776年亚当·斯密出版了《国民财富的性质和原因的研究》一书，这部巨著被视为经济学的起点，然而在此后的100多年时间里，经济学的地

[①] Mark Blaug. Where are We Now on Cultural Economics? [J]. Journal of Economic Surveys, 2001, 15 (2).
[②] Mark Blaug. The Economics of the Arts [M]. London: Martin Robertson and Company, 1976: Introduction.
[③] 马克思，恩格斯. 马克思恩格斯选集（第二卷）[M]. 2版. 北京：人民出版社，2012：23.

位并不显赫,甚至没有被纳入教育的学科体系之中,那些从事经济学研究的学者仍然生活在"哲学帝国主义"的阴影之中,借由哲学教授的身份讨生活。直到1903年,在马歇尔艰苦卓绝的努力下,剑桥大学才设立了经济学和政治学荣誉学位,经济学终于登堂入室,成为正式的学科。在经济学痛苦挣扎以求生存的百余年间,经济学家们也许出于个人爱好,偶尔讨论文化问题,如古典经济学家休谟、亚当·斯密等人就讨论过文化问题。不过,这个时期的讨论存在如下两个方面的明显不足:其一,由于经济学的物质主义倾向,即"经济学是一门研究人类一般生活事务的学问,它研究个人和社会活动中与获取和使用物质福利必需品最密切相关的那一部分"①,具有非物质特征的文化与艺术并不在经济学的既有版图之内,因而没有成为经济学的正式研究对象。其二,同样由于经济学的物质主义倾向与财富观,经济学家从价值层面对文化问题并无正面评价(即便他们中的不少人对艺术颇为钟爱),最明显的证据就是他们普遍将艺术视为非生产劳动,往往给予负面的评价。亚当·斯密就认为,"有一种劳动,加在物上,能增加物的价值;另一种劳动,却不能。前者因可生产价值,可称为生产性劳动,后者可称为非生产性劳动……在这一类(非生产性劳动——笔者注)中,当然包含着各种职业,有些是很尊贵、很重要的,有些却可以说是最不重要的。前者如牧师、律师、医师、文人;后者如演员、歌手、舞蹈家"②。如果考虑到亚当·斯密在另一部著作《道德情操论》中有关道德的观念及其所秉持的宗教观念,他对艺术价值的排斥是完全可以理解的。不幸的是,亚当·斯密对于艺术的这种"偏见",在经济学发展过程中得到了全面的继承,直至马歇尔。马歇尔虽然认为"生产"这个词容易被误解,主张弃用这个概念,但是,他对艺术的观点似乎并没有因之而改变,认为"一切劳动都是用来产生某种结果的。所以,如果有些努力只是为努力而努力,比如说为娱乐而竞赛,这些努力就不算是劳动"③。也就是说,艺术,特别是那种以服务形式存在的艺术,都只是"为努力而努力",或者按照现代心理学术语表述就是,艺术活动所强调的是"过程效用",而不是"结果效用",因此都不能算作劳动。不仅艺术在那个时代的经济学家眼中没有什么正面的价值评价,而且,经济学发展初期的科学化倾向也让自身与艺术渐行渐远。马歇尔就认为,"经济学是一门研究财富的科学,但另一方面,由

---

① 马歇尔. 经济学原理 [M]. 宁琦,译. 长沙:湖南文艺出版社,2012:38.
② 亚当·斯密. 国民财富的性质和原因的研究 [M]. 郭大力,王亚南,译. 北京:商务印书馆,1997:303-304.
③ 马歇尔. 经济学原理 [M]. 宁琦,译. 长沙:湖南文艺出版社,2012:52.

于它研究人类在社会中的活动,所以也属于社会科学的一部分,而这一部分则是研究人类为了满足欲望所做的种种努力。这种努力和欲望能用财富或它的一般代表物——货币来作为衡量的标尺"①。质言之,经济学研究的是那些可以用货币来度量的财富,其实也就是物质财富。经济学在一个多世纪的发展进程中,始终将艺术排除在研究范围之外,而这种情形的改变要归功于罗宾斯。

  罗宾斯对经济学的"物质主义"倾向深感不满与担忧,他认为"该定义完全未能展示所有最重要法则的范围或意义",于是,他就从其最为熟悉的艺术领域入手,突破经济学"物质主义"的堡垒,并在拓宽艺术疆域的同时,重新界定经济学的范围与意义。他是以工资作为突破口,来攻破经济学"物质主义"堡垒的,在他看来,传统的工资理论并不能为"非物质"支出做出解释,这是"不可容忍的"。他举例说,淘粪工的工资是一种劳动所得,它有助于增进物质福利,但是,他接着以自己所熟悉的艺术领域举例道,"比如管弦乐队成员的工资,则是付给与物质福利毫不沾边的工作的,这种服务与另一种服务一样,可索取价格,进入交换领域。工资理论既适用于解释后者,也适用于解释前者。它并不是只能解释增进人类'物质'福利的工作的工资"。② 这种情形不仅表现在生产领域,在消费领域也是如此——人们的工资并不只是用于物质消费,"工资挣取者可以用其收入购买面包,但也可以购买戏票"。也就是说,由于受到物质主义的影响,经济学长久以来跛足而行,因为经济学另外一种支撑——非物质的生产与消费游离在外,这种局面必须得到纠正。纠正这种局面的唯一方法就是重新界定经济学,即"经济科学研究的是人类行为在配置稀缺手段时所表现的形式"③,在这个界定中,经济学研究的内容——物质与非物质得到统一。例如,"厨师的服务和歌剧舞蹈者的服务相对于需求而言是有限的,而且可加以选择使用",也就是说,无论是物质福利,还是非物质福利,它们都面临稀缺手段的配置问题。有研究者这样认为,"饶有趣味的是,当我们猜测罗宾斯对于艺术的热衷,是否也是他排斥基于财富的经济学定义的重要原因。如果考虑到他对艺术的倾情投入远远早于其方法论的形成,上述猜测恐怕是成立的"④。对比其自传中有关艺术经历的描述与其著作《经济科学的性质和意义》的分析方法,笔者个

---

  ① 马歇尔. 经济学原理 [M]. 宁琦,译. 长沙:湖南文艺出版社,2012:38.
  ② 莱昂内尔·罗宾斯. 经济科学的性质和意义 [M]. 朱泱,译. 北京:商务印书馆,2000:11-12.
  ③ 莱昂内尔·罗宾斯. 经济科学的性质和意义 [M]. 朱泱,译. 北京:商务印书馆,2000:19.
  ④ M L Balisciano, S G Medema. Positive Science, Normative Man: Lionel Robbins and the Political Economy of Art [J]. History of Political Economy, 1999, 31 (Supplement): 256-284.

人十分认同学术界的这种看法,即艺术是罗宾斯拓展经济学疆域的重要契机。

0.1.2 经济学帝国主义与威廉·鲍莫尔

在罗宾斯之后,经济学学科日渐成熟,并逐渐取代哲学等传统学科成为显学,而且自20世纪60年代开始逐渐向其他学科攻城略地,成就经济学帝国主义。直至1992年,经济学帝国主义到达巅峰,其代表性人物加里·贝克尔(Gary Becker)获得诺贝尔经济学奖,其理由是"将微观经济学分析扩展到更大领域,比如各种各样的人类行为和交往,甚至非市场行为"。在贝克尔看来,人类的所有行为,不仅仅是经济行为,都遵循着效用最大化原则,因此,经济学核心理念("资源优化配置")及其方法("成本—收益分析")可以应用到人类行为更广阔的领域。今天,我们所见到的经济学分支学科的绝大部分——无论横向疆域拓展性的,如环境经济学、城市经济学,还是纵向方法拓展性的,如制度经济学、社会经济学——都是20世纪60年代经济学学科疆域拓展的结果,前者更多体现为经济学"侵略"与"指挥"其他领域,而后者则体现为其他领域,特别是"科学帝国主义"之方法的"入侵"与同化。文化经济学应该算是经济学帝国主义最不显眼的成果之一,然而它无疑是最特殊的一个,因为文化经济学似乎在经济学帝国主义开疆拓土的过程中具有双向互动的特征:一方面,经济学"入侵"文化艺术领域,诞生经济学新的分支学科——文化经济学;另一方面,文化也在一定程度上"入侵"经济学,重塑经济学的理念与认知方式。正是在这种双向互动过程中,文化经济学领域诞生了不少现象级的学术大师,正是这些学术大师及其成果,构筑了文化经济学学科发展的脉络,也自然成为我们今天书写文化经济学学术史的重要切入点。在这方面,文化经济学的鼻祖——威廉·鲍莫尔无疑是其中最具有代表性的一个,我们的分析将仅限于此。

与其他领域相比较,经济学对文化领域的"入侵"似乎并不顺利,这多少是因为经济学的科学性与文化的创造性和不确定性之间格格不入,经济学的规范方法似乎对文化问题束手无策,而且经济学家向来对文化敬而远之,自然不愿为其承担过高的声誉风险。因此,文化经济学的开端就来自少数杰出的经济学者,他们成功概括了文化生产的不确定性并使之理论化,其成果也推动了文化经济学的发展。① 而威廉·鲍莫尔就是实现这种突破的第一人，自然也被视为文化经济学的开山鼻祖：他于1966年出版的《表演艺术：经济学的困境》② 被视为文化经济学学科的"《国富论》"；而"成本病"作为文化经济学的原创概念，其重要性与突破意义则不亚于《国富论》中的"看不见的手"。作为文化经济学的创始人，威廉·鲍莫尔有着与其他经济学家截然不同的路径，有着明显的双向互动的特征：一方面，经济学"入侵"文化领域，催生文化经济学独特的概念与话语体系，其代表性成果就是《表演艺术：经济学的困境》；另一方面，文化经济学的研究成果，特别是其核心概念"成本病"也在一定程度上"入侵"经济学，为经济学提供了新的分析理念与认知方式。

1964年前后，美国艺术领域一个十分重要的资助机构——二十世纪基金会，对于美国表演艺术处于困境的现状深感困惑，决定寻找经济学家来分析陷入困境的表现形式与原因，正如研究项目委托方二十世纪基金会主管奥古斯托·赫克歇尔（August Heckscher）所言，"解决问题的首要步骤是了解问题，如今的美国民众拥有巨大的财富，并对那些魅力无边且社会价值明显的艺术有着浓厚的兴趣，他们可不希望艺术机构始终处于未经研究的不确定状态"③。质言之，《表演艺术：经济学的困境》的核心目标是分析表演艺术危机的表现形式及其产生原因，或者按照作者自己的话就是，"分析表演艺术机构的财务问题，并揭示这些问题对于美国艺术未来发展的意义"④。就此而言，《表演艺术：经济学的困境》无疑是"美国迄今为止对表演艺术经济学状况最仔细、最周全的分析"⑤，其首创意义毋庸置疑，这恐怕也是威廉·鲍莫尔被视为文化经济学鼻祖的原因所在。据威廉·鲍莫尔本人回忆，他在撰写《表演艺术：经济学的困境》期间的一个早晨，大概4点钟，突然醒来，写下只言片语，然后继续回去睡觉，而这只言片语就是有关"成本病"的，于是文化经济学有了自己的第一个概念，文化经济学学科也翻开了历史的第一篇章。

---

① Gillian Doyle. Why culture attracts and resists economic analysis？[J]. Journal of Cultural Economics, 2010（34）：245-259.

② Baumol W J, Bowen W G. Performing arts: The Economic Dilemma [M]. New York: Twentieth Century Fund, 1966.

③ August Heckscher. Foreword [M] //Baumol W J, Bowen W G. Performing arts: The Economic Dilemma. New York: Twentieth Century Fund, 1966.

④ Baumol W J, Bowen W G. Performing arts: The Economic Dilemma [M]. New York: Twentieth Century Fund, 1966：4.

⑤ Richard Moody. Review [J]. American Literature, 1967, 39（3）：432-433.

鲍莫尔在分析表演艺术的财务状况时，发现了表演艺术机构收入与支出之间的"收入差"（income gap）现象，如表0-1所示。

表0-1 平均收入、支出与收入差列表（按艺术形式） 单位：千美元

	季度或年度	自营收入	支出	收入差	收入差占支出比重（%）
交响乐团					
主要交响乐团					
5家最大交响乐团	1963—1964	1 537	1 873	750	32
全部25家	1963—1964	415	715	327	46
大都会交响乐团	1963—1964	88	182	83	48
歌剧院					
大都会歌剧协会	1963—1964	6 871	8 748	1 877	21
10家其他歌剧院	1963—1964	65	182	82	45
舞蹈团					
纽约城市舞蹈团	1963—1964	1 744	2 289	545	24
2家芭蕾舞团	1963	6~8	9	14~6	70~40
戏剧 14家地方团体	1964—1965	157	250	40	15

资料来源：Baumol W J, Bowen W G. Performing arts: The Economic Dilemma [M]. New York: Twentieth Century Fund, 1966: 149.

关于收入差，鲍莫尔有着详细的解释，"如今，我们触及最重要的财务概念——支出与收入之间的落差。之前，我们都称之为'经营赤字'——这的确是一个较为规范的说法，然而，如果用到非营利机构，就有些欠妥。如果是'赤字'的话，就意味着存在什么问题，需要削减成本和增加收入，以消除（不应该的）赤字。对于艺术领域中入不敷出的现象所引发的问题，我们最好不要作这样的预判。也正因为此，在教育机构中，支出明显地超出学费，人们也不称其为'经营赤字'，也不会按照这个概念来思考。而'收入差'就接近我们的想法。

它强调的是，相差的幅度代表了机构财务存有差额，需要采取一定的措施去弥补"①。我们知道，从理论的角度来看，收入差所呈现的只是现象，甚至只是一个假设，尚有很多问题需要进一步论证与分析：收入差现象只是一个暂时性的现象，还是一个持续性的现象？它产生的原因又是什么？作者探索的目光从收入转向生产力，他发现由于技术的进步，20世纪全美生产力的年复合增长率为2.5%，这就意味着劳动力的生产率每29年就会提升一倍，而表演艺术的生产率却不能借助技术进步而保持同样水平的增长速度。在此基础上，作者构建了简单的两部门"非均衡增长模型"（Unbalanced Growth Model）。在此模型中，作者假设经济分为两个部门，即"进步部门"（如汽车生产部门）和"停滞部门"（如海顿三重奏，即Haydn Trios的表演艺术），前者的生产率随着技术提升而不断提升，而后者的生产率则停滞不前。这样的话，前者随着生产率的提升，工人的工资也会增加，而其单位生产成本并没有上升，企业的盈利能力也没有因为工资上涨而下降。但是，对于表演艺术而言，情形就变得异常复杂，作者假设了三种可能性：其一，艺术家的工资保持不变，这就意味着艺术家相对工业领域就业的工人而言，工资收入水平降低甚至陷入贫困，其就业意愿将大大降低；其二，艺术家的工资增长幅度与全社会保持一致，而其生产率却保持不变，这就意味着表演艺术的成本与价格将会不断增长，这无疑会阻碍表演艺术的发展；其三，艺术家的工资有一定程度的增长，但其增长幅度不及其他经济领域的平均水平，也就是说，由于生产率停滞所致的收入差部分地转嫁给艺术家，而这也是表演艺术的现状。于是，"如果劳动力单位时间生产率水平保持不变，工资水平的任何增长，哪怕是极其微弱的增长，也会导致成本的相应增加"，而这必然导致"收入差"。② 更为重要的是，这种"收入差"并非暂时性现象，而是持续性现象，并且有随着技术进步、生产率提升而愈演愈烈的趋势。这大概就是我们今天所熟知的概念——"成本病""鲍莫尔病""收入差""生产力差"的由来。不过需要提及的是，在《表演艺术：经济学的困境》一书中，"成本病"的称谓皆为"收入差"，"成本病"概念更多是后来学者的演绎，而且这些演绎多着眼于宏观经济领域，与文化经济学并无多大关联。不过，这却是文化经济学领域迄今唯一的、令人引以为傲的理论概念，它成功地反哺经济学的母体，并产生了巨大的影响，

---

① Baumol W J, Bowen W G. Performing arts: The Economic Dilemma [M]. New York: Twentieth Century Fund, 1966: 147.

② Baumol W J, Bowen W G. Performing arts: The Economic Dilemma [M]. New York: Twentieth Century Fund, 1966: 170.

而其后的经济学并没有能够复制这种成功,再也没有类似的理论创造。

0.2 文化经济学简史

自威廉·鲍莫尔之后,文化经济学开启了其独立发展的历程,开始在诸多领域,如趣味及其形成、文化需求与供给、艺术市场、艺术经济史、艺术家劳动力市场、成本病、非营利艺术机构、艺术资助等,产生了丰硕的成果,并构筑了文化经济学学科的基本问题框架。[①] 这在一定程度上也为我们直接描述文化经济学学术史提供了可能性,毕竟文化经济学已经有了不少可供研究的"建筑物",而这些"建筑物"也在其自然形成的过程中勾勒出一条清晰的历史脉络,这也是本书作为学术史梳理学科进程的核心任务所在。作为必要的铺垫,我们有必要介绍一下文化经济学发展的简史,以便读者诸君有一个概括的了解。

自鲍莫尔于1966年几乎以一己之力创设文化经济学学科之后,20世纪70年代文化经济学研究表现出一种群体化的倾向,越来越多的学者,特别是经济学学者开始从事文化产业的跨学科研究,文化产业研究进入了重要的发展阶段。对于这个阶段,索斯比有着十分精妙的总结:"自此之后,文化经济研究领域进入了'四有'时期:有了一个协会(1973年)、一份期刊——《文化经济学刊》(*Journal of Cultural Economics*,创刊于1977年)、一个国际性会议(1979年)以及数量可观的研究成果。"[②] 这个时期的研究成果主要集中在《文化经济学刊》和其他若干署名"文化经济学"或者类似名称的著作上[③],这些成果涵盖了文化经济学研究的诸多领域——文化产品的定价、文化产品的消费、文化政策、文化产品贸易等,为文化产业研究确立了基本的问题域,这种研究格局一直延续到20世纪末。这一阶段的研究存在一个共同的特点,即作为新兴分支学科,文化产业研究还缺乏体系性的建构,这也反映在这个阶段所出版的文化经济学著作多以论文集的形式出现,而几乎没有专著。其原因正如布劳格所言,"对于文化经

[①] Ruth Towse. Farewell Editorial [J]. Journal of Cultural Economics, 2003, 27: 3-7.
[②] David Throsby. The Production and Consumption of the Arts: A View of Cultural Economics [J]. Journal of Economic Literature, 1994, 32 (3): 1-29.
[③] Mark Blaug. The Economics of the Arts: Selected Readings [M]. London: Martin Robertson, 1976; Ruth Towse, Abdul Khakee. Cultural Economics [M]. Berlin: Springer-Verlag, 1992.

济学研究而言，尚缺乏足够的资源来写一部教材，也许就目前阶段而言出版一本论文集是恰当的，也是有益的"①。

21世纪以来文化产业研究进入了一个新阶段，似乎文化产业研究经历了三四十年的长期探索之后，其问题域和学科范式基本确定下来，文化产业研究进入重要的总结和体系性建构阶段。21世纪开始的两年内，文化产业研究领域就出版了两本重要的、具有明显体系化特征的专著，即索斯比的《经济学与文化》以及理查德·凯夫斯（Richard Caves）的《创意产业经济学：艺术的商业之道》。② 从学科发展的角度而言，这两个人的著作具有明显的学科建构倾向，特别是在确立文化经济学研究范式方面厥功至伟。到了2006年，西方经济学界正式确立文化经济学作为经济学一个新兴分支学科的定位，其标志性的事件就是在全球知名出版集团——爱思唯尔（Elsevier）出版的《经济学手册》（*Handbooks in Economics*）中，文化经济学被收录其中，并将这一分册命名为《艺术和文化经济学手册》（*Handbooks of the Economics of Art and Culture*），该套丛书是西方经济学教学和科研必备的参考书。而就在该书出版的3年前，露丝·陶斯教授就出版了文化经济学学术史上的第一本手册《文化经济学手册》，其首创之功当彪炳史册。作为文化经济学的第一本参考书，该书较好地履行了参考书的职责，即在作者力所能及的范围内为读者提供周全、通俗的文化经济学知识。这两本书的出版标志着文化经济学作为一个独立学科的确立：其中《文化经济学手册》通过学术史的梳理，集中呈现了文化经济学几乎所有具有分量的"建筑物"，从而为文化经济学学科圈定了"城墙"的范围；而《艺术和文化经济学手册》则通过文化经济学界的集体努力，夯实文化经济学学科的"城墙"，使之走向独立。

0.3 文化经济学学术史

了解了这样一个粗略的历史之后，我们便会发现，文化经济学作为一座独立的城池，它本身既是"建筑物"的发展史，是文化经济学客体——一个个有价值的学术问题的提出、解决与争论的历史；也是"建筑师"的发展史，是文

---

① Mark Blaug. The Economics of the Arts: Selected Readings [M]. London: Martin Robertson, 1976.
② 类似的专著还有很多，但是就学科建构的意义而言，这两部著作无疑是最杰出的代表。

经济学主体——一个个有创造力的学者通过提出与解决问题不断推动学科发展的历史。质言之，文化经济学作为一门学科其实是主体与客体相互交融的"思想活动史"，这也是我们描述学术史的不二法门。为了方便叙述，我们将以客体为纲，通过问题的演进描述其历史的发展线索；以主体为目，通过描述主体对解决问题的贡献及其思想资源，让历史丰富与鲜活起来，以期纲举目张，最终构建一个丰满的文化经济学学术史。

0.3.1 实证分析的历史与进展

文化经济学界普遍认为，文化经济学学术史始于20世纪60年代主要是因为威廉·鲍莫尔的开创性贡献。但是，从学术史或者思想史的角度来看，文化经济学学术史为什么始于这个年代的确是一个耐人寻味的问题。以美国为例，威廉·鲍莫尔研究表演艺术的经济问题时，美国正处于文化繁荣时期，市场似乎处于配置文化资源的最佳状态，但是，这些并没有吸引经济学家的兴趣，经济学家并没有研究市场如何配置文化资源的问题。相反，这个时期出现的文化领域的市场失灵问题，特别是与之相关的财政政策，却意外地引起了经济学家的兴趣，这几乎是早期文化经济学唯一的主题。我们知道，就在《表演艺术：经济学的困境》成书的前一年，美国艺术基金会成立，关于这个机构的讨论则长达几十年，而在隔海相望的英国，一个"颇具英国特征、非正式的、没有虚饰的——甚至可以说是尚欠火候的"[1]的机构——英国艺术委员会于1946年正式成立，这些机构所涉及的政府艺术资助问题，吸引了不少知名经济学家的参与讨论，并构成文化经济学发展最初的历史。大卫·索斯比在描述这段历史时这样分析道："罗宾斯（1963）是当代英国第一个分析政府在艺术扶持与公共博物馆、美术馆资助中的角色的经济学家，其后皮考克（Alan Peacock，1969）则利用传统福利经济学的框架来解读艺术资助问题"。[2] 大卫·索斯比将自己的恩师——罗宾斯作为第一个分析艺术资助问题的学者，这多少有失公允，因为早在1936年凯恩斯就撰写了同名论文《艺术与政府》，因此，我们将凯恩斯作为这个时期解决政府艺术资助问题的重要"一目"，否则，这段历史将会是残缺不全的。这个时期的重要学

---

[1] 约翰·梅纳德·凯恩斯. 凯恩斯社会、政治和文学论集 [M]. 严忠志，译. 北京：商务印书馆，2014：441-447.

[2] David Throsby. The Production and Consumption of the Arts: A View of Cultural Economics [J]. Journal of Economic Literature, 1994, 32 (3)：1-29.

者，除了凯恩斯，以及大卫·索斯比提及的罗宾斯与皮考克等来自英国的学者，自然也包括隔海相望的美国学者，他们对于美国政府资助艺术的独特方式的描述与总结也是这段学术史重要的思想资源。这方面的杰出学者当属迪克·纳策（Dick Netzer），其所著的《被资助的缪斯：美国艺术的政府资助》无疑是这方面的代表作，但是，略显不足的是，作为一位财政学家，迪克·纳策对于文化经济学的涉猎似乎仅此一项，很难达到本书所确定的文化经济学家之标准：其一，他们都是经济学界具有相当影响力，并在文化经济学领域有着标志性成果的学术大师，如迪克·纳策确实在城市经济学与公共财政方面有着广泛的影响力，且其在文化经济学领域的著作也是标志性的；其二，这些学术大师对于文化有着持续的学术性关注，并积极参与文化经济学界的活动，就这个标准而言，迪克·纳策的表现则不尽如人意。与迪克·纳策类似的还有加尔布雷斯（Galbraith），他虽然也有诸如《富裕社会》这样的经典作品，但是他对文化经济问题缺乏持续性学术关注，因此，本书也不打算将其列入文化经济学家之列。按照这两条标准，另外一位美国学者——文化经济学界的新秀便走向前台，这就是泰勒·考恩（Tyler Cowen），他对美国政府资助艺术方式的总结极其到位，其所著《好又多：美国艺术资助的成功之道》无疑是这个领域的经典。于是，我们就可以政府资助艺术问题为"纲"，以凯恩斯、罗宾斯、皮考克与考恩这4位文化经济学家为"目"，构筑文化经济学发展初期的历史概貌。接下来，我们将深入这段历史，挖掘其背后的思想资源，以期还原深度的思想史。

饶有趣味的是，欧洲大陆国家向来都有政府资助艺术的传统。在现代国家形成之前，这种资助多来自王宫贵族，艺术资助多以"家事"的形式呈现；而现代国家形成之后，艺术资助就顺利过渡为"国事"，其资金也大都来源于财政。但是，英美与德法等大陆国家不同，它们向来缺乏国家资助文化领域的传统：一方面，作为新教国家，英美两国政府对于艺术的态度没有德法两国那样积极，因而政府在艺术领域的作为并无社会合法性依据；另一方面，工业革命中兴起的资产阶级坚信"管理最少的政府是最好的政府"，因此，在艺术领域中任何政府行为都可被视为对现有市场秩序的破坏，没有任何的经济合理性。[①] 对于欧洲大陆国家而言，政府资助艺术乃稀松平常之事，完全依照惯例行事而无须任何论证。但对于英美两国而言，既无惯例可依，又破坏市场规则，因此其合法性论证是必

---

① John W, O'Hagan. The State and the Arts: an Analysis of Key Economic Policy Issues in Europe and the United States [M]. Cheltenham: Edward Elger, 1998.

要而迫切的。这个问题的本质就是,"经济学家能否为政府干预市场提供实证或者规范的合理性论证"①,其答案显然是肯定的,大量经济学家开始积极回答这个问题,并取得丰硕的成果。

从规范分析的视角来看,这个时期的经济学为国家资助艺术的合法性论证提供了不少的理论资源,其中尤以凯恩斯的政府干预理论以及福利经济学思想为代表,我们的分析将集中于此。众所周知,作为亚当·斯密的祖国,英国长期以来信奉自由主义经济学理念,相信市场这只"看不见的手"能够优化资源配置。诚如自由主义经济学家布坎南(Buchanan)所言:"我作为经济学家的自然倾向就是,看重过程或者程序,所谓'善'源于自由意志之人所达成的契约,而与结果自身的内在价值评价无关。"② 而凯恩斯的思考则与之大异其趣,他将价值要素,或者目的观点引入对国家问题的思考,"凯恩斯深知政府的局限性……但是,如果政府行为在促进其所期望的结果方面有充足的理由,而且,当哲学家的质疑可能是正确且恰当的,那么有关生活问题的解决就不能再耽搁。经济学家也不能作壁上观,而是应该运用其知识来帮助那些要采取行动的人"③。艾伦·皮考克将其命名为"国家目标自由主义"(end-state liberal),即"他不是持有契约自由主义的立场,即在目标层面与价值绝缘,而只是关注个体选择实施的程序,即强调政策的目标"④。对此,凯恩斯自己也有着清晰的表述:"对于那些相信政府有责任来促进经济生活的中间道路——保护自由、创造性(对此我们十分富有)及个体能在一个社会框架之中服务公共利益的特质,同时,追求所有群体之中个体满足的均等性——的人而言,罗宾斯教授的告诫切中本质。"⑤ 也就是说,如果政府干预能够实现上述"中间道路"——既有个体的自由,又有公共的利益,那么基于这种善良目标,政府干预是可以容忍的,而且是必需的。概括起来,凯恩斯有关政府干预的核心思想主要有这样几点:其一,适当的政府干预是必要的,虽然政府本身有着诸多局限性。也就是说,市场始终是资源配置的根本

---

① David Throsby. Economics and the Arts: A Review of Seven Years [J]. Economic Record, 1982, 58 (3): 242-252.

② Buchanan, James. The Limits of Liberty: Between Anarchy and Leviathan [M]. Chicago: University of Chicago Press, 1975: 167.

③ Alan Peacock. Keynes and the Role of State [M] //Derek Crabtree. Keynes and the Role of State: the tenth Keynes Seminar held at the University of Kent at Canterbury. New York: St. Martin's Press, 1993.

④ Peter Clarke. Discussion [M] //Derek Crabtree. Keynes and the Role of State: the tenth Keynes Seminar held at the University of Kent at Canterbury. New York: St. Martin's Press, 1993.

⑤ John Maynard Keynes. Collected Writings [M]. Cambridge: Macmillan and Cambridge University Press of Royal Economic Society, 1980: 369.

手段，政府干预只能是为实现善良目标而采用的补充性手段。其二，政府干预的目标与手段要寻找一种"中间道路"，特别是在手段上不能太集权化，以保证政策的"软着陆"。前者所涉及的是合法性问题，后者所涉及的是方式问题，凯恩斯也是按照这个逻辑来分析艺术资助的合法性与方式问题的。

在凯恩斯看来，如果不是抽象地分析艺术的话，就会发现艺术其实有着两种不同性质的功能：其一，各种永久性纪念碑，它们表达了时代精神，让人们拥有了社会归属感；其二，各种短暂的仪式、表演和娱乐活动，它们让普通民众工作之余获得愉悦。前者彰显了国家的尊严与荣耀，自然属于公共事务，当属国家应该承担的"任务"；而后者，凯恩斯以英国广播公司为例说明，对公众娱乐与教育两个方面做出了巨大贡献，其公共属性也十分显著。质言之，如果从社会发展及其需求的角度而言，无论是社会共同体层面的荣耀感，还是个体层面的娱乐与教育功能，都充分证明艺术符合善良目标且具有公共属性，应该根据其公共性程度将其纳入政府的"任务"。

当政府确定自身在艺术领域应该履行的"任务"之后，关键的问题就是如何更好地完成这个任务。这一方面包括"政府如何才能发挥最佳作用"，应扮演什么样的积极角色；另一方面则包括设计什么样的组织形式来完成任务。对于前一个问题，凯恩斯自认为很难作答，"我们必须采用尝试错误法，一点一点地学习"。凯恩斯对艺术领域的政府角色高度谨慎，这不仅与他对艺术行业特殊性的高度认知有关，而且与他对当前以及过往的各种制度并不满意有关。在他看来，当时独裁国家（如德国和意大利）的制度虽然有利于社会团结，却极具危险性，因此不值得效仿；而法国、美国与英国等民主国家的社会制度则十分孱弱，以至于"任何尝试都比现在的制度好一些"。与此同时，作为一名杰出的鉴赏家，凯恩斯对艺术家的诉求有着深刻的理解，"艺术家需要经济方面的保障，需要得到足以为生的收入；在这两点得到满足的情况下，他希望在为公众和雇主服务的同时，保持自己的独立性"[1]。基于此，凯恩斯对政府支持艺术的政策提出了原则性要求，"也许，给艺术家提供最佳帮助的方式是在社会上形成这样的氛围：人们慷慨大方，坦诚相待，宽仁大度，鼓励实验，乐观豁达，希望发现美好的事物"[2]。也就是说，艺术领域的政策并不意味着政府要干预艺术、对艺术指手画

---

[1] 约翰·梅纳德·凯恩斯. 艺术与政府 [M] //约翰·梅纳德·凯恩斯. 凯恩斯社会、政治和文学论集. 严忠志，译. 北京：商务印书馆，2014：412-420.
[2] 约翰·梅纳德·凯恩斯. 艺术与政府 [M] //约翰·梅纳德·凯恩斯. 凯恩斯社会、政治和文学论集. 严忠志，译. 北京：商务印书馆，2014：412-420.

脚,其根本要义在于为艺术发展与繁荣营造一种良好的社会氛围,这不仅体现在社会对于艺术慷慨解囊,而且体现在社会对于艺术有着良好的品位与偏好。凯恩斯的这段文字被很多官方文化政策文件所引述,可谓文化政策之圭臬。

在政府资助艺术这个问题上,罗宾斯与凯恩斯的观点似乎并无区别。罗宾斯认为:"政府如果是在一种全然自由的氛围——如人们根据自己意愿从事艺术——中提供鼓励与支持,那么,这种支持就不会与自由社会的原则相冲突,而会与其浑然一体。"① 也就是说,政府应该支持艺术,但要注重方式,不能过于集权。在合法性论证中,罗宾斯所面临的主要挑战来自自由放任主义,即"为什么纳税人要为艺术买单?为什么艺术行业不交由消费者需求来决定?如果人们需要艺术的话,尽可自行购买;如果不需要的话,艺术就无须生产?"② 作为一名自由主义者,罗宾斯深知,当艺术作为私人产品时,市场则是配置资源的"看不见的手",但是,问题的关键在于,艺术不仅仅具有私人属性,还具有公共属性,而罗宾斯的论证也就由此展开。罗宾斯这样表述道:"只有我们能够证明教育的这种形式(艺术)不存在无差别的益处,我们关于花费纳税人的钱财资助艺术的论证才站得住脚。"也就是说,在艺术领域的自由主义思想如果行得通,就必须证明艺术是一种纯粹的私人产品;而艺术恰恰具有公共属性,或者说,艺术在一定程度上是公共产品——"艺术的收益不仅仅是无差别的,而且培育、学习与保护艺术的积极影响并不仅限于那些直接支付费用的消费者,而能扩散至更广的人群,就如同公共卫生机构或者精心规划的城市景观那样"③。基于此,我们也许就可以顺理成章作出如下推导,既然艺术与教育一样具有公共性,那么艺术就应该与教育一样享有来自政府的资助。这样的推导的确简单,但是,作为经济学家,罗宾斯深知经济学研究的是"稀缺手段的配置",既然原本可作他用(比如说公共卫生)的财政资源如今却被用于艺术,那么这样的配置方式有什么样的额外收益呢?罗宾斯分析认为,"对于满足那些能够明确区分的需求而言,市场机制确实无与伦比。但是,如果认为市场机制也能满足善良社会(good society)所有必要条件的话,这就太过简单化,也会冒着败坏善良社会基本制度

---

① Lionel Robbins. Art and the State [M] //Politics and Economics: Papers in Political Economy. New York: Palgrave Macmilan, 1963: 53-72.

② Lionel Robbins. Unsettled Questions in the Political Economy of the Arts [J]. The Three Banks Review, 1971 (9): 3-19.

③ Lionel Robbins. Art and the State [M] //Politics and Economics: Papers in Political Economy. New York: Palgrave Macmilan, 1963: 53-72.

(fundamental institution) 信誉之风险"。其实,这就是今天我们所熟知的公共经济学分析逻辑:由于文化产品具有高度的正外部性,往往存在供给不足和效率不高的缺陷,这就是市场失灵,而市场失灵乃是市场经济的普遍现象,原本应该采取自由放任的态度,但是,问题的关键是,当我们的社会是"善良社会"时,这种市场失灵则并不可取,因为这会导致社会效益的损失,进而影响"善良社会"的构建。因此,为了使社会效益的损失最小化,政府一般会实施干预,如提供财政资助,以便使社会效益最大化,从而构建"善良社会"。众所周知,公共经济学的这种论证逻辑其实并非纯粹的经济学范式,而涉及政治学中的公共选择理论,对此,罗宾斯这样表述道:"如今,我们十分清晰地知道,这个问题并不能借助经济科学来回答。这其实是一个终极价值问题,是有关你认为什么是政府作为社会威权的目标与功能,是一个政治哲学问题……因此,作为这个星球上的政治目标,我个人从来都毫不犹豫地认为,艺术的养成与较高的学习水平是我心目中政府应尽之义务。"① 质言之,艺术领域的政府资助是一个"善良社会"之政府应尽的义务;而且,这种资助有利于提升公民的艺术素养,实现社会收益最大化,并最终构建"善良社会"。

总结起来,凯恩斯与罗宾斯在论述国家资助艺术问题上有着高度的一致性:在内容层面,两人都认为国家资助艺术具有合法性,而且国家资助艺术的方式要具有"中间性"特征。在方式层面,两人对艺术资助合法性的论证都有着明显的价值判断,强调"善良社会"的公共需求;而且两人对艺术的强烈爱好与深刻理解使他们在艺术资助方式上异常谨慎,均强调艺术资助方式的特殊性,或者"中间道路",即在不干涉艺术自由的前提下为艺术发展营造良好的氛围。

众所周知,经济学在其科学化的过程中,常常搁置价值判断,如罗宾斯在《经济科学的性质和意义》中就主张,"经济学家不关注目的本身,而关注达到目的的行为是如何受到限制的"②。而他与凯恩斯都基于个体对艺术的偏好,代替公众做了价值选择,认定艺术是"善良社会"应该提供的公共产品,其论证结果也许能够让所有艺术爱好者,甚至普通公众满意,但是其论证逻辑不够严密。对此,另外一位后辈学者——艾伦·皮考克就尖锐地指出,"艺术资助与经济领域其他产业或服务的资助所涉及的问题并无二致,即便那些将消费支出按照

---

① Lionel Robbins. Unsettled Questions in the Political Economy of the Arts [J]. The Three Banks Review, 1971 (9): 3-19.
② 莱昂内尔·罗宾斯. 经济科学的性质和意义 [M]. 朱泱, 译. 北京: 商务印书馆, 2000: 27.

道德排序的人对此极其反感……我不仅反对文化领域的父爱主义,这种基于强加的价值判断的断言,的确是得出公共干预结论最容易的方式,这种干预向来给予公众应该而不是想要拥有的"①。在皮考克看来,这两位前辈有关艺术资助问题的立场与论证方式具有明显的父爱主义特征,即"公众并不知道文化的好处",所以要由社会精英来替他们作出选择。众所周知,学术界对父爱主义的批判不在少数,其中最致命的批判在于,父爱主义实质上是对消费者主权的剥夺,即消费者无法通过消费行为表现其意愿与偏好。这样的话,市场配置资源的功能就会失效,政府将成为艺术市场的垄断者,这在一个自由市场主义经济学家的眼中无疑是一种灾难,也是皮考克无论如何也不愿看到的。质言之,与前辈不同,皮考克主张消费者主权,但是,他也清醒地意识到,由于文化的外部性问题,公共选择必不可少。因此,如何将两者进行折中是解决问题的出路所在。皮考克认为,"即便是倡导消费者主权,还得通过强制的手段来实施。这就涉及公共选择的问题,这时消费者主权原则就应该延伸至公共选择问题,特别是当对特定节目资助时就应当根据消费者的选择,以判断资源配置是否有效,以及公共财政投入的生产是否有效等"②。也就是说,即便是公共选择,也应该在尊重消费者主权的基础上,模拟市场竞争,优化资源配置,构筑所谓的"有效市场竞争"。在此基础上,皮考克提出了与前辈不同的解决方案:一是短期的方案,即将财政补贴的对象从生产者转向消费者;二是长期的方案,即通过艺术教育等手段改变人们的偏好,从而重建市场配置资源的机制。以短期方案为例,这种类似消费券的资助模式有着明显的优势:一是将财政资助的决策权从集权的中央机构(如艺术委员会)转移至分散的消费者个体那里,这有利于解决文化领域资助的不公平问题;二是艺术机构不再通过取悦艺术委员会而获得资助,而是通过市场化的方式依靠自身的产品质量去争取消费券,这有助于推动艺术机构按照市场规律经营运作。③

如前所述,皮考克与前辈经济学家论证政府艺术资助的方法大多集中于福利经济学,如外部性理论、优效品理论、经济发展理论、子孙后代理论等,但是,泰勒·考恩在论证艺术资助问题时,却将这些理论弃置不顾,而选择去中心化与

---

① Alan Peacock. Welfare economics and public subsidies to the arts [J]. Manchester School of Economic and Social Studies, 1969, 4 (9): 323-335.
② Alan Peacock. Public Service Broadcasting Without BBC [J] The Institute of Economic Affairs, 2005 (133): 57.
③ Alan Peacock. The "Manifest Destiny" of the Performing Arts [J]. Journal of Cultural Economics, 1996, 20 (3): 215-224.

荣耀理论，其原因就是这两种理论能够实现美学与经济学方法的完美融合。就去中心化理论而言，其美学的依据是，如果我们需要更丰富的艺术，特别是更高质量、更能经得起时间检验的艺术，我们就应该为艺术提供更多元、非中心化的资助，这是艺术品质的重要保障。其经济学的依据则包括两方面：一方面，艺术产品具有公共性特征，而其生产者往往无法通过将其内部化而获得其全部收益，因此，建立去中心化的机制，对于刺激持续的创造具有十分重要的价值，这其中也包括版权保护的方式；另一方面，所有厂商都倾向于自身利益的最大化，如减少产品种类、提高定价等，但是，去中心化机制让这些厂商时刻面临竞争，以致它们无法实施上述措施，这将提升消费者的福利。

在合法性论证之后，考恩接着讨论资助方式问题，这主要包括直接与间接两种方式。当然，考恩的主要精力还是集中在他所赞同的美国式的资助方式，即"好又多"的间接资助，我们的评述也将集中于此。在考恩看来，"直接资助就是政府机构直接给艺术家或者艺术机构开支票；而间接资助则是政府通过政策影响价格或者收入，来鼓励艺术生产。如我们所见，间接资助较之直接资助常常能够对文化消费产生更为积极的影响"①。按照考恩的说法，美国的艺术资助具有"好又多"的特征，这种特征也正是美国模式的成功之道。当然，这种模式的秘诀在于，美国政府不是采用直接资助方式，这种方式不仅需要政府官方界定艺术，而且要决定什么是好的艺术，这两种行为都必然导致中心化；而是通过税收这种去中心化的政策手段间接资助艺术，即通过税收政策不加区别地支持艺术，将选择权交给社会而不是政府，从而实现去中心化。在考恩看来，"一种通过税收系统支持艺术的决策也同样适用于宗教、慈善以及其他的非营利事务。税收减免方式的中立性——其首要的优势之一——就意味着该政策并没有为捐赠设定任何目标。因此，美国税收体系就这样支持非营利事务的去中心化，而不是选择任何种类的艺术，或者规定非营利机构该如何作为"②。

0.3.2　寻找学科理论基点

早期文化经济学核心问题似乎只有一个，那就是政府资助艺术的合法性与方

---

① Tyler Cowen. Good and Plenty：The Creative Successes of American Arts Funding [M]. Princeton：Princeton University Press, 2006：31.

② Tyler Cowen. Good and Plenty：The Creative Successes of American Arts Funding [M]. Princeton：Princeton University Press, 2006：40-41.

式问题，但是，这并不妨碍文化经济学在实证领域做出自己的贡献，这个时期的文化经济学几乎涉及政府资助的所有文化领域，如表演艺术、博物馆、遗产等领域，并且做出诸多具有实践影响力的学术成果。虽然早期的文化经济学颇有活力，但是，诚如马克·布劳格所言，文化经济学在其过去30年所经历的多是经验性分析，其理论上的建树除"成本病"之外乏善可陈，更谈不上什么体系建构。① 所幸的是，文化经济学在度过30余年的探索期之后，终于有了体系化的努力，这种努力的关键就是给文化经济学找到一个理论基点，为文化与经济原本背道而驰的两个领域找到相通的基础。就此而言，索斯比与凯夫斯无疑是两位最杰出的代表人物：前者以文化资本概念为基石，试图搭建文化与经济之间互通的桥梁；后者则以合同概念为基础，试图揭示创意与经济之间关联的管理秘诀。

众所周知，索斯比所著的《经济学与文化》的核心任务是寻找文化经济学学科体系的理论基点，并试图以此构建学科理论大厦。物质资本——植物、机器、厂房等实际产品作为存量，是进一步进行商品生产的重要前提，这是古典经济学的基础性概念；人力资本——源于人类技术与经验应用所产生的资本存量，在产品生产中发挥着同样重要的作用，这是人口、教育经济学的理论基石；自然资本——自然所提供的可再生与不可再生的存量资源也是一种主要的资本，这是生态、环境经济学的理论基石。循此思路，索斯比认为，具有有形与无形双重特征的文化资本作为存量，它也具有经济与文化的双重价值，而这应该是文化经济学的理论基点。② 在他看来，"文化资本作为一种资产，它不仅可能具有经济价值，而且体现、存储与提供了文化价值。同其他资本一样，我们有必要将其存量与流量区别开来。文化资本的存量，具体而言，就是该资本在某个时点的数量，我们可以用物理数量或价值总量等适当的计量单位来衡量。而这种存量随着时间所产生的服务流量则能够消费，或者用来生产进一步的产品和服务"③。应该说，索斯比借助资本存量与流量概念的分类说明颇为巧妙：已有的文化资本作为存量——它们可能是有形的（如文化遗产），也可能是无形的（如智力资本或文化产品）——倒是准确地捕捉到了文化资本之经济价值的潜在性；而基于存量资本所产生的流量，则具有经济价值的显在性，即通常能够通过市场价格予以体现。这样，文化资本作为存量体现为文化价值，而作为流量则体现为经济价值，于是

---

① Mark Blaug. Where are We Now on Cultural Economics? [J]. Journal of Economic Surveys, 2001, 15 (2):123-143.

② David Throsby. Economics and culture [M]. New York: Cambridge University Press, 2001: 45-48.

③ David Throsby. Economics and culture [M]. New York: Cambridge University Press, 2001: 46.

文化与经济便实现了互联互通,文化经济学也就有了体系化建构的基点。总体而言,作为文化与经济之间的摆渡者,大卫·索斯比的努力及其结果可能并不完美,因为文化与经济之间总是借由各种中介,或者说某种共性特征而相互连通,如文化资本或者可持续性,而这些充其量只是文化与经济两岸之间互通的"浮桥",它距离文化与经济之间的真正融合,或者说文化经济学理论体系的构建尚有不小差距。

按照文化经济学家露丝·陶斯的说法,早期文化经济学所研究的都是"传统"的问题,如艺术、博物馆以及遗产等,随着创意产业的兴起,文化经济学的领域则拓展至创意经济领域。[①] 凯夫斯在这个新领域贡献卓著,其所著《创意产业经济学:艺术的商业之道》无疑是这个领域的谁都绕不开的经典。在自由市场资本主义阶段,亚当·斯密所开创的古典经济学用"看不见的手"来解释社会经济生活,即每个利己的个体在市场机制的作用下实现社会的共同利益,并将企业视为"黑箱"而弃之不顾。到了垄断资本主义阶段,企业在配置资源过程中发挥更重要的作用,这就需要我们打开"黑箱",了解企业这只"看得见的手",这就是钱德勒所谓的"企业的管理革命"。而在文化领域,人们对于管理的漠视更是由来已久,往往认为文化的生产源于天才的天赋,如同神秘的"黑箱",似乎没有人能够打开它以探其奥秘,这也是早期研究"传统"文化的文化经济学在这个领域几乎无所作为的原因所在。而随着新兴的创意产业的崛起,文化企业特别是跨国文化帝国的崛起,"传统"文化的生产方式也随之改变,企业已经取代个体成为资源配置与生产组织的重要主体,因此,文化经济学有必要研究文化经济组织与管理问题。诚如迪克·纳策(Dick Netzer)所言:"理查德·凯夫斯教授填补了一项重要的历史空白:到目前为止,还没有任何学者曾经涉及艺术和文化的经济组织结构问题。"凯夫斯这种填补空白的努力相当不易,如他本人所言,"20年前,我就有了研究这一项目的想法,但是鉴于这些原因,我认为还是应该等我取得一定建树,研究成果不会被轻易否决的时候再从事这项研究"。所幸的是,凯夫斯20年苦心经营的成果获得了广泛的赞誉,也让他自己在管理学大师的称号之外,多了一个文化经济学家的身份。按照另外一位评论者、著名文化经济学家泰勒·考恩的说法,凯夫斯的重要贡献在于证明了"经济理论能够解释创意活动的组织问题",即研究"交易与合同为什么如其所是;为什么有些创

---

① Ruth Towse. A Textbook of Cultural Economics [M]. New York:Cambridge University Press, 2010:Preface.

意行为发生于持续存在的组织（'公司'），而有些却发生于一次性的交易（'市场'）中"。质言之，创意产业的组织研究不仅要研究行业组织结构问题，而且要研究基于交易的合同问题，更为重要的是，所有这些研究必须尊重创意行为的经济特征。在《创意产业经济学：艺术的商业之道》一书中，凯夫斯以管理学家的专业性为读者提供了有关合同的基础理论与最新进展，并结合创意产业，特别是电影行业，对其中的合同管理做了有史以来最具有学理性与说服力的解读，是我们理解创意合同管理的必备参考书。

0.3.3 领域扩张

众所周知，经济学借助自然科学，特别是数学与物理学的方法，走向独立自主，被称为"社会科学皇冠上的明珠"，但是，与此同时，它也背离了社会科学的人文传统，经济学与文化于是渐行渐远，甚至背道而驰。这种背离也让经济学不仅缺乏哲学的深度与人文的厚度，而且让经济学开始围绕自然科学，特别是数学打转，脱离了其原本赖以生存的实践土壤，让经济学演化为一种数字的游戏。当然，即便是在这种几乎一边倒的潮流中，也不乏质疑性的反思，特别是在科学哲学文化转向的影响之下，经济学也相应地发生了文化转向，20世纪90年代的诺贝尔经济学奖获得者加里·贝克尔、道格拉斯·诺斯（Douglas North）与阿马蒂亚·森（Amartya Sen）等人就将"意义""价值"等文化元素加入经济学研究之中。例如，阿马蒂亚·森就认为："由于伦理考虑影响了人类经济行为中对于目标的元排序，因此，将更多的人文思考引入经济学对于增强主流经济学的解释和预测能力是大有裨益的，并能祛除主流经济学在哲学上的贫困。"[①] 在这种潮流的引领下，有两位重要的文化经济学家将幸福作为一种重要的心理元素加入经济学研究，创设幸福经济学，他们就是提勃尔·西托夫斯基（Tibor Scitovsky）与布鲁诺·弗雷（Bruno Frey）。

凯恩斯曾经在《我们后代的经济生活前景》中大胆预言："'经济问题'将可能在100年内获得解决，或者至少是可望获得解决。这意味着，如果我们展望未来，经济问题并不是'人类的永恒问题'……因此，人类自从出现以来，第一次遇到了他真正的、永恒的问题——当从紧迫的经济束缚中解放出来以后，应该怎样来利用他的自由？科学和复利的力量将为他赢得闲暇，而他又该如何来消

---

① 阿马蒂亚·森. 伦理学与经济学[M]. 王宇，王文玉，译. 北京：商务印书馆，2003.

磨这段光阴，生活得更明智而惬意呢？"① 如何在一个物质丰裕的社会让人过上快乐的生活，这几乎可以说是凯恩斯作为一个经济学家与公共知识分子在那个时代发出的"天问"。对于这个"天问"，经济学家们应者寥寥，只是到了差不多半个世纪之后，西托夫斯基推出《无快乐的经济：人类获得满足的心理学》一书后，文化经济学才算有了真正意义的继承者。西托夫斯基是这样回答这个"天问"的："经济对人类幸福的贡献是众所周知的，但缺乏的是理解经济在人类满足的整体框架中的位置、理解幸福的其他来源……解决之道就是文化。"② 也就是说，西托夫斯基从个体层面给予凯恩斯的"天问"——"怎么样过上更好的生活"的答案是"文化"，将文化作为人类的纾困之道，这在哲学、伦理学中并不鲜见，在经济学界就有些"离经叛道"。而恰恰是这种"离经叛道"的行为，给文化经济学带来革命性影响，它让经济学重回人性的基点，并得出"文化是个好东西"这样振聋发聩的结论，这可以视为文化经济学大厦建设的坚实根基。

在《无快乐的经济：人类获得满足的心理学》一书中，西托夫斯基描述了这样一幅现代人类"无快乐"的生活图景：一方面，经济的发展与财富的增加给人们带来更多类型的消费，以及更多快乐的可能性；另一方面，由于消费技巧的缺失，人类却无法让这种可能性变为现实，只能一味地追求舒适，而与快乐渐行渐远。对于这种现象的成因，西托夫斯基从两个层面给予解释：其一，自工业社会以来，教育从"消费技巧训练"演变为"生产技能的培训"，人们开始贬低消费技巧以及文化，并逐渐形成对于文化的理性主义偏见；其二，教育的这种变化让现代人类缺乏寻找快乐的技巧，只能退而求其次，去消费那些无须技巧的舒适，于是，快乐就与人类渐行渐远。在西托夫斯基看来，人类"无快乐"的原因并非源于经济要素，而是源于其他诸多要素，如自我满足、相互刺激、工作中的乐趣等，其中文化"对健全的社会和人群是一个好东西"，或者说，文化是西托夫斯基替人类寻求到的"无快乐"的解决之道。正如后来的评论者所注意到的，西托夫斯基替人类找到的这个答案多少有些个人主义倾向，③ 但是，其所得出的"文化是个好东西"的断语，无疑让文化经济学发展受益匪浅。

---

① 约翰·梅纳德·凯恩斯. 我们后代的经济生活前景［M］//约翰·梅纳德·凯恩斯. 预言与劝说. 赵波，包晓闻，译. 南京：江苏人民出版社，2000.
② 提勃尔·西托夫斯基. 无快乐的经济：人类获得满足的心理学［M］. 高永平，译. 北京：中国人民大学出版社，2008.
③ Marina Bianchi. A questioning economist: Tibor Scitovsky's attempt to bring joy into economics［J］. Journal of Economic Psychology, 2003（24）：391-407.

与西托夫斯基一样，弗雷极力将心理学引入文化经济学，为"文化热衷的问题提供了各种新的经济学方法应用"，这是自威廉·鲍莫尔之后文化经济学中难得一见的创新，而其名著《艺术与经济学：分析与文化政策》就是明证。诚如弗雷所言，"本书的特点之一是试图超越那些被普遍接受的观点，而探索新的途径"。①

正统经济学认为，对于看电视与看戏这两种文化活动，无论其属性有什么样的差异，消费者都能够根据自身偏好做出理性选择，实现效用最大化。但是，弗雷借助心理学的研究成果雄辩地说明，人们在做选择时常常存在"错误预测效用"现象，而在这两类产品上的表现就是"他们低估文化活动的价值，而高估看电视的价值"。② 于是，在消费者的行为选择中常常出现这样的意识：看电视的外在属性十分明显——不用花钱，且不用费力；而看戏的内在属性——如"心流体验"则十分隐蔽，易于忽略。所以，人们在决策时自然给予外在属性更多的权重，所以看电视而非看戏就成为大多数人的选择。对于这种现象，西托夫斯基也有类似的解释："很自然，在消费技巧上的缺乏训练，使得我们把兴趣转向那些需要较少技巧或者不需要技巧的刺激类型上。通过这种方式获得的刺激的新奇性较低，这种低新奇性使得这些刺激不那么令人满足，或者仅仅是中度的满足。这进而使我们排斥所有的刺激，转而钟情于舒适。"③ 比较而言，布鲁诺·弗雷的观点可以说是在新的心理学成就基础上的创造性继承：一方面，他保留了电视与戏剧这两类文化消费的心理学差异，前者是舒适或者成瘾，而后者是刺激或者"心流体验"；另一方面，他又引入了心理学最新的成果，如错误预测效用，从而对人类倾向于观看电视的行为给予更有力的说明。总而言之，布鲁诺·弗雷在前辈——既有诸如凡勃伦、加尔布雷斯、西托夫斯基等经济学前辈，又有诸多当代心理学家——成果的基础上，拓展了人们对于文化经济问题的认识，并贡献了不少的创见，这些都可以被视为文化经济学拓宽自身疆域的重要尝试与成果。

经济学自马歇尔开始，就不得不面对这样的悖论："在这一切方面，经济学家所研究的是一个实际存在的人：不是抽象的或'经济的'人，而是一个有血

---

① 布鲁诺·弗雷. 艺术与经济学：分析与文化政策 [M]. 易晔, 郝青青, 译. 北京：商务印书馆, 2017：8.

② Bruno S Frey, Stephan Meier, Alois Stutzer. Do the Muses Make You Happy? Measuring the Value of the Arts Using Data on Subjective Well-Being [J]. African Journal of Biotechnology, 2015, 14 (9): 2484-2493.

③ 提勃尔·西托夫斯基. 无快乐的经济：人类获得满足的心理学 [M]. 高永平, 译. 北京：中国人民大学出版社, 2008：206.

肉之躯的人"，① 但在实际的研究中却将人抽象化，只研究能够用货币来衡量的动机与欲望。就此而言，西托夫斯基与弗雷这两位文化经济学家及其理论，无疑是经济学发展历程中一次十分重要的拨乱反正，他们一针见血地指出经济学的症结，即将经济学研究建立在片面而抽象的假设——理性人的基础之上，而背离经济学原理的人文传统，因而无法对人类行为加以合理的解释。这也是对文化经济学（原本就是研究人的文化维度的学科）的重要提醒，文化经济学任何时候都不能偏离人性的维度，不能以货币化的经济指标来衡量一切，因为"国民收入充其量只是经济福利的指标，而经济福利仅仅是人类福利的一小部分。国民收入通常仅仅是经济福利的一个拙劣指标"②。

0.3.4 体系构建

自威廉·鲍莫尔提出"成本病"概念并创设文化经济学学科以来，这门新兴学科已经走过了半个世纪，其间文化经济学运用多种经济学理论与方法，解释文化经济的诸多现象与问题，并取得了令人瞩目的成就。在此期间，也有学者试图总结文化经济学的学术史，如大卫·索斯比就曾总结20世纪七八十年代的历史③。马克·布劳格认为，"文化经济学的发展程度介于教育经济学与卫生经济学之间"④。这些总结要么过于宏观，难见学术史之血肉；要么过于局促，难见学术史之全貌。担任《文化经济学刊》主编长达10年的露丝·陶斯（Ruth Towse）教授对文化经济学者有着非同一般的了解与洞察，因而，她能举重若轻地建构文化经济学学术史。

陶斯在观察文化经济学学术史时发现，文化经济学本质上试图运用经济学理论与实证检验来解释创意经济中的各种现象，因此，解释这些问题的方法都本着适应性原则，效用至上，本身并没有什么连贯性，如威廉·鲍莫尔在解释成本病时运用了微观经济学，而艾伦·皮考克在解释遗产问题时则运用了福利经济学，但是有关方法的意识也构成了陶斯梳理问题史的一个重要线索。陶斯认为，"文

---

① 马歇尔. 经济学原理[M]. 宁琦，译. 长沙：湖南文艺出版社，2012：47.
② 提勃尔·西托夫斯基. 无快乐的经济：人类获得满足的心理学[M]. 高永平，译. 北京：中国人民大学出版社，2008：126.
③ David Throsby. The Production and Consumption of the Arts: A View of Cultural Economics [J]. Journal of Economic Literature, 1994, 32 (3): 1-29.
④ Mark Blaug. Where are We Now on Cultural Economics? [J]. Journal of Economic Surveys, 2001, 15 (2).

化经济学是将经济学分析方法应用于创意、表演艺术、遗产和文化产业，不管它是公共还是私人所有。它关注文化领域的经济组织以及生产者、消费者与政府的行为。它涵盖多种方法，主流的、激进的、新古典主义的、福利经济学、公共政策与制度经济学"[1]。在这个概念的基础上，陶斯按照问题与方法的框架，构建了迄今为止最令人信服的文化经济学学术史，这不仅体现在其发表论文的文献综述中，也体现在其系列著作的结构设计上，如《文化经济学教程》《文化经济学手册》等。

文化经济学早期面临的最重要的问题就是政府的艺术资助，在解决这个问题时，文化经济学通过应用与发展福利经济学，取得了不错的成效。这种成效首先就体现在福利经济学为文化组织外部性分析提供了理论框架，从而证明政府通过直接供给或补贴的方式，对表演艺术、博物馆、建筑和非物质遗产的公共干预是正当的。此后，文化经济学又借鉴微观经济学方法，研究了文化需求与供给、艺术市场、艺术经济史、艺术家劳动力市场、"成本病"等问题，而其中威廉·鲍莫尔对于"成本病"的研究标志着这个学科的开始。随着文化经济学的发展，文化经济学家开始关注生产端的劳动力问题，即艺术家劳动力市场，艺术家包括表演者、作者、视觉艺术家、手工艺者等，研究的内容则包含艺术家收入水平、供给现状与内在动机等。与此同时，文化经济学也开始关注版权如何通过经济和道德权利来激励创造性，以及这个产业的不确定性特征等诸多方面。最后值得一提的是，理查德·凯夫斯的《创意产业经济学：艺术的商业之道》对产业组织的研究有突出贡献，该书将契约理论应用于从艺术画廊到更加复杂的电影领域的创意产业组织结构。

除了系统梳理文化经济学学术史之外，陶斯教授的另外一个贡献就是构建文化经济学的学科体系，特别是她出版的《文化经济学教程》一书则更见其作为文化经济学学科建筑师的水平。诚如陶斯自己所言，这是"具有个人特色的文化经济学"，即"将文化经济学的领域从传统领地扩展至更广泛的领域，这个领域包括创意产业以及与之相关的版权法问题"。[2] 纵观文化经济学学术史，不同教材建构学科体系的立足点各不相同，因此所呈现出来的学科框架也异彩纷呈：索斯比的《经济学与文化》就立足于价值理论，借助于文化与经济价值来阐述文

---

[1] Ruth Towse. Editorial [J]. Journal of Cultural Economics, 1994, 18: 1-1.
[2] Ruth Towse. A Textbook of Cultural Economics [M]. New York: Cambridge University Press, 2010: Preface.

化经济问题，其阐述文化经济问题的框架也相对宏观；① 詹姆斯·海尔布伦（James Heilbrun）与查尔斯·格雷（Charles Gray）所著的《艺术与文化经济学》则基本延续经济学的经典框架，分别从宏观与微观角度分析文化经济学问题，其论述的框架在逻辑上相对严谨且易于接受。② 而在《文化经济学教程》中，陶斯教授特别注意到文化经济学所研究对象的领域扩张及其背后的原因，因此她更倾向于从创意及其相关的劳动力与版权出发构建体系：一方面，从创意出发实现文化经济学领域分离，即传统的艺术和遗产领域与创意产业领域分离，从而能够最大限度地辨析两个领域的差异性特征；另一方面，从创意出发强调劳动力与版权的功用与特征，并将其视为文化经济区别于其他领域经济的本质所在，从而起到了拾遗补阙的作用，同时也成就了她个人在版权经济领域的杰出贡献。

作为文化经济学学术史的回顾者，我们似乎应该在结束时对这个学科的未来有所展望，本人自知才疏学浅，无法担当此任。所幸的是，笔者在2017年7月请到陶斯教授，她曾就这个主题向中国学者发表过题为《文化经济学已经改变了什么? 文化经济学仍需改变什么?》的主旨演讲，其中她就文化经济学的未来做出乐观的展望，不妨以此作结："文化经济学作为一门学科已经取得了实证层面的进展，有一些颇具意义的理论应用。但自鲍莫尔的'成本病'概念提出以来，并未出现重大的理论突破。文化经济学研究的意义在于打破了现有的模式，并激发了适用于数字时代的一系列新经济学模式的研究，如网络经济学和平台经济学。数字供应商正在使用新的商业模式，这既包括定价策略也包括非价格策略，例如搭售和产品版本控制。注意这些新的发展会让教师和学生对文化经济学兴趣倍增。"③

---

① David Throsby. Economics and culture [M]. New York：Cambridge University Press, 2001.
② James Heilbrun, Charles Gray. The Economics of Art and Culture [M]. New York：Cambridge University Press, 2004.
③ Ruth Towse. What Has Changed in the Cultural Economy? and What Should Change in Cultural Economics'? [Z]. lecture note for a keynote speech at Central University of Finance and Economics, Beijing, China, 2017.

1 | 文化经济学的历史序曲

1.1 凯恩斯

导 读

众所周知,凯恩斯被称为"战后繁荣之父"与"宏观经济学之父",这两个名号足以让其名垂青史,笔者想他本人对于本书所给予的"文化经济学奠基者"的称号,也许不会太在意。而且学术界对此似乎也并不太在意,除了詹姆斯·海尔布伦(James Heilbrun)发表的《凯恩斯与文化经济学》[1]一文对凯恩斯与文化经济学之间的关联略有描述之外,几乎没有专门的著作来论述其文化经济学思想。倒是文化经济学家露丝·陶斯教授,在其担任主编的《文化经济学刊》中描述文化经济学学术史时说:"文化经济学已经吸引很多重量级的经济学家,包括鲍莫尔、布劳格、皮考克、杨潘(Jan Pen)、加尔布雷斯、西托夫斯基,在他们之前,凯恩斯和罗宾斯不仅在艺术经济问题上有所涉猎,而且在英国的艺术管理中贡献巨大。"[2]我们可以说,鲍莫尔是文化经济学的开创者,正式拉开戏剧演出的大幕,那么凯恩斯则无疑创作了大幕拉开前的序曲,正是他为戏剧奠定了基调。我们认为,凯恩斯是文化经济学史前史的第一位重要人物,这不仅是因为凯恩斯主义是文化经济学诞生的重要社会背景与理论基础,而且可以毫不夸张地说,如果没有经济学上的凯恩斯主义就没有文化经济学的发轫,更重要的是凯恩斯对于艺术有着持续的关注与杰出的影响:英国艺术委员会无疑是凯恩斯在文化领域的重要实践作品,它无疑是文化经济政策领域最伟大的创造之一;凯恩斯从

---

[1] James Heilbrun. Keynes and the Economics of the Arts [J]. Journal of Cultural Economics, 1984, 8 (2): 37-49.

[2] Ruth Towse. Editorial [J]. Journal of Cultural Economics, 1994 (18): 1-1.

经济学家的视角所发表的有关文化的言论，特别是《艺术与政府》《艺术委员会：政策与希望》等也堪称文化经济学经典作品，具有重要的理论价值。作为开篇，我们选择了凯恩斯的两篇代表性作品——《我们后代的经济生活前景》《艺术与政府》，在解读其核心文化经济思想的同时，也希望借此揭示它们在文化经济学中的奠基意义。

要想理解《我们后代的经济生活前景》，就有必要知晓这篇文章写作的背景——1929年的英国，当时人均实际GDP水平约为5 503国际元，① 这个数值要高于我国2017年人均GDP水平（大约4 142国际元），其购买力相当惊人，这说明当时英国国内人们的物质生活水平虽然受到经济大萧条的影响，但是仍然相当富足，或者说已经进入凡勃伦所谓的"丰裕社会"。在人类历史的这样一个重要时间节点上，凯恩斯回顾历史，认为传统社会"这种缓慢的发展速度，或者说发展的停滞，是由于两个原因：一是极其缺乏重大的技术革新；二就是未能进行资本积累"②；展望未来，技术进步与资本积累将使人类进入一个崭新的境地，"所有这一切都意味着，从长远看，人类终将解决其经济问题。我敢预言，100年后进步国家的生活水平将比现在高4~8倍"③。这也就意味着，人类在未来将彻底解决经济问题，人类面对的将不再是物质欠缺的贫困，而是处于一个物质极大丰富的丰裕社会。站在当下的中国，两者的人均GDP水平相当（不考虑购买力的差异），如果换作我们，在这个时间节点上我们将思考什么问题？

差不多100年前，凯恩斯的思考却似乎有悖常理，而且他在思考这个问题之后深感恐惧，"没有任何国家、任何民族，能够在期待这种多暇而丰裕时代的同时，不怀有丝毫的忧惧。在国内，长久以来，我们都是被训练着去奋斗而不是去享受。对那些没有特殊才能来寄托身心的普通人来说，这是件可怕的事，特别是当他再也不能在传统社会的温床和他所珍视的那些风俗习惯中找到自己的根基时，这个问题就显得尤为严重。从今天世界任何一个角落的富裕阶层的所作所为和取得的成就来看，解决这个问题的前景是非常黯淡的"。④ 其实，凯恩斯的这段话主要涉及两个主题：其一，挑明问题的本质，即在丰裕社会人类却无法享受

---

① 安格斯·麦迪森. 世界经济千年统计[M]. 伍晓鹰, 施发启, 译. 北京：北京大学出版社, 2009: 58.
② 约翰·梅纳德·凯恩斯. 我们后代的经济生活前景[M]//约翰·梅纳德·凯恩斯. 预言与劝说. 赵波, 包晓闻, 译. 南京：江苏人民出版社, 2000.
③ 约翰·梅纳德·凯恩斯. 我们后代的经济生活前景[M]//约翰·梅纳德·凯恩斯. 预言与劝说. 赵波, 包晓闻, 译. 南京：江苏人民出版社, 2000.
④ 约翰·梅纳德·凯恩斯. 我们后代的经济生活前景[M]//约翰·梅纳德·凯恩斯. 预言与劝说. 赵波, 包晓闻, 译. 南京：江苏人民出版社, 2000.

社会发展所带来的"多暇与丰裕",无法过上"美好生活";其二,探讨这个问题产生的原因,即人类对于这个即将到来的丰裕社会并无准备,而传统才能无法应对这个问题。这两个问题被后来的学者概括为"凯恩斯之问"——物质丰裕并不等于美好生活,或者说是为什么人类越来越富有,却越来越不幸福。显然,追寻"凯恩斯之问"是我们正确解读这篇雄文的唯一正确方式。

也许,在凯恩斯所处的时代,这个话题的讨论只是天才的直觉,不过随着丰裕社会逐渐变为现实,人类对这个问题的认识也逐渐明晰起来。例如,加尔布雷斯在《丰裕社会》中讨论人类在丰裕社会所面临的新问题,对此学界早已熟知。这里值得一提的是,著名经济学家提勃尔·西托夫斯基,他算是凯恩斯的真正知音,将"凯恩斯之问"概括为"提勃尔悖论",也就是个人财富收入与快乐之间的背离现象,"在大约25年的时间里,人均实际收入提高了62%,但是那些认为自己'很幸福'、'相当幸福'和'不太幸福'的人的比率几乎没有任何变化。我们的经济福利一直在升高,但作为结果,我们并没有变得幸福"[1]。另外,经济学界比较熟悉的研究是1974年经济学家理查德·伊斯特林(R. Easterlin),在对多个国家人们的幸福感与GDP的数据进行分析的基础上发表了《经济增长是否能改善人类命运》,其结论是"可能不会",学界称之为"伊斯特林矛盾"。[2]简言之,丰裕社会并不意味着美好生活,物质丰裕也不意味着幸福,这就是"凯恩斯之问"的核心。

有问自然应该有答,即便是解决问题的希望十分渺茫,凯恩斯还是为其后代给出了自己的解决之道:"当这种丰裕实现以后,只有这些人才能在这种丰裕中获得享受:他们不会为了生活的手段而出卖自己,能够使生活的艺术永葆青春,并将之发扬光大,提升到更高境界。"[3]多年以后,另外一位经济学家提勃尔·西托夫斯基在其著作《无快乐的经济:人类获得满足的心理学》中几乎同样在思考这个问题:"经济对人类幸福的贡献是众所周知的,但缺乏的是理解经济在人类满足的整体框架中的位置,理解幸福的其他来源……解决之道就是文化。文化获得就属于这一类高尚的活动。它产出'爱',不是为了针对受益者的爱,而是

---

[1] 提勃尔·西托夫斯基. 无快乐的经济:人类获得满足的心理学 [M]. 高永平,译. 北京:中国人民大学出版社,2008:117.

[2] Easterlin R A. Does Economic Growth Improve the Human Lot? Some Empirical Evidence [M] //Paul A David, Melvin W Reder. Nations and Households in Economic Growth. New York: Academic Press, 1974.

[3] 约翰·梅纳德·凯恩斯. 我们后代的经济生活前景 [M] //约翰·梅纳德·凯恩斯. 预言与劝说. 赵波、包晓闻,译. 南京:江苏人民出版社,2000.

对获得本身的爱。这就是我称文化为好东西的一个原因……换言之，它不仅能够到处造福，而且还能够减少痛苦。"① 如果说提勃尔·西托夫斯基对于个体"怎样过上更好的生活"的答案是"文化"，那么凯恩斯给出的答案则是"富于激情的思索与交流，它的适宜的对象是被爱的个人、美和真，生活的首要目标就是爱，就是审美经历的创造和体验，就是对知识的追求。在这三者之中，爱又首当其冲"②。细心的读者应该得出这样一种结论——"文化是个好东西"，但是，这个结论其实是凯恩斯总结人生经历所给出的答案，读者诸君恐怕很难从中读出全部的答案，本人比较切实的建议是，请各位不妨抛开各种外在身份，以一个活生生的个体，面对"凯恩斯之问"，并以自己的全部经历，去为自己回答这个问题，你就能真正读懂这部分内容。

如果说《我们后代的经济生活前景》是篇发"天问"的雄文，颇为费解的话，那么《艺术与政府》就只是一篇中规中矩的理论文章，理解起来就要简单多了。这篇文章其实是《听众》期刊编辑 J. R. 爱克利邀请凯恩斯作为艺术政策系列论文的主持人而写的，爱克利在邀请信中对文章这样要求道："其一，具有思想的一般读者都会把艺术与政府联系起来考虑，这篇文章——可以这么说——应该从国家与艺术的关系的角度阐述这个问题；其二，我们最好请一位对这个问题感兴趣的非艺术专业人士来撰写这篇文章，您就是最佳人选。"③ 原本一组稀松平常的小论文，居然要扯上凯恩斯的大旗，多少有些小题大做，不过，历史告诉我们，这种小题大做，甚至将凯恩斯作为"最佳人选"是大有原因的。

正如《艺术与政府》作者开篇就说的，"古人都知道，公众不仅需要面包，还需要马戏团"，也就是说，自古以来艺术与政府就有着密切的关系，这不仅体现在公众要生存，还要留下生存的记录，而且体现在古代的统治者为了彰显荣耀，将很大一部分财富用于仪式或艺术品，如巨石阵、索尔兹伯里大教堂。可以说，这种历史传统从人类社会形成之初就开始了，并绵延至 19 世纪，只不过 19 世纪的艺术资助者多是贵族，而非国家和君主。然而，到了 19 世纪，特别是英国，一种最可怕的异端邪说甚嚣尘上，这就是功利主义的经济思想，"人们追求

---

① 提勃尔·西托夫斯基. 无快乐的经济：人类获得满足的心理学 [M]. 高永平，译. 北京：中国人民大学出版社，2008.
② 约翰·梅纳德·凯恩斯. 我的早期信仰 [M] //约翰·梅纳德·凯恩斯. 精英的聚会. 刘玉波，董波，译. 南京：江苏人民出版社，1997.
③ J R 爱克利. J. R. 爱克利1936年5月27日的来信 [M] //约翰·梅纳德·凯恩斯. 凯恩斯社会、政治和文学论集. 严忠志，译. 北京：商务印书馆，2014：405.

的是面包,只有面包……人们已经让自己相信,国家在非经济目的上花费半个便士也是邪恶之举,甚至教育和公共卫生也只能以假借经济之名,悄悄混进来,理由是它们'是有回报的'"①。历史与现实的强烈对比,让凯恩斯对英国政府与艺术的关系深感失望,"如今,人们的责任观、目的观、国家的荣誉和光荣观已经大大降低,由此可见一斑"。其实,凯恩斯这里所批评的正是自由市场主义者关于政府的观念,即"政府不应当去做或试图去做任何事,这是普遍的原则;在这些场合,政府的座右铭或格言应当是——无为而治"②。这种自由主义的思潮占据统治性地位,任何政府与艺术的关联都被视为"邪恶之举",要想冲破这种禁锢,非凯恩斯主义不可,而且凯恩斯本人对艺术的青睐也让其乐于效劳。由此,我们大致就可以了解《艺术与政府》这篇文章的主旨,即基于凯恩斯的政府干预思想,系统论述政府与艺术关系的原则以及艺术政策的对象与手段,按照凯恩斯自己的表述就是:"我们不能在抽象的基础上来解决这个问题,而应当具体地根据其长短利弊来加以处理。……也许目前经济学家们的首要任务是重新将政府的'任务'与'非任务'区分开来;而政治学的共同任务则是设计出在民主政体下能够完成'任务'的政府形式"。③ 其实,更直白地说,凯恩斯要解决的是两个问题,即"为什么"与"怎么样",这也是艺术政策的经典问题,后文我们会看到几代学人为此殚精竭虑,在不同的背景下给出不同的答案。

在凯恩斯看来,如果不是抽象地分析艺术的话,就会发现艺术其实有两种不同性质的功能:其一,各种永久性纪念碑,它们表达了时代精神,让人们感受到社会归属感;其二,各种短暂的仪式、表演和娱乐活动,它们让普通民众工作之余获得愉悦。前者彰显了国家的尊严与荣耀,自然属于公共事务,当属国家所应该承担的"任务";而后者,凯恩斯以英国广播公司为例作类比分析后认为,它在公众娱乐与教育两个方面做出了巨大贡献,其公共属性十分显著。质言之,如果从社会发展及其需求的角度而言,无论是社会共同体层面的荣耀感,还是个体层面的娱乐与教育功能,都充分证明艺术符合善良目标且具有公共属性,应该根据其公共性程度将其纳入政府的"任务"。

---

① 约翰·梅纳德·凯恩斯. 艺术与政府 [M] //约翰·梅纳德·凯恩斯. 凯恩斯社会、政治和文学论集. 严忠志,译. 北京:商务印书馆,2014:412-420.
② 边沁. 政治经济学手册 [M] //约翰·梅纳德·凯恩斯. 预言与劝说. 赵波,包晓闻,译. 南京:江苏人民出版社,2000.
③ 约翰·梅纳德·凯恩斯. 自由放任主义的终结 [M] //约翰·梅纳德·凯恩斯. 预言与劝说. 赵波,包晓闻,译. 南京:江苏人民出版社,2000.

当政府确定艺术领域应该履行的"任务"之后,关键的问题就是如何更好地完成这个任务。这一方面包括"政府如何才能发挥最佳作用",并扮演什么样的积极角色;另一方面则包括设计什么样的组织形式来完成任务。对于前一个问题,凯恩斯自认为很难作答,"我们必须采用尝试错误法,一点一点地学习"。凯恩斯对艺术领域的政府角色高度谨慎,这不仅与他对艺术行业特殊性的高度认知有关,而且与他对当前以及过往的各种制度不满意有关。在他看来,独裁国家(如德国和意大利)的制度虽然有利于社会团结,却极具危险性,因此不值得效仿;而法国、美国与英国等民主国家的社会制度则十分孱弱,以至于"任何尝试都比现在的制度要好一些"。与此同时,作为一名杰出的鉴赏家,凯恩斯对艺术家的诉求有着深刻的理解,"艺术家需要经济方面的保障,需要得到足以为生的收入;在这两点得到满足的情况下,他希望在为公众和雇主服务的同时,保持自己的独立性"。基于此,凯恩斯对政府支持艺术的政策提出了原则性要求,"也许,给艺术家提供最佳帮助的方式是在社会上形成这样的氛围:人们慷慨大方,坦诚相待,宽仁大度,鼓励实验,乐观豁达,希望发现美好的事物"。也就是说,艺术领域的政策并不意味着政府要干预艺术,对艺术指手画脚,其根本要义在于为艺术发展与繁荣营造一种良好的社会氛围,这不仅体现在社会对于艺术慷慨解囊,而且体现在社会对于艺术有着良好的品位与偏好。凯恩斯的这段文字被很多官方文化政策文件所引述,可谓文化政策之圭臬。当然,对此最为精确的注脚当然是其领导的英国艺术委员会,他缔造的这个组织一直被视为政府资助艺术的典范,在其后的半个多世纪中各国竞相效法,如今全球有 80 多个国家成立类似机构①,这些都可以被视为凯恩斯的精神遗产。

1.1.1 我们后代的经济生活前景

我们刚刚遭受了经济悲观主义的沉重打击。人们常常说,以经济快速增长为特征的 19 世纪将一去不返;生活水平的迅速提高如今将放缓,至少在英国如此;我们更有可能遭遇繁荣的逝去,而不是前 10 年的不断改善。

我认为,我们显然误解了当下发生的事情。我们遭受的不是"老年风湿病",而是过快成长的痛苦,是经济转型调整的痛苦。技术效率的提高已经超过

---

① Madden C. The Independence of Government Arts Funding: A Review [R/OL]. D'Art Topics in Arts Policy, 2009 (9). http://www.ifacca.org/themes.

我们消化劳动力的速度；生活水平的改善也有点太快了；世界银行和货币体系一直阻止利率下降，以维持经济平衡所需的水平。即便如此，由此造成的浪费和混乱，也不足国民收入的 7.5%；如果每英镑浪费掉 1 先令和 6 便士，那么我们只剩了 18 先令 6 便士，如果没有这种浪费的话，我可以拥有整整 1 英镑；然而，即便如此，如今的 18 先令 6 便士，也相当于五六年前的 1 英镑。我们忘记了，1929 年英国工业的实际产出，比以往任何时候都要大，在支付所有进口之后，能用于新的海外投资的净国际收支余额，比任何其他国家都多，甚至比美国高出 50%。如果要进行比较的话，假设我们将工资降低一半，拒绝清偿 4/5 的国债，并将剩余的财富以不能生利的黄金形式囤积起来，而不是以 6% 或更高的利率借出，即便如此，我们的情形也不会差于备受人们羡慕的法国。但这能算是一种进步吗？

如今全球普遍萧条，这个世界有着充分的需求，却同时有着庞大、反常的失业现象，我们曾经犯下致命的错误，这使得我们无法看清表象之下的现实，也无法正确解释事态的趋势。按照我的预言，如今全球甚嚣尘上的两个对立的悲观主义观念，将被我们这个时代证明是错误的：革命派的悲观主义认为情况如此糟糕，只有剧烈的变革才能拯救我们；反动派的悲观主义认为经济和社会生活的平衡极不稳定，因此我们不能冒险做任何实验。

然而，本文目的并不是审视现在或不久的将来，而是让自己远离短视，展翅翱翔于未来。一百年后，我们的经济生活水平，能达到什么样的预期呢？我们的后辈在经济上有哪些可能性？

从我们有记录的最早时代开始，比如说追溯到基督诞生前的两千年至 18 世纪初，生活在地球文明中心普通人的生活水平，没有发生多大变化。当然，其中不乏起伏，也不乏瘟疫、饥荒和战争，以及若干人类发展的黄金时间作为间隔。但总的来说，我们的生活水平并没有激进的变化。从有记录开始到公元 1700 年的 4 000 多年时间里，有些时期也许比其他时期好 50%，但最多也不会达到 100%。

这个阶段的进展速度缓慢或缺乏进展，主要归于两个方面的原因，即缺乏重要的技术突破和资本积累不足。

显然，尤其值得注意的是，在史前时代和相对意义上的现代之间，几乎没有重要的技术发明。凡是现代社会开始之前，人类所拥有的几乎所有真正重要的东西，早在历史开始之初就已为人类所知。语言、火、今天的家畜、小麦、大麦、藤蔓和橄榄、犁、轮子、桨、帆、皮革、亚麻和布、砖头和锅、金和银、铜、锡、铅、铁,以及银行、治国之道、数学、天文学和宗教等,这其中铁发现于公元前1 000年之前,而至于我们何时拥有上述其他各项事物则缺乏记录。

在有记载的历史开始之前的某个阶段,甚至在最近一次冰河时代之前的某个舒适的间隔期,一定有一个进步和创新的时代,可以与我们的时代相媲美。但是,有记载的历史的大部分时间,都没有这样的情况。

在我看来,现代社会开启于资本积累,其时间大概是16世纪。我相信——我不能在此予以讨论,以免喧宾夺主——这最初是由于价格上涨,以及由此带来的利润,这是西班牙从新大陆带到旧世界的黄金和白银宝藏所致。从那时到今天,资本按复利计算所积累的力量,似乎已经沉睡许久,如今其力量又开始复活了。两百年来复利的力量如此巨大,完全超出人们的想象力。

让我举例说明一下我算出来的数字。据估计,英国目前的海外投资价值约为40亿英镑,它每年给我们带来了大约6.5%的利息收入。我们将其中一半带回国内享受;另一半,即3.25%,留在国外以复利方式积累起来,这种情况已经持续了大约250年。

英国对外投资的起源,可以追溯到1580年的德雷克(Drake),他从西班牙偷走了大批宝藏。同年,他乘金鹿号(Golden Hind)从富庶的印度带回大量掠夺的财物。伊丽莎白女王是资助这次探险的辛迪加的大股东。她用自己的股份偿还了英国全部外债,平衡了预算,发现自己手头上还有大约4万英镑余额。她将这笔钱投资于黎凡特公司(Levant Company),后来这家公司也兴旺起来了。她又从黎凡特公司的利润中,拨款设立东印度公司;这家巨型企业的利润是英国随后海外投资的基础。现在发生的情况是,英国在不同时期的海外投资的40 000英镑,按3%的复利累积起来,如今已达到4 000 000 000英镑,这就是我们前面已经提到的目前我国海外投资的总额。因此,德雷克1580年带回家的每1英镑,如今已经变成了10万英镑,这就是复利的力量!

自16世纪开始,伟大的科学和技术发明时代开始了,18世纪以后迎来一个高潮,到了19世纪初,则到达了巅峰——煤炭、蒸汽、电力、汽油、钢铁、橡胶、棉花、化学工业、自动机械和大规模生产方法、无线电技术、印刷技术等新产品和新技术层出不穷,还有其他家喻户晓的伟大人物,如牛顿、达尔文和爱因斯坦横空出世。

这带来什么样的结果?尽管世界人口有了巨大的增长,相应地需要更多的房屋和机器,但是,欧洲和美国的平均生活水平,还是提高了大约4倍。资本的增长规模,远远超过了以往任何时代总和的100余倍。从现在起,人口未必会再有这么大的增长速度了。

如果资本每年增加2%，那么世界的固定资产将在20年内增加一半，100年内就会增加7倍半。我们可从物质的角度——比如房子、交通等方面，来想这个问题。

与此同时，在过去10年中，制造和运输方面的技术进步速度，比以往任何时候都要快得多。美国1925年工厂的人均产出比1919年增加了40%。在欧洲，我们受到暂时障碍的影响，即便如此，仍可以肯定地说，技术效率正以每年超过1%的复合速度增长。有证据表明，到目前为止主要影响工业的革命性技术变革，可能很快就会影响农业，也许我们正处于粮食生产效率提高的前夕，这类似于采矿、制造和运输曾经的历史。在未来的几年里，我的意思是，在我们自己的有生之年，我们也许能够用人类已经习惯的努力的1/4，来完成农业、采矿和制造业的所有工作。

就目前而言，这些变化的速度之快，正在伤害我们，并带来棘手的问题。那些不算先进的国家，相对而言就遭受不少痛苦。我们正遭受一种新"疾病"的折磨，一些读者可能还没有听说过它的名字，但未来将不断地听到这种"疾病"，这就是技术性失业。这意味着失业不是因为别的什么，而是因为发现了节约劳动力的方法，而且其速度超过了劳动力找到新用途的速度。

但这只是一个暂时的失调。所有这些都意味着，从长远来看，人类正在解决经济问题。我可以预测，100年后，进步国家的生活水平，将是今天的4~8倍。即使根据目前的知识，这也是意料之中，而且即便这种估计有些乐观，也不至于是异想天开。

为了便于讨论，让我们假设，100年后，从经济意义上讲，我们所有人的平均经济状况比今天要好8倍。当然，这并不足为奇。

的确，人类的需求似乎永无止境。它们大致可分为两类：一类是绝对的需求，即无论人类处境如何，我们都能感受到它们；另一类是相对的需求，即只有当这种需求的满足使我们感觉优于同类时，才能感受到它们。第二类需求，也就是那些满足优越感的需要，确实是无法满足的，而且整体水平越高，其需求也就越高。但对于绝对需要，情况则并非如此，它很快就能得到满足，其速度之快，甚至超出了我们的想象，而当这种需求得到满足时，我们就会将更多的精力用于非经济的目标。

现在来看看我的结论，随着你思考的深入，你越来越发现，这个问题超出你的想象力。

这个结论就是，假定没有重大的战争，也没有重大的人口增长，经济问题在100年内得到解决，或至少可望得到解决。这意味着，如果我们展望未来，经济问题将不是人类的永恒问题。

你可能会问，为什么这是如此令人震惊？这是因为——如果我们不是展望未来，而是回顾过去——我们发现，经济问题、求生问题一直是人类迄今最主要、最紧迫的问题，而且不仅是人类的问题，也是从最原始形式生命开始的整个生物王国所面临的问题。

因此，为了解决经济问题，我们由大自然不断进化出全部的冲动和最深的本能。如果经济问题得到解决，人类的传统目的便没了用武之地。

这难道有好处吗？如果一个人完全相信生活的真正价值，那么这个前景至少展示了人们由此受益的可能性。普通人的习惯与本能，乃是经过无数代孕育而来，如今要在几代之间，悉数抛弃，并脱胎换骨，这绝非易事。念及此事，我深感恐惧。

用今天的语言来说，是不是会有普遍的"精神崩溃"？我们已经有了精神崩溃方面的些许经验，而且这种情形在英美两国颇为普遍，特别是富裕阶层的妻子，那些不幸的妇女，多数被剥夺了传统工作和职业的福利，当缺乏经济动力的刺激时，她们颇感无趣，只是做些做饭、打扫等日常琐事，除此之外就再也找不到更有趣的事情了。

对于那些为了每日面包而拼搏的人来说，闲暇就是一种渴望，就像对甜食的渴望，直至得到为止。有位女工的墓志铭这样写道："朋友们，不要为我哀悼，永远不要为我哭泣，因为我将无所事事，直至永远。"这就是她的天堂。与其他渴望闲暇的人一样，她想象将时间花在倾听上将有多么美好，她的诗里还有一句："天堂将会响起，赞美诗和悦耳的音乐，但这些都将与我无关。"

然而，只有那些不得不歌唱的人，才能忍受这样的生活，但我们有几个人会唱歌呢！

因此，人类将第一次面对真正的、永恒的问题，如何利用摆脱经济压力后所拥有的自由，如何利用科学和复利所赢来的闲暇时间，过上明智、舒适和美好的生活。

终日辛劳、目标明确的逐利之人，将带着这些特征达到丰裕的状态。但是，要想享受丰裕，我们就应该保持生命活力，培养生活艺术，并使之臻于完美，而不是为了换取生活手段而出卖自己。

然而，在我看来，这个世界上没有任何国家和民族，可以毫无畏惧地期待着这个丰裕的时代。因为我们长期以来被训练着去奋斗而不是享受。对于那些没有特殊才能寄托内心的普通人而言，这是一个可怕的问题，特别是如果他无法在传统社会找到让其立足的土壤，这个问题就更为可怕。从今天世界任何地区富裕阶层的行为与成就来看，解决这个问题的前景令人沮丧！因为他们可以说是先遣队，他们为我们所有人窥探应许之地，并在那里安营扎寨。不幸的是，这些人的绝大多数都以惨败而告终。因此，在我看来，似乎只有那些有着独立收入却又无社会关系或职责羁绊的人，才有可能找到答案。

我确信，有了更多的经验，我们将利用新发现的自然资源，其方式将与今天富人的使用方式大相径庭，我们将为自己制订一个与其完全不同的生活计划。

在未来的许多年里，人性的"劣根性"（the old Adam）仍将十分强大，因此，任何人如果想要获得满足的话，就需要做些事情。比起如今的富人而言，到那时我们将为自己做更多的事，而且只要有事，哪怕是日常琐事，我们也乐于承担。但除此之外，我们将努力把面包摊薄，放在黄油上，也就是说，为了让更多的人有事可干，我们将工作尽量分摊开来。3个小时一个轮班，或一周工作15个小时，就能在相当长时间内缓解这个问题。一天工作3个小时，就足够满足我们大多数人要做点什么的"劣根性"。

我们必须预计到其他方面的变化。当财富的积累不再具有很高的社会重要性时，道德规范就会发生巨大的变革。我们将能够摆脱两百年来困扰我们的许多伪道德原则——我们把不少最令人讨厌的品质，提升到最高美德的地位。我们将有能力评估金钱动机的真正价值。把对金钱的爱作为一种占有——区别于把对金钱的爱作为享受与实现生活的一种手段——将被承认是一种多少令人厌恶的病态，是一种半属犯罪、半属病态的倾向，人们不得不将其移交给精神病专家。那些影响财富分配和经济奖惩的各种社会习俗和经济惯例，尽管它们本身是令人厌恶且不公正的，但在促进资本积累方面极为有用，所以我们现在不惜一切代价予以维持，但是，最终人类将从中解脱出来，并将抛弃它们。

当然，即便到那时，仍会有许多人怀着强烈的、永不满足的目标，盲目地追求财富，除非他们能找到一些看似合理的替代品。但是，我们其余的人将不再有任何义务为其鼓掌并激励他们。到那时，我们将在比今天更加稳妥的状态下更加好奇地探索，大自然在不同程度上赋予几乎所有人这种"目的性"的真正本质。因为有目的性就意味着我们更关心行动之外的未来结果，而不是行动本身的质量或其对环境的直接影响。那些"有目的"的人，总是试图将其对行为的兴趣延后，以确保其行为具有一种虚假的、妄想的不朽性。他所喜欢的不是猫，而是猫所生的小猫；事实上，也不是小猫，而是小猫生的小猫，如此反复，直至永远。对他来说，果酱不是果酱，除非它是明天的果酱，而不是今天的果酱。因此，通过将他的果酱推进到未来，他努力确保从其行为中升华出一种不朽来。

让我回忆一下《西尔维和布鲁诺》(*Sylvie and Bruno*)中的那位教授：

"我是裁缝，先生，我带着您的账单。"门外传来一个温顺的声音。

"啊，好吧，我很快就能搞定他的事。"教授对孩子们说，"请稍等一会儿，今年多少钱，伙计？"说话间，裁缝就进来了。

"嗯，这笔账每年翻一番，已经有些年头了，你看。"裁缝有点生硬地回答，"我现在想要这笔钱了，一共是两千镑！"

"哦，那不算什么！"教授漫不经心地说着，摸摸口袋，好像总是随身带着那笔钱似的，"但你就不想再等一年？马上就是四千镑了，想想你会多有钱！如果你愿意的话，你都能成为国王了！"

那人若有所思地说："我不知道我是否在乎成为一个国王，但是，这听起来的确是一笔不小的数目，好吧，我想我就等等。"

"你当然会的！"教授说，"我明白了，你有很好的判断力。祝你日安，伙计！"

"你还得付给他那四千英镑吗？"当门关上时，西尔维问道。

"永远不会，我的孩子！"教授断然回答道，"他会继续加倍，直到死去。你看，再等一年就能拿到两倍的钱，总是值得的。"

也许这并非偶然，我们这个民族总是最大限度地将永生的希望，带进宗教的核心和本质之中，我们按照复利原则忙忙碌碌，并且热衷于具有目的性的人类制度。

因此，当我们进入自由之境，我们就可以回到宗教和传统美德最可靠的原则——贪婪是一种罪恶，高利贷盘剥是一种不端行为，爱好金钱是可憎的。对于那些真正地走在美德和理智道路上的人，他们对于明天的顾虑就会更少。我们将再次将目标置于手段之上，更喜欢好的东西，而不是有用的东西。我们将尊敬那些能够教我们如何善待时日的人，那些能够直接享受事物愉悦的人，他们既不劳累如牛马，也不会虚度年华，而是沉醉于自然之秘境。

但要小心！现在还为时尚早，至少要百年之后。如今我们必须自欺欺人地将美说成丑的、将丑说成美的，只是因为丑是有用的，而美是无用的。在相当长的时间内，我们仍将贪婪、高利贷与谨慎视为神明。因为只有它们才能带领我们走出经济必要性的隧道，走向光明。

因此，我期待着在不那么遥远的日子里，人类生活的物质环境将发生有史以来最大的变化。当然，这一切都将逐渐发生，而不会是巨变。事实上，它已经开始了。事态的发展就是，越来越多的阶层和群体，实际上已经摆脱了经济需要的羁绊。当这些成为普遍的现象，以致每个人对邻居责任的性质发生改变，其本质性差别才能实现。因为经济目的虽然对其而言，已经不具有合理性，但是对其他人而言仍然具有合理性。

我们达到经济伊甸园的速度，将取决于四件事——控制人口的能力，避免战争和内部纷争的决心，愿意将那些与科学有关之事委托给科学，以及生产和消费之间差距所决定的积累率。如果前三个没有问题的话，最后一个就会迎刃而解。

同时，在目的性行为之外，鼓励生活的艺术，并尝试做一些试验，这些为我们终极目标所做的些许准备不无益处。

但是，最重要的是，不要过高估计经济问题的重要性，或者为经济问题所谓的必要性，牺牲其他具有更大和更持久意义的事情。经济问题应该由专家来处理，就像牙病需要牙医一样。如果经济学家能设法让人们认为自己是谦逊、能干的人，就像牙医治牙病一样管用，那就善莫大焉！

1.1.2 艺术与政府

古人都知道，公众不仅需要面包，还需要马戏团。而且，除了政策之外，统治者为了自己的荣耀和满足，也花费大量国民财富，用于仪式、艺术品和宏伟的建筑。这些政策、习惯和传统，并不仅限于希腊和罗马。早在人类赤手空拳行天下之时，就有这样的记录，以后其形式与目的不断变化。这些记录可以从巨石阵算起，至索尔兹伯里大教堂，直至克里斯托弗·雷恩爵士（Sir Christopher Wren）、路易十四和彼得大帝时期。到了18、19世纪，富有的贵族取代君主成为资助者，以私人的、利己主义且不断萎缩的方式继续提供资助，与此同时，教会的资助也在不断萎缩。但是，自18世纪开始，直至19世纪达到顶峰，人们对国家和社会的职能有了新看法，而这种看法至今还统治着我们。

这种观点是功利主义和经济的（或者可以说是财务的）想法，它几乎成为整个社会唯一值得尊敬的目标；这是最可怕的异端邪说，但是，可悲的是，它却得到了文明社会子民的领首称道。人们所关心的是面包，而且只有面包。诗人和艺术家，偶尔能勉强地对这些异端邪说说不。我想也许亲王是最后的位高权重的抗议者，但财政部的观点占了上风，不仅在实践上，而且在理论方面。我们已经说服自己，对国家来说，即便花半分钱用于非经济目的都是非常邪恶的。即使教育和公共卫生，也以经济之名潜入，原因是它们是有"回报的"。为了解决到底是将牛奶倒进下水道，还是喂给学校的孩子，我们仍在人为地曲解商业算术。只有一种形式的开支——战争，由于计算错误而从英雄年代幸存下来。即便是战争，有时也必须假装是经济的。如果出现某些非经济的开支，就成为公开的丑闻，人们普遍认为，应该否决这种开支，应该转而向私人请求施舍。

如果我们没有形成习惯的话，这些开支的顺利实施将是令人难以置信的。一个突出的例子是，出于健康、娱乐、舒适或自然美的原因，我们需要保护乡村以免过度开发。这是一个特别好的例子，它说明我们如何被一种歪曲的国家理论所左右：这不仅不涉及政府资源的支出，最多只是资源从一个口袋转到另一个口袋；而且也不涉及国家统一性等此类重要且紧迫的问题。当泰晤士河岸的一段陡峭地带或者其他地方的一段斜坡要被摧毁时，首相并没有想到，显而易见的补救办法就是政府禁止暴行并予以赔偿（如果有的话），但这也是不经济的。大概没有人比他更在意于此，但他只是财政部奴仆而已，除了写信给《泰晤士报》推脱责任之外，别无他策。他甚至亲自帮助打理一项由外籍人士捐赠的慈善基金，时不时地为防止类似"莎士比亚的悬崖变成水泥"等事项提供资助。今天，我们如此低估责任、目的和观念，以及国家的荣耀与声誉。

我们认为，保存较早时期遗留下来民族纪念碑，要依赖于具有公益精神的个人所提供的不稳定和不充分的捐助，而不是整个国家。林肯大教堂，作为英国两千年都城的加冕之冠，也许会在财政部因不经济而拒绝资助之前就已经轰然倒地，这样看就不足为奇了。中央政府将不再建造巴比伦的悬空花园，也不再建造金字塔、帕特农神庙、竞技场、大教堂、宫殿，甚至也不再建造大教堂、公共场所等。我们在公共建筑艺术方面最伟大的举措就只有主干道，即便是主干道也要打着经济必要性的幌子，因为为其所征收的特别税将带来意想不到的回报，而且并非所有这些回报都可以用于其他目的。

比庄严和壮美的永久纪念碑——历代人在历史进程中借此表达其精神——更重要的是，短暂的仪式、表演和娱乐，普通人在工作之余借此享受快乐与休闲，更让他觉得自己是与这样一个更美好、更有天赋、更辉煌也更无忧无虑的群体为伍，并且作为这样群体中的一员，较之独立状态而言，他也更觉幸福无比。我们的经验清楚地表明，如果依赖于利润和经济的动机，这些事情就很难发生。过度开发与随意破坏那些娱乐大众的艺术的神圣天赋，并逼良为娼使其服务于经济利益之目的，无疑是当今资本主义最严重的罪行之一。诚然，我们很难说政府该如何扮演好自身的角色，我们必须通过试验与失败来学习。但是，无论我们做什么，都会比目前的制度更好。今天各种艺术家的地位是灾难性的。艺术家对作品的态度，使他特别不适合经济上的关联，因为艺术家与谋生者的心态正好相反。当作品与金钱之间的任何关联都令人恶心、报酬不足以衡量无价之物时，艺术家就会在经济上的草率与过度贪婪之间犹豫不决。他需要经济保障和足够的收入，然后又要将自己同时当作公众的仆人与自己的主人。为艺术家提供帮助并非易事，因为他需要顺应时代精神，这是我们难以主观促成的。

也许，我们最多可以营造一种开放、大度、坦率、宽容、实验、乐观的氛围，而这种氛围可能有利于找到一种能够帮助他们的可行方式。正是我们对现实墨守成规，对未来不抱希望，这才让艺术家情绪低落。

但是，在我们需要考虑政府应该发挥什么积极作用之前，至少要取消清教主义的离奇遗产所造成的障碍，这些障碍至今仍然影响着公共娱乐事业。我们大多数人都会同意，在战后成长起来的机构中，尽管也会有争议，但英国广播公司（BBC）无疑是最伟大、最成功的机构。不过，即使是BBC，几乎也是以偷偷摸摸的方式发展。而且，令人难以置信的是，它并没有像人们所期望的那样，从政府那里获得大量补贴，而是来自公众缴纳的特别税。这是一项崭新且艰难的事业，需要大规模、繁复的试验，它对改变政府与公共娱乐艺术的关系以及教育普通大众有着巨大的贡献，这种贡献要超过所有其他媒介的总和。即便是在最早和最不稳定的时候，我们也认为这是一个适当的征税对象。财政大臣们由此掌握了不少资金，尽管这些负担可能是出于公平精神——平等地针对所有人——而强加的。对BBC所征收的特别税只是一般原则的一个极端例子，如果我们在艺术领域也照此方式征税，那么，其沉重的税赋将压垮音乐、歌剧以及所有戏剧艺术。

首先，建筑是所有艺术中最具公共性的，其表现形式最不具有私人性特征，因而是最适合赋予公民自豪感和社会凝聚力的实体与形式；其次是音乐；再次是各种戏剧艺术、塑料和绘画工艺（除了作为建筑附属物的雕塑与装饰）；最后是诗歌和文学，就其性质而言更具有私人性。显然，国家很难明确鼓励私人性艺术，但幸运的是，国家对此类艺术的需求较少，因为这些艺术无须社会才能提供的制度、规模或费用。但仍有一种活动——公开表演和仪式，是必须公开的，但是根据上文的说法，它已沦为一种几乎完全不受欢迎的活动。有些是我们需要继承和保持的，通常是以典雅的气质而保留的古色古香的珍品。但这些都不是用来表达我们自己的东西的。这些事情不仅被认为是可以避免的——因此是不合理的花费，而且人们在这些事情中所发现的满足，被认为是野蛮的，或者是幼稚的，是不值得严肃的公民去做的。

这种对公开表演和仪式的看法，是西方民主国家（美国、法国以及英国）所特有的，我认为这是一个不容忽视的弱点。当住在一个地方的人们聚在一起庆祝，表达共同的感情，哪怕只是共同分享一种简单的快乐，谁不会有强烈的情感呢？我们难道还怀疑这种情感是野蛮的、幼稚的，或者不好的？我看没有理由这么想。无论如何，为满足人类的普遍需求提供适当的机会，应该是政府管理的重要职责；如果一个社会制度不适当地忽视这种职责，这将被证明是危险的。已故国王的周年纪念庆典，当局最初打算低调举办，结果却成了一个不同寻常的例子，它表明公众（特别是伦敦以外的地区）——他们长期被剥夺了表演和仪式的机会，是多么渴望有机会聚集在公共场所，共同感受彼此。再也没有比这些群众性的情绪更危险的，这就是为什么我们要正确地引导和满足这些情绪，而不是忽视它们的原因。我们长期忽视公共生活的这个方面，我们几乎不知道如何以当代精神来复兴它，这种精神对我们这代人来说是重要且急需的。因此，那些关心某些欧洲国家这方面表现的人，将有兴趣阅读接下来的章节，其中我将介绍它们在政府与艺术、娱乐和仪式关系方面的处理方法。

我认为，对这些东西的重新关注，是因为俄罗斯、德国和意大利等国家，资助力量巨大，其收获也颇丰，而诸如法国、美国和英国等民主社会，则缺乏这样的资助，其弊端十分明显。然而，如果这种资助有着激进的、民族主义的一面，哪怕是部分的，也是危险的。然而，它可能在某种程度上被视为满足人类团结愿望的另一种手段。现在国外流行的公共仪式和庆祝活动深深地刺激了我们，我们常常这样解读这些现象：这些活动是被迫的、人为的，只是大庭广众下的夸夸其谈，有时甚至是非常愚蠢的。但我们想知道更多。这是国家的一项历史悠久的职能，一种大多数时候被认为是必不可少的政府艺术，但我们基本上已经抛弃了它，就是因为我们认为这只是给儿童和野蛮人的东西。我们这样做对吗？这个问题，以及与此相关的政府与艺术关系问题，就是这些文章①的主题。

我们目前的政策是某种政治哲学的真实反映。我认为，这个哲学是大错特错的，从长远来看，它甚至可能破坏我们体制的稳固性。我们只有改变政策背后的哲学，才能改变我们的政策。我已经阐明了另一种观点。最后，让我举两个例子，说明改变想法可能带来的后果：一个是为了保存我们所继承的东西；另一个是为了扩大我们应该传播的东西。

---

① 本文是系列文章的序言，故"这些文章"是指原书系列文章。

(1）应当设立公共场所委员会（Commission of Public Places），它有权发布禁令，禁止任何开发土地或改变（或拆毁）现有建筑物的行为，如果该委员会认为这种行为违背公共利益，则不论其是否有权这么做，就应该根据情形按照公平原则给予补偿。同样，如果一个地方或建筑物的维修、维护或购置符合公共利益，则委员会应有权支付任何部分费用。

（2）我们应该做初步的准备工作，以便能够准备好一些计划，能够在下次经济衰退之时，能以公共资金对主要城市未经规划的肮脏之所以及外观损毁之地，进行装饰和全面重建。以伦敦为例，我们应该拆除泰晤士河南岸由市政厅至格林尼治的大部分现有建筑物，将其规划为世界上最富丽堂皇、最宽敞、最卫生的工薪阶层的住宅区。该空间目前使用得很差，以至于一半或将近一半的面积，可以用于为同等数量或更多的人提供现代化的舒适公寓，其余的则用于公园、广场和游乐场，还有湖泊、游乐场和林荫大道，以及能够带来娱乐的滑稽剧和魔术等艺术场所。为什么整个伦敦不能与圣詹姆斯公园及其周边地区相提并论呢？泰晤士河岸可能成为世界性景观，如果层层台阶与幢幢建筑能够拔地而起。伦敦南部的学校应该有大学的尊严，理应配有大厅、柱廊、喷泉、图书馆、画廊、食堂、电影院和剧院。这个计划中应该引入多样性元素。我们所有的建筑师、工程师和艺术家都应该有机会表现其不同的想象力，他们应该富有文艺复兴时期和平和满足的精神，而不是充斥暴躁、萎缩与幻灭感。

我需要申明的是，只要有劳动力和物质资源，取得这些成就就没有"财政"障碍，只不过后者的丰富程度，将决定工作的进度而已。以速度为目标本身是不可取的。最好的建筑都是不紧不慢地规划和建造的，耐心接受批评，并在建筑师注视下不断取得进展。在伦敦和其他城市，我们应该以与其他领域就业状况同步的速度推进这项事业。如果这个条件得到遵守，这项计划则必然会丰富我们这个国家，并将其转化为与社会财富潜力相匹配的形式。

1.2 罗宾斯

导 读

虽然，罗宾斯轻而易举地成为经济学家——他30岁就当上世界最知名的伦敦经济学院教授，也是当年英国最年轻的经济学教授，可是，他的理想并不是经济学家——"我的主要的、事实上是唯一的真正野心，就是成为一名有颇有影响的诗人"①。每次看到这段表述，笔者内心禁不住要问，假如罗宾斯真的是一位诗人的话，经济学将会怎么样？假如罗宾斯不是一个对艺术情有独钟的经济学家，经济学又会怎么样？当然，历史无法重演，这些假设并无多少实际的价值，不过，笔者要告诉读者的是，这些假设倒是有利于理解罗宾斯的文化经济学思想及其价值。

诺贝尔经济学奖获得者詹姆斯·米德（James Meade）在悼念罗宾斯的讣告中这样表述道："莱昂内尔拥有多重身份，事实上，我早就听说他被人尊称为'伟大的文艺复兴巨匠'。年轻时，他作为一名士兵奔赴战场；中年时，他则扮演着类似艺术之王室资助者的角色，同时，也是大学的创建者；他通晓英国文学；他创作——而且，他以朗诵的方式演讲丰富、圆浑的韵文；他在国家事务中有着非凡的影响力，且在壮年担任立法院（legislative senate）委员；他是一位知识渊博的学者和伟大的教师。"② 正是这种多重身份让罗宾斯在文化经济学领域做出旁人无法企及的贡献：作为杰出的经济学家，他不仅让文化首次进入经济学的疆域，而且对很多文化现象与政策进行了经济学的解读，从而使文化逐步走向国家政策的舞台；作为艺术鉴赏家，他对艺术问题的经济学思考免于教条主义，这为文化经济学走向独立与自足奠定了良好的基础；作为艺术管家，他将其在文化领域的经济学思考转化为行之有效的政策，而且在博物馆定位、功能乃至运营等诸多领域有着很多创新之举，其影响直至今日。有了这样的背景，我们就可以回答上文的假设，即如果罗宾斯不是一个艺术管家的话，经济学将会怎样，这也是我们理解《经济科学的性质和意义》一书中"经济学的内容"这一章的重要

---

① Lord Robbins. Autobiography of an Economist [M]. London：Palgrave Macmillan, 1971：29.
② James Meade. Obituary：Lionel Robbins [J]. Economica, 1985, 52：1-7.

切入点。

这里读者诸君不妨跟着两位西方学者,进入这种猜测——"饶有趣味的是,当我们猜测罗宾斯对于艺术的热衷,是否也是他排斥基于财富的经济学定义的重要原因。如果考虑到他对艺术的倾情投入远远早于其方法论的形成,上述猜测恐怕是成立的"①。如果我们脑海里有了作为艺术管家的罗宾斯形象,再对比自传中有关艺术经历的描述与本文的分析方法,我们恐怕十分认同这种假设,即艺术是罗宾斯拓展经济学疆域的重要契机。本文作为其名著《经济科学的性质和意义》的核心章节,其目标是要为经济学确立定义,不过,在那个时代,罗宾斯要想实现这些却非易事,他首先要面临传统经济学,或者他所谓的经济学物质主义的挑战。按照传统的看法,经济学常常被描述为:"经济学是一门研究人类一般生活事务的学问,它研究个人和社会活动中与获取和使用物质福利必需品最密切相关的那一部分"(马歇尔);或者"政治经济学的目的是解释人类物质福利赖以存在的一般原因"(坎南);"把经济学说成是研究人类物质福利的科学,这样定义太宽泛",经济学"研究的是人们如何相互合作来满足其物质需要"(贝弗里奇)。② 在检视这些经济学大师对于经济学的界定之后,罗宾斯认为,这些界定有着明显的"物质主义"倾向,即将经济学研究的范围圈定在物质福利,而将自己所钟爱的艺术置于经济学的围墙之外。对此,罗宾斯深感不满与担忧,认为"该定义完全未能展示所有最重要法则的范围或意义",于是,他就从其最为熟悉的艺术领域入手,突破经济学"物质主义"的堡垒,并在拓宽经济学疆域的同时,重新界定经济学的范围与意义。

罗宾斯是以工资作为突破口,来攻破经济学"物质主义"堡垒的。在他看来,传统的工资理论并不能为"非物质"支出做出解释,这是"不可容忍的"。他举例说,淘粪工的工资是一种劳动所得,它有助于增进物质福利,但是,他接着以其所熟悉的艺术领域举例,"比如管弦乐队成员的工资,则是付给与物质福利毫不沾边的工作的,这种服务与另一种服务一样,可索取价格,进入交换领域。工资理论既适用于解释后者,也适用于解释前者。它并不是只能解释增进人类'物质'福利的工作的工资"③。这种情形不仅表现在生产领域,在消费领域也是如此——人们的工资并不只是用于物质消费,"工资挣取者可以用其收入购

---

① M L Balisciano, S G Medema. Positive Science, Normative Man: Lionel Robbins and the Political Economy of Art [J]. History of Political Economy, 1999, 31 (Supplement): 256-284.
② 莱昂内尔·罗宾斯. 经济科学的性质和意义 [M]. 朱泱, 译. 北京: 商务印书馆, 2000: 8.
③ 莱昂内尔·罗宾斯. 经济科学的性质和意义 [M]. 朱泱, 译. 北京: 商务印书馆, 2000: 11-12.

买面包,也可以购买戏票"。也就是说,由于受到物质主义的影响,经济学长久以来跛足而行,因为经济学另外一种支撑——非物质的生产与消费游离在外,这种局面必须得到纠正。纠正这种局面的唯一方法就是重新界定经济学,即"经济科学研究的是人类行为在配置稀缺手段时所表现的形式"①。在这个界定中,经济学研究的内容,物质与非物质得到了统一,例如,"厨师的服务和歌剧舞蹈者的服务相对于需求而言是有限的,而且可加以选择使用",也就是说,无论是物质福利,还是非物质福利,它们都面临稀缺手段的配置问题。以歌剧舞蹈者为例,其服务相对于需求而言是有限的,因而存在稀缺性,而且舞蹈者作为劳动力资源是可以另作他用,比如说改行做厨师,所以其中就面临选择问题,这正是经济学职责所在。

当罗宾斯将经济学疆域从物质领域拓展至非物质领域,并在此基础上重新拟定经济学的范围与意义时,其定义随着弗里德曼的传播而成为经济学的标准界定,其影响之远直至今日。就文化经济学而言,其重要意义在于,文化作为长期游离于经济学疆域之外的边缘之物,终于登堂入室,进入经济学的领地,这无疑是文化经济学大厦的重要地基。我们可以想象,如果没有罗宾斯及其《经济科学的性质和意义》的努力,恐怕也不可能有其大洋彼岸的学生威廉·鲍莫尔的《表演艺术:经济学的困境》——这被视为文化经济学的起源,文化经济学学科的诞生之日恐怕要无限期地推迟。如果没有罗宾斯对于艺术的爱好,恐怕他很难突破经济学物质主义的桎梏,经济学的标准定义可能会被推迟;如果没有罗宾斯将文化纳入经济学疆域的努力,文化经济学的诞生将遥遥无期。这恐怕就是笔者作为读者对本节开篇两个假设的答案,读者诸君如果也能得出类似的答案,我该恭喜各位——本文的核心意涵已是你们的囊中之物了。

关于《艺术与政府》这篇文章,有些读者会怀疑编者有误,因为凯恩斯那里也有一篇同名文章。的确如此,凯恩斯的文章发表于1936年,而罗宾斯在12年之后(1948年伯明翰博物馆演讲)再以完全相同的名称针对同样的主题发表几乎相同的观点,这多少有些令人费解。当然,善于联想的读者也许会想到伦敦经济学院与剑桥大学在20世纪30年代所发生的世纪之争,罗宾斯与凯恩斯恰恰是各自的代表人物,一方主张市场自由主义,另一方主张政府干预主义,双方互不相让,颇为热闹,这是当时经济学的宇宙中心。不过,我们知道,罗宾斯到了60年代也部分接受了凯恩斯主义,因此我们就能理解这篇正式发表于1963年文

---

① 莱昂内尔·罗宾斯. 经济科学的性质和意义 [M]. 朱泱,译. 北京:商务印书馆,2000:19.

章的基本立场了。

抛开这些不论,将这两篇文章相互参照,倒是阅读本章内容的绝佳选择。在那篇文章中,凯恩斯不仅论述了艺术与政府的历史以及英国的现状,而且分析了艺术之于政府的功能,更为重要的是,凯恩斯将其经济学思想嵌入其中,系统论述了政府"干预"艺术的原则、对象与手段。与凯恩斯从历史出发论证艺术与政府之间的积极关联不同,罗宾斯的论述则直接从艺术与政府关系所涉及问题入手,探讨"促进艺术是否是政治机构的恰当的功能","此种促进行为是否与政府职责的自由理念相符"①。

对于这个问题,凯恩斯给予了肯定的回答,其艺术领域政府干预的核心思想主要如下:其一,适当的政府干预是必要的,虽然政府本身有着诸多局限性。也就是说,市场始终是资源配置的根本手段,政府干预只能是补充性手段。其二,政府干预的目标与手段要寻找一种"中间道路",特别是在手段上不能太集权化,以保证政策的"软着陆"。就其结论而言,罗宾斯与凯恩斯似乎并没有多大的区别,就是"政府如果是在一种全然自由的氛围中——如同人们根据自己意愿从事艺术——提供鼓励与支持,那么,这种支持就不会与自由社会的原则相冲突,而与其浑然一体"。② 从其表述来看,两者均强调政府应该支持艺术,不过要注重方式,不能过于集权,而要注重氛围的营造。

虽然有着相同的结论,不过罗宾斯的论证逻辑还是有所不同,他首先要面对的是自由放任主义的观念,特别是那些堪称其精神导师的艺术家的观念,其中尤以布卢姆斯伯里朋友圈之重要成员克莱夫·贝尔(Clive Bell)与罗杰·费莱(Roger Fry)为代表。克莱夫·贝尔对政府在艺术中的作用嗤之以鼻,在他看来,"社会对艺术家能做的唯一好事就是置之不顾"。③ 在这些信奉自由放任主义思想的艺术家眼中,政府的干预——不管是什么形式与力度,均面目可憎,只能造成艺术自由的限制,并最终导致艺术的衰败。在罗宾斯看来,自由放任主义者的这种观点如同倒洗澡水时也将孩子一同倒掉,既缺乏实用的价值,也缺乏历史与理论的支撑。从历史的视角而言,罗宾斯以希腊伯里克利统治时期与意大利文艺复

---

① Lionel Robbins. Art and the State [M] //Lionel Robbins. Politics and Economics: Papers in Political Economy. London: Palgrave Macmilan, 1963: 53—72.

② Lionel Robbins. Art and the State [M] //Lionel Robbins. Politics and Economics: Papers in Political Economy. London: Palgrave Macmilan, 1963: 53—72.

③ Clive Bell. Art [M] //Lionel Robbins. Politics and Economics: Papers in Political Economy. London: Palgrave Macmilan, 1963: 252.

兴时期为例，明确指出，如果没有政府的资助就不可能成就这些伟大时代的伟大艺术。罗宾斯本人既不是艺术学家，也不是历史学家，因此这方面的论证仅止于此，其重心还是从经济学角度给予政府资助艺术以理论支撑。与历史的论证相同，罗宾斯在理论论证部分所面临的挑战也来自自由放任主义，即"为什么纳税人要为艺术买单？为什么艺术行业不交由消费者需求来决定？如果人们需要艺术的话，他尽可自行购买；如果不需要的话，艺术便无须生产？"[①] 作为一名自由主义者，罗宾斯深知，当艺术作为私人产品时，市场则是配置资源的"看不见的手"；但是，问题的关键在于，艺术不仅仅具有私人属性，还具有公共属性，而罗宾斯的论证也就由此展开。罗宾斯这样表述道："只有我们能够证明教育的这种形式（艺术）不存在无差别的益处，我们关于花费纳税人的钱财资助艺术的论证才站得住脚。"也就是说，在艺术领域的自由主义思想如果行得通，就必须证明艺术是一种纯粹的私人产品；而艺术恰恰具有公共属性，或者说，艺术在一定程度上是公共产品——"艺术的收益不仅仅是无差别的，而且培育、学习与保护艺术的积极影响并不仅限于那些直接支付费用的消费者，而会扩散至更广的人群，就如同公共卫生机构或者精心规划的城市景观那样"[②]。

基于此，我们也许就可以顺理成章作出如下推导，既然艺术同教育都具有公共性，那么艺术就应该与教育一样享有来自政府的资助。这样的推导的确简单，但是，作为经济学家，罗宾斯深知经济学乃是研究"稀缺手段的配置"，既然原本可作他用的财政资源，如用于公共卫生的财政资源，如今则被用于艺术，那么这样的配置方式有什么样的额外收益呢？罗宾斯分析认为，"对于满足那些能够明确区分的需求而言，市场机制确实无与伦比。但是，如果认为市场机制也能满足善良社会（Good Society）所有必要条件的话，这就太过简单化了，也会冒着败坏善良社会基本制度（fundamental institution）信誉之风险"。其实，这就是今天我们所熟知的公共经济学分析逻辑：由于文化产品具有高度的正外部性，往往存在供给不足和效率不高的缺陷，这就是市场失灵，而市场失灵乃是市场经济的普遍现象，原本应该采取自由放任的态度，但是，问题的关键是，如果我们的社会是"善良社会"的话，这种市场失灵则并不可取，因为这会导致社会效益的

---

① Lionel Robbins. Unsettled Questions in the Political Economy of the Arts [J]. The Three Banks Review. 1971, 9: 3-19.

② Lionel Robbins. Art and the State [M] //Lionel Robbins. Politics and Economics: Papers in Political Economy. London: Palgrave Macmillan, 1963: 53-72.

损失，而影响"善良社会"的构建，因此，为了使社会效益的损失最小化，政府一般实施干预，如提供财政资助，以便社会效益最大化，从而构建"善良社会"。众所周知，公共经济学的这种论证逻辑其实并非纯粹的经济学范式，而涉及政治学中的公共选择理论，对此，罗宾斯这样表述道，"如今，我们十分清晰地知道，这个问题并不能借助经济科学来回答。这其实是一个终极价值问题，是有关你认为什么是政府作为社会威权的目标与功能，是一个政治哲学问题……因此，作为这个星球上的政治目标，我个人从来都毫不犹豫地认为，艺术的养成与较高的学习水平是我心目中政府应尽之义务"[1]。质言之，艺术领域的政府资助是一个"善良社会"之政府应尽的义务；而且，这种资助有利于提升公民的艺术素养，实现社会收益最大化，并最终构建"善良社会"。

当然，当罗宾斯的立场从自由主义走向政府干预主义，其精英的立场，让他受到了父爱主义的批评，不论这种观点建立起什么样的合法性，它们都认定"公众并不知道文化的好处"，所以要由社会精英来替他们做出选择，其本质是剥夺消费者主权，让消费者无法通过消费行为表达其意愿与偏好。这样的话，市场配置资源的功能就会失效，政府将成为艺术市场的垄断者，这显然也是一种灾难，其后辈学人艾伦·皮考克对此的批评颇为中肯，这也是各位读者反思两位先贤同名文章的重要视角。

1.2.1 经济学的内容[2]

1.2.1.1 目的

本文的目的是研究经济科学的本质和意义。因此，其首要任务是界定经济学的内容——为经济学是什么提供一个可行的界定。

不幸的是，这绝非听起来那么简单。在过去的150年里，经济学家们通过努力确立了一套概括性的体系，只有那些无知或刚愎自用者才会质疑其准确性与重要性。但是，人们就所概括的一般内容的最终性质，并没有达成一致。标准的经济学著作的核心章节，都在讨论这门科学的主要原则，只是细节上略有区别。但是，涉及经济学对象的相关章节，则存在很大的分歧。如今我们也谈论同样的事

---

[1] Lionel Robbins. Unsettled Questions in the Political Economy of the Arts [J]. The Three Banks Review. 1971 (9): 3-19.

[2] 此文节选自《经济科学的性质和意义》的同名章节。

情，但是我们并未就讨论的内容是什么达成共识。①

这绝非什么意外，亦非什么可耻之事。正如100年前密尔（Mill）所指出的那样，科学的定义几乎总是出现在科学本身被创造出来之后，而不是之前。"就像一座城市的城墙一样，它通常不是作为容器，以便容纳其后涌现的建筑，而是要将已有建筑围拢起来"②。事实上，就科学的本质而言，除非科学发展到一定的程度，否则界定其范围是不可能的。因为一门科学的统一性，只有通过其所研究问题的统一性来展现，而这种统一性只有在解释规则之间建立起联系之后才能被发现。③ 现代经济学起源于各个独立的实践和哲学领域，从贸易平衡的调查，到获取利息合法性的讨论。④ 最近，经济学才有了足够的统一，我们才能辨析这些研究所涉及的问题。就经济学发展的早期而言，任何试图发现其科学本质的尝试都注定要失败，甚至任何尝试都是浪费时间。

但一旦达到应该统一的阶段，试图精确界定就不仅不浪费时间，相反不这样做才是浪费时间。只有有了明确的目标，才能进一步阐述。这些问题不再源于单纯的反思，而是表现为理论上缺乏统一性，解释原则有不足之处。除非你已经掌握了这个统一是什么，否则你就很容易被错误所迷惑。毫无疑问，困扰着现代经济学家的最大危险就是受困于无关紧要的事情——很多与学科密切相关的活动的解决方式很少或完全没有关联。同样毫无疑问的是，当人们正在为此类问题提供最终的解决方案时，那些核心理论问题的解决就会更为迅速。此外，如果要使这些解决方法得到有效的应用，以及要正确理解经济科学对实践的影响，我们就必须确切地知道它所建立的概括性理论的含义和局限性。因此，我们可以心安理得

---

① 为了避免被认为是夸大其词，以下我将引述几个颇有特色的界定。我的选择仅限于盎格鲁—撒克逊的文献，因为其他地区的情形要好一些。"经济学是研究人类日常生活事务的学问；它研究个人和社会行动中与实现和使用获得幸福所需物质最密切相关的部分"（Marshall, Principles, p. 1）。"经济学是从价格的角度研究现象的科学"（Davenport, Economics of Enterprise, p. 25）。"经济是对人类物质福利所依赖的一般原因的解释"（Cannan, Elementary Political Economy, p. 1）。"将经济学说定义为人类福利物质方面的科学，这显然太宽泛了"。经济学只是"研究人类为满足其物质需要而合作的一般方法"（Beveridge, Economics as a Liberal Education, Economica, vol. i., p. 5）。经济学，根据庇古教授的说法，是对经济福利的研究，经济福利被定义为"可以直接或间接地通过金钱来计量的那部分福利"（Economics of Welfare, 3rd edition, p. 1）。其后，我们将显示这些定义彼此之间有着较大差异。

② John Stuart Mill. Essays on some Unsettled Questions of Political Economy [M]. London：[s. n.]，1844：120.

③ 参见 "Nicht die 'sachlichen' Zusammenhänge der 'Dinge' sondern die gedanklichen Zusammenhänge der Probleme liegen den Arbeitsgebieten der Wissenschaften zugrunde"（Max Weber, Die Objectivität sozialwissenschaftlicher und sozialpolitischer Erkenntnis, Gesammelte Aufsätze zur Wissenschaftslehre, p. 166）.

④ 参见 Cannan. Review of Economic Theory [M]. Chicago：University of Chicago Press, 1964：1-35；Schumpeter, Epochen der Methoden-und Dogmengeschichte, pp. 21-38.

地研究那个乍看很有学究气的问题,即如何找到一个公式来描述经济学的一般内容。

1.2.1.2 物质主义界定

在盎格鲁—撒克逊国家,经济学信徒们不同程度地信奉这样的界定,即经济学研究物质福利的原因。物质要素在经济学的界定中十分普遍,如坎南(Cannan)①、马歇尔②,甚至帕累托也使用这个概念,即便帕累托的方法③与前两位英国经济学家有着明显差别。此外,克拉克的定义也隐含着这个概念④。

而且我们必须承认,它看起来似乎为我们提供了一个界定,这种界定基于实际目标来描述我们感兴趣的目标。在日常言语中,我们毫无疑问可以将"经济"用作"物质"的对等词汇。人们只要想象一下"经济史"或"经济利益与政治利益之间的冲突"这些短语对于外行人的意义,就能意识到这种解释的极端合理性。毫无疑问,有些问题不属于这个界定的范围,似乎属于经济学的范围,但乍看起来,所有界定似乎都不可避免有边缘情形(Marginal Cases)。

但是,对任何这种定义有效性的最后检验,不是它与日常用法表面的和谐,而是准确地描述该门科学主体框架包含内容的能力。⑤ 当按此检验经济科学的定义时,它显然是有缺陷的,而且其缺陷远非边缘与次要,而是一种彻底的失败,因为它并没有概括出其核心框架的范围与意义。

让我们以理论经济学的某个主要分支为例,探讨上述定义在多大程度上能够涵盖这个问题。例如,我们都应该同意,工资理论是任何经济分析体系的一个组成部分。我们是否可以满足于这样一种假设,即工资理论所分析的现象,可以恰当地被描述为人类福利的物质方面?

严格意义上说,工资是指在雇主监督下,按规定工资率劳动所得的报酬金

---

① Adam Smith. the Wealth of Nations [M]. New York:Rondon House, 1937:17.
② Marshall. Principles of Economics [M]. 8ed. Londen:Macmillan and Co., 1920:1.
③ Pareto. Cours d'Economie politique [M]. Lausanne:F. Rouge, 1896:6.
④ 参见 Essentials of Economic Theory, p. 6; Philosophy of Wealth, ch. i. 该章中,他已经清晰意识到我们这里所讨论的困难,但是,出人意料的是,这并没有导致他拒绝这个定义,而只是调整"物质"一词的意义。
⑤ 在这方面,也许有必要澄清讨论概念时经常出现的混淆。人们常常主张,无论是在普通语言还是科学分析中,对词语的科学定义都不应脱离日常语言的用法。毫无疑问,这是一个尽善尽美的建议,但其主要观点原则上是可以接受的。当一个词在商业实践中使用某种意义,而在分析这种实践时却采用另一个意义,这肯定会造成很大的混淆。人们只需想一想"资本"这个词,其实践与使用的偏离造成的困难就可以了。但是,在使用术语时,遵循日常用法是一回事;而当定义一门科学时,是否将日常用法作为最终的评定标准,则是另一回事。因为在这种情况下,这个词的重要含义就是概括科学的内容,只有参照这些标准,才能最终确立定义,而其他任何定义方式都是不能被容忍的。

额。而在宽泛意义上，这个概念经常应用于经济分析中，它所指称的是利润之外的劳动收入。现在，我们完全可以将有些工资理解为能够增进物质福利的劳动价格，例如淘粪工的工资。但同样正确的是，诸如管弦乐队成员的工资，则是支付给那些与物质福利毫不相关的工作的。然而，此服务与彼服务一样，均需索要价格并进入市场交易。工资理论适用于解释前者，也应该适用于解释后者。因此，工资理论的解释就不能局限于仅增进人类福利的"更多物质"方面工作所支付的工资。

如果我们的讨论从支付工资的工作，转向花费工资的工作，情况并没有好转。有人可能会主张，工资理论之所以被包含在这种界定之中，不是因为挣工资的人所生产的东西有利于他人的物质福利，而是因为他所得到的东西对自己有利。但这个主张显然站不住脚。挣工资的人可以用收入买面包，也可以在剧院买张票。如果工资理论忽视支付"非物质"劳务或花费在"非物质"用途方面的费用，这显然是不能容忍的，市场交易也因此而无望地分割为两个不同的领域，也就无法进行整体性分析。如果我们任意将经济学领域划分出不同疆域，就很难想象能有什么有意义的概括。

任何一个严肃的经济学家，都不可能以这种方式界定工资理论，尽管他可能试图借此来划定和概括包括工资理论在内的经济学理论的界限。但是，这些努力都否认经济分析也适用于实现物质福利以外的目的。坎南教授就坚持认为，战争的政治经济学就是"概念上的矛盾"，其显而易见的理由是，因为经济学关乎物质福利的原因，而且战争显然不是物质福利的原因，战争就不能成为经济学的对象。作为对抽象知识应用的道德判断，坎南教授的非难之词是可以接受的。但是，显而易见的是，正如坎南教授自己的实践所表明的那样，迄今为止，经济学对现代战争的成功发动无法做出解释，而战争组织者发动战争，有没有应用经济学，这恐怕就非常令人怀疑了。颇为吊诡的是，坎南教授研究这个问题的著作，相比其他英文著作，更多地使用了经济分析的工具，来阐明社会组织战争所涉及的最紧迫和最复杂的问题。

当我们反思现代英国经济学家一致采用非物质定义"生产力"时，他们将经济学描述为与物质福利有关的习惯，就更加不可思议。人们会记得，亚当·斯密根据付出的努力是否形成有形的物质，区分了生产劳动和非生产劳动。"社会上一些最受人尊敬的阶层的劳动，同卑微的仆人的劳动一样，没有产生任何价值，也没有固化或实现在即便劳动结束也会继续存在的、永久性物体或可销售的商品上……例如，君主及在其手下服役的司法和战争的官僚，都是非生产性劳动……在这个类别中，有些是尊贵而重要的职业，有些则是卑微的职业：前者如教士、律师、医生以及各类文人；后者如演员、小丑、音乐家、歌剧歌唱家、歌剧舞蹈家……"现代经济学家，其中最重要的是坎南教授，拒绝接受这种生产力概念，认为它并不恰当。① 只要它是需求的对象，无论是私人的还是集体的，歌剧歌唱家与舞蹈演员的劳动必须被视为"生产性的"。但是生产了什么？是不是生产了物质福利？因为它鼓舞了商人，释放了新的能量，以便更好地组织物质？如果真要这么看的话，那显然是浅薄得近乎在玩文字游戏。它之所以有生产性，是因为它受到重视，因为它对各种"经济主体"具有特殊的重要性。截至目前，从亚当·斯密和重农主义者的观点来看，如果物质对象不是有价值的，即便生产的对象是物质性对象，也不是生产性劳动。事实上，现代经济学已经走得更远了。费雪（Fisher）教授明确指出，来自物质对象的收入，最终被用于"非物质的"用途。我们从家里获得的收入，就像从我们的仆人或歌剧演员那里获得的收入一样，"在生产的那一刻就消失了"。

但是，如果是这样，那么继续将经济学描述为研究物质福利的原因，难道不具有误导性吗？如果歌剧演员的服务是财富，那么，经济学不仅要研究厨师服务的定价，也要研究这些服务的定价。不管经济学是研究什么的，它所研究的就不只是这种物质福利的原因。

这个定义之所以能够持续至今，主要是由于历史原因，它在某种程度上是重农主义影响的最后遗迹。英国经济学家通常对经济学的范围和方法问题不感兴趣。每当涉及这个定义，他们十有八九会从先前的研究中不加批判地借用过来。但是，对于坎南教授来说，保留这个定义似乎出于更积极的原因；追溯其推理过程是有益的，因为这个过程是如此具有洞察力和敏锐性，因而值得嘉许。

任何定义的基本原理，通常都可以从其实际应用中找到。坎南教授将自己的定义与《孤立个体与社会获得财富的基本条件》（the Fundamental Conditions of Wealth for Isolated Man and for Society）中所进行的讨论紧密结合起来，也正是结合这次讨论，他实际运用了什么是经济、什么不是经济的概念。如果按此观点，我们可以说，所谓"物质主义"的定义具有最大的合理性。这一点值得详细说明。

坎南教授从思考一个完全与社会隔绝的个体的行为开始，并询问什么条件将

---

① 甚至可以争辩的是，这种反应已经有些过头。无论其缺点是什么，史密森分类对资本理论都有重要意义，而最近几年人们并没有清晰地认识资本理论。参见 Taussig. Wages and Capital [M] New York: D. Apleton & Co., 1896: 132-151.

决定他的财富,也就是物质福利。在此条件下,行为可以分为"经济的"和"非经济的"——旨在增加物质福利的行为与旨在增加非物质福利的行为——就具有一定的合理性。如果鲁滨孙·克鲁索(Robinson Crusoe)挖土豆,那么他就是在追求物质或"经济的"福利。如果他和鹦鹉说话,其行为就具有"非经济的"性质。这里存在一个困难,稍后我们再讨论,但乍一看,在这种情况下这种区分并不荒谬。

但是,让我们假设鲁滨孙获救了,回家后与鹦鹉在舞台上谈天说地,并以此为生。当然,这些对话在此情况下,就具有经济意义。不管他将收入花在马铃薯还是哲学上,鲁滨孙的收入与支出都能够用基本的经济范畴来表现。

坎南教授没有停下来去询问他所做出的区分在分析交换经济时是否有用——尽管正是在交换经济中,经济规制才有最大的实用价值。相反,他立即着手考虑整个社会的"获得财富的基本条件",而不管它是否以私人财产和自由交换为基础。他的定义在这里似乎再次变得合乎情理:社会活动的总数可以再次划分为其所暗示的两类。有些活动致力于追求物质福利,有些则不然。比如,我们可以想象,共产主义社会的行政人员,决定分配若干劳动时间用于提供面包,若干劳动时间用于提供马戏。

但是,即使在此以及前面的鲁滨孙经济学的案例中,坎南教授的处理方式显然面临着毁灭性的挑战。让我们接受坎南教授使用的术语"经济的"和"非经济的",分别等同于物质和非物质福利。那么,我们可以对他说,用于物质目的的时间占比越大,则用于非物质目的的越小,这样社会总财富就越大。虽然,我们可以这样说,但是,我们也必须承认,如果按照完全正常的意义使用"经济"这个词,无论对社会还是个人来说,如何在这两种活动之间进行选择,仍然是一个经济问题,这个问题的本质就是,如果给定产品和休闲的相对价值以及生产机会,如何在两者之间固定分配每天的 24 小时。也就是说,如何在"经济的"和"非经济的"行为之间做出选择,仍然是一个经济问题。生产理论的主要问题之一在于,其中有一半的内容超出了坎南教授的定义。

这本身不就是放弃它的充分理由吗?①

---

① 对于这一特定的定义,还会有其他一些争议。从哲学的角度来看,"物质福利"一词是一个非常奇怪的概念,更应该说的是"福利的物质原因"。但是,"物质福利"似乎意味着将一种原本统一的精神状态划分为不同类别。然而,基于本章的目的,我们最好忽略这些不足之处,而集中于讨论主要问题,即该定义能否清晰表述其要表达的内容。

1.2.1.3 经济科学的界定

但是，我们该转向何方？好在目前的情形还不至于绝望。对"物质主义者"定义的批判性审查，使我们有可能进一步提出一个免受上述责难的界定。

让我们回到一个最简单的案例，我们发现这个定义在此是不恰当的，假设有一个孤立的个体，他要将时间分配给有实际收入的生产行为与休闲的享受行为。如前所述，这种区分均有经济的方面，这方面的内容又是什么？

其答案就在于让这种区分成为必要的严格条件，具体而言，有四个条件：第一，这个孤立个体所需要的对象既包括实际的收入，又包括休闲；第二，他没有足够的条件，完全满足这两种需求；第三，他可以把时间用于增加实际收入，也可以用于享受更多闲暇时间；第四，可以假定，除了极其特殊的情况，他对实际收入与休闲的需求会有所不同，因此，他必须做出选择，必须节省。其时间和资源的配置与其需求体系密切相关，这就有经济的要素。

这个例子是整个经济研究领域的典型例子。从经济学家的角度看，人的生存条件表现出四个基本特征：一是目的是多样化的；二是实现这些目的的时间和手段是有限的；三是这些时间和手段可以相互替代；四是目的的重要性有所不同。我们人类是有意识的生物，有着成堆的欲望和愿望，有大量的本能性倾向，所有这些都将以不同方式驱动人类的行为。但表达这些倾向的时间是有限的。外部世界并没有为其完全实现提供充分的机会。人生苦短，而大自然是吝啬的。我们的朋友有其他目标。诚然，我们可以利用自己的生命去做不同的事情，用我们的材料和他人的服务来实现不同的目标。

目的本身是多样的，但经济学家对此并不关注。如果我想做两件事，而且我有足够的时间和手段，而且我不想将时间或手段用于做其他事情，那么我的行为就与经济科学无关，不会采取任何属于经济科学的形式。涅槃不一定就是唯一的幸福，它只是所有要求的完全满足。

仅仅是手段本身的限制也不足以引发经济现象。如果满足的手段没有其他用途，即便它们可能是稀缺的，但却不能节约。比如，上天所赐的食物可能很稀少，但是，如果不能用它换别的东西或延迟其使用，① 它就不是任何具有经济特征行为的对象。

同样，稀缺手段的其他适用性也不是我们所分析现象存在的充分条件。如果

---

① 或许值得强调这个限定的重要性。在不同时间采用技术上类似的手段，以达到质量上相似的目的，构成了这些手段的替代用途。除非人们清楚地认识到这一点，否则人们将忽略最重要的经济行动。

经济主体有两个目的，只有一个手段能够满足它们，而这两个目的是同等重要的，那么他的处境就像寓言中的驴，在这两堆同样吸引人的干草之间进退两难①。

但是，当达到目的的时间和手段是有限的，相互之间能够替代，并且能够按照重要性区分这些目的，那么，行为就必然采取选择的形式。任何旨在实现目的的行为，都要涉及时间与稀缺的手段，而所有这些一旦用于这个目的，就不得不放弃另外的目的。这就有经济的考虑。② 如果我想要面包和睡眠，而在我所能支配的时间里，我不能同时两者兼得，那么就有部分的需求得不到满足。如果在有限的生命中，我希望既是一名哲学家，又是一名数学家，但我获得知识的速度只能如此，以至于我不能兼而得之，那么，我就必须放弃部分或全部的哲学或数学能力。

但是，并非所有实现人类目的的手段都是有限的。在外部世界中，有些事物相当丰富，因此使用一定数量的某种事物，并不意味着要放弃其他事物。例如，我们呼吸的空气就是这样一种"免费"的商品。除非特殊情况，我们无须牺牲时间或资源来获取空气。失去一立方英尺的空气并不意味着要牺牲其他替代品。因此，空气对人类行为就没有特殊意义。可以想象的是，有可能存在某种生物，其"目的"是如此有限，以至于所有的商品对它而言都是"自由"的商品，并没有什么特殊的意义。

但是，一般说来，人类行为的目的是多样的，它无法独立于时间与具体资源。我们所能支配的时间是有限的，一天只有 24 小时。我们必须在其不同用途之间做出选择。其他人给我们提供的服务是有限的，达到目的的物质手段也是有限的。我们被赶出了天堂，在现实的世界中我们没有永生，也没有无限的手段。无论走到哪里，如果我们选择一件事，就必须放弃其他的，我们当然希望有一种不同的情况，那就无须放弃其他事物。缺乏手段来满足不同目的，是制约人类行为的一种几乎无处不在的条件③。

---

① 这似乎并无必要，因此我在第一版中有意遗漏这一点。但在价值论中，目的的存在不同层次却是如此重要，因此，即使在这个阶段，也最好明确地予以表述。

② 参见 Cp. Schönfeld, Grenznutzen und Wirtschaftsrechnung, p. 1; Hans Mayer, Untersuchungen zu dem Grundgesetze der wirtschaftlichen Wertrechnung (Zeitschrift für Volkswirtschaft und Sozialpolitik, Bd. 2, p. 123). 应该充分明确的是，稀缺的不是"时间"本身，而是被视为工具的我们自身的潜力。说到时间的稀缺性，这只是一种隐喻方法，以替代抽象的概念。

③ 应当清楚的是，此处所采用的目的概念（特定消费行为的目的）与人类行为只有一个目的（满足、"效用"的最大化）并无冲突。我们的"目的"应被视为接近于实现这一最终目的。如果手段稀缺，它们不可能全部实现，根据手段的稀缺及其相对重要性，必须放弃某些目的。

这就是经济科学内容的统一性，即人类行为在处理稀缺手段时所采取的方式。我们所讨论的例子与这个概念高度契合。无论是厨师还是歌剧舞蹈演员的服务，相对需求而言都是有限的，且可用于其他用途。我们目前的定义涵盖了工资理论的全部内容。战争的政治经济学也是如此。要想赢得战争，就必然要从其他用途挪用稀缺的产品与服务。因此，它有一个经济的方面。经济学家研究稀缺资源的配置问题。他们所感兴趣的是，不同商品的不同稀缺程度，如何影响它们之间的不同估价；稀缺条件的变化（无论是目的还是手段变化，无论是来自需求方还是供应方）如何影响这些比率。经济学是一门研究人类行为的科学，它把人的行为看作是目的与可做他用的稀缺手段之间的一种关系。①

1.2.1.4 经济科学的范围

首要的问题是，我们要注意到经济学概念的某些含义。我们所否定的经济学概念，即研究物质福利的原因，其实可以说是一种分类性概念。它区分出那些旨在获取物质福利的人类行为，并将此作为经济学研究的内容，而其他各类行为则不在其研究范围之内。我们采用的概念可以说是分析性的，它并不试图挑出某种行为，而是把注意力聚焦于行为的某个方面，即稀缺性影响人类行为的方式。②因此，就此而言，只要表现出这个方面，任何人类行为都属于经济学的范围。我们不能说土豆的生产是经济行为，而哲学的生产就不是经济行为。更确切地说，任何行为只要涉及放弃其他想要的东西，就有经济的方面，除此之外，经济学没有内容的限制。

然而，某些研究者在驳斥经济学乃是与物质福利有关概念的同时，试图对其范围施加其他的限制：他们坚持认为，经济学所关注的本质上是某种社会行为，即个体化交换经济制度所暗示的行为。按照这种观点，如果不是这种意义的社会行为就不在经济学的讨论范围，特别是阿蒙恩教授为此可谓费尽心思。③

如今，我们会毫不犹豫地认为，经济学家的注意力，在本文界定的范围之

---

① 参见 Cp. Menger, Grundsätze der Volkswirtschaftslehre, lte Aufl., pp. 51 – 70; Mises, Die Gemeinwirtschaft, pp. 98 seq.; Fetter, Economic Principles, ch. i.; Strigl, Die ökonomischen Kategorien und die Organisation der Wirtschaft, passim; Mayer, op. cit.

② 关于分析定义和分类定义之间的区别参见 Irving Fisher. Sensations of Capital [J]. Economic Journal, 1907, 7: 213。有趣的是，我们关于经济学的定义所暗示的变化，与费雪教授关于资本的定义中所隐含的变化是相似的。亚当·斯密将资本定义为一种财富，而费雪教授希望我们将资本看作财富的一个方面。

③ 参见 his Objekt und Grundbegriffe der theoretischen Nationalökonomie, 2 Aufl. 对熊彼特和斯特里格尔在第 110-125 页和第 156-165 页所提出的批评，从这个角度来说是特别重要的。即便怀着对阿蒙恩教授的最大敬意，我还是难以克制这样的感受，即他倾向于夸大自己与这两位作者的分歧程度。

内，主要聚焦于复杂的交换经济。至于其原因为何，也是我们感兴趣的话题之一。孤立个体的行为，与交换经济的行为一样，也受到这种限制。但是，从孤立个体的角度来看，经济分析是不必要的。关于这个问题的本质有待独立的思考。而研究克鲁索的行为，对更深入研究将有启发作用。但是，从克鲁索的观点来看，其行为显然是超边际的。此外，从经济学家的角度来看，将这种社会现象与交换经济现象进行比较，可能很有启发性。对他们来说，经济问题仅仅是将生产力运用于这方面还是那方面而已。正如米塞斯（Mises）教授所强调的，当国家掌握了生产手段的所有权和控制权，就其定义而言，通过价格和成本机制显示个体偏好就完全失效。因此，行政部门的决定必须是"武断的"。① 也就是说，这些决定必须以自己的估价，而不是消费者和生产者的估价为基础。于是，选择的形式就立即简化了。如果没有价格体系的指导，就只能依赖最高组织者的估值来组织生产，就像与货币经济无关的宗族产业的组织必须依赖族长的估值。

但在交换经济中，情况要复杂得多。个人决策的影响显然超出个体的范围。一个人可能会完全意识到以这种方式而不是那种方式花钱的决定对自己的影响，但要追踪这个决定如何影响整个"稀缺关系"——工资、利润、价格、资本化率和生产组织，则并非易事。相反，我们需要抽象思维的最大努力，设计概括性原理，以便于掌握它们。因此，理性的经济分析在交换经济中具有最大的效用。在孤立的经济中，就没有这个必要。（在一个严格意义上的共产主义社会，只需要最简单的经济原理。但是，在允许个人在社会关系中采取独立的、主动行动的情况下，经济分析就有了用武之地）

但是，经济分析在交换经济中具有最大的利益和效用，这是一回事；而认为经济学的内容只限于此类现象，则是另外一回事。后一种论点之不可取，可以从如下两个因素中得到确凿的证明。

首先，很明显，交换经济以外的行为也同样受到手段有限的制约，也能够归入同样的基本类别。② 价值论的概括性原则，不仅适用于交换经济的人类行为，也同样适用于孤立的人或共产主义社会行政机构的行为，即便在后面的情形下这些原理可能没有那么具有启发性。交换关系本质上是一种技术细节，它引发几乎所有有趣的复杂情况，但尽管如此，它仍然从属于稀缺性这个基本事实。

其次，很明显的是，交换经济现象本身只能通过这种关系，并援引那些选择

---

① 参见 Mises, Die Gemeinwirtschaft, pp. 94-138. 鲍利斯·布鲁茨库斯（Boris Brutzkus）教授在"苏维埃的经济规划"中很好地说明了这个困难在俄罗斯试验的不同阶段的例证。

② 参见 Strigl, op. cit., pp. 23-28.

法则（这些选择法则可由个体行为直观地观察到）的运作，才能加以解释。① 阿蒙恩（Amonn）教授似乎更愿意承认，这种纯粹的经济学体系可以作为经济科学的辅助手段，但他拒绝将其视为经济学的基础，而是认为经济学的内容必须根据李嘉图的讨论来界定。有一种观点认为，定义必须是用来描述现有的知识体系，而不是武断地设定限制，这是值得嘉许的。但是，我们有理由问，为什么是李嘉图？颇为清楚的是，李嘉图制度的不完善之处，不正是由于它止步于对市场的估价，而不是推进到个人的估价吗？当然，最近的价值论恰恰跨越了这个障碍，这不能不说是一大进步。②

1.2.1.5 结论

最后，我们可以回到当初所拒绝的定义，并将它与我们现在选择的定义进行比较。

乍一看，似乎有可能低估这两个定义之间的差异。一种认为经济学是研究人类行为目的与手段之间的一种关系的学科；另一种则认为经济学是研究物质福利的原因的学科。经济手段的匮乏和物质福利的原因，难道两者或多或少地不是一回事吗？

然而，这种观点显然建立在误解的基础上。诚然，物质的稀缺是行为的制约因素之一。但是，我们自己的时间和他人服务的稀缺也同样重要。校长和淘粪工服务的稀缺各有其经济的方面。只有说服务是物质的变动或类似的东西，才能将定义延伸到整个领域。但这不仅有悖常理，而且具有误导性。按此方式，这个定义也许能够覆盖其全部领域，但并未对其进行描述。因为，并不是达成满足的物质手段的物质性，而是它们与价值的关系，赋予其经济商品的地位，是它们与给定需求之间的关系，而不是其技术的属性才是重要的。因此，"物质主义"的定义，歪曲了我们所知的经济学。即使它在范围上没有误导，也在表达其本质方面

---

① 卡希尔教授对罗宾逊经济学（Fundamental Thoughts，p. 27）的反驳似乎令人遗憾，因为只有在考虑到被孤立的人的状况时，才能清楚地看到上面所强调的此类经济行为的重要性，即经济行为所使用的稀缺手段必须有其他用途。在任何一种社会经济中，仅仅是经济主体的多重性，就会导致人们忽视存在着没有其他用途的稀缺商品的可能性。

② 上文针对阿蒙恩教授建议的定义的反对意见足以表明，我们为什么反对从价格现象（Davenport）、"金货币衡量尺度"（Pigou）或"交换科学"（Landry）的观点所做出的定义。熊彼特教授在他的《理论经济的本质与基本内容》（*Wesen und Hauptinhalt der theoretischen Nationalökonomie*）中，试图用微妙笔法来证明后一个定义是正确的，他论证，与经济科学密切相关的行为，就其基本面而言都具有交换形式。这是正确的，而且对于我们正确理解均衡理论至关重要。但是，把交换的概念概括为一种理论是一回事，而把它作为一个标准则是另一回事。无可争议的是，它也能以这种方式运用。但是，它能否最大限度地说明经济学的最终性质，这无疑是值得商榷的。

不够充分。对此，似乎没有反对它的正当理由。

同时，重要的是要认识到，被拒绝的只是一个定义，我们并不排斥其所要描述知识的主体。采用这个定义的人的做法，完全符合本文所建议的定义。例如，在卡曼教授的整个体系中，没有一个重要的概括与经济学是配置稀缺资源的定义是不相容的。

此外，坎南教授选择的例子，似乎更适合我们的框架。他分析道："经济学家会同意'培根创作了莎士比亚的作品吗？'，这不是一个经济问题，他也会同意，如果其主张得到广泛认可所带来的满足，也不是经济意义的满足。……另一方面，他们会同意，如果版权是永久的，培根和莎士比亚的后代争论这些戏剧的所有权，那么这场争论就会有经济的方面。"事实确实如此，但是为什么呢？难道是因为版权的所有权涉及物质福利？但其收益可能都免费捐给宗教团体。当然，这个问题有经济方面的原因，完全是因为版权法认为，相对于戏剧的需求而言，戏剧的供给则相对稀缺，并反过来为其所有者提供需求满足的手段稀缺，否则这些手段将会以不同的方式予以分配。

1.2.2　艺术与政府

1.2.2.1　引言

本部分的讨论主要概括在如下三个主要标题上。首先，我会大体探讨有关政府与当代艺术的关系；然后，我会讨论博物馆和美术馆对过去艺术作品保护的特殊价值；最后，我会对其中涉及的财务问题进行说明。本文所有的讨论内容都将明确地指向政府与视觉艺术间的关系。但是，整体而言，我在第一部分和最后一部分所讲的大部分内容中，均涉及政府与艺术和学习的关系。

1.2.2.2　艺术与政府之间的关系

我们先从艺术与政府之间的关系开始。鼓励艺术是政治体本身的职责吗？这种鼓励是否与政府职责的自由主义观念相一致？

当我决定讨论这些重要问题时，我的第一个想法就是去向圣贤讨教，那些在我年轻时让我第一次了解到视觉艺术的人——克莱夫·贝尔先生（Mr. Clive Bell）和已故的罗杰·费莱（Roger Fry）。尽管自他们占据话语中心位置以来，很多事情都发生了变化，并且至少有些积极声明和反对言论如今看来似乎有些过时，但我们仍不应该低估他们在提高大众艺术品位与欣赏水平上的影响力。虽然我没有亲自接触过他们，但我总是带着感激和钦慕的心想起他们的名字。因此我希望,在这个方面以及其他很多方面,尽管我不赞同他们的观点,但我总能找出激发我进一步探索的观念。

的确,就此而言,我并不是很失望,但却不是我所期待的样子。贝尔和费莱高度关注这个主题,但都给出了非常消极的结论。贝尔先生说:"一个社会能为艺术家做的唯一善行就是任其放任自流。"(Art:252)

我承认这样的想法很令人惊讶。我可以很好地理解布卢姆斯伯里(Bloomsbury)文化圈子对爱德华时代(Edwardian age)官方艺术毫无诚意且极度平庸的厌恶之情,这是这个国家视觉艺术史上的低潮。我也能理解,人们对官僚机构操控艺术的合理恐惧——尽管最近的经验似乎表明,也许有避免这种危险的办法。但是在我看来,两位就此所表现出来的激进的放任自由(laissez-faire)态度,就像是连孩子带洗澡水一起泼出去,因为其所隐含的意思是,政府在艺术中所扮演的角色必然是负面的,这在历史和道理上都是不正确的;并且我相信,如果是这样的话,贝尔和费莱也不会支持的。我实在不相信政府在艺术上从未扮演过积极有益的角色;并且我也没有看到有合理的论据表明一定是这样,或者在自由的社会观念中存在某些普遍原则导致我们相信它应该如此。

就历史而言,能反对"国家和政府当局总是有损艺术"此类争议的证据是非常确凿的。当然我们知道,荷兰17世纪的艺术和法国19世纪的艺术主要是针对私人资助者的需求。而且,当时法兰西的作品,大都被政府当局所冷落。但是,仅有两个例子不足以支撑一个不变的规律,而且其他时期的历史有足够证据证明情形并非如此。想想,例如在雅典伯里克利时期和意大利文艺复兴时期,我们怎么能想象那样伟大的时代缺少公共资助呢?不可否认的是,这些时期的艺术家们与其他大多数艺术家们一样,与雇用他们的当局有过争执。但是可以确定地说,如果没有来自教皇、梅第奇家族(the Medicis)和威尼斯议院这些国家元首们的需求,米开朗琪罗(Michelangelo)、拉斐尔(Raphael)、提香(Titian)等人,就难以成为优秀艺术家并创作出优秀的艺术作品。我们的确可以认为,现代政府一贯展现出较低的品位;人们理所当然地认为,现代民主某些特征不可避免地斩断了政府与艺术之间联系的希望,但是我个人并不接受这种观念。我们不能固执地认为,没有一种政体能够有益于艺术。因为这在许多时候和许多地方都被事实证明是错误的。理性的争论对于我来说似乎仍然很有说服力。

如果我们从国家的基本需求开始,在这方面就很难排除一些积极的影响,公共议会和行政机构必须有处所,学校和大学也需要有安置的地方。难道人们真的会认为,所有这些都只是为了免受天气影响与提供一个安身之所?为什么公共建筑是唯一不加装饰的建筑物？我们是否应该为了补救家长制的危害，而在这方面建立一个自我否定条例（self-denying ordinance）？作为一个深信自由主义的人——在哲学意义上，而不是政治意义上——我应该用我所能用的所有强调语气说，这不是我对一个自由社会适当行为的理解。为什么只有不自由的社会才有权让政府建造物质象征之物？我们应该庆幸的是，就连也许是所有自由主义者中最伟大的伯里克利（Pericles），也没有考虑到政府职能是如此的有限。

我认为，这些考虑都与现代社会的情形相关，随着世界各地财富水平不断提高，个体对艺术品的大规模需求变得越来越有限了。如今，如果公共建筑只扮演一个"功利主义"角色，我们的理解显然狭窄了，难道我们会满意未来将所有绘画与雕塑，都视为公寓和郊区别墅的墙壁和壁炉架墙上的可挂之物？毫无疑问，如果所有的画家和雕塑家诚如费莱所言都是业余的，那倒是一个不错的发展，并且如果没有比同时代大多数的皇家学会会员更优秀的专业人才，这种狭隘的观点也许不算什么损失，但是我们知道事实并非如此。此外，我们为什么要容忍这样的一种状态——我们在公共建筑的设计和装饰方面不以追求最好为目的来要求自己？

但是，除此之外，还有一个更为广泛的问题，即人们对于这个问题的答案不太可能如此统一。除了政府机构的需求之外，在视觉艺术、音乐和戏剧领域为了追求卓越而给予公共资助，难道不是更为普遍的理由吗？

对于这个问题，我个人会毫不犹豫地回答"是"。理由同我支持保持学习纯科学、考古学、纯数学、天文学等方面的卓越资源一样——那些就其本身而言与实践没有特别关联的学科使我们在这个星球上的存在被赋予了意义。我承认，如果我没能意识到有反对者的话，我会觉得这样的回答只是为了一种好的感觉。当我们在亚里士多德著作中读到，当国家的形成使生活成为可能时，还要继续使生活变得美好，这就是我认为他所表达或者应该表达的意思。

然而也有一些人把这样的鼓励看作是一种家长式统治的表现，这与自由国家的基本观念背道而驰。对国家来说，利用纳税人的钱以这种方式影响文化和学习的标准是一种不正当的行为，损害了自由并且与真正民主的原则不相符。我不知道现在这种观点有多普遍，但在过去，它们并非没有影响力，而且如果认为持有它们的人都是迟钝的或低劣的，那就错了。

然而，从我的观点来看，他们完全建立在误解基础之上。如果在这方面国家就意味着垄断，承担着艺术独裁者的职能，这的确是一种暴行，完全与最基本的自由主义概念不相符。但是对于国家来说，如果为艺术提供鼓励和支持，而且是在一种人们可以完全自由地按照喜好去做的氛围之中，这非但不会与自由社会的原则相矛盾，反而是相当和谐的。正如我所看到的，这种情况就与广播和电视的情况完全一致。我们显然不能借由 BBC 这个例子，从广播的寡头垄断推断认为，文化是政府的不当行为：从 BBC 主要缔造者的自传中，我们会发现这个时期的威权观念有多么根深蒂固，尽管他是一名优秀的公仆。但是政府只是众多提供者之一，其特殊职责是保护并促进可能的最高标准的提高，至少在我看来，它还是完全符合自由主义的优良传统的。在自由社会的哲学观念中，国家的教育功能一直都是很重要的，而且这个功能不仅仅是教授基本的阅读、写作和算术等。

至于有人说这类赞助是在非法使用纳税人的钱，这似乎也是建立在误解基础之上的。当然，如果一个政府所贯彻的文化政策常常冒犯大多数选民，那么，在民主原则的基础上，它就很有可能被取缔并被另一个更少冒犯选民的政策取代：这取决于那些对这类事情有积极看法的人，他们通过讲理和劝说来寻求多数人的支持。但是，使用公共资助来达成这样的目的并没有什么不民主之处。只有在这种形式的教育功能中没有任何有差别好处的情况下，这种论点才能站得住脚。当然，这也是支持教育功能尤其是这些形式的主要理由所在，即其收益是无差别的，培养艺术和学习的能力、保护文化的积极作用也是如此，其作用不仅限于那些立即准备支付现金的人，而是要扩散至更广泛的社会中去，就如同公共卫生设施或是规划良好的城市景观的好处。市场机制是一种绝妙的东西，它可以协调好各种独自形成的需求与满足。但是如果我们就此声称，市场机制能够为美好社会（good society）所有必要成分的需求做好规划，我们显然将问题过于简化，并有可能将这种制度置于信任危机之中。当然，我也不可能说，如果没有政府支持的话，艺术与学习就不可能蓬勃发展。但是我要说的是，艺术如果得不到政府的支持，显然不太正常：我倾向于认为，如果没有支持的话，就人类社会可以想象到的大多数阶段的发展情形而言，其繁荣程度与受益程度都将受到限制，而无法达成其应该完成的程度。

1.2.2.3 美术馆（博物馆）资助

现在，我转向当代博物馆和美术馆问题。到目前为止，我的论述主要是为了说明国家对目前的艺术和大众文化支持的正当性。现在我需要把重点放在文化与艺术遗产问题上。

这类机构也是晚近才发展起来的。不用说，这样的收藏并不只是现代社会才有的现象。许多伟大的现代美术馆都建立在皇家收藏基础之上，可见收藏的历史可以追溯到很久以前。但是公共收藏——对所有人开放，旨在保护过去文化的印记——的概念，是在过去两个世纪才兴起的，而与之相关的很多问题则是最近才出现的。

人们关于这些机构的基本运作并无多少争议。博物馆收藏所产生的信息与愉悦感，较之分散情形下所有藏品能够带来的信息与愉悦感而言，其规模效应要大得多；这些收藏通常可以免费参观，就其规模与环境而言，私人企业不大可能提供，这无疑就是我们上面所讨论的、本质上属于国家应该提供的具有教育功能的东西。杰里米·边沁（Jeremy Bentham）早就注意到收藏问题，只是，他支持具有普遍价值与效用的科技博物馆，而反对艺术作品和稀有书籍的公共收藏，因为后者只有富人才感兴趣。他这样表述道："富人的思想，如同其身体，不应以牺牲穷人利益为代价来获得自己的享受。"但是这种保护，即使在边沁的时代，对教育功能的看法也过于狭窄；很开心的是，在我们自己的时代里，对此已经无须任何辩护了。当我们观察那些经常光顾公共美术馆人群的脸庞，已经很难根据收入结构，为其兴趣和愉悦程度划分等级了。

此外，与现场艺术和文化相关，类似物的提供也能发挥重要的作用。我们活在当下，但也依赖于过去的传统。我们不必假定在艺术上的进展——一种难以捉摸的、也许最终令人误解的概念——是天才从传统中以无数种间接方式获得指导和激励，即天才受益于传统。因此，博物馆展示这些收藏，必然会对当代的创作产生永恒而鲜活的影响。

的确，这种观念并不总能被接受。确实，当提议成立英国伦敦国家美术馆时，不止康斯特布尔（Constable）一个人反对说，外国绘画影响力扩散，将意味着英国绘画的终结；如今也有为数不多的艺术家，主要是那些有着法西斯倾向的人，希望摧毁博物馆。但是，那些优秀艺术家的观念与做法则与之相反。现代的大师们，从德拉克洛瓦（Delacroix）到摩尔（Moore）和毕加索（Picasso）都受着深厚传统的熏陶；并且即便在其最不像传统的时候，其作品也与传统有着无处不在的隐秘的关联。在某种程度上，塞尚（Cézanne）是艺术领域最伟大的革命家，他每天都徜徉于卢浮宫，并宣称其目标是继纳蒂尔（Nature）之后，成为第二个普珊（Poussin）。凯恩斯（Keynes）曾经说过，他不知道是什么让一个人变得更加保守，是除了现在之外就一无所知，还是除了过去就一无所知。而我们能够从历史当中获得的一般结论似乎表明，这对艺术以及文化领域的其他分支都同样适用。最好的创造性思维不受过去束缚，但是它们充分认识到历史，并从与历史的接触中获得力量和感悟；而对于视觉艺术来说，提供接触的最好方式无疑是博物馆。英国国家美术馆不仅仅是死气沉沉的展板和油画布的仓库，它更像是一个有着永恒且重要影响的殿堂,不断扩大我们视觉审美和愉悦自己的能力。

由此,我不禁要引用英国财政大臣罗宾逊(F. J. Robinson)① 在国家美术馆成立时所发表的演讲,这距离英国内阁阁员发表类似观点已有几年:

"这里还有另一件事我希望引起委员会的注意;我认为它的恰当性在某种程度上取决于其所依据的原则,这个原则同样适用于温莎城堡。在上次会议中,我们讨论过国王图书馆和建造接待大楼的好处问题,当我们身处如此辉煌的建筑之中,我们深感在当前国家不断改善的环境下,不应该在那些被认为能够促进艺术发展的事情上过于吝啬。作为一个纯粹的金钱问题,我并没有说所有反对这个提议的观点都不予理会,我打算把相关讨论提交给委员会。但是从一个更广的视野来看艺术是与人类多彩且高贵的本性密切关系的事情,我认为,慷慨地鼓励支持与促进艺术发展,与一个伟大国家的真正尊严以及一个自由民族的自由精神完全一致。如果有一笔基金,那么就可以在没有任何国家财政约束的前提下完成目标,因此,当不久前出现一个可以收购一套珍贵杰作的机会时,政府觉得有必要制定一个自由的良策,以便抓住这个机会,并为国家美术馆的艺术作品打好基础。因此,我们与已故的安格斯坦(Angerstein)先生的代表们展开谈判,并达成协议以 57 000 英镑的价格将这些画出售给公众。我已经阐明了政府同意这笔拨款的原则,并且很肯定的是,如果我们先前有国家美术馆的话,那么慷慨的人们早就用尽善尽美的艺术珍品来点缀它了,与世界各地其他国家一样。除非,真的是我弄错了,一个很有价值的收藏现在被一个兴致勃勃的、有公认的品味和鉴赏能力的人所占有,那么通过他的慷慨,会很有可能找到一条通向国家美术馆的路。如果情况属实,我乐观地希望,这个高尚的榜样能够被许多类似的慷慨的行为所跟随、效仿:其结果是,建立一个杰出的艺术品美术馆,对于国家来说是非常值得的;一个美术馆,每一个徜徉其中的英国人,都能以自豪而满足的目光注视着美术馆里的装饰品,它们不是被掠夺的宫殿里的财宝,也不是祭坛上被亵渎的战利品。"

这种观点在大多数时间和大多数场合都是适用的。然而,目前英国公共收藏还有一个应该存在的更进一步的理由。过去,英国相当大比例的重要艺术品都是在私人手中的;即便在今天,这个数字也不小,这点可以从布莱顿宫举办的冬季展览会的丰富程度获得证明。但是,目前高累进税制所造成的负担和世界艺术市场上高价的诱惑,正在改变这一切。每年都会有大量的财产因遗产税而分崩离

---

① 此后还有怀康特·戈德里奇(Viscount Goderich)和里彭伯爵(Earl of Ripon)的话。

析。如果作品被视为国家重点保护对象，是可以免税的，但前提是它们没有被出售，显而易见的是，在很多情况下，由于其他的压力，人们更倾向于出售——假如为了保护父辈留下来的家业，而转让伦勃朗（Rembrandt）的艺术作品，这样的行为并不卑鄙或麻木不仁。如果这类作品是被国内收藏者购买，那么，就国家作为一个整体而言，如果有同等程度的可及性，那么情况就保持不变。但是如果情况并非如此，即如果公共美术馆不介入并购买，则艺术作品就会被出口；并且，因为它们中的大多数会被外国美术馆收购，而且极有可能这些美术馆就是这些艺术品的终身处所，重新购回的可能性就永远消失了。

目前，对于艺术品的跨国流动，在原则上不存在什么异议。艺术，并不分民族；并且英国在过去几个世纪里因为进口而获益不少，如果我们就此认为其他国家的公民和美术馆的进口会引发国际公愤，显然是不合适的。当我想到一些画作的跨国流动时，我承认我有一种剧烈的疼痛感——例如，贝尼尼（Bellini）和提香（Titian）的《众神的盛宴》（*the great Feast of the Gods*）。但我不怀疑的是，西方的普通文化至少从某种程度上受益于这种已经发生的扩散。

然而，如果这个过程无限期地继续下去，那将会是一件令人惋惜的事情。如果我们剩下的个人所收藏的那些伟大艺术品全部消失的话，这个国家的文化将因此变得非常贫瘠。我也相信这不是人民的意愿。的确，他们可能意欲平衡其所积累财富的分配——尽管我怀疑他们是否必须以现有方式来实现，即通过房产税（毁灭财产），而不是遗产税（分散遗产）。但是我很怀疑他们是否已经决定将那些保存在私人手中的杰出作品转移出去。我很有信心，如果他们知道这是现行税制的副产品，他们就会非常愿意采取符合所有者公道的措施，以阻止作品的转移。我本来认为，这是所有拥有善良意志的人都会同意的事，可如果因为这样或那样的原因，决定破坏或限制任何机构，那么提供其他的手段，以便让这些机构履行其原本的职能，就是一种明智的做法。过去，所有者的财富足以让其留在国内，而且必须要说明的是，对于大多数所有者而言，让公众能够有机会欣赏这种作品，也是符合情理的。但是那种情况在一段时间前就已经开始削弱了，并且现在正在以惊人的速度消失；而如果我们要保持对这部分艺术遗产的控制，国家就必须介入并购买。因此，在一个财富较为平衡的时代，保存这部分国家遗产的功能，至少是那些最伟大、最昂贵的杰作，就应该交给公共博物馆和美术馆。你可以根据自身的意识形态立场，去判断这是好事还是坏事。但是除非你能指望一个有足够幅度并且足够迅速的税收政策改革来扭转这一趋势，否则你就必须承认这是唯一可以替代的选择，即替代那个曾让全世界嫉妒和羡慕但是如今却不断消失的艺术宝库。

1.2.2.4 艺术品价值与美术馆财务

到目前为止，对艺术不感兴趣的人已经熟知这一切，而且有些问题也开始被更广泛的民众所知晓。然而，大家普遍没有意识到的是，这个认知迫切需要现金的支持——有足够的现金来应付国际艺术品市场的价格。我希望在最后一节中，能对有关需要和注意事项予以讨论。

我怎么才能让这个问题的讨论生动起来？这里有各种各样有轰动效用的人物。例如，一个高更（Gauguin）的静物画，在第二次世界大战前可能以不到5 000英镑的价格出售，而在不久前，在伦敦的拍卖会上以10万英镑的价格转手出卖。最近在巴黎，一幅塞尚的水果静物画，绝不是第一次达到千万英镑的价格，① 而印象派作品的总体价格水平也在上升。我不知道麦斯威尔（Maxwell）上校的父亲为了格列柯（El Greco）的名画《耶稣之名的崇拜》（*The Adoration of the Name of Jesus*）花费多少，但如果其花费只是之前为了阻止该画出口而付出代价的 1/20，那么我会感到惊讶。当然这些都是特例，我所知道的关于艺术品价格水平总体变化的最好说明是，与所有国家美术馆购买的而不是被赠予画作的记录在册的费用形成的鲜明对比。一年前其价格还不到 200 万英镑。至于如今它如果公开出售的话，其价值多少，我把它留给各位去想象。

为什么发生这种情况？是什么导致了这种近乎普遍的价格上升？这个问题值得一问，因为人们常说现在的情况并不正常——这只是市场暂时的失常，未来迟早会平息下来。据说，人们已经疯了，这事不可能持续。尽管我根本不应该惊讶于看到，一些艺术家甚至是流派的相对价格和价格水平发生了巨大的变化，而且其价格大体上也比现在的价格低，但是我不怀疑，与此前相比，总体上升的趋势是持续性的，而且这种趋势很有可能会继续，甚至在未来会有加速发展的可能性。②

在我看来，这种情形可能有四种重要的影响：其中两种影响是非常普遍且不可逆的，另外两种可能持续的时间有限。我从第一组开始，其理由很明显，我称之为世俗的原因。

首先是供应的减少。已故大师的作品是有限的。随着这些存量越来越多地成

---

① 也许我们已经观察到，这些价格与 1957 年及其以前的价格有关联。自那时起，这种趋势就在不断加强，于是我们就看到，塞尚和雷诺阿的画的售价已经超过 20 万英镑，而鲁本斯的画作也达到 27.5 万英镑，甚至有谣传，范艾克的画已经超过 50 万英镑。

② 如下内容与我在 1954 年国家艺术收藏基金年会的演讲非常相似。

为国家公共财产,所以私人手中所掌握的以及潜在可交易的数量在不断减少;①而且,尽管价格上涨可能会带动供给的提升,但这无疑是有期限的,而且这个期限正在不断逼近。因此,从数学角度上几乎可以肯定地说,即使需求情况保持不变,也会单单因为这个原因导致价格强劲上扬。

但是,需求当然不会保持不变,并且将来也不太可能如此,这就是我们遇到的第二个原因。随着教育的普及和人口的增长,对艺术的兴趣在世界许多地方变得更为普遍且强烈了。我们可以在英国看到这一点——尽管对这种改变的感知尚未影响首相们的行为——在欧洲大陆和美国也是如此:所有人都可以见证,博物馆和美术馆的参观人数不断增加,对文学艺术的需求也不断增大。因此,即使实际收入保持不变,我们也应该期待这种态度的变化,这能带来对艺术作品的历史和审美趣味更为普遍的需求,即大部分来自公共美术馆,同时私人购买的藏品大规模地存在。但是,正如我们所知,实际收入不可能保持不变。世界上大部分地区的实际收入都在显著增长;因此,资源的增加将强化相对估值的最初变化。与我们自己目光短浅的规定形成鲜明对比的是,美国税收法的规定进一步强化了这一点,它给予那些向美术馆和学术机构提供文化捐赠的人特殊的免税额度。

因此,即使货币的价值没有变化,如果供给量不断缩小,而需求却有所增加,也必然会使已故艺术家创作的画作或雕塑作品的平均价格有显著的提高。

但事实上,正如我们所知,货币的价值也不会保持不变。相反,近年来,它有很大幅度的贬值。举例来说,英镑的购买力不及19世纪80年代的1/4。因此,在这里,我们又看到了第二组驱使艺术市场价格水平上扬的影响因素。

首先是货币价值的绝对变化,其影响是显而易见的。即使是我讨论过的需求和供给的特别变动都不能起作用,但货币价格水平的大幅度变化,都会给艺术品价格带来相应的变化,这就是显而易见的。并且我们可以假设这种变化或多或少是永久的。无论贬值最终是否会停止,就算在极端情况下,币值也不可能恢复到战前水平。在当前的政治环境下,我可以说,通货膨胀已经到了威胁政府秩序的程度,我想这种判断是正确的。这是一个独立于其他所有因素的影响,也必定会使艺术品市场的价格比过去高得多。

除此之外,尽管贬值仍有可能继续,但仍有另一种影响也朝着相同方向发挥

---

① 当然,我们可以想象,公共收藏品也可能被出售,就像第一个五年计划的困难时期,就像隐居时代的杰作所发生的事情那样。可以肯定地说,任何此类行为(指公共收藏品出售)都不太可能发生。根据法律规定,我们的国家美术馆不得出售任何此类展品。

作用。在币值不稳定时期，精心遴选的艺术品是避免通货膨胀的绝佳对冲工具。因为像珠宝和某些种类的不动产一样，它们往往能够保值且无须受管理之困，并且它们的价格不像普通股票的价格一样受制于政治风险。因此，在这种情况下，那些预见币值下跌的人会产生投机性的需求，这将强化我之前讨论过的博物馆和个人的收藏需求。

显然，如果通胀停止且投资者也确信它不会复发，很明显这种情况就会中断，尽管由于预计到因供求之间差距日益扩大而导致的投机行为将继续下去。就其停止的程度而言，艺术品价格可能也会因此而出现一些反应。但是如果我是这些市场上的经销商，此时就不应该有太多的储备，部分原因是我非常怀疑现代政府是否有意愿采取必要的措施来防止通货膨胀，并在危机过后维持这些措施；部分原因是我相信长期行为或世俗因素足够强大，足以很快抵消任何此类小小的挫败。因此，我想我已经证明了，因为有诸多影响，所以就不可能大幅降低已有水平。任何想恢复战前正常状态的希望，都是因为不了解世界上正在发生什么。

如果这是真的，那么博物馆和美术馆要发挥其应有的功能，就需要足够的资金，但不幸的是，它们没有。毫不夸张地说，它们在这方面的情况相比于今天的文明程度而言是可悲且可耻的。国家美术馆用来购买艺术品的拨款是 12 500 英镑，如果按照目前的价格计算，这笔钱幸运的话每 5 年可以收购一个著名印象派大师的好作品——这显然是目前收藏明显缺乏的一个流派。① 确实有可能申请追加拨款，并且自从威弗利的报告（the Waverley Report）发表之后的若干年，也偶尔会有此类资助。但是这种申请的成功肯定有风险，至少在某种程度上取决于当时的政治氛围；而经常性经费的规模如此之小，定会使任何系统的购买政策毫无实施的可能。当我们意识到这个规定只比早期 80 年代多拨款 2 500 英镑，那时拨款就其生活日用商品的购买力而言可能是今天的 4 倍，就其购买早期绘画大师作品的购买力而言就更是高出很多时，你就会发现公共政策是如此难以跟上市场变化的步伐，就更不用说公众对于改进这些条款的渴望了。

这又是为什么呢？我观察到有些人倾向于将责任归咎于官员，但这是完全错误的。我们这些必须与相关部门打交道的人都知道，相关官员至少与他们的批评者一样，甚至更为敏感而且有教养。但是没有一个负责任的官员，会将其不认可的政策提交给部长；而且，他私下里越同情艺术，就越小心谨慎，不让自己个人

---

① 值得注意的是，这项估计所参照的是 1958 年价格水平，其实自此以后，这个数额已经远远不够了。

的嗜好影响公务。在其他方面,有人则苛责于下议院。有人认为,首相们之所以不会做得更多,是因为下议院不允许。如果是在遥远的过去,我猜想这个判断可能有点道理:就在第一次世界大战前,当提香·韦切利奥(Vendramin Titian)的作品被国家收购时,似乎就有人反对使用公共资金。但是这种事情已经很多年没有发生了,而且据我所知,当政府拨款购买特别作品时,下议院均给予许可。所以我不能相信,下议院竟是最终的障碍。①

我也不相信公众有任何实质性的反对意见。当然,普罗大众(philistines)总是和我们在一起;据我所知,就在一两年前,有一位著名的实业家,他从来没有为艺术花一分钱,就对购买格列柯作品的资助提出异议。但我认为有足够的证据能表明,总的来说,公众在这方面强于其主人,并且非常欢迎美术馆拨款的大幅度增加,不仅仅是被动地接受,而是有着积极的赞许。②

不。根据宪政理论和当代实情,如今这种不光彩的局面,各位部长大人恐怕罪责难逃。所谓位高权重,他们所处的崇高地位让他有责任在这种事情上做出榜样;并且我们有充分的理由相信,如果他们能狠下决心为自己提出令人满意的建议,那么,他们非但不会让自己不受欢迎,反而将赢得几乎所有人的掌声。

但是,也许有人会问,根据这个国家的经济发展阶段,眼下这么做是否合理?在过去的18年里,我们一直遭受通货膨胀的根本原因难道不是与国民生产总值(按不变价格计算)相比而言的过度支出吗?难道给博物馆和美术馆更多的钱用于文化和学习的建议,与这方面的审慎政策是完全相反的吗?

这个问题很中肯,作为一名经济学家,显然,我必须面对它,但无论答案是什么我都毫不怀疑。在我看来,千真万确,我们在总体上花了太多的钱。这种超额可能被夸大了,但它的存在是毋庸置疑的。因此,为了阻止通货膨胀,我们应该减少开支,也许不是绝对的,但肯定与产品的增长有关。并且这很可能意味着公共财政总体上要更加谨慎。

但在我看来,这并不意味着我们应该在文化和学习上减少开支,无论按照什么标准,我们在这方面的支出都处于落后的状态。一般来说,控制支出的必要性,绝不意味着必须在各个方面上施加同样的力度。在个人财务中,如果一个人花费过多用于过度纵欲,其总支出不得不减少,可这并不意味着他不应该增加用于眼睛和牙齿的花销,尽管过去这些花费是缺乏的,这只意味着那个人必定要在

---

① 这代表着我的观点变化,之前我倾向于把更多的责任归咎于普通的议员。可是,到了这篇演讲发表时,我开始相信那些有勇气的部长们对此毫无畏惧,后来的历史也证实了这一点。
② 事实上,在这个演说发表后的第二年,拨款就增加了。

其他方面进一步平衡地削减开支。

在我看来，这正是英国当前的情形。如果我们希望避免货币进一步贬值，我们肯定需要控制支出总额的增长。但如果因此而导致过去与现在支出都很不足的行业要进一步紧缩限制，将是一件愚蠢的事情。我们在这方面的定位是一种对价值观的严重扭曲。我们在艺术方面缩减开支，而在其他方面却在不成比例地过度挥霍。如果我们看一下这些数字，这个问题就变得显然易见了：我们为农业的各个部门支付了高达3亿英镑的补贴，更不用说对国内外高成本企业的补贴。如果这样的补贴减半，我们不就能从中为美术馆和艺术节省出一两百万的经费吗？这难道有争议吗？

在我看来，这就是问题的严重性。允许国家美术馆和博物馆可以适当增加收藏，让国家歌剧院和芭蕾舞团走出破产阴影，并为艺术委员会与英国皇家学会提供一个合适的基金会，这在当前情况下当然不会给公共支出额外增加200万英镑的开支。我们相信，在总共50亿英镑的总开支中，如果将文化领域的支出扩张至上述水平，是不会造成任何通胀压力的。

2 文化经济学的历史开端

2.1 威廉·鲍莫尔的贡献

导　读

据威廉·鲍莫尔本人回忆，在撰写《表演艺术：经济学的困境》期间的一个早晨，大概4点钟，他突然醒来，写下只言片语，然后继续回去睡觉，而这只言片语就是有关"成本病"的，于是文化经济学有了自己的第一个概念，文化经济学学科也翻开了历史的第一篇章。似乎艺术家——那些被称为天才的人——才有此类灵感，这种灵感对于科学家似乎极为稀罕。当然，如果我们知道，鲍莫尔业余痴迷于雕刻与绘画艺术，他不仅创作、售卖画作，更是在其供职的普林斯顿大学开设雕刻艺术课程长达20年，那么我们或许可以说鲍莫尔本人就是个艺术家，最起码是一个业余艺术家，这种灵感似乎就稀松平常了。其实，除了"成本病"这样的概念，鲍莫尔在其研究生涯中可不缺少这种灵光一现的场景，类似的概念也不在少数，如可竞争市场、鲍莫尔—托宾模型、庇古税，如此等等。怪不得2014年威廉·鲍莫尔获诺贝尔经济学奖提名，提名理由是"企业家精神的突破性研究"，其落选多少有些遗憾，但是这足以证明其在经济学领域的影响力。而文化经济学对于威廉·鲍莫尔而言多少有些业余性质，只是一位对艺术情有独钟的教授的即兴之作，却在不经意之间成就了"成本病"这样的原创性概念，并开创了一门新兴经济学科，因此，将威廉·鲍莫尔视为文化经济学的开山鼻祖也是实至名归。

虽然鲍莫尔对艺术情有独钟，也业余从事艺术近30年，但是他开拓文化经济学这个新领地却多少有些偶然。当时的美国正处于战后繁荣的鼎盛时期，艺术空前繁荣，艺术机构蓬勃发展，从业人口急剧增加，市场也异常繁荣，但是，表演艺术却是一个例外——繁荣的背后是的财务严重危机，这种文化活动常常入不敷出，需要社会机构的大量捐助。在所有的捐助者中，基金会更是承担了不小的压力，他们对此也束手无策，正如本项研究的委托方——二十世纪基金会主管奥古斯托·赫克歇尔（August Heckscher）所言，"解决问题的首要步骤是了解问题，如今的美国民众拥有巨大的财富，对那些魅力无边且社会价值明显的艺术有着浓厚的兴趣，他们可不希望艺术机构始终处于未经研究的不确定状态"①。于是，二十世纪基金会决定做一些艺术领域的规范性研究，他们曾经与很多学者接触过，但都没有成行。但是，当有人推荐威廉·鲍莫尔——这个在普林斯顿教授雕刻艺术的经济学知名教授后，他们就快速与威廉·鲍莫尔联系，并最终确定合作事宜，于是便有了1966年的《表演艺术：经济学的困境》。

按照双方的约定，《表演艺术：经济学的困境》的核心目标是分析表演艺术危机的表现形式及其产生原因，或者按照作者自己的话就是，"分析表演艺术机构的财务问题，并揭示这些问题对于美国艺术未来发展的意义"②。就此而言，《表演艺术：经济学的困境》无疑是"美国迄今为止对表演艺术经济学状况最仔细、最周全的分析"③，其首创意义毋庸置疑，这恐怕也是威廉·鲍莫尔被视为文化经济学鼻祖的原因所在。遗憾的是，人们似乎只记得"成本病"，而对于其出处则几乎置若罔闻，甚至我国大多数学者更是将"成本病"的出处算在后面一篇文章上，即威廉·鲍莫尔1967年发表的《非均衡增长的宏观经济学：城市危机的剖析》。④ 对于各位读者而言，理解这两篇文章之间的逻辑关系至为重要，否则，我们很难理解"成本病"概念的来龙去脉，而且多少有些数典忘祖的味道。

《表演艺术收入差距分析》是《表演艺术：经济学的困境》一书的第二部分，也是其中最为重要的章节，其目的是解析表演艺术财务问题的表现与原因。鲍莫尔在财务分析部分，发现表演艺术机构收入与支出之间的"收入差"（Income Gap）现象，并在相关数据的基础上核算出全美表演艺术机构收入差在1 950万~2 250万美元。我们知道，从理论的角度来看，上述数据所呈现的只是现象，甚至只是一个假设，尚有很多问题需要进一步的论证与分析：收入差现象只是一个暂时性的现象？还是一个持续性的现象？它产生的原因又是什么？作者

---

① August Heckscher. Foreword [M] //Baumol W J, Bowen W G. Performing arts: The Economic Dilemma. New York: Twentieth Century Fund, 1966.

② Baumol W J, Bowen W G. Performing arts: The Economic Dilemma [M]. New York: Twentieth Century Fund, 1966: 4.

③ Richard Moody. Review [J]. American Literature, 1967, 39 (3): 432-433.

④ William J Baumol. Macroeconomics of Unbalanced Growth: The Anatomy of Urban Crisis [J]. The American Economic Review, 1967, 57 (3): 415-426.

探索的目光从收入转向生产力,他们发现由于技术的进步,20世纪全美生产力的复合增长率为2.5%,这就意味着劳动力的生产率每29年就会提升一倍,而表演艺术的生产率却不能借助技术进步而保持同样水平的增长速度。在此基础上,作者构建了简单的两部门"非均衡增长模型"(Unbalanced Growth Model)。在模型中,作者假设经济分为两个部门,即"进步部门"(如汽车生产部门)和"停滞部门"(如表演海顿三重奏,即haydn trios的表演艺术),前者的生产率随着技术提升而不断提升,而后者的生产率则停滞不前。这样的话,前者随着生产率的提升,工人的工资也不断增加,而其单位生产成本并没有上升,企业的盈利能力也没有因为工资上涨而下降。

但是,对于表演艺术而言,情形就变得异常复杂,作者假设了三种可能性:其一,假设艺术家的工资保持不变,这就意味着艺术家相对工业领域就业的工人而言,工资收入水平低甚至陷入贫困,其从业意愿将大大降低;其二,假设艺术家的工资增长幅度与全社会保持一致,而其生产率却保持不变,这就意味着表演艺术的成本与价格将会不断增长,这无疑会阻碍表演艺术的发展;其三,假设艺术家的工资有一定程度的增长,但其增长幅度不及其他经济领域的平均水平,也就是说,由于生产率停滞所致的收入差部分地转嫁给艺术家,而这也是表演艺术的现状。于是,"如果劳动力单位时间生产率水平保持不变,工资水平的任何增长,哪怕是极其微弱的增长,也会导致成本的相应增加",而这必然导致"收入差"。[1] 更为重要的是,这种"收入差"并非暂时性现象,而是长期持续性现象,并且有随着技术进步、生产率提升而愈演愈烈的趋势。这大概就是我们今天所熟知的概念——"成本病""鲍莫尔病""收入差""生产力差"的由来。不过需要提及的是,在《表演艺术:经济学的困境》一书中,"成本病"的一贯称谓皆为"收入差","成本病"的概念更多则是后来学者的演绎。

按照自由市场主义的观点,既然表演艺术成本上升,那么,其价格就应该做相应的上调,以便能够真实地反映成本的上涨,而不是人为地扭曲价格,以致破坏价格作为市场信号配置资源的功能。我想读者诸君在日常生活中都有这样的感受,最近几年我国劳动力密集型行业的成本不断攀升,理发行业就是个典型,其价格有着明显的增长。但是,表演艺术的票价似乎停滞了,它并没有随着劳动力成本上升而水涨船高。在解释票价停滞的原因时,鲍莫尔所用的对比颇有意思:

---

[1] Baumol W J, Bowen W G. Performing arts: The Economic Dilemma [M]. New York: Twentieth Century Fund, 1966: 170.

他认为教育也有"成本病"问题，但是，它在一定程度上通过增加学费得以缓解，为什么表演艺术就不能如法炮制呢？他用需求弹性来解释这个问题，即教育是人们必要的人力资源储备，不可或缺，而艺术的需求弹性较大，任何价格上的风吹草动都会对最终消费构成影响。当然，诚如作者所言，这种说法似乎很难证实，我们能提供的就是一些印象性证据，而如果我们的所有决策却都建立于此的话，这多少有些草率。各位读者也许在想，随着人类收入的增长，文化需求上升，需求强度增大，鲍莫尔当年的假设前提是否发生了变化。如果假设前提有了变化，这里的分析是否需要改写。如果读者诸君也这么想，我要恭喜各位又找到一个有价值的选题了。不过，要提醒的是，任何结论都是此时、此地人类思想的结晶，其局限性不可避免。

《表演艺术：经济学的困境》出版后的第二年，威廉·鲍莫尔就着手优化"收入差"的理论模型，并将其范围从表演艺术扩展至服务业，于是便有了那篇被引次数高达几千次的名篇——《非均衡增长的宏观经济学：城市危机的剖析》。在文章中，他系统优化了两部门"非均衡增长模型"，该模型假设经济活动分为两个部门，即"进步部门"（工业部门）与"停滞部门"（服务业部门），前者的生产率随着创新、资本累积以及规模经济而不断提升，而后者的生产率由于其本质所限无法实现持续增长。于是，我们假设两个部门工资水平相同，且工资随着劳动生产率提高而上升，那么由于劳动密集的公共部门是"停滞部门"，其工资率与"进步部门"的工资率同比例增长，因此，在其他因素不变的情况下，生产率偏低的公共部门的规模会随着"进步部门"工资率提升而不断增长，换言之，政府部门的投资效率偏低导致政府支出规模不断扩大，这也就是"成本病"理论。[①] 鲍莫尔的"成本病"理论受到经济学界广泛的关注，后续很多学者不断演绎与深化"成本病"，不过大多数的研究都着眼于宏观经济领域，与文化经济学没有多少关联。对于这个方面的内容，各位读者能够从多个渠道获得必要的信息，我们这里的导读还是聚焦于"成本病"在文化经济学领域的影响。

在文化经济学界，最早介绍"成本病"理论的学者，是鲍莫尔在伦敦经济学院的学长艾伦·皮考克，他发表于1969年的《福利经济学与艺术的公共资助》不仅详尽介绍了"成本病"及其"非均衡增长模型"，而且对其结论的有效性提出几点质疑：其一，表演艺术自身应时而变，如现代表演艺术中采用大量技术手

---

① William J Baumol. Macroeconomics of Unbalanced Growth: The Anatomy of Urban Crisis [J]. The American Economic Review, 1967, 57 (3): 415-426.

段,且演出人员也在不断减少,这必然影响其理论的有效性;其二,关于工资水平的趋势判断有待进一步研究,特别是考虑到一些新的媒介技术的出现,有关工资持续增长的判断就应该存疑;其三,"非均衡增长模型"假设两个部门的产出保持相对稳定,但是现实的情况是,随着经济的发展,服务业的生产总值不断增长,这也就意味着假设的前提不存在。[①] 在艾伦·皮考克之后,文化经济学家对"成本病"问题的讨论也不在少数,概括起来可分为赞同与反对两派:赞同者多通过进一步的数据收集来证实"成本病"理论,如玛丽安·V.菲尔顿(Marianne Victorius Felton)通过美国25家大型交响乐团21年的数据证实表演艺术存在"成本病"现象。[②] 反对者则从不同的变量因素出发对其结论展开质疑,如詹姆斯·海尔布伦(James Heilbrun)从媒介技术发展的角度认为,表演艺术也许未来能够像竞技体育那样从电视转播中获得比门票更多的收入;[③] 而泰勒·考恩(Tyler Cowen)则认为艺术工作者可以通过其创造性克服"成本病"[④]。无论如何,"成本病"作为文化经济学屈指可数的原创性概念,自诞生以来就为文化经济学者所津津乐道,更让人引以为傲的是,它是文化经济学对经济学而言唯一值得称道的贡献。

[①] Peacock A. Welfare economics and public subsidies to the arts [J]. Manchester School of Economic and Social Studies, 1969, 12 (11): 323-335.

[②] Marianne Victorius Felton. Evidence of the Existence of the Cost Disease in the Performing Arts [J]. Journal of Cultural Economics, 1994 (18): 301-304.

[③] James Heilbrun. Baumol's cost disease [M] //A handbook of cultural economics. Edited by Ruth Towse [J]. Edward Elgar, 2011: 67-75.

[④] Tyler Cowen. Why I Do Not Believe in the Cost-Disease: Comment on Baumol [J]. Journal of Cultural Economics, 20 (3): 207-214.

2.2 表演艺术收入差距分析[①]

1720年3月,范布鲁格(Vanbrugh)估计皇家音乐学院补贴基金的数额达到2万英镑,他认为这笔钱足以维持歌剧运营,"直到音乐扎根人间,用更少的援助就能生存下来"。然而,实际上歌剧日后所需资金不是更少,而是持续增加。

我们如今应该清楚的是,古往今来表演艺术通常要承受不断的财务压力,其成本常常超过收入。我们下面将分析这种收入差距的原因,基于这种分析我们也想明确这是否像过去那样是一个持续性现象。

任何熟悉表演机构财务历史的人都知道,成本与票房收入之间的差距逐年增加。[②] 如果单凭推测,我们便会怀疑财务问题将继续恶化。我们在此将提出一个不太成熟的结论:由于表演艺术的经济结构,其财务压力将继续存在,而且由于某些根本性原因,我们可以预期收入差距会随着时间的推移而稳步扩大。如果我们从经济学角度准确理解现场表演艺术,我们就会意识到上述可能性几乎不可避免。

要解释为什么会这样,我们首先要讨论表演艺术的技术,并说明它与其他经济行业有什么不同之处。这里我们不是将艺术作为人类精神的无形表现,而是一种为社会提供服务的生产活动,这种理解方式是有所裨益的,按照这种方式,艺术与电力生产、运输供应或房屋清洁等服务并无区别。它们都是利用劳动力和设备,提供可供公众购买的货物或服务,也就是说,它们都有一种技术条件将这些投入转化为产品。

如果我们从客观事实的角度来看,表演艺术的成本上升、价格滞后的趋势,既不是运气不好,也不是管理不善。相反,这是现场表演艺术的技术所导致的必然结果,而且这也将继续扩大表演机构的收入差距。

[①] 本文节选自《表演艺术:经济学的困境》的同名章节。
[②] 随后我将详细讨论成本、经营收入、捐赠收入与赤字的趋势。

2.2.1 生产率增长与现场表演艺术的技术

美国生产率增长的记录确实非同凡响。在 20 世纪的大部分时间里，人均每小时的产出（一小时劳动所生产产品和服务的数量）以每年大约百分之几的稳定速度增长，按照这个增速，每 29 年就会翻一番。这项观察的重要之处，并不是精确的增长速度，而是经济效率是不断提高并具有累积性的。提高生产率的诸多因素，如新技术、不断增加的资本存量、受过更好教育的劳动力、"大规模生产"等，共同创造了"每小时产出复合增长"的惊人、稳定的增长纪录。

但是现场表演艺术并没有充分分享生产力增长的优势。虽然表演艺术面向公众的方式有了新的发展，但依赖与观众面对面接触的表演团体，受其影响十分有限。

电影和留声机唱片、广播和电视的发展，使艺术呈现方式发生了革命性的变化，而其变化幅度有目共睹。这就意味着，为每位观众提供单位时间娱乐活动的成本急剧下降。这种变化可能比任何其他见证了技术飞速进步的经济部门所经历的变化要剧烈得多。例如，专业人士会告诉我们，管弦乐演出的电视直播所需的工时，不到现场演出的两倍，可是电视受众能够达到 2 000 万，而不是音乐厅容量所能承载的 2 500 人，因此，其生产力就提高了 40 万倍！①

但这些发展对于现场表演艺术并无直接帮助。事实上，大众传媒对表演艺术的观众与人才的竞争，有时会造成严重的负面影响。

当然，可以肯定的是，现场表演艺术已经受益于技术创新。空调使许多以前被迫在夏季歇业的团体，如今可以全年无休；喷气式飞机提升了旅行速度，降低了旅行费用。大型组织的行政业务，也从新型办公设备的应用中获益匪浅。但是这些发展是零星的，对技术性能的影响不大。它们几乎不能提升表演者每小时的产出效率，而且正如我们所看到的，表演者的工资构成了表演组织开支的主要部分。

虽然照明设施方面有所改进，但布景转换和其他周边内容提供的方法，以及表演艺术的基本特征几乎没什么变化。演奏一种乐器或扮演一种角色，在很大程度上仍然是几个世纪以前的样子。从工程的角度来看，现场表演艺术在技术上是

---

① 的确，为了呈现演出，我们需要投入大量人力资源来生产电视机。但是，现场表演同时需要为每位观众提供大量附属设施，包括剧场以及运送观众的交通成本。

停滞不前的。

现场表演的特点是，工作本身就是一种目的，而不是生产产品的手段，这个特点使其运作方式不可能有什么实质性变化。当顾客购买打字机时，他通常既不知道也不关心制造时消耗多少工时。任何能减少工时的不同创新，对购买者来说都是没有区别的。当然，除非它影响价格。但是在现场表演中，情形就截然不同了。表演者的劳动本身就是观众购买的最终产品。表演者在训练和技巧或者所花时间方面的任何变化，都会影响其所提供服务的性质。因为，与制造业工人不同，表演者不是原材料和成品之间的中介，其活动本身就是消费产品。

现场表演与典型制造业之间技术差异的直接结果是，后者的生产率随技术而变化，而前者却相对不变。自工业革命开始以来，生产一种典型的工业制品所需劳动量不断下降，但理查德二世讲述《国王之死》的悲惨故事所需时间与当年环球剧院舞台上所花费的时间却一模一样。人类的聪明才智已经能想方设法减少生产汽车所需的劳动力，但还没有人能成功地减少45分钟舒伯特四重奏所花费的人力，将其降低至3个工时。

在现场表演艺术中，通过资本积累与采用新技术一样，提升生产力的空间都很小。在制造业当中，资本积累、大量强大的机器和设备——即便它们并不是什么新发明，无疑也对单位劳动力的平均产出有着重要贡献。随着商业的繁荣，企业能够在设备上投入更多的资金，每小时的产出也相应增加。类似地，在现场艺术中，更多的排练室，可以为表演者节约时间，而更大的剧院，可以服务更多的观众。但是这会有什么影响呢？为表演团体准备更昂贵的服装？为管弦乐队准备更多、更大的鼓？显而易见的是，由于资本设备对现场演出的生产力的作用如此之小，因此几乎不可能提高人均产出。

当然，这并不意味着对艺术来说，完全不可能提高效率或创新，或者单位工时的生产率。例如，我们可以通过延长演出季，达到规模经济效应，从而提高生产率。然而，我们不可能指望艺术与整个经济那样，有着与其相媲美的显著的生产率增长。

此外，表演艺术处于这种尴尬境地，是否因为其固有的技术？而这种技术远远超出管理者与效率专家的能力范围?①

就此而言,我们有必要提供有关艺术生产率趋势的统计数据。这样我们就可以直接检验假设,即该部门生产率增长可以忽略不计,自然要小于整个经济中的生产率增长。不幸的是,这是不可能的,部分的原因是艺术的产出和投入难以衡量,甚至难以清晰界定,部分的原因是我们迄今尚未做出重大努力来克服这些困难。不过,我们可以分享经济中的全部服务行业生产率趋势研究的初步结果,其中许多部门均受到与表演艺术类似生产率限制的影响。

尽管服务部门包括许多最近受益于重要技术变革的行业(例如保险和金融,以及如今广泛应用的电子数据处理设备),但该部门与其他产品生产部门相比,其单位工时的产出增长速度要小得多。1929—1961年期间,货物部门的单位工时产出每年增加2.5%,服务部门每年只增加1.6%。在战后期间,这种差别就更加明显:货物部门的单位工时产出以3.1%的复合比率增长,而服务部门复合增长率则为1.7%。我们可以通过下述方法更直观地看到这种差别的大小,按照年均3.1%的增速,那么25年就能翻一番;而按照1.7%的年均增速,翻一番所需时间为40多年。

2.2.2 论生产率与成本

显而易见的是,现场表演艺术技术改进有限的特征,必然会影响其运营成

---

① 一位赞同这个论证部分观点的同事让我们关注如下的声明,我们转摘自1955年美国大学专业协会的公报。前几段先前出现于1955年6月份的《哈珀杂志》(*Harper's Magazine*),它于1955年作为匿名的备忘录流传于伦敦。显然,该声明获得运输部的许可,已经被置于财政部门的公告之中。

如何用更少的小提琴家以提高效率

以下是一名工程师在参观伦敦皇家节日音乐厅(Royal Festival Hall)交响音乐会后所做的报告:

在相当长的一段时间里,四位双簧管演奏者无所事事。显然演奏者数量应该减少,工作应该更均匀地分布在整个音乐会,从而消除活动的高峰。

所有12个小提琴都弹奏相同的音符,这似乎是不必要的重复。这个部分的人员应该大幅度裁减。如果需要更大的音量,完全可以依赖电子仪器。

半八分音符的演奏耗费了大量精力,这个改进似乎并无必要。建议将所有音符四舍五入至最接近的半八分位。如果这样做,就有可能广泛采用那些练习生和较低职位的人员。

有些音乐段落似乎重复得太多了,分位数量应该大幅削减。圆号重复弦乐已经演奏的乐段,这毫无必要。据估计,如果去掉所有多余的乐段,整个音乐会可以从2小时缩短到20分钟,也无须中场休息……

值得注意的是,这位钢琴家不仅用双手操作完成其大部分工作,而且还使用两只脚进行踏板操作。然而,如果钢琴上音符再行延伸,重新设计键盘使所有音符都能在正常工作区域内,这对操作者将大有裨益。在许多情况下,操作者使用一只手来握住仪器,然后借助夹具就能将空闲的手做其他工作。

设备陈旧是另一个值得进一步研究的问题,因为这个项目的首席小提琴家的乐器,已经有几百年的历史了。如果采用正常的折旧表,它的工具价值应减为零,并有可能考虑购买更现代化的设备。

本。人们首先考虑到的是,这些障碍只会阻止成本下降,而不会造成运营成本的不断增加。

如果艺术能够孤立存在,就可以避免成本上升。但事实上,它们必须在复杂的经济中运作。而且经济各个部门之间的相互关系,以及艺术生产率无法持续提高,都使得不断增加的成本成为现场表演艺术的必然特征。

为了理解这些成本关系,有必要总体地考虑不同部门生产率的不同增长率对其相对成本意味着什么。①

假设一个经济体分成两个部门:一个是生产汽车的部门,其生产率上升;另一个部门"生产"海顿三重奏,其生产率却保持不变。我们假设汽车生产可以实现技术进步,其单位工时的产品以每年4%的速度增长,而三重奏演员的生产率则处于停滞状态。假设汽车行业的工人意识到这种变化,并说服管理层,那么工资就会做相应程度的上涨。我们可以追踪这种上涨对汽车工业的影响:如果工人的平均工资每年也增长4%,那么其劳动产出的增长率会完全持平。因此,单位劳动力成本(总劳动力成本与总产出之比)保持不变。我们可以想象,这个过程可以无限期地持续下去,汽车工人年收入越来越高,但每辆汽车的成本保持不变,汽车价格也不会提高,所以公司的利润也维持不变。如果汽车工人的工时不减少,其经济总产出就必定增加,因为每年都会有越来越多的车辆走下装配线。

但是,如果是规模不大的经济体中的另外一个行业呢?在这个日益丰裕的社会里,海顿三重奏表演的表现又将如何?我们这里必须考虑几个备选方案:一个极端就是,典型表演者的工资每年都保持不变,经济繁荣对他们没产生什么影响,他购买产品和服务的能力也丝毫没有提高。这显然就意味着,音乐家相对变得越来越贫穷。如果汽车工人的工资每年以4%的复合速度增长,那么用不了多久,工资保持不变的乐器演奏家,无论是就他自己而言,还是与其他人相比,他都会变得更加贫穷。这自然可能会阻止一些人成为音乐家,并鼓励他们进入汽车行业。

现在考虑一下音乐行业的第二种选择。假设三重奏演员成功涨薪,其生活水平与汽车工人持平,这对三重奏表演的成本意味着什么?如果弦乐演奏者的收入每年

---

① 就我们所观察到的生产率差异变动率对成本和价格的影响,这并不新鲜。举例可参见 Tibor and Ann Scitovsky. What Price Economic Progress? [J]. Yale Review, Autumn 1959. 只有将这些应用于艺术领域才有些新意,对此的讨论可以参见《博吉》和《皇家歌剧院年报》,同样见于 Toffler, Chapter XI, esp. p. 163 if. See also Jean Fourastie. The Causes of Wealth [M]. Glencoe, Illinois: The Free Press, 1960: Chapter IV.

增加4%，而其生产率保持不变，那么，单位产出的直接劳动力成本就必须增加4%，因为单位成本等于总成本除以产出数量。如果在每周40个小时内，弦乐演奏家所提供的表演和前年一样多，但其工资却高出4%，那么每场演出的成本就得相应提高。此外，这种情形并不能防止表演的成本无限制地以复合速度上升。只要音乐家们能够成功地抵御相对收入的减少，每场演出的成本就必然随着表演者的收入增长而继续增加。不断上涨的成本，将是表演艺术不可避免的顽疾。

事实上，我们还有第三种选择，这更接近于现实。表演者的工资确实增加了，但其增加幅度总是无法跟上其他经济部门的工资水平。由于表演者往往是那些有着奉献精神的个体，他们从业的经济条件在其他行业看来是不可想象的，因此，他们对一般的工资趋势相对不敏感，特别是在时间不长的情形下。即使从长远来看，表演艺术的收入也可能落后于那些没什么精神收获职业的工资。例如，大多数非熟练工人将小时工资作为工作的主要报酬，而典型的表演者可能还从工作中获得相当大的乐趣和个人满足感。重要的是，随着时间的推移，实际收入总体水平不断提高，人们很可能会觉得，他们更有能力从事那些金钱收入相对较低但心理收入较高的职业。

正因如此，那些陷入经济困难的表演机构，往往将部分财政负担转嫁给表演者和管理阶层，他们的薪酬如果按商业标准计算往往很低。无论以何种标准来衡量，这个领域的收入水平都处于非常低的水平，特别是考虑到艺术家在教育、培训和设备方面经常投入大量资金时更是如此。

然而，所有这些并不影响我们的分析逻辑。在每工时的生产率大致不变的情况下，工资的任何增加，无论多么温和，都必然导致相应的成本增加。如果经济中其他地方的工资上涨了6%，但表演者收入只增加了2%，那么每个表演者的直接劳动力成本，也必定增加2%，除非表演者的工作时数减少，能够起到抵消作用。

重要的是要认识到，价格上涨在我们分析的逻辑中并不起任何作用。也就是说，只要音乐家工资有所增加，无论价格水平是否发生变化，现场演出相比于汽车行业的成本都会增加，而且表演相对成本的增加程度，将直接取决于汽车业生产率的增长幅度。[1]

显然，上述分析也适用于表演艺术之外的其他服务业。[2] 它解释了优质食品成本不断上涨的原因，其制作仍然需要像几十年前传奇的法国名厨埃斯科费尔（Escoffier）那样，在其产品上倾注大量的心血。这也有助于解释高等教育的财务问题，它比艺术教育更受人关注。教育和艺术一样，几乎没有机会系统地、累积地提高生产率。增加每小时教学产出的最直接的方法就是增加班级的规模，这通常直接导致产品质量的恶化，对于大多数人而言这是不可接受的。因此，困扰教育的财务问题，至少在某种程度上，是对于现场艺术至关重要的生产率和成本之间根本关系的另一种表现。

我们讨论的中心是，对于像现场表演艺术这样生产率停滞的部门，货币工资的增长将自动转化为单位劳动力成本的相应增加，与那些生产率不断提高的行业不同，表演艺术行业的单位工时产出的增长无法抵消成本的增加幅度。由此我们可以推论：在生产率停滞的部门，其相对成本的增长幅度，将随着整个经济的单位工时的产出增长速度而变化。技术进步的步伐越快，整体工资水平的增幅就越大，那些生产率没有提升的行业，其成本上升的压力也随之上升。对于那些滞后的部门，至少就成本而言，更快的技术进步并非好事。值得注意的是，私营经济部门单位工时产出在战后几年的增长速度略快于20世纪初。

---

[1] 在我们的说明性例子中，相对成本的变化与总体通货膨胀有关。虽然汽车的成本和价格保持不变，但汽车的成本和现场演出的价格却上升了，导致整个经济的平均价格水平上升。然而，这种通胀效应是一种假设的结果，即汽车工人工资和音乐家的工资增长速度与汽车行业的生产率一样快。但实际情形不必如此。假设汽车工人和音乐家的工资以每年超过4%的速度增长，在这种情况下汽车每年成本将下降约2%，而成本/性能将增加2%。如果经济产业各占了一半的销售（因此得到相等的消费价格指数中的权重），将不会增加一般价格水平，但会有相同的相对成本增加在前面的现场表演价格中。虽然通货膨胀本身可能对表演艺术产生各种影响（我们将在后面讨论这个问题），但最重要的是现场表演成本的相对变化，因此我们在这里不必担心通货膨胀的程度。应该注意到的是，总统经济顾问委员会试图发现每个行业的工资上升不超过整个经济的平均生产率增长（在我们的例子中是2%），即使在任何一个行业的生产力可能比其他人能更快地增加。这一政策明确地建立在刚刚提出的主张的基础上，即这种工资行为可以在没有导致通货膨胀的情况下产生相对成本的变化（见1962年1月《总统经济报告》及其后续报告）。同样有趣的是，一些著名的通胀过程的模型是基于这样一个前提：理事会警告不会被注意，实际上工人在一个技术进步的产业（如汽车生产）得到的工资增长将超过整个经济的平均增长率的生产力，这些"过度"的工资增长将被服务行业（如表演艺术）所效仿，而这些行业的生产率几乎没有任何提高。因此，我们的第一个模型——假设汽车行业的工资和生产率增长4%——对许多经济学家来说将是一个熟悉的概念（对这种通胀过程模型最著名的讨论是 Charles L. Schultze, in Recent Inflation in the United States, 86th Cong., 1st sess., Joint Committee Print, Study Paper No. 1, Government Printing Office, Washington, 1959.）。

[2] 有关生产率和成本之间关系的统计证据的讨论，请参阅本章末尾的说明——这些证据有力地支持了我们的分析。

2.2.3 门票定价的经济学

我们接下来转向收入差距关系的另一方面,即讨论所赚取的收入,特别是适用于表演艺术的定价原则。

在任何行业中,我们都期望价格与成本有合理的密切关系,特别是从长远来看。因此,如果每场演出的成本稳步上升,那么我们似乎很自然地期望,票价会以大致相同的速度上涨。当然,如果真的发生这种情况(似乎我们普遍的印象就是如此),那么假设上座率没有受到影响,运营赤字将与成本和价格保持一致的增幅,比如说年均4%。只要收入与成本保持一致,收入差距的绝对值就会增加,但相对于总支出的比例却没有增加。然而,正如其后所示,门票收入整体滞后于演出成本。

我们该如何解释价格涨幅滞后呢?我们在解释时强调这种情况也包含结构性的因素,因此,不能指望这些问题不会自然消失,或通过任何"有效管理"来医治,后者常常被作为灵丹妙药来医治所有金钱问题。

可以预计的将严重影响票价涨幅的要素主要有三种:①个别艺术团体基于道义考虑,不愿意提高价格;②艺术在购票人需求等级中的地位;③竞争的压力。

票价滞后的第一个原因可能存在于"价值至上"的原则之中,这种原则会影响提供表演与欣赏表演的人的态度。由于表演组织通常是一个乐于奉献的团体,坚信其产品对社会的价值,因此,它自然应设法尽可能广泛和公平地分配其服务。该团体通常决心不想让收入和财富成为决定谁来观看演出的唯一要素,而是希望将产品提供给所有有愿意的人——学生、贫困者,那些还不是热爱者但可能学会欣赏的人,以及那些由于价格高昂而无法观看的人。①

如果表演艺术主要目标是利润最大化,那么很容易想象将发生什么。人们可以想象,这个国家的表演艺术已经沦落,只有极少数的剧院和管弦乐队,当然其

---

① 某知名非营利组织的经理多次向我们保证,道德原则与该组织的定价决策无关。他坚持认为,保持较低价格和赤字是最有效的筹资方式。虽然毫无疑问的是,这种说法有事实的证据,但肯定有所夸大,即便就他本人的情况而言也是如此。我们相信更普遍的情形是,大多数表演艺术机构的管理者是完全真诚地认为,低价是其政策的重要目标之一。

票价也高居不下,且会不断增长,这样的话,只有极少数人能够消费得起。①

有很多案例明确显示,即便存在过剩的需求,这些机构的管理者也继续抵制价格上涨。而大都会歌剧院就是其中的典型,尽管门票必须实施配给制,而且大部分演出通常门票都会售罄,但它并没有将票价提高到最佳水平。如果将大都会歌剧院变成一家在价格水平与客户经济阶层上类似于高档餐厅的机构,从道义上讲大概是不能接受的,而且这也可能会损害资金的筹集。②

然而,值得注意的是,尽管教育机构与表演团体一样不愿提高学费,但高等教育近年的价格却出现了相当大幅度的上涨。诚然,大学一直试图通过增加奖学金和提供更容易获得的贷款,来减轻学费上涨对那些不富裕学生的影响,但学费水平仍大幅上升。

这就造成了第二个影响,它抑制票价上涨,使其不会像学费一样迅速上涨。这种解释至少在一定程度上说明艺术组织与教育服务的需求强度不同。高等教育已被相当一部分人视为一种必要的需求,他们愿意为此付出任何代价。但是,很少有人把艺术与食物、住所、衣服、医疗保健(现在是教育)一起列为必须购买的物品,而不论它们的费用是多少。如果表演艺术变得过于昂贵,大多数人都可以弃之不顾。尽管我们并不太容易证实这个说法,但是却不乏这方面的印象性证据。无论如何,即使那些制订票价的人仅仅相信这是真的,这种假设也会阻碍其提高门票价格的计划。

预计票价相对稳定的第三个原因来自大众媒体的竞争。票价之所以被压低,是因为现场演出有着低价的替代品。由于我们可以在电影或电视上看到戏剧作品,也可以从唱片和电台上听到音乐,而不仅仅是在舞台上,因此,现场表演的价格就不能太离谱。

我们看到,随着技术的发展,现场演出处于这样的成本劣势,两头受困。技术变革的模式导致现场表演成本逐步上升,同时大众媒体的竞争也限制了价格。

---

① 与表演艺术的其他部分相比,百老汇戏剧界更接近利润最大化模式。百老汇的大多数投资者,尤其是近年来投资了许多音乐剧的公司,无疑是为了赚到他们所希望赚到的钱。百老汇每年的新剧目数量,尤其是严肃戏剧的数量,已显著下降,这个事实肯定符合人们基于利润最大化目标所期望的结果。然而,即使是百老汇剧院也不算是一个纯粹追求利润的例子。这些投资人中总是有几个"天使",其投资多出于戏剧及其所带来的愉悦感,而不是出于盈利目标的精打细算。

② 这对筹集资金的影响是有争议的。同样是认为原则与票价无关的经理坚持认为,即使是在提高票价的那些年份里,对他们机构的捐赠也在继续增加。

2.2.4 若干改进措施

在困扰表演艺术并且不断增加的经营赤字的压力下,人们已经提出了各种计划,并且进行了大量实验,提出并尝试了各种节省成本的方法。因此,一些百老汇制片人采用城外演出、开业前试演等方式,而且不少城市将交响乐从大规模转向小规模,采用室内交响乐团为市民提供音乐。在1964—1965年的演出季,百老汇很多的演出只有两三个角色,这也被视为应对财务问题所采取的经济措施。[①]

当然,表演艺术机构也可以通过减少排练、使用未受过良好训练的表演者、劣质的服装及布景等,以便降低单位成本的增幅。但是,这种做法从来不受那些追求质量的机构的欢迎,而且,它可能会导致受众的流失。尽管如此,由于意识到偷工减料可能是放弃企业之外的唯一选择,这种方式就不算什么"权宜之计"。

此外,还有一些试图掩盖票价上涨或吸引更多观众的门票定价试验。例如,在许多情况下,价格幅度表面上并无变化,但以前价格不高的座位已转移到价格较高的档次。有些制作人尝试在一周内改变票价,在周末的几天里尝试提高票价,认为观众人数更多,想必也愿意支付更高价格。

无论如何,如果我们的分析是有效的,所有这些措施都是治标不治本,一劳永逸地削减成本,并不能无限期地抵消其他部门技术进步给艺术部门所带来的累积压力。

[①] 参见 New York Times, January 24, 1965, Section II, p. 1. 然而,到下一个演出季中期,没有小制作的剧目,都是些大制作的剧目上演。我们自己的数据可以追溯到1895年,但没有任何证据表明,演员阵容总体上有缩减的趋势,不过这一定程度上是由于音乐剧的数量增加所造成的。相比之下,中等制作的剧目却减少了。两到三个角色的剧目的制作经验确实表明,它们上演时间较长,而且很有可能盈利,即使上座率未满。在这方面,这些戏剧能够实现获得的回报大约达到40年前的水平。

2.3 非均衡增长的宏观经济学：城市危机的剖析

有一些经济力量是如此强大，以至于它们能不断地冲破所有障碍。例如，供需力量就是如此，它不仅抵制中世纪废除高利贷的努力，而且抵制了当代控制物价的企图。本文我们将讨论另外一种机制，它既为历史抹上颜色，也将为未来打上印记。它有助于我们了解各种经济服务的潜在作用：市政府、教育、表演艺术、餐饮和休闲活动。我要指出的是，这些活动所固有的技术结构，几乎不可避免地促使其供给的实际成本累积性地增长。因此，抵消这些成本增加的努力，虽然可能暂时取得成功，但从长远来看只是治标不治本，对基本趋势没有什么重大影响。

宏观经济模型的合理性主要在于，它有能力为我们所观察到的现象的运行原理提供洞见。它对各种变量的集合分析，通常否定了微观经济分析在其最佳状态下所拥有的优雅和严谨性。然而，宏观模型确实成功解释了实际问题的机理，并在一定程度上为政策提供了指导，虽然这种模式的经济分析迄今为止还很费力。本文希望遵循这个结构还很粗糙的传统模式，它或许能对我们这代人所面临的各种经济问题有所启示。

2.3.1 前提

我们的模型将基于几个假设，其中只有一个是真正重要的。这个基本前提设定经济活动可以分为两类：一种是技术进步活动，其中创新、资本积累和规模经济都导致人均产出的累积增长；另外一种活动，从其本质来讲，其生产率只有零星的提高。

当然，整个经济不同行业的生产率不可能同速增长，因此，任意设定的分界线都可以将所有产品和服务分成两个部类中的一类或另一类，这就不足为奇了。然而，我的推论能够更进一步：在这个分类中，任何特定活动的位置，并不是由其历史细节所决定的偶然事件，而是这些活动的技术结构的必然呈现，也正是技术结构决定了劳动投入的生产率增速的快慢。

这种差别的根本来源在于劳动在活动中所起的作用。有些情况下，劳动只是一种工具,是获得最终产品的附带条件;而在其他领域,就所有实际目的而言,劳动本身就是最终产品。制造业就是前者最明显的例子。当某人购买空调时,他既不知道也不关心生产该产品时投入了多少劳动力。他也不关心这样或那样的创新使其所购买产品生产所需劳动力投入减少10%,如果产品的价格和质量没有受到影响的话。因此,我们可以说,大多数制成品的劳动投入系数连续且累积性下降是有可能的,事实也是如此,而且往往伴随着产品质量某种程度的改善。

另一方面,有许多服务的目的是劳动本身,其质量直接根据劳动量来判断。教学是一个明显的例证,每班人数(生均教学时数)往往被视为衡量质量的关键指标。在教学活动中,虽然也发明了教学机器,使用了闭路电视和其他各种创新,但似乎每班人数的限制仍然相当严格。当小学班级人数增加到50名学生时,我们就会忧心忡忡,而当大学讲座有2 000名大学一二年级学生要参加时,我们就会感到不安。如果我们的教学方法没有彻底的革命,我们就不可能超越这些水平(甚至达到这些水平)。一个更极端的例子是现场表演艺术。半个小时的圆号五重奏表演要花费2个小时,任何提高生产率的尝试都可能受到评论家和观众的关注。

我们不应夸大这两类活动在生产率水平弹性空间方面的差异。这只是一个程度问题,而不是绝对的二分法。喷气式飞机提高了从纽约到加州演讲的教职员工的工作效率。当然,大众媒体已经创造了一系列新产品,可以被视为现场表演的替代品,生产率借此得到了极大的提高。此外,读者将会认识到,还有各种介于这两种极端类型之间的活动。然而,生产率相对稳定的行业与生产率能够并确实有较大提高的行业之间的区别是非常明显的,我们将会看到,这种区别具有相当重要的实际意义。

除了将活动分为两个基本类别之外,我还将使用另外三个假设,其中两个主要是为了便于说明。随着讨论的深入,读者诸君会发现两者都不是关键。第一个的附带前提是,除了劳动力成本以外,所有支出都可以忽略不计。这显然是不现实的,但它极大地简化了数学模型。第二个更重要、更现实的假设是,两个部门的工资是同时上升和下降的。从长远来看,劳动力市场整体有一定的流动性,因此,虽然一种活动的工资可能落后于另一种活动,除非前者会完全消失,否则就不能指望这种差距会永无休止地存续下去。为简单起见,我假设两个部门的小时工资完全相同,但模型很容易变得复杂,特别是考虑到工资水平及其变动的多样性。

然而,最后一个也许是无关紧要的,但显然并非不现实的假设是,在生产率不断提高的部门，货币工资与每小时产出的增长速度一样快。这是由于有组织的劳工对生产率提高的了解并不迟钝，所以其工资需求会相应地予以调整。这个假设只影响模型中绝对价格水平的大小，而不影响作为分析关键因素的相对成本和价格。

2.3.2 一种不平衡膨胀模型

假设经济分为两个部门，第一个部门的劳动生产率保持不变，而第二个部门每工时的产出以恒定的复合增长率 (r) 累积增长。因此，根据时间 t 时的输出值 Y_{1t} 和两个部门中的值，我们就得到：

$$Y_{1t} = aL_{1t} \tag{1}$$

$$Y_{2t} = b L_{2t} e^{rt} \tag{2}$$

其中 L_{1t} 与 L_{2t} 是这两个部门的用工量，a 和 b 是常数。

我们假设两个部门的工资是相等的，并且固定在每单位劳动上的为 W_t 美元，其中 W_t 本身的增长符合"进步"部门，即部门2的生产率，故此：

$$W_t = We^{rt} \quad (W = 某个常数) \tag{3}$$

由此我们就可以得到这个系统的若干性质。第一个也是最基本的是命题1：部门1的单位平均产出的成本 C_1 将不受限制地上升，而部门2的单位成本 C_2 将保持不变。

$C_1 = W_t L_{1t}/Y_{1t} = We^{rt}L_{1t}/aL_{1t} = We^{rt}/a$

$C_2 = W_t L_{2t}/Y_{2t} = We^{rt}L_{2t}/bL_{2t}e^{rt} = W/b$

无论工资的增长是否符合公式（3）的要求，相对成本都会如此，于是：

$C_1/C_2 = (L_{1t}/Y_{1t})/(L_{2t}/Y_{2t}) = be^{rt}/a$

实际上，我们预计在这种情况下，市场对部门1产出的需求将会下降。例如，假设这两种产出的需求弹性在价格上是统一的，且与成本之间成比例。那么，这两种产出的相对支出将保持不变，也就是：

$P_1Y_1/P_2Y_2 = C_1Y_1/C_2Y_2 = We^{rt}L_{1t}/We^{rt}L_{2t} = L_{1t}/L_{2t} = A$ （常数）

因此，这两个部门的产出比率将是：

$$Y_1/Y_2 = aL_{1t}/bL_{2t}e^{rt} = aA/be^{rt}$$

随着时间的推移，它会下降至零。因此，我们有一个命题2：在生产率不平衡的模型中，"非进步"部门产出的下降并不是高度缺乏弹性的，因而有可能最终消失。

然而，我们可以问的是，尽管两个部门的相对成本和价格发生变化，但相对产出仍然保持不变，也许能在政府补贴的帮助下，或者如果有关产品的需求有足够的价格弹性或收入弹性，将会发生什么情况。然后我们就有以下公式：

$$(b/a) Y_1/Y_2 = \frac{L_1}{L_2 e^{rt}} = K$$

令 $L = L_1 + L_2$ 为总劳动供给。接下来：

$$L_1 = (L - L_1) K e^{rt} \text{ 或 } L_1 = L K e^{rt} / (1 + K e^{rt}) \quad (4)$$

$$L_2 = L - L_1 = L / (1 + K e^{rt}) \quad (5)$$

因此，当 t 趋于无穷，L_1 将趋近 L，L_2 趋于零。因此，我们有一个命题 3：在不平衡的生产率模型中，如果两个部门的产出比率保持不变，那么越来越多的劳动力必须转移到非进步部门，而其他部门的劳动力将趋于零。

最后，我们可以看到，如果假设两个部门的产出增长率没有变化，经济中的总产出增长率会发生什么变化。我们可以将这两个部门产出的加权平均数作为产出的指标：

$$I = B_1 Y_1 + B_2 Y_2 = B_1 a L_1 + B_2 b L_2 e^{rt}$$

因此，通过公式（4）和公式（5）

$$I = L (K B_1 a + B_2 b) e^{rt} / (1 + K e^{rt}) = R e^{rt} / (1 + K e^{rt})$$

在此：

$$R = L (K B_1 a + B_2 b)$$

因此

$$dI/dt = R [r e^{rt} (1 + K e^{rt}) - K e^{2rt}] / (1 + K e^{rt})^2$$
$$= rR e^{rt} / (1 + K e^{rt})^2$$

因此，其产出的增长率将是：

$$(dI/dt) / I = r / (1 + K e^{rt})$$

随着 t 的增加，它将下降至零。因此，我们提出了第 4 个命题：在生产力不平衡的世界中，要想实现均衡增长，就必然导致增长率相对于劳动力而言有所下降。特别是，如果一个部门的生产力和总劳动力保持不变，其经济增长率将逐渐接近于零。

2.3.3 关于命题的讨论

我们可以将整个分析的逻辑简要地描述为直观概念。如果一个部门单位工时生产率与其他部门的生产率同步实现累积性增长,而所有领域的工资也都相应上升,那么非进步部门的相对成本就必然会上升,而且这些成本将不受限制地累积式上升。对于那些进步部门,生产率提高将抵消工资上涨的影响,但在非进步部门,这种抵消作用就很小。例如(忽略非工资成本),如果进步部门的工资与生产率都以每年2%的速度增长,那么其成本就没有上升。另一方面,如果非进步部门的生产率保持不变,工资增长就必然导致相应的成本增加,工资累计增长2%意味着,成本年均增长就会高出2%。因此,技术进步部门的进步必然会增加技术不变部门的成本,除非该领域劳动力市场处于封锁状态,工资保持绝对不变,这显然是不可能的。

然后我们就会看到,许多经济部门的成本将无情上升,其原因是所有实际目的都超出了有关方面的控制。其结果是,这些部门的产出有时可能被逐出市场。如果保持其相对产出,就必须不断增加劳动力中用于这些活动的比例,并相应减缓经济增长速度。

2.3.4 若干应用

这些结论也可以解释诸多现象。例如,有证据表明,越来越多的劳动力进入零售业,而且营销支出占商业成本上升的很大部分。近几十年来,市场营销技术发生了几次显著的变化:自助服务、超市和预包装等,都提高了零售人员的每小时生产率。但归根结底,其所涉及的活动具有服务性质,不允许通过资本积累、创新或大规模经营,来持续且累积地提高生产率。因此,零售部门相对稳定的生产率的成因既不是管理不善,也不是缺乏独创性。由于一些营销活动在经济活动中不可避免,因此对这项服务的需求具有相当大的收入弹性。我们的模型显示,与其他经济活动相比,这种情况的成本会累积性增加,而且其吸引社会资源的比例将不断增加,这也是我们观察到的事实。

高等教育是另一种活动,对其产品的需求似乎具有相对收入弹性,但无价格弹性。较高的学费无疑给低收入学生造成沉重的负担。但是,由于大学学位似乎越来越成为从事有吸引力职业的必要条件,大多数家庭显然已准备支付近年来不断上涨的费用。因此,高等教育费用在人均收入中所占比例不断攀升。由于大学教学生产率相对稳定,如果按照我们的模型预测,教育成本上升就不是暂时的现象,也就是说,我们不能将其想象为这只是战争时期通货膨胀的结果,一旦教师工资恢复到战前水平,教育成本上升就会消失。相反,它所表示的是,随着其余部门生产率的不断提高，教育机构的运营成本也会相应上升，因此，无论它们今天需要多少资金，我们都可以肯定的是，它们明天将需要更多，而后天只会多得多。

但并非所有生产率相对稳定部门所提供的服务，都面临着无弹性的需求。就个体消费者而言，他们中的许多人比零售和教育的从业者更容易被淘汰。因此，随着成本的增加，这些产品利用率也会下降，并退化为市场非常有限的奢侈品之列，或几乎完全消失。由熟练的工匠精心制作的精美陶器和玻璃器皿，售价极高，不过，我听说生产它们的公司从中所赚取甚少，而主要是为了声望和宣传，其大部分收入来自规模化生产活动。高档餐馆和剧院被迫不断提高价格，至少就剧院而言，其数量据我所知正在减少，而提供者（生产者）也越来越难以维持收支平衡。

一个极端例子是建造（实际上是利用）宏伟建筑，这是一个几乎已经消失的活动，其运营较之建造更难提升生产率，其不断上升的运营成本显然降低其适销性（或者销路），即便是针对富人而言。

这些观察结果也预示未来经济的可能状态。模型告诉我们，制造业的相对成本可能会继续下降，除非制成品需求的收入弹性很大，否则其吸收的劳动力比例就越来越少，如果发生这种情况，可能会使经济更难保持其整体的产出增长率。

我们的分析还表明，经济中"非进步"部门的实际成本可能会继续上升。如果所涉及服务的需求缺乏弹性，那么这些服务会在自由市场上存续下去。有些服务，如戏剧，要么被迫离开这个市场，要么不得不依靠公共资助才能生存下去。我们的医院、私立教育机构和其他各种非营利性组织，长期以来就是按照这个逻辑存活下来的，也就是说，如果捐助的规模赶得上成本的话，它们可以继续存活下去。有些活动要么消失，要么缩小到一个主要为奢侈品业服务的小规模经营中。这种命运已经降临至那些提供真正高级菜肴的餐馆，而手工制作的精美家具和量身定做的衣服也是如此。包括上述活动的诸多活动，将愈来愈演变为人们的业余爱好，而且业余爱好者已经在戏剧和管弦乐表演、美食、木工和陶器等工艺中发挥了重要作用。最后，有相当一部分非进步活动就得依赖税收支持。

在我们所观察到的结论中，读者不应该忽视一个潜在的危险，即对质量的内在威胁。业余活动有很多优点，如作为教育手段，作为利用休闲时间的有效方式等。但在很多领域，它提供的是一个极不完美的替代品，而那些专业人士则能够提供十分精致的产品。因此，不平衡的生产力增长，有可能破坏大量能够丰富生活而开展的活动，并将其他活动交到业余爱好者手中。这些都是我们许多人认为不应忽视或轻视的危险。

2.3.5 论城市财政问题

我们这个时代的主要经济问题之一就是大城市的危机。这些城市连同其郊区周边地区，正吸引着越来越多的人口。然而，至少大都会的核心地区受到各种弊病的困扰，包括随着整个社区状况恶化而蔓延的城市衰败①、日益严重的大气污染、不断恶化的交通状况、严重的教育问题，最重要的是越来越大的财政压力。财政困难也许是整个问题的核心，因为没有足够的资金，人们就不能指望有效应对其他困难。不止一位想要改革的市长上任之初，就决心实施激进的计划以应对困难，但他发现自己深受巨额赤字的困扰，而且赤字来源似乎也没有合理的解释。在这些情况下，似乎无法解释财政需求的增长，因为市政预算远远高于10年前的水平，有可能严重扰乱该市政最重要的服务。如果考虑到政治程序问题，我们很容易将不断增加的成本归咎于效率低下和腐败，但即便是新的锐意改革的当权者上任，他们也会发现减少滥用并没有节约出所需资金，并为此困惑不解。

当我们认识到城市提供的服务有多大比例属于相对非进步部门时，这个解释中的关键因素就变得清晰了。我们的市政开支大部分用于教育，正如上文所述，教育生产率累积提高的空间十分有限。警察、医院、社会服务和各种检查服务也是如此。尽管我们在医学和交通规划中使用了计算机，在犯罪猖獗的社区里使用了闭路电视和其他设备，但这些都不能取代医生个人的望闻问切，或警察在犯罪猖獗街区的巡逻。事实上，大部分市政服务都是如此，而我们的模型清楚地告诉我们其结果会是什么。由于没有理由预期进步经济部门的资本积累或创新将会停止，市政服务实际成本的上升趋势也不能停止；无论是否出现通货膨胀、行政管理不善或渎职行为，市政预算日后几乎肯定会像过去一样继续增加。这是一种不应归咎于任何个体和群体的趋势，因为没有什么可以阻止这种趋势。

2.3.6 静态外部性的作用

尽管这些对市政管理人员来说已经够麻烦的了，但同时还有其他不可抗拒的力量困扰着他们。其中一类就是外部性问题，这是福利经济学家长期惯用的"伎

---

① urban blight (= areas in a city that are ugly or not cared for well)，城市里环境脏、乱、差的地区。

俩"。

自从马歇尔和庇古讨论这个问题的著作问世以来,一个最重要的发展就是外部成本对城市生活的影响越来越大。道路的拥挤和烟雾的滋扰不再只是教科书里的插图。如今它们已成为公众关注的紧迫问题——日常新闻热烈讨论它,政治家也热切地关注它。报纸头条报道了一位工程师预测说,人类更有可能死于自身的污染物,而不是核灾,也有报纸兴高采烈地报道说,洛杉矶是一个被鸟的咳嗽声惊醒的城市。

毫无疑问,造成外部成本激增的原因有很多,但就我们的观察,某个地区的人口规模与外部性成本之间的关系似乎并不明显。我们很容易假设,这些成本将大致按人口比例增加,但我现在要争辩的是,一个更自然的前提是这些成本将会增长得更快,大概相当于居民人数的平方。例如,我们假设由于空气污染而落入城市居民的房子里的灰尘量为 kn,其中 n 是该地区的居民人数。由于该地区住房数量 an,也大致与人口规模成正比,因此,家庭的总烟尘排放量将等于每户住房的煤烟量乘以住房数,即 $kn \cdot an = akn^2$。同样地,如果拥挤道路所导致的延误与通行车辆数目大致成正比,那么由此损失的总工时将大约增加 n^2,因为乘客人数也大致随车辆数目的增加而增加。这个论点的逻辑很简单,也许有些笼统:如果该地区每个居民互相强加外部成本,如果每个人承担成本的大小与人口规模(密度)大致相称,那么由于这些成本是由所涉 n 人中的所有人承担,那么总的外部成本将不是按 n 的比例变化,而是按 n^2 的比例变化。当然,我并不认为这种关系是普遍的,甚至也不认为对这种关系的理解能够差强人意。相反,我的意思是,通常情况下,人口数量的增加可能会产生不成比例的外部成本增长,因此,市政当局采取措施解决这些成本问题的压力可能会相应增加。

2.3.7 累积衰减与动态帕累托最优

经济理论表明了城市问题日益严重的另一个根源。这些都是城市累积衰变的过程,这个过程一旦开始,就只会愈来愈糟糕。由于我们在其他地方有所涉及,所以这里我们简要说明中心论点。公共交通就是一个重要的例子。在许多使用率下降的城区,服务频率急剧下降,票价上涨。但是,票价上涨只会令交通流量下降,这又会引发新一轮使用率下降与票价上涨,如此往复,永无止境。或许,更重要的是继续逃往郊区的逻辑,在这种情况下,许多显然希望留在城市的人被环境日益恶化的城市驱逐出来,如犯罪率不断上升、社区破败不堪等。个人的补救措施再次加剧了社区问题，而且两者之间互为因果。逃离城市的人通常是关心并负担得起治愈城市顽疾的人，他们用能力维修自己的房子，遵纪守法，也最有能力提供制止城市衰败进程所需的税收。因此，他们的外流导致城市条件进一步恶化，从而引发又一波移民潮，以此类推①。

显然，这些累积过程会大大增加市政当局的财政压力，其方式也很多元：它们通过增加维持建筑物所需的实际投入，维持城市卫生水平，维持普通居民所受的教育水平等，而直接增加市政当局的成本；与此同时，富裕市民的外逃会减少税基，而这些都是阻止和扭转累积过程本身所需的财政资源。因此，城市可能会发现，哪怕是稍微减缓这个过程的计划，也变得越来越困难。

2.3.8 结论：大城市的财政问题

如果我们在上述结论中再加上一个事实，即每个城市都与其他城市和周边地区就工业和有钱的纳税人展开竞争，那么这个故事也许就终结了。没有哪个市政

---

① 其中的有些观点得益于与斯佩里和哈钦森公司（Sperry and Hutchinson）的尤金·贝姆（Eugene Beem）等人的讨论，特此说明。

诚如预期的那样，这种动态过程可以是单调或振荡的、稳定或不稳定的。作为例子，我们可以期望，当道路拥挤时，公共交通调度问题单调增长，这可能是固有的振荡。更具体地说，当 f 代表公共汽车出发的频率和公共汽车的乘客人数时，我们期望相关的关系是这样的：

$$P_t = a + bf_t \text{（公共交通需求）}$$

$$f_{t+1} = w + vp_t \text{（滞后的公共交通供给响应）}$$

所以

$$f_{t=1} = w + av + vbf_t$$

其中的系数 vb 假设为正。另一方面，如果 D 代表某条道路上的平均延误，而 A 是汽车的流量，则相应的关系将是

$$D_t = a' + b'A_t \text{（延迟随流量增长）}$$

$$A_{t+1} = w' - v'D_t \text{（今天的延误将导致明天的塔台的交通堵塞）}$$

所以我们在差分方程中有一个负的系数 $b'v'$，

$$A_{t+1} = w' - a'v' - b'v'A_t$$

由于单调和振荡的时间路径分别对应于一阶差分方程的正变系数和负变系数，我们对于每种情况的直观解释相当简单：今天增加的汽车流量会导致延误，因此明天可能会减少交通；但乘客人数下降，导致服务恶化，而这又导致客运量下一轮下降。

如前所述，某种情形的时间路径可能是稳定的。但在后一种情况下，尽管下降幅度不会是无限的，但下降幅度可能很低，这是作为一项公共政策所完全不能接受的。

我认为，累积过程涉及动态外部性的因素。每一位较少使用公共交通工具的乘客，不仅对他自己，而且对其他人，也会造成日程安排变得更糟糕的可能性。因此，这些进程将产生不能使社会福利最大化的结果。因为现在和未来之间的个体和社会边际转化率将会彼此不同。个人将倾向于减少更多的公共交通工具的使用。

府能独自无限期提高税率,即使这在政治上是可行的,但随着进一步压低税基,最终必然会产生递减甚至可能为负的回报。

现在可以大致将这些故事拼凑起来。我们刚刚提及,市政当局也许不可避免地受到各种日益增长的财政压力的影响,如税收来源有限、若干累积性衰退造成压力、外部性成本等,所有这些因素似乎体现出比人口增长更快的内在趋势。这些现象意味着,如果要维持城市生活标准,市政府活动范围就必须扩大,但可用资金却极为有限。我们的不均衡模型所投下的阴影表明,即使一个市政府的活动水平保持不变,其成本也会不断上升。

这幅景象十分凄凉。它有力地表明,自助不能为我们的城市提供出路。所有这一切似乎为海勒—佩奇曼(Heller-Pechman)的建议提供了更有力的理论支持,即联邦政府能够提供必要的资源,防止严重的危机威胁到更大的城市社区,而这种危机对社会生活质量的影响,可能成为美国最严重的经济问题。

参考文献

[1] W J Baumol, W G Bowen. Performing Arts: The Economic Dilemma [M]. New York: Twentieth Century Fund, 1966.

[2] Jean Fourastie. The Causes of Wealth [J]. Glencoe, 1960 (3).

[3] Tibor, Anne Scitovsky. What Price Economic Progress? [J]. Yale Review, 1959 (49): 95-110.

3 文化经济学的实证进展

3.1 艾伦·皮考克

导 读

对于我们接下来要介绍的这位人物,《每日邮报》的讣告有着很好的总结:"作为一位旗帜性的自由市场经济学家,他在所谓'文化经济学'——艺术、遗产与广播——领域的真知灼见,让其在过去 50 年间深陷有关艺术资助的各种纷争之中。"[1] 艾伦·皮考克将自己在这些纷争中的角色定义为"灭火枪"——一个常常因其社会声誉而被政府雇用的"灭火枪",其结局并不美好。而我更愿意将其定位为"斗士",一个基于其自由市场主义立场,为了艺术不停奋斗的"斗士",而这里介绍的两篇文章都可以视为其战斗的檄文。这位第二次世界大战时期曾经登上 U 型潜艇并获得英雄勋章的战士,在其活跃的经济学领域也以自由市场主义斗士著称,而消费者主权是其在文化经济学这块战场上战斗的重要武器,在阅读正文之前,我们有必要了解这个"武器"。

虽然亚当·斯密早在《国富论》中就强调消费者的重要性,但是学界比较公认的这个概念的首创者当属英国人威廉·哈特(William Hutt)。哈特认为,传统经济学假定理性人有能力做出效用最大化的选择,因此,市场应该给予并保障消费者的这种权利,这就是消费者主权。[2] 我们知道,主权其实是一种政治学范畴。比如公民的选举权,在民主选举中公民通过投票来实现其主权。而在市场经济活动中,消费者所拥有的金钱就是货币选票,他们将这些选票投给那些能够提

---

[1] Professor Sir Alan Peacock-obituary [N]. Telegraph, 2014-08-04.
[2] Hutt W H. Economic Method and Concept of Competition [J]. South African Journal of Economics, 1934 (3): 3-23.

供符合其需求的生产者，生产者必须为争夺货币选票而展开竞争，那些落选者将被逐出市场，这就是自由市场配置资源的基本方式。后来的奥地利学派代表人物，如米塞斯等人则更进一步阐述了消费者主权概念，并将其视为市场经济的核心原则。[①] 在此基础上，艾伦·皮考克对消费者主权理论有着很好的总结，即"个体是自身福利的最佳评判者"，而其前提是"个人有权在备选项中做出自己的选择，所有有关备选项的充分信息是不带偏见的，从事提供新的和（或）经改进的备选项的业务有自由的进入权"。这就是艾伦·皮考克理论分析的"核武器"——消费者主权，即消费者是自身福利的最佳评判者，而社会要做的就是提供一个可竞争的市场，为其行使主权提供必要的保障。各位读者需谨记的是，这个概念就是一把钥匙，舍此我们无法登堂入室来领略如下两部分的思想之美。

第一部分是作者作为一名经济学家，向其假想敌人——文化领域的专家发出的檄文，这篇檄文更像是一种自我激励。作者这样激励道："然而，如果经济学家们不能将其思想用于解决本次走向文化价值与经济学交会点的旅途中所提出的问题，那么如果文化领域的专家将发明自己的经济学，到时候能够责怪的恐怕只有我们自己。"我们需要注意的是，这句话是全文最后对所有在场经济学家的呼吁，而其场合是国际文化经济学会在瑞士举办的会议，其主旨是号召全体经济学家就文化价值与经济学的交叉研究做出努力，而本文就是他本人努力的重要成果。

然而，颇为遗憾的是，当读者诸君拿着这把钥匙，准备登堂入室，却意外地发现，这把钥匙根本就是错误的，因为这个门上明确地写着"政府支持"，这是这把钥匙永远打不开的。按照消费者主权的原理，文化领域的政府支持将面临万劫不复之难：其一，按照个人自由选择的原则，任何政府的支持，特别是对文化生产者的补贴，就意味着诱使消费者低价购买产品和服务；其二，按照个体能够做出最佳判断的原则，任何政府的支持，特别是政府资助或奖励，就意味着在是与否之间做出一个等级的划分，从而误导干扰消费者的判断；其三，即便个体没有能力很好地做出判断，但是，这并不意味着他人可以取代其做出判断，任何政府的支持，尤其是其采用的同行评价模式，其实就是一个选择权利的替代。循此思路，我们几乎得出这样一种印象，即"消费者主权原则将排除任何形式的政府资助"。但是，无论是福利经济学的理论，还是现实社会广泛的公共文化产品的事实都表明，公共部门而非消费者是最终的决策者，市场与政府、消费者与公共决策者之间的矛盾似乎不可调和。

[①] 米塞斯. 经济学的最后基础［M］. 夏道平，译. 台北：台湾远流出版事业股份公司，1991：143.

各位读者阅读至此恐怕也近乎绝望，不过艾伦·皮考克还是表现出其高超的思辨技巧，他在引入消费者主权概念改造市场竞争理论时，提出"有效竞争"（Workable Competition）概念，实现了两者之间的和解。这样的导读也许过于抽象，我们不妨从其领导的BBC委员会的报告中，通过BBC这个公共广播的例子来进行说明。在皮考克看来，由于产品的不可分割性以及技术、制度的制约，广播行业很难实现完全竞争，于是就会出现下述现象："消费者自身深知他们想去支持某些节目，却无法指望有纯粹的商业机构来提供"，于是，"现在的问题是，谁来决定内容，又该如何资助"。① 对于这个问题的解决方案无非有二：其一是BBC现行制度所信奉的公共选择方法，即通过民主决策的方法，由精英来决定公共广播产品的使命与内容，如BBC的使命就是"告知、娱乐与教育"，这种方法最大的问题是消费者主权的剥夺；其二是消费者主权理论，该理论认为广播节目，即便是公共广播节目必须尽可能地源于消费者的偏好，但是，广播产品由于其不可分割性是很难通过购买行为来决策的，因此就需要公共选择。

基于后者，皮考克认为，"即便是倡导消费者主权，还得通过强制的手段来实施。这就涉及公共选择的问题，这时消费者主权原则就应该延伸至公共选择问题，特别是当对特定节目的资助就根据消费者的选择、资源配置是否有效、公共财政投入的生产是否有效等"标准进行时。② 也就是说，即便是公共选择，也应该在尊重消费者主权的基础上，模拟市场竞争，优化资源配置，构筑其所谓的"有效市场竞争"。在此基础上，皮考克报告得出其基本结论："英国的广播应该走向基于消费者主权的复杂市场体系。这个体系认为，观众与听众是其自身利益的最好也是最终决定者，同时，如果他们从市场提供的多种多样资源中购买广播服务的选择权足够丰富，那么他们的需求就能够得到满足。作为直接消费市场的补充，由财政资助的公共服务类节目，也许有必要长期存在，这些节目往往由公民或选民来决定并予以资助，但是，它们并不会像通常广播企业所认为的那样要在商业上自食其力。"③ 质言之，英国广播业的理想状态是在消费者主权的基础建立一个有效竞争的市场体系，在这个市场体系中，消费者可以通过市场自主自

---

① Alan Peacock. Public Service Broadcasting Without BBC [R] //Public Service Broadcasting Without BBC? The Institute of Economic Affairs, 2004.
② Alan Peacock. Public Service Broadcasting Without BBC [R] //Public Service Broadcasting Without BBC? The Institute of Economic Affairs, 2004.
③ CFBBC. Report of the Committee on the Financing of the BBC. Cmnd. 9824 [R]. London：HMSO（the Peacock Report），1986：Para. 592.

由地满足自我需求,并具备如下三个前提条件:"其一,消费者可以直接登记其偏好以及需求的强度;其二,所有能够覆盖成本或获得其他财务资助的产品都可以自由进入广播市场;其三,那些有可能形成垄断的播出设备运营机构,应该承担平台的义务并接受价格规制。"① 其实,各位只要想象一下我国计划经济条件下的广电格局,各省电视台独家区域垄断,消费者根本没有选择的余地,自然也谈不上什么消费者主权,现如今广电部门与互联网构成的更为广阔的试听产品市场就有了竞争,消费者有了选择权,自然也就有了主权。艾伦·皮考克论证的关键是,政府干预的底线是不能破坏市场竞争,不能压制消费者主权;否则,政府即便是基于善良意志的干预,也会导致恶果。

虽然作者一再强调谨慎是经济学家的重要美德,经济学家对于这个社会能够给予的只有目标,而不能就其实现的方式指手画脚;但是,诚如作者自己所言,他自己缺乏这种谨慎,因而并不合格,更不能算是智者,这显然是在给自己当"灭火枪"的不快经历找原因。不过,作为文化经济学家与文化政策的制定者,他又一次表现得不够谨慎,从执行的角度给文化政策开出了处方:"如果我们重新从消费者主权理论中寻求政策指引,那么,就有一个相对明确的处方,即使用公共资金的方式应致力于,鼓励消费者扩充其体验、促进文化市场的自由进入,以使文化创新能够挑战成型的文化机构。"这种方案就是学术界所熟知的消费券方案,这也是《福利经济学和艺术的公共补贴》这篇文章的核心内涵。

在皮考克看来,这个方案的优势在于:其一,将财政资助的决策权从集权的中央机构(如艺术委员会)转移至分散的消费者个体那里,这有利于解决文化领域资助的不公平问题;其二,艺术机构不再通过取悦艺术委员会而获得资助,而是通过市场化的方式依靠自身的产品质量去争取消费券,这有助于推动艺术机构按照市场规律运作。② 皮考克不仅从理论上支持消费券方案,而且其所主政的苏格兰艺术委员会在20世纪80年代就实施这种方案,推出了"青年苏格兰卡"(Young Scots Card)。苏格兰艺术委员会向苏格兰境内所有16~25岁的公民发放"青年苏格兰卡",每位领卡者只需交纳每年5镑的费用,就可以从那些与苏格兰艺术委员会合作的艺术机构那里获得折扣,其实,这就是典型的消费券模式。皮考克分析道,这种模式对纳税人而言无疑是成本最低的一种方式,因为无论是宣

---

① CFBBC. Report of the Committee on the Financing of the BBC. Cmnd. 9824 [R]. London: HMSO (the Peacock Report), 1986: Para. 552.

② Ruth Towse. Alan Peacock and Cultural Economics [J]. The Economic Journal, 2005, 115 (504): 262-276.

传,还是与相关机构谈判的成本都极其低廉,而且对于艺术机构而言,它们的上座率不可能百分之百,因此,这种差别定价会为其争取更多的消费者,当然也为其培养了未来的观众。① 当然,消费券模式也并非十全十美,如消费券的可转让性与发放对象、方法以及标准等问题,皮考克对此有着深刻的认识。不过作为一个自由市场主义者,皮考克明知消费券也只是一种次优选择,他不愿意看到消费者主权的丧失,或者说是,市场这只"看不见的手"的失效。

读者诸君阅读至此,自然就能感受到一个自由市场主义者那种坚定的信仰。而作为一个苏格兰人,皮考克是其苏格兰前辈——亚当·斯密的忠实拥趸,他这一辈子始终相信市场这只"看不见的手"是配置资源的最好手段,即便是在文化领域,他也坚信消费者主权是任何政策必须呵护的基本原则。笔者认为这也是本节两篇文章的精神内核。

3.1.1 经济学、文化价值与文化政策

不言而喻的是,当我们判定文化政策有一致模式之前,就有必要明确政策目标。为了确定目标,我们必须回到这样一个阶段,即确定一系列价值以便能够确定这些目标。接着,我们遇到了进一步的难题。就价值观而言,个人、群体与政党之间各不相同。寻求价值共识本身就颇为捉摸不定,这有点像刘易斯·卡罗尔的名诗《蛇鲨之猎》(*The Hunting of the Snark*)所写的。你可能还记得那次不幸探险的领队——贝尔曼:

"买了张代表海洋的大地图。

毫无陆地的迹象:

船员们很高兴,

这是他们都能理解的地图。

…………

其他地图也是如此,

有着岛屿与海角!

我们要感谢勇敢的船长。

(这样船员就会抗议)是他买了最好的——

---

① Alan Peacock. Paying the Piper: Culture, Music and Money [M]. Edinburgh: Edinburgh University Press, 1992: 124.

一片绝对的空白！"

只有我们能够清晰描述价值——这显得至关重要——这种价值也许是一致且有影响力的，但是，这并不意味着就能轻易将其转化为确切的政策目标，然后再转变成能够实现这些目标的制度框架。

经济学家们试图用简单的"诡计"规避这些问题。也就是说，我们根本不需要一套所谓价值的东西，所需要的只是一套机制，据此所有社会成员可以表达其对文化产品的偏好，如果是这样的话，我们很快就会发现，他们多大程度上有必要采取联合行动以实现其愿望。简言之，如果我们可以接受个人是其福利的最佳评判者，那么问题的解决就无须经历一场美学困境的冒险之旅。

对于这个立场我几乎毫不反对，特别是考虑到我过去曾试图研究，如何将福利经济学转化为艺术政策。事实上，我们现在已到了这样的阶段，经济学家们直接源于消费者主权的假设，就政府支持艺术问题达成了广泛共识。① 但还不算太成熟的是，我们如何从这些争论中得出政府支持的程度和方式。当我们这样做的时候，却遇到了一个尴尬的事实，即从福利经济学衍生出来的文化政策，似乎并不符合这些原则，也不符合政府资助艺术的实际做法。

本文的目的在于，辨识并解释阻碍人们拒绝接受经济学家立场的因素。首先，我要谈一谈经济学家约定俗成的智慧，并捎带涉及我的一些奇特经历。然后，我再分析抵制经济学家观点的本质。首先，我必须承认这里的讨论很大程度上是英国的经验，因此，我对给出一般性结论保持高度谨慎。然而，如果我的分析没有至少偶尔引起同行们的同情，即使不是来自密切关注文化政策问题的经济学家，我也会感到惊讶。

3.1.1.1 消费者主权与政府支持的一般理由

人们将消费者主权视为一个不言自明的公理，即个体是自身福利的最佳评判者，由此引出以下三个命题：

（1）个人可以自由地购买他想要的产品与服务。不应强迫或说服个体为这类产品和服务支付高于或低于竞争性市场的价格，这意味着不向其生产者提供直接补贴。

（2）在购买行为中，个人能够对自己的利益做出最佳判断。这就意味着，不管品味、偏好是如何决定的，它们都没有任何等级的概念。它也明确反对创意

---

① 最近的研究，且有着详细的文献，参见 Frey 和 Pommerehne（1989：Chapter 2）。我自己的立场可参见 Peacock（1969）。

艺术家、表演艺术家或成名美学家,在艺术资源分配问题上,在其所在群体之中有任何特权。

(3)即使个人可能不能很好地评判其利益,他也可能认识到这一点,但这并不是说其他人能更好地判断他们的利益。由创意和表演艺术家组成的同行小组所实施的评估,可能有助于形成这些判断,而且通过聆听和观看表演的经验,还可以培养品味和偏好。但最终还得是自己做出决定。

要想实现这些,必须要达成如下几点理想状态:个人有权在备选项中做出自己的选择,所有有关备选项的充分信息是不带偏见的,从事提供新的和(或)经改进的备选项的业务有自由的进入权。我们通常假设有一个充分发展的竞争市场,生产者在这个市场当中通过密切关注消费者的意愿而获益。我稍后将讨论是否只有市场才能满足所有愿望,我事先就同意,即使市场是一种有效的机制,它也不是自发性的。就此自然会引发误解,我现在就试图消除这种误解。

有人认为通过市场做出的选择,促进了物质主义或庸俗主义,这显然是错误的。人们可以按照不同的方式进行选择,这取决于其选择是如何形成与发展的。如果认为个人主义的立场就排除对他人的关心,那也是错误的。它意味着,对培养他人品味的任何关注,都应尽可能以自愿的形式来表达。

创意和表演艺术家,既没有资格也不能要求任何形式的公共保护,以免于受市场力量的影响。如果艺术家愿意,他们可以像勋伯格(Schonberg)那样宣称,"观众只是改善音乐厅音响效果的一种手段",或者像美国作曲家米尔顿·巴比特(Milton Babbitt)那样认为,作曲家对公众没有任何义务,"作曲家愿意自行其是,他的音乐最终将完全、坚决和自愿地从公共世界回归到私人表演"。然而,如果这种自我沉迷的结果是,要求他们必须依赖其私人的手段、其他诸如教学或表演的活动或者他人的支持,他们也就不能怨天尤人。无论如何,大量的经验证据表明,作曲家、剧作家和作家精于设计保护自身利益的手段。

这里可能给人的印象是,消费者主权原则将排除任何形式的政府资助。如果考虑到有些问题仍然悬而未决,这种印象就会有所改观,不过我们的关注点仍然集中于正常市场过程中的消费者选择。

如果强调个人选择的自由,就会涉及选择机会分配的问题。该问题首先涉及选择的数量,这反映在财富和收入的差异上。在收入分配多大程度上反映市场力量这个问题上,消费者主权的支持者持有不同意见。许多人支持政府干预,以便纠正收入和财富的极端不均。人们普遍认为,如果可能的话,任何干预都应采取现金而不是货物的形式,使个人仍可自由选择如何分配这些收入。

更棘手的是选择的质量问题。不论收入或财富,个人的实际选择取决于其品味和偏好是如何形成与变化的。消费者主权原则对此毫不知情,通常只将品味和偏好视作给定之物,而回避这个问题。经济学家这种回避文化价值问题的做法显然是不可取的。

个人选择模式的形成,显然取决于广义上的教育体系。有些自由主义者认为,品味形成完全是一种家庭责任,这至少承认品味形成受家长制因素影响。即便如此,就我所遇到的我本人十分尊敬的人士而言,他们也不会认为,鼓励人们爱好艺术应该成为教育的一个部分。同样,人们普遍接受的观点是,除了纯粹的职业教育之外还有其他公共利益,因此,政府鼓励就成了显见义务(prima facie),以区别于文化教育的直接生产或控制。正如布劳格(Blaug)所说:"在经济学理论中,肯定没有任何理论能够告诉我们,一个竞争性市场会在形成口味方面,带来最佳水平的投入。"① 同时,也没有任何技术方法,能让我们决定什么是最佳水平。这必须建立在价值判断的基础之上。当然我们可以说,国家鼓励并不一定就意味着国家资助。这可能只是意味着,教育机构有义务将其部分资源用于文化教育。

对于这个问题的一个令人感兴趣的分歧是,通过市场选择会导致艺术供给不足,我们姑且称之为未获认可收益(uncovenanted benefit)说。罗宾斯(Robbins, 1971)对该原则曾经有着颇具影响力的评述,"促进艺术、学习以及保护文化的积极作用,并不局限于那些立即准备支付现金的人,而是扩散至更为广泛的群体之中,其方式与公共卫生机构或精心规划的城市景观采用的相同"。我可能从公共建筑的外观中获得某种满足感,尽管我从未登门造访。同样,我也可以从国家级芭蕾舞和戏剧剧团的国际声誉中获得满足感,即便我对这些艺术并无特殊的爱好。如前所述,如果我的福利受到他人福利的影响,那么我就能从他人艺术享受中获得满足感。我可以免费享受这些额外的福利,只要他人愿意这样做。然而,如果有一个人逃避的话,其他所有人都会逃避。

为艺术提供持续的支持而组织全国范围的慈善募捐,这项工作显然成本太高。我们宁愿选择被征税,而不愿冒着艺术供给不足的风险,尽管个人的税收贡献与收益之间可能并不对等。但是,如果将额外的资源转移给艺术,而不是依靠市场力量,那么我们就要考虑其他用途。就国际声誉这一点而言,如果我们将政府支持科学研究的资源转移给艺术,以防止歌剧的消亡,那么我们的集体满足

---

① 参见 Blaug(1976:17)。

感是增加了还是减少了？但凡通情达理之人，都不太会赞成这种选择。他们所能达成的最大共识是，任何公共开支的分配决策方式必须是公开的。

另外关注的讨论是，那些受到当前艺术支出决策影响的人，却没有参与决策过程。因此，如果某些艺术形式因为当代人不愿为之付出而消亡，那么后代的利益又该如何处理呢？这与支持保护自然资源的绿色论证，有明显的相似之处，但是，至于如何确定支持的数量和形式，则有着类似的困难。然而，即使一个人计算自身福利时能将他人排除在外，但是我们的后代可能会因为某些艺术形式的消亡而责骂我们，我们难道不会因此而感到不安吗？然而，对于其他人而言，这一论点似乎令人怀疑，因为其前提是，一种艺术形式一旦过时就不能再生了。更重要的是，如果子孙后代要比当代在物质上更加富裕，那么他们就能更好地照顾自己，我们又有什么义务替他们着想呢？

最后，赞成市场解决方案的人还必须面对一个特殊的问题，这也是产生分歧的另外一个因素。这个特殊问题是，那些认为收入分配应该反映市场判断的人认为，创意和表演艺术家所得报酬要与市场需求的产出水平相当。如果其报酬相对而言并不对等，那么其损失将由其作品所产生的精神利益来补偿（Withers，1985）。然而，该论点回避了艺术作品创作和表演的财产权初始分配问题。在市场作为产权交换的运作方式之前，就必须针对如何获得产权制定规则。即便音乐、戏剧与图片可以免费播放或复制，它们仍然有可能被生产出来，但是，这并不意味着没有必要就知识产权的生产与利用事先做出判断（Stewart，1990）。在这个问题上，事后不可能有一致性解决方案。

3.1.1.2　对经济学家的角色认知

这种试图在不诉诸美学规则前提下论证政府资助艺术的方法，与那些声称由专家确定文化价值及其表达方式的个体与机构所运用的方法，形成了强烈的对比。要想确定他们是谁及其所求并非易事，不过在讨论他们如何评价经济学家在为文化而战的斗争中的作用之前，我必须做出尝试。

也许，分类的最好方式就是，将其划分为不同类别的文化产品提供者。其实，他们自然就会合并为那些对作家、作曲家、艺术家和演员的教育和培训有着真正兴趣的群体，与此同时，这个群体还关心职业标准。但这并不等于说他们不具备（尽管对此他们经常矢口否认）专业和商业协会的同样性质，即寻求能够保护其实际收入的特权。①

他们声称,与其他协会一样,支持他们的利益就是支持社会整体利益。经济学家很容易就能预测各类文化协会所采用的策略。首先,它们会将文化与文明联系起来(如克拉克勋爵出品的著名电视连续剧)。这就意味着品味的等级区分,而文化产品排在首位。其次,称任何对该观点的反对为庸俗主义,尽管我们尚未确定庸俗主义者就是蛮荒之人。② 到目前为止,这种策略就类似于两条广告,其中鼓励性广告就是"文化(如吉尼斯)对你有益",而打压性广告就是"避免无价值的代替品"。最后,努力让政府和选民相信,较之其他产品的文化产品供应商,更适合制定甚至指导文化政策。

他们与经济学家所采用的方法之间的反差再明显不过了。他们说服政府不是靠逻辑,而是靠修辞。如果我们反思文化团体的观念,就会发现其实这是他们采用的一种完全理性的战略。他们的成员精于雄辩,善于利用我们的情绪。③ 如果按照这种方式论辩的话,即使经济学家的本意不是要对这个战略做出判断,也极有可能未经审判就被讥为庸俗之人。如果我们假设,最终结果只是关于文化价值和政策的声明,而且这些声明纯粹是主观的、不受任何形式的实证验证的——经济学家认为这符合消费者主权原则,我们很可能得到这样的回答,反对这些声明的人都是危险的异端分子。这就是弗洛伊德向其弟子们所推荐的策略:"我倾向于像对待病人那样对待那些进行抵抗的同事。"④

19世纪,罗斯金(Ruskin)、卡莱尔(Carlyle)等文化思想领域的重要人物,对古典经济学家的反攻就是,将经济学家标榜为崇尚物质主义的"猪脑哲学

---

① 英国的国有企业非常重视"皇家"(Royal)这个前缀。但这并没有赋予像16世纪威廉·伯德(William Byrd)那样从伊丽莎白一世(Elizabeth I)手中获得的音乐复制的垄断权,当然可能会为其赢得一定的影响力!

② 理查德·梅森(Richard Mason, 1987)评论道:"就像汪达尔人(Vandals),非利士人(Philistines)有着很悲惨的历史。与其他地中海少数民族没有什么不同,他们犯了错就是与以色列人闹翻。从那不幸的开始,就没有回头路了。1689年发生了致命的骚乱之后,耶拿的学生将旧约的谴责施加给镇上的居民身上。其他德国学生也纷纷效仿,随后马修·阿诺德(Matthew Arnold)在《文化与无政府主义》(Culture and Anarchy)中将其介绍给英国"。梅森也许会补充说,非利士人似乎有陶瓷设计的天赋!

③ 有关典型的例子,请参阅英国艺术委员会杂志《局中人》(The Insider),发表于Arts Management, Winter, 1990。我特别喜欢1989年国家艺术倡导日,国家剧院导演理查德·爱(Richard Eyre)的演讲,他说:"市场力量的幽灵被不断地唤起,吓唬我们这些鼠目寸光之辈!"罗伊·斯特朗爵士(Sir Roy Strong)对此颇为辛辣地讽刺道,"这些新撒切尔主义者,都是些野蛮之辈",这是他为了攻击撒切尔夫人而引入的一个新语词,在他看来"撒切尔夫人在文化的历史上,就是另一个哥特女王"。就此可参见英国艺术委员会主席彼得·帕伦博(Peter Palumbo, 1990)热情洋溢的回应。

④ 参见弗洛伊德1907年1月给荣格的信件,引自 McGuire(Editor)(1974)。

家"（pig-philosophers），我们知道其前提是错误的。经济学与物质福利的广泛联系一直持续至今，尽管有人试图消除这种印象。这使得罗宾斯——一位富有热情的艺术爱好者——针对这些评论家展开了著名的反驳。虽然他承认经济学家可能专注于特定动机和生产行为，如果个体仅仅是作为资源的使用者而言——他在其名著的一个篇章中予以充分的阐明——那么，就有实现目标的经济维度，这是从资源可以用作他用的角度而言，无论资源是贴上物质的还是非物质的标签。[①]

经济学知识的增长，可能有助于消除这种印象，即经济学仅仅是促进物质福利的工具而已。文化专家的反应是多种多样的。有些人继续以鸵鸟方式抱守一种错觉，艺术能够而且应该在资源使用方面受到机会成本原则的保护。其典型的例证就是在欧洲而不是美国的广播业中，人们强烈反对任何形式的市场运作，而通过市场运作，消费者可以按其意愿自行选择。英国广播公司财务委员会（1986年）冒冒失失地质疑公共广播原则，这些原则由广播公司执行制定，完全没有顾及消费者的选择权，该委员会受到严厉的谴责，尽管它们承认有必要提供某种形式的公共资助，其论证方式如前所述。

此外，文化游说者还有一种反应。他们并没有将经济学排除在外，而是借用所谓"猪脑哲学家"的观点来帮助其论证文化政策问题。此时，经济学家就成了文化机构手中被雇用的"枪"（对此，我将举三个来自英国的例证。我应该警告那些对其客观性较为敏感的经济学家，最好跳过以下几段）。

第一个例子是约翰·迈尔斯卡夫（John Myerscough，1988）等人，首次尝试全面统计艺术对英国经济的贡献，这被文化界理解并认定艺术是一个重要的产业门类，因而政府政策支持有着明确的理由和证据[②]。这份报告亮点不少，因为它提供了大量有用的数据，不过，文化专家显然别有用心地使用了这些数据。例如，关于艺术支出最广为引用的估值约为 100 亿英镑，这个数字约占 1984 年英

[①] "例如，假设有一群锡巴教徒（Sybarites），他们的快乐粗俗而感性，他们的智力活动专注于'纯粹的物质'。很明显，经济学可以为描述这些目的和实现这些目的的手段之间的关系提供分析。但正如罗斯金和卡莱尔以及类似的批评者所宣称的那样，人类的目的并不仅限于这类事情。让我们假设一个萨沃纳罗拉人（Savonarola）访问应受谴责之地，他们觉得从前的目的令人生厌，因此，感官的快乐已被驱逐。锡巴人（Sybarites）成了苦行僧。当然，经济分析仍有用武之地，也没有必要改变解释的范畴。所发生的一切只是需求次序发生了变化。有些东西变得相对不那么稀缺了，有些东西则更加稀缺了。葡萄园的租金下降，开采教堂砖石的采石场租金上涨，一切不过如此。祈祷与善行之间的时间分配和狂欢与伐木之间的时间分配同样具有经济意义。用卡莱尔轻蔑的术语来说，'猪脑哲学家'是包罗万象的。"出自 Robbins（1932）。

[②] 这项研究是受古尔班基（Gulbenkian）基金会和政府艺术与图书馆办公室委托，并得到博物馆与美术馆委员会、大不列颠艺术委员会和手工艺委员会的资助，所有这些机构均由政府指定。

国国民账户最终支出总额的25%，大抵相当于汽车或燃料与电力销售总额。迈尔斯卡夫明确指出，这个数字所指艺术支出的定义极其宽泛，甚至包含某些特别有争议的项目。其中，总量的不到10%是博物馆、画廊、剧院和音乐会的支出，广播、电影、录像和电影院占总量的25%以上（2.824亿英镑），而"文化产品"——书籍、艺术贸易、唱片业和手工艺——占总量的36%（3.674亿英镑），其余部分占总额的27%（2.621亿英镑），这主要包括与参加艺术活动和吸引人有关的所谓"具有艺术特征性活动（arts-specific）"的支出，如休闲、酒店等。将最后一项计算在内，其本质是明确假定，如果不将其纳入国民经济总产值之中的话，这种支出原本就不存在！

在这个例子中，我不太关心那些游说者为了方便，如何曲解"艺术"的定义，而是拒绝承认"反事实"的立场，并试图描述这种立场。这就引出了第二个例子。1987年7月，英国艺术委员会颁布了一份题为《英国艺术委员会财政净支出》的报告，该报告由牛津大学玛格丽特夫人学堂的迪特尔·赫尔姆（Dieter Helm）编写。艺术委员会显然相信，如果能证明政府的艺术开支能够有可观的经济回报，便会强化政府资助的理由。因此，政府所资助的艺术团体将带来收入和就业机会，这会为政府节省失业津贴方面的开支，同时还会产生艺术家所缴纳的直接税、售票所贡献的增值税，以及艺术界对教育的隐性资助等。委员会显然倍感失望，尽管报告本身也有一两个有利于他们的假设，特别是关于旅游业与教育部门多大程度上依赖于或受益于政府资助的艺术组织。究其原因，是因为该报告在做出估值的同时，也明确指出政府有可能取消对艺术的所有资助。在这种情况下，即使是建议者富有同情心，也不能给其所需之物，因为他们必须诚实地指出这其中存在反事实立场。

第三个例子则要追溯过去，这不仅是我亲自参与的案例，而且涉及艺术的一个著名经济命题——"鲍莫尔效应"。这里，我并不关心如何辨别与衡量这种效应，也不关心这个命题可能的限定条件。① 众所周知，有些利益团体将这种效应作为公共资助的强力证据，即艺术团体由于成本增加而急需政府施以援手。在英国，社会贤达如克劳斯·莫泽爵士（Sir Claus Moser），就采用这个论点主张大幅提高科文特花园歌剧院（Covent Garden Opera）的公共资助。在杰弗里·米尔纳（Geoffrey Milner）的协助下，埃迪·休史密斯（Eddie Shoesmith）和我，被要求

---

① 相关讨论，参见Peacock（1985）。鲍莫尔对此持有更为坚定的支持观点，请参见Baumol和Baumol（1985）。

衡量成本上涨对艺术机构的影响，以及成本增长的总体幅度，艺术委员会官员当时就认为，艺术极有可能在成本上处于劣势。① 你也许马上就能发现其中的混乱之处。鲍莫尔的论点不是关于成本，而是关于艺术机构生产要素可替代的有限性，及其对生产力增长的限制。即便艺术领域的投入成本增长幅度与其他领域完全一致，鲍莫尔所谓的"成本病"仍然存在。事实上，根据我们对表演艺术成本趋势所作的估计，并不能推断这样一种假设，即在20世纪70年代和80年代早期英国所发生的通胀，会对艺术产生更为不利的影响。据我所知，当时的议会很不高兴。当这项研究的经费被披露时，他们都颇为惊愕，据传其中一位议员说，如果得出正确结论的话，这项研究就真是便宜！

到目前为止，我所说的并不是要给人一种印象，经济学家应该远离艺术政策决策机构。不过，他们应审慎思考其职权范围。

3.1.1.3 文化资助政策的几点思考

多年来，文化经济学协会所提供的平台，让那些旨在展现艺术服务个体需求的研究报告，为公共资助发出了支持的声音。当然，我们还无法从这些研究中明确到底应该资助多少，这个要求也许过于苛刻，也许我们应该期待的是，它们能对公众关于资金应该采取何种形式的看法有所启发。② 如果我们重新从消费者主权理论中寻求政策指引，那么，就有一个相对明确的处方，即使用公共资金的方式应致力于，鼓励消费者扩充其体验、促进文化市场的自由进入，以使文化创新能够挑战成型的文化机构。我和其他人一样，认为最符合这个立场的资助体制，就是通过消费者，以发放消费券或税收减免方式，而不是直接资助艺术团体。这类计划的长期目标是，鼓励个人更多地了解其文化享受能力及其品味和偏好，希望最终再也不需要国家资助！最近几年，关于资助消费者的论述已经不在少数，③ 对此我不再赘述。在实践中，资助生产者而非消费者的观点可谓根深蒂固，这种观点得到那些自认为知晓该资助何种文化活动人士的广泛支持。

对生产者的直接资助同时适用于艺术管理机构与客户。艺术管理机构管理为数不多的几家客户，因此充分了解其运作方式，也能根据经验判断哪家机构可能采取负责任的行动，所以，管理机构可以放松管理，而不至于被指责干预艺术。有了源源不断的资助，表演艺术机构就可以从容规划，当其作品超出观众对当代作品的体验和理解时，就能够把相当比例的风险转移到管理机构，并且省去了将

---

① 相关事实参见 Peacock，Shoesmith 和 Milner（1982）。
② 相关计量的有用总结参见 West（1985）。对于外部性的严厉评判请参见 Grampp（1989）。
③ 对于消费者补贴的支持观点，参见 West（1985：Chapter 7）。

时间和精力用于提高票房收入的必要。

然而，就像所有有着紧密关系的商业伙伴一样，一旦它们寻求到资助并能够免于市场力量的困扰，它们就极有可能忽视顾客的利益。最近有很多研究者关注到，各国政府为了社区利益制定的选择性产业资助方案遇到困难，我们可以预料，如果政府资助变成长期性的，这些困难将更加突出，这恐怕也在那些大型表演艺术机构，甚至是那些决定资助之人的意料之中。

第一个难题是如何确定资助水平。假如，人们所期望的是，资助机构与个体之间就单位乃至最高产出的资助水平签订协议。这在原则上需要生产计划的相关数据，特别是执行该计划的平均成本和边际成本。一旦商定资助水平，就需要通过监测系统来证明，该公司是否履行合同，或者能够对计划与努力执行之间的差异提供能够接受的解释。简言之，资助机构有理由事先商定资助的用途，而事后要求受助者就资助的实际用途提供说明。毕竟，这不会给企业带来额外的成本，如果它们还想持续经营的话，它们就应该制订计划并监督运营。

从我个人的经验来看，我想我可以说，那些获得持续资助的公司，均会接受并严格遵守这个程序。然而，人们往往强烈反对提交计划，即便只是一个纲要，其所提供的成本核算也极其粗放。尽管资助机构警告称，该机构不承担任何赤字，但众所周知的是，企业往往乘虚而入，而且通常都能得逞。更重要的是，即便此类事情发生了一次，资助机构也不能采取措施以避免下一次。

为何会这样呢？就此而言，经济学可以有所作为，特别是关于讨价还价问题。例如，英国艺术委员会引以为豪的是，拒绝成为文化独裁者。"一臂之距原则"要求其响应客户倡议，而不是规定它们应该生产什么。此外，必须向客户保证，尽其可能公正处理所有事情，其方法包括同行评审，以及同行评审成员的及时变更。偷猎者成为猎场看守人，然后又再次成为偷猎者，双方都意识到各自行为将会影响双方。因此，人们引入内置偏见这个概念，以防止对预算编制和监督的严苛解释。如果资助机构不断质询公司事务，就很容易被理解为专制统治，而且很容易失去朋友，并最终可能取而代之成为资助政策的顾问。此外，如果是国家级机构，那么这家公司就具有唯一性，我们就很难（即便不是不可能）就其成本与其他公司进行交叉核对，而且该公司恐怕也没有动机为此提供帮助。审查预算过程的代价，必须用有限的管理资源（包括时间）来衡量，而且所有这些资源都可以有其他用途。

如果将直接资助体系长久化的话，其问题不仅在于成本控制，从消费者角度而言，还会有其他问题。我们可以理解为什么官员们希望与少数老客户保持融洽的关系。不过，就消费者利益而言，降低新的、创新性企业进入艺术行业的成本，从长远看更符合其利益。对成熟企业的资助所造成的不公平竞争，显然抑制了这些企业的进入。此外，对生产的资助并不能将资助分配给目标群体，如青年和弱势群体。然而，正是由于公众对艺术补贴的需求——它源于对他人福利的关注，我们才支持这些机构。

我很是怀疑，如果有人像我一样关注并亲身参与艺术资助，还会不同意我的分析，但很少有人愿意就此转向另外一套消费者资助制度，我们必须承认这套制度本身亦有困难。一种可能的妥协是，废除国家或地区性企业获得永久资助的"当然权利"。公众支持艺术的兴趣点在于具体艺术，而不是那个垄断性的供给者，而且需求组合随时间而变化。如果是这样的话，直接资助体系就应该在一种形式与另一种形式之间保持一定的灵活性。这就意味着，资助应该有公开的竞争，以便能够达到政策要求。公司应竞标而获得一定年限的资助许可，而这个年限之后，授权许可者应该允许新进入者公平竞标。这个制度意味着，国家或地区政府应将国有艺术企业私有化，同时仍然为符合许可标准的企业提供直接的政府资助（英国艺术委员会现正推行的奖励性资助计划，这是朝着更灵活的资助体制迈进的重要尝试，该计划提供与非政府资源，如票房收入和赞助等来源的资金相配的资助）。①

3.1.1.4 结束语

马丁·舒贝克（Martin Shubik，1984）讲述了一个迷人的故事，并且将博弈论与政策分析巧妙地结合起来：

猫头鹰是最聪明的动物。一只99只脚都疼痛难忍的蜈蚣向他求教。猫头鹰说："在地上两星期走一英寸；脚下的空气和压力缺失感将治愈你的病。""我该怎么做呢？"蜈蚣问。"我已经解决了你的概念问题，不要为了如何实现而烦我。"猫头鹰回答。

我希望，这个神谕潜入大会发言的基调，不至于让各位过多念及猫头鹰。我曾试图向各位传达我的总体观点，即将这些原则与文化政策的实践联系起来，即便受到不少困难的困扰，但却是一个经济分析的适当主题。我认识一些我所尊敬的经济学家，他们有着不同的想法——经济学家的作用在于设计目标，而不是实现目标的路径——他们会站在猫头鹰一边。如果谨慎是智慧的一个要素，那么我就不能算有智慧，而这次人迹罕至之境的探险之旅，对于在座有些人而言，当无

---

① 对于其运作的第一手分析，参见 Webber 和 Allen（1990）。

指南之用。然而，如果经济学家们不能将其思想用于解决本次走向文化价值与经济学交会点的旅途中所提出的问题，那么如果文化领域的专家将发明自己的经济学，到时候我们只能自怨自艾。

参考文献

［1］Baumol Hilda, Baumol W C. The Future of the Theater and the Cost Disease of the Arts 11 ［M］//Hendon, William S, Richardson, James F, Hendon, Mary A, Bach and the Box. The Impact of Television on the Performing Arts ［R］. Akron: Association for Cultural Economics, 1985.

［2］Blaug M, (editor), The Economics of the Arts ［M］. London: Martin Robertson, 1976: Introduction.

［3］Eyre R. The Quality of Life in The Insider ［J］. Supplement to Arts Management, Winter, 1990: IV.

［4］Frey B S, Pommerehne W W, Muses, Markets. Explorations in the Economics of the Arts ［M］. Oxford: Basil Blackwell, 1989: Introduction.

［5］Grampp W D. Pricing the Priceless ［M］. New York: Basic Books Inc., 1989: Chapter 7.

［6］Helm D. The Net Exchequer Costs of Supporting the Arts Council of Great Britain ［R］. Arts Council of Great Britain (mimeographed), 1987.

［7］Home Office. Report of the Committee on Financing of the BBC (Peacock Report), Command Paper No. 9824, Her Majesty's Stationery Office, London, 1986. Mason D. J Expounding the Arts, Adam Smith Institute, London, 1987: 3. Myerscough J, The Economic Importance of the Arts in Britain, Policy Studies Institute, London, 1988.

［8］McGuire W. The Freud/lung Letters ［M］. London: The Hogarth Press and Routledge and Kegan Paul, 1974: 18.

［9］Palumbo P. The Age of Enlightenment ［N］. Sunday Correspondent, 1990-02-11.

［10］Peacock A T. The Cost Disease: Analytical and Policy Aspects ［M］. Hendon: Richardson and Hendon.: 51-58.

[11] Peacock A T. Welfare Economics and Public Subsidies to the Arts [Z]. reproduced in Blaug, op. cit, 1969.

[12] Peacock A T, Shoesmith E, Milner G. Inflation and the Performed Arts [R]. Arts Council of Great Britain, London, 1983.

[13] Robbins L C. An Essay on The Nature, Significance of Economic Science [M]. 2ed. London: Macmillan and Co., 1935: 25-26.

[14] Robbins L C. Unsettled Questions in the Political Economy of the Arts [Z]. reproduced in Blaug, op. cit, 1971.

[15] Scitovsky T. What's Wrong with the Arts is What's Wrong with Society [Z]. reproduced in Blaug op. cit, 1972.

[16] Shubik M. A Game-Theoretic Approach to Political Economy [M]. Cambridge: The MIT Press, 1985: 615.

[17] Stewart S. Encouraging the Arts by Legal Protection [J]. RSA Journal, Royal Society for the Encouragement of Arts, Manufactures and Commerce, 1990, 138 (5404).

[18] Strong R. The Age of Ignorance [N]. Sunday Correspondent, 1990-02-01.

[19] Webber H, Allen M. Principles and Practice in the Insider [J]. supplement to Arts Management, 1990, Winter: 7-9.

[20] Withers G. Artists' Subsidy of the Arts [Z] //Waits C R, Hendon W S, Horowitz H. Governments and Culture. Association for Cultural Economics, University of Akron, Ohio, 1985.

3.1.2 福利经济学和艺术的公共补贴

3.1.2.1 前言

资助艺术如同经济领域资助特定产业和服务，面临同样的问题。然而，对于那些从道德层面划分消费支出等级的人来说，这是令人厌恶的。本文的关注点只限于源于"市场失灵"的两种补贴观点，即严格的帕累托假设——产品的可分割性与生产和消费的外部性，这是不符合实际生活的。与艺术补贴相关的不可分割性问题就是要考虑未来几代人的福利，这些人的利益目前不能直接通过自己的偏好在市场上表达出来。

人们常常假定，我们对于艺术对经济稳定与增长并不感兴趣，同时，也假定资源能够充分利用；但是，我们忽视了比起把文化活动独自留给市场去决定，补贴艺术可能是促使人们工作更努力、更有效的方式。就此而言，我们应该排除文化领域的家长制做法，这种做法的基础是民众并不知道什么是好的。除了笔者反对这种做法的成见之外，这种强加的价值判断确实是进行公共干预的便利方式：给予公众应该拥有的东西，而不是他们想要的东西。

在考虑这个问题之前，我们是否应该资助艺术，以及如何资助艺术，就需要考虑这两个问题的相关信息。首先要考虑的是"产业"的范围，本文只考虑表演艺术，尽管很多观点也可以适用于视觉艺术。我将假定，我们感兴趣的不仅仅是经典作品的演出，而且还包括如何确保持续创作的问题。其次，我们应该对产业现状有一定的了解，特别是要知道为什么这么多艺术家和评论家谈论"艺术赤字"或"艺术危机"。与他们有着同感的权威人士恐怕非威廉·鲍莫尔莫属，其分析已经成为一个有用的出发点，即艺术是非均衡增长的受害者。

3.1.2.2 鲍莫尔成本弊病[①]

假定经济被分为两个部门。在第一个部门，劳动生产率是不变的；在另一个部门，劳动生产率以一个恒定的比率 r 增长，用 Y_{1t} 和 Y_{2t} 表示两个部门的产量，两个部门的劳动就业数量为 L_{1t} 和 L_{2t}，则在 t 时间内：

$$Y_{1t} = aL_{1t} \tag{1}$$

$$Y_{2t} = bL_{2t}(1+r)^t \tag{2}$$

为了简便，我们把 $(1+r)^t$ 用 K 表示。

让我们再进一步假定两部门的工资水平是相等的，并以相同的比率增长。因此，两部门的工资水平设定为 W_t，并以与进步部门生产率同样的比率增长，因此：

$$W_t = W \cdot K \ (W是常数) \tag{3}$$

从这两个假设我们可以发现单位产出成本（C_1，C_2）。在第一个部门 C_1 将无限增长，在第二个部门 C_2 将保持不变：

$$C_1 = W_t \cdot L_{1t}/Y_{1t} = W \cdot K \cdot L_{1t}/Y_{1t} = W \cdot K/a \tag{4}$$

$$C_2 = W_t \cdot L_{2t}/Y_{2t} = W \cdot K \cdot L_{2t}/Y_{2t} = W/b \tag{5}$$

[①] W J Baumol. The Macroeconomics of Unbalanced Growth [J]. American Economic Review, 1967 (6); 有关表演艺术的讨论参见 William J Baumol, William G Bowen. Performing Arts: The Economic Dilemma Part II [M]. Twentieth Century Fund, 1966; 参见 Baumol 和 Bowen, loc. cit. 6。

这个命题的推论是，相对于部门2而言，部门1产出的市场需求将下降。一个简单的例子就是，假设这两种商品的相对支出保持不变，给定的价格（P_1，P_2）与劳动力成本成正比，即

$$P_1Y_1/P_2Y_2 = C_1Y_1/C_2Y_2$$

因此，

$$P_1Y_1/P_2Y_2 = C_1Y_1/C_2Y_2 = WKL_{1t}/WKL_{2t} = L_{1t}/L_{2t} = A \text{（常数）}$$

由此得出，两个部门的产出比例将是①：

$$Y_1/Y_2 = aL_{1t}/bL_{2t}K = aA/b\ (1+r)^t$$

当 t 趋于无穷大时，Y_1/Y_2 趋于 0 (6)

现在我们假设市场能够满足上述需求条件，这就意味着进步部门的劳动力将相对下降，而政府却要求其相对产出水平保持一致（这是一个极端但有用的简化建设）。那么条件必须是：

$$Y_1/Y_2 = aL_{1t}/\ bL_{2t} \cdot K$$

$$(b/a)\cdot Y_1 \cdot Y_2 = L_{1t}/L_{2t} \cdot K = B \text{（常数）}$$

在劳动供给总量固定不变的情况下（$L = L_1 + L_2$），可以得到：

$$L_1 = (L - L_2)\ B \cdot K \text{ 或者 } L_1 = L \cdot B \cdot (1+r)^t$$

和 $L_2 = L - L_1 = L\ [1 + B\ (1+r)^t]$

因此，如果两者产出的比率保持不变，那么当时间 t 趋于无穷大时，L_1 趋于 1，L_2 趋于零。

把法官勃拉克（Brack）这个角色从《海达高步乐》（*Hedda Gabler*）的演员表中去除，将会减少易卜生作品的劳动力投入，但是也会毁掉这个作品。如果将表演速度提高两倍，恐怕也不能提高演员的生产率。任何怀疑这个主张的人，都应该尝试以每分钟 78 的转速播放碟片。但这些例子有说服力吗？

3.1.2.3 观点已经蔓延?

鲍莫尔所描述的成本弊病具有戏剧性，他可能是故意的，就他对于艺术的关注程度而言，这是很容易理解的。然而，我们在接受诊断和估计蔓延程度之前，必须先考虑一些观点。

---

① 鲍莫尔认为数学分析指向部门1活动的消亡，包括剧院。需要注意的是，所有式（6）都可以证明，部门2的产出将扩大到部门1。为了产生一个消亡的停滞部门需要一个强假设：在部门1中支出相对下降或者劳动力成本以更快的速率增加。例如，使用式（6）中相同的假设：
$C_1Y_1/C_2Y_2 = (1+r_1)^tW \cdot L_{1t}/WKL_{2t} = L_{1t}/L_{2t} = A$，如果 $r_1 > r_2$，那么 t 趋于无穷大，L_{1t}/L_{2t} 趋于 0。在 Y_1/Y_2 消失之前，其消失的速率较之式（6）的速率更大。

(1) 第一个重要的假设是，表演艺术与其他服务的相对生产率。在广泛的范围内，即便是偶然的经验也表明鲍莫尔是正确的，这意味着在表演艺术领域，资本对劳动力的替代是受到严格限制的。我们可能会质疑，这种情形在可预见的未来是否持续下去？虽然是无意识的，但人们至少有这样一种印象，现代作曲家越来越多地为小型乐团谱曲，并且利用不同的手段改变资本的密集度。例如，彼得·马克斯韦尔·戴维斯（Peter Maxwell Davies）在新作品《武士弥撒》（L'homme Arme）中使用了一台古老的留声机和预先录制的磁带。许多现代戏剧的演员阵容，尤其是《品特》（Pinter）、《贝克特》（Becket）和《威斯克》（Wesker），虽然其数量很少，但这是一个有争议的问题，演员的数量和所支付给他们的工资，在多大程度上是一个线性函数。它也可以被认为，价值以及体力的生产率一样，取决于演员的数量和劳动密集度。换句话说，在舞台上有更多的机器、更少的演员，也不可能完全替代穿燕尾服的大型管弦乐队。表演是一种视觉和听觉的娱乐。

然而，即使鲍莫尔是正确的，我们也必须小心该怎样定义"表演"，正如我们所看到的，在涉及补贴问题时，定义就至关重要。随着广播、电视和留声机的发展，观众对于产品的接受渠道，也不再局限于音乐厅和剧院。有一个与其他活动有趣的类比，最近几年消费者参与生产服务已经在一定程度上进入家庭。家庭愿意支付佣人的工资不断下降，这与耐用家庭设备使用的大幅提升是相匹配的。一个更好的例子可能就是剃须刀。安全剃须刀的发明①，使理发店转型为美发师。如今人们听音乐，只需打开收音机和留声机。即使有人声称"现场表演没有真正的替代品"，但是个人会比较戏剧或音乐会门票相关的成本（如交通和外出用餐的成本）与资本影响强度更高的音响和电视机的使用成本（况且这些设备的可变成本很低）。而且是在外面，还是在家中度"良宵"更有享受性，只是一个个人判断问题。

(2) 关于在进步和停滞部门工资率相同的这个假设显然需要进一步调查。作为经济学家，我的本能就是详细地探究在表演艺术领域劳动力的供给弹性，而在没有或者只有很少的经验数据下，我们可能推断出供给就长期而言是富有弹性的，而在短期是无弹性的。这在经济层面上正好与艺术家奉献精神相对应，而且表演也给艺术家带来强烈的自我满足感。鲍莫尔和鲍温的观点是，即使比起普通

---

① 这个有用的例子是卡洛琳·贝尔（Carolyn Bell）针对鲍莫尔论文的批判。参见 C S Bell. The Macro-Economics of Unbalanced Growth: Comment [J]. American Economic Review, 1968 (9): 6.

行业的工资增长率，艺术家工资的增速较低，但这也足以让艺术因为价格的因素而挤出市场，这是因为工资上涨都将增加可变成本，换句话说，并没有抵消生产率的增长。如上所述，当我们拓宽了表演的定义，将新媒体纳入其中后，这就非常难以令人置信了。

（3）来看上述第6个方程，在假定 $P_1Y_1/P_2Y_2 = A$ 的情况下，随着时间的推移，Y_1/Y_2 将不断减少，即这两个部门的相关支出将保持不变。但是，从实物生产率假设当中，我们完全无法推断出停滞部门的生产力价值。这个部门的生产率增长可能为零，劳动力成本增加可能与进步部门相一致，但服务生产者仍能够提高相对价格。服务消费者的成本增加所带来的负的替代效应，可以被正的收入效应所抵消。因为，整个经济的实际收入的增加，可能鼓励需求从进步部门转移到停滞（服务）部门。从广义上讲，这似乎就是在过去的三十年所发生的事情，我们可以从国民生产总值服务净产值份额增长加以判断。

困难的是，我们没有足够的数据来确定表演艺术的发展趋势，以便我们能够做出合理的预测。普遍的看法是，"鲍莫尔成本病"认为表演艺术依赖财政，而不是直接销售①，这个观点已经蔓延开来。由于缺乏相反观点的证据，在下文中，我们假定该观点是成立的。

此外，它被假定社会利益不仅仅在于保护现场表演，保存已有的产品，而且还保护新的音乐作品、戏剧和其他正在发生的艺术。与此相关联的假设是，这些活动也决定了国内创意和艺术人才的存量。

3.1.2.4 补贴的福利经济学②

正如前文所述，关于补贴的论证必须是基于来自其他文化活动的某种形式的"溢出效应"，而且排除消费者主权之外的目标。在这部分，我的建议是考虑补贴的常见讨论，将其归纳为福利经济学所讨论熟悉的类别。

第一组论证与表演艺术的存在对其他生产者所带来的溢出效应有关。因此，撇开运营艺术节的其他原因（对此我们稍后讨论），表演艺术可以视为艺术节最重要的赔本经营者。这个观点的延伸是，人们可以通过创造合适的文化氛围，特别是在目前被称为文化沙漠的地区，以专业技能的形式扩大生产要素的选择

---

① 对于最近的证据，参见 Grants for the Arts, Eighth Report of the Estimates Committee, Session 1967/68, House of Commons Paper 443. 值得一提的是，教授克劳斯·莫泽（Claus Moser）为科文特花园委员会提供证据，吸引了他们对鲍莫尔、鲍温的注意。

② 在我的文章里有关于这些观点的初步论述，详见期刊 Public Patronage and Music, an Economist's View, Three Banks Review, March 1968。

范围。

假设一个封闭的经济体，我们有理由认为，溢出效应纯粹是金钱的。假定消费者的边际偏好没有地区差异，那么需要举办节庆城镇的扩张，就是其他地区需求减少的成本。然而，即使在这种情况下，我们仍然很难区分技术与经济的溢出效应。由于需求的重新配置，产业所声称的功能必须发生转移，我们很难确定成功的节庆广告，多大程度上改变了市场的不完善程度。

如果其收益可以看作主要是金钱上的，就无须政府公共行为，除非我们引入人际或者是可能的区域间效用的比较。如果我们将决策者限定在特定领域，那么这项利益可能不仅仅是金钱上的。虽然，如果说初始区域能够充分利用资源，那么"其他区域"增加需求的影响可能就是提高价格，至少能暂时提高本区域内的实际收入。即使如此，我们必须证明文化投入较之其他资源，在吸引游客方面更有效率。只有假设文化投入是最有效的方式，我们才能给地方政府补贴找到可能的理由。这是由于为招揽顾客而亏本出售商品的好处，并不那么容易分配给（比如说）个体店主和旅店经营者，所以他们不可能有动力推动文化活动，或者他们很难就成本分摊进行自愿协商。于是，这就有了为税收方式提供公共补贴的一个理由。①

区域的情况也可适用于国际情形。如果文化吸引外国游客的话，考虑到资源的充分利用、价格大幅度上涨，这样做可以带来更多外汇收入（当然是进口的增加，支付给国外的艺术家报酬就会减少）。我们必须权衡目前的实际收入变动对外汇收入的变化，这可能会增加未来的实际收入。即使我们希望最大限度地提高外汇收入，但是由于受到国内实际收入负面反应的约束，我们也必须明确文化在边际意义上是实现这个结果的最优方法。

第二组论证来自由艺术消费所带来的外部经济。罗宾斯认为，艺术的"利益不仅仅是歧视……，艺术的培养、学习和文化保护的积极作用，不限于马上准备支付的现金，更在于将其益处扩散到更广泛的社会，与作为公共卫生设施的福利或城市规划良好的福利大致相同"②，虽然本人赞同他的一般观点，却发现很难追踪是来自"文化秃鹰"（对艺术、音乐或戏剧特别感兴趣的文化的狂热分子）参与现场表演的益处，会对其他人产生外溢效应。为了确认人们是否从参与公共

---

① 探讨适当的税收方式，已经超出本文的分析范围。假设目标是找到一种反映生产者所提供巡演服务价值的特别税，就必须找到某种形式的选择性销售税。在试图确定该税收的征收范围方面也有棘手的问题。

② Lionel Robbins. Politics and Economics [J]. Political Economy, 1963: 58.

补贴的交响乐音乐会或者现代话剧获得超额效益，如果我们能够对其参与者——这些人的中位收入是普通工薪阶层收入的两倍——做一个详尽的调查，将是十分有趣的。我们有可能说的是，艺术委员会①所使用的有限论证的观点，即由于皇家歌剧和芭蕾以及国家剧院的国际威望，社会对此威望可以非排他地享受。《真理报》《法国世界报》《世界报》《纽约时代报》的艺术评论可能备受欢迎，但是，如果同时将这些资源用于其他用途，那么结果如何？我们应该如何比较补贴艺术和补贴协和式飞机，或者说利兹联队与米兰的比赛？无论你多么赞同支持者的价值判断，也不能只以绝对外部性作为充分的论证理由②。

最后一个理由则是当代决策者从造福子孙后代中获得满足感。即使是那些不懂也不欣赏音乐和戏剧的人，也可能会乐意为后代贡献自己的力量，尤其是为那些品味还未形成的年轻后代。当代人可能从保护现场表演而获得积极的满足感，因为他们知道，他们没有冒因允许艺术消亡而缩小后代人选择文化活动的范围而被指责的风险。

这一观点与自然资源的保护是类似的。如果我们破坏了今天的自然风景区，将来就真没有资源利用活动可以让其恢复了。但是对于表演艺术来说也同样如此吗？我同意鲍莫尔和鲍温的观点，这未必是真实的，如果表演艺术衰落，它也并不一定永久消失，尽管重新塑造文化传统需要很长的时间。我想要补充的是，如果目标是保护民族文化，而不是移植文化，那么自然资源保护的类比可能是接近的。我们可以通过进口意大利公司来复兴歌剧，如果他们同意按照商定的价格恢复小歌剧《吉尔伯特和苏勒宛》(Gilbert and Sullivan)，而且是以英文形式，那就另当别论。

最关键的问题是，"为国家繁荣目的而保护文化的项目，是否就是一种无差别的收益"③。这种观点可能是有说服力的，可能会部分地解释支持，特别是公共补贴的增长。与此同时，如果消费的外部性来源于文化投资，那么我们对于数量和方式的态度，显然取决于谁会获益、谁最终会做出牺牲。塔洛克（Tullock）对此已有充分的讨论，它与社会贴现率的选择息息相关④。公共投资的增加是收

---

① Arts Council. 22nd Annual Report and Accounts [J]. Year Ended 31st, 1967 (3).

② 我相信这是莱昂内尔·罗宾斯分析的主要缺点，参见 loc. cit., and Baumol and Bowen, op. cit., Chapter XVI, On the Rationale of Public Support.

③ Baumol W J, Bowen W G. Performing arts: The Economic Dilemma [M]. New York: Twentieth Century Fund, 1966: 385.

④ Gordon Tullock. The Social Rate of Discount and the Optimal Rate of Investment [J]. Quarterly Journal of Economics, 1964 (5): 5.

入从当代向下一代的再分配，鉴于目前的经济增长率，这可能代表了消费利益转移到了那些平均工资高于当代人的后代。正如塔洛克所论证的那样，我们愿意为子孙后代慷慨解囊，而不是为当代弱势群体嘘寒问暖？整体而言，塔洛克认为，任何政府如果考虑社会意愿，就会更愿意帮助今天的穷人，而不是未来的富人，就不会采用低的社会时间偏好率。因此出现的问题是，子孙后代的论证恐怕没有乍一看那样有说服力，因为子孙后代就其平均水平而言要更加富有。

对于上述问题的答案是：不一定。在这种情况下，我们并没有要求社会通过增加投资来普遍支持子孙后代，而是对可供未来消费的项目进行选择性支持。因此，对于一个社会来说，采取一种"高"的社会折现率是非常合理的，因此我们不是普遍地隔离对子孙后代的投资，而是提供一种特定的、持续的补贴来支持表演艺术。

然而，塔洛克的说法表明，如果要说服社会持续支持艺术，就应该对补贴的形式加以限制。如果目前的支持体系只是为上层收入群体的少数文化群体提供补贴，那么为什么当代人有兴趣给更富有的子孙后代提供支持？如果这些资源挪用自其他诸如帮助今天的穷人等用途，以保护文化遗产，那么关于子孙后代的论证恐怕就更有吸引力；如果我们希望子孙后代从这种多样化的分配中获得比现在更多的利益，那么该如何去做将是我们下一个主题。

3.1.2.5 政策的问题

为了了解政策问题，以及如何从福利经济学所得出的结论来解决这些问题，我们应该考虑政府支持艺术的现状。我将集中通过英格兰和威尔士艺术委员会，来关注中央政府是如何支持艺术的。

有三个与上述分析相关的特征：首先，这种支持高度集中在音乐领域，尤其是歌剧。艺术委员会在1967—1968财政年度内的净支出为575万英镑，其中330万英镑拨款到音乐领域，130万英镑支持科文特花园歌剧院，170万英镑用来支持戏剧。剩下的支持其他艺术，尤其是艺术展览。其次，财政支出主要集中在伦敦地区，80%音乐领域的支出都流向歌剧、芭蕾和管弦乐协会，近40%的戏剧支出，全都集中在伦敦。最后，财政支持几乎全部提供给负责演出的机构，以此作为降低门票价格的手段。

如果这种模式持续下去的话，结果是显而易见的：除非伦敦的交响乐团、戏院、歌剧和芭蕾舞团比现在更愿意四处巡演①，那么其收益将会通过补贴价格大量流向人均收入最高地区的高层群体。即使这些团体愿意四处巡演，补贴席位的通用政策也不可能鼓励更多的群体广泛受益。因此，目前的政策不仅"不公正"，而且还为其自身的消亡埋下了种子，我们很难想象如果目前的政策继续下去，有关艺术支出的大幅扩张的要求能获得许可。但是公平的是，艺术委员会也意识到了问题所在，即支出的受益范围过于集中化，而且艺术委员会正尽力改变现有的模式。

就表演艺术与其他艺术之间投入的均衡问题，作为一个经济学家，我们很难提供任何具体的意见。审美判断是价值判断，它不能证明对错。根据消费者主权原理，虽然消费者可能愿意遵从表演艺术与创意行业从业者的指引，但是我们必须防止文化垄断。正如我曾在别处建议，在社会和自然科学领域，关于公共研究资金分配也出现过相同的问题。防止文化垄断的最佳途径似乎就是，有资格获得基金资助的主体有着快速的循环，以确保各种文化观点可以在其后资金分配时被反映出来。

然而，最主要的问题是现场表演的好处如何扩散，才能确保现在与未来的穷人都愿意接纳它，而不是仅支持现在与未来的富人以及最富有的地区。原则上有两种解决方案，一种是短期的，一种是长期的。短期的方案支持从补贴文化的生产者转向补贴个人。长期的方案就是，设计一种方法改变未来几代人的偏好，以便市场以及提供支持的政策机制，能够对抗鲍莫尔的成本病。

那些熟悉本人作品的人将不会惊讶地发现，我会赞同消费券制。总体而言，这要求剧院和音乐厅收取市场价格，并将一定比例的座位提供给一些特定的人群，然后通过资助主体来兑换现金。或者是资助主体可能购买一定比例的座位，并将这些座位免费或者以低价提供给相关群体。

然而，关于这个机制仍需克服一系列潜在困难。首先，这个机制的吸引力在于，教育产品的提供是由相关群体自行选择的，如学龄儿童群体，而且教育事实上是强制的，这就确保凭证只能用于教育，而无法在市场上交易。同时，这种凭证对于教育机构，无论是公立还是私立的，都可以自行选择。② 但是，对于有些

---

① 可以说，电视和广播的转播降低了这个主张的重要性，不过这是有争议的。而且，在任何情况下，它大概是有钱人在很大程度上拥有或租用的复制形式，例如彩色电视。此外，这些形式在现场表演的直播是免费提供给所有地区，而不是只针对贫困或受补贴的地区。最后，要注意的是，历史上第一个接收"文化"电视节目的地区，是通过英国广播公司的第二频道接收的，而这些地区都有补贴的剧院和歌剧院。

② A T Peacock, J Wiseman. Education for Democrats [R]. Institute of Economic Affairs, 1964.

群体而言，这种自行选择并非易事，要鉴别出被选定的人不仅仅是相对贫困的，而且是对严肃音乐和戏剧有真实的、潜在兴趣的人。如果把它当作收入再分配的一种方式，就很难保证凭证的接受者，不会以市场价格将凭证卖给那些有能力按照市场价格购票的人①。即使是克服了这些困难，也很难想象严肃音乐、戏剧的供给有充分的可替代性且可以持续，使之值得使用凭证制度来增加现场演出的供给。

也许最好的办法是，区域艺术协会更加密切参与资助的过程。他们更直接地了解各种戏剧和音乐组织或学校中哪些成员值得支持。人们或许能够通过团购补贴座位的系统，避免凭证转售问题，因为所有凭证都没有分配给特定个体。

其次，有一个难以应对的问题是，据说歌剧团和乐队就像特定地区的葡萄酒一样，不能在巡演时保持其品质。我们都知道这样的例子，宣传说我们能看到某位艺术家的表演，结果是这位艺术家却去参加其他（可能是更有利可图）活动。另外，定价方面的有些实验效果也有待调查。比如说，科文特花园可以提高价格以及将一定比例的席位给那些来自外省的"热切"听众，这些观众的凭证可以部分或全部覆盖其火车票价以及座位的价格。毫无疑问，更加富有和有教养（在文化意义上）的伦敦人，会受到消费的外部不经济的影响，因为外省观众可能在错误的地方鼓掌。至少在过渡期间，我们需要试验以便提供文化的示范效应，这可能会鼓励其他地区建立自己的歌剧院，以便能够更有效地与伦敦就公共资金展开竞争。

从长远来看，利益扩散带来最好的结果是，将艺术资金大部分增量部分投向教育系统。这种支持除了改变子孙后代的偏好，还能抵御鲍莫尔成本弊病，这是使用这个机制的另外一个重要的原因。在创作新的音乐和戏剧上的发展，似乎更容易吸引那些在作曲和演奏音乐和戏剧表演和写作中有直接经验的人。如果在这方面我是对的，那么愈早开始鼓励这种形式的创造性活动，就愈有利于表演艺术的发展。

---

① 当领取养老金的人能够获得廉价香烟的凭证时，类似的问题就会出现。不吸烟的养老金的领取者，比起吸烟的群体可以以更低的价格购买香烟，但这也不能阻止转售行为。

3.2 泰勒·考恩

导 读

文化经济学的学术史显示，对艺术的政府支持——"为什么"与"怎么样"成为文化经济学诞生以后相当长时期内几乎唯一的话题，我们前面所阅读的凯恩斯、罗宾斯、鲍莫尔与皮考克皆是如此，我们这里所阅读的泰勒·考恩算是异常杰出的后起之秀。如果大家还记得皮考克向自己的经济学家同行所发出的呼吁："如果经济学家们不能将其思想用于解决本次走向文化价值与经济学交会点的旅途中所提出的问题，那么，当文化领域的专家将发明自己的经济学时，能够责怪的恐怕只有我们自己了。"显而易见，考恩是用自己的行动响应这种呼吁的最为杰出的代表人物，而其原因则诚如另外一位文化经济学家迪克·纳策（Dick Netzer）所言，"我们大多数人都怀疑自身的资质，因而都避免自己去描述艺术，而考恩则置之不顾"，他通过研究过去6个世纪艺术发展史中经济、技术与艺术的关系，从而雄辩地回答了市场经济促进还是阻碍艺术发展的问题，从而让艺术与经济有了更深层次的融合，文化经济学的研究又有了进步。[1]

诚如皮考克所言，在文化与经济交会的旅途之中，文化领域的专家也没有片刻停息，不过，略微遗憾的是，其成果似乎可以概括为"文化悲观主义"。例如，代表人物阿多诺在其名篇《文化工业再思考》中这样给市场化背景下的文化定下了悲观主义的基调："它将原本分隔了数千年的高雅艺术与低俗艺术强行整合起来，结果是双方都深受其害：高雅艺术的严肃性在效率的投机性应用中遭灭顶之灾；低俗艺术的严肃性则在反抗性遭到文明重压的背景下消失殆尽，而这种反抗性原本是低俗艺术的固有特征，只要社会控制还没有整体化。"[2]

作为一名经济学者，考恩则是为数不多的勇敢地站出来，反抗文化悲观论的人，替思想史上并不显赫的文化乐观论鼓与呼，他的名著《商业文化礼赞》就是专为这个使命所作："我将市场冒险精神和生产性财富视为文化生产的盟友。

---

[1] Dick Netzer. Book Reviews [J]. Journal of Cultural Economics, 1999, 23: 331-334.
[2] Theodor W Adorno. Culture Industry Reconsidered [J]. Rabinbach. New German Critique, 1975 (6): 12-19.

我希望调整思想与流行之间现有的平衡状态,希望鼓励人们对我们视为与现代性相伴的文化商业化持有一种更加赞成的态度。"①《市场经济中的艺术》就是该书的序言,也是精华所在,其核心任务是在厘清商业文化发生的环境——"一种以私有财产和自愿交换为基础的法律框架"——的前提下,试图通过回答市场经济是促进还是阻碍艺术及其创造性这个问题,从而给出礼赞商业文化的若干理由,概括而言,本部分所提及的理由不外有四。

首先,市场为艺术繁荣提供了基本的生存网络。在作者看来,艺术家、消费者与销售商共同构成了艺术市场供求关系的网络,在这个网络中各方相互依赖、彼此互动,并彼此成就对方。就此而言,意大利文艺复兴时期的城市——佛罗伦萨就颇有说服力,"佛罗伦萨的艺术成就得益于许多因素的共同影响——财富、制造技术的传统、密集的商业性工艺市场、疏散分布的购买兴趣……这些特点聚在一起,为培养和支持艺术人才提供了一种非常有利的氛围"②。文艺复兴时期佛罗伦萨资本主义的兴起,让艺术的需求不断壮大,并使之发展成为"更大规模、面向更多公众的事业",这在无形当中塑造了一个有关艺术的市场网络。这个市场网络给予艺术家更多的自由,因为艺术家能够较为轻松地通过市场获得财务独立性,因而可以选择满足自己艺术的需求,自由地去创作。相反,同一时期的西班牙画家,由于多来自王室的经济资助,常常因为财务上无法独立而将艺术自由拱手相让。总而言之,市场不仅是艺术发展的现实基础,也是艺术生存的基本网络,没有市场支撑的艺术犹如无源之水,难有活力。

其次,市场为艺术家的自由提供了重要的经济保障。在作者看来,市场不仅为艺术家提供了重要的创作动机,而且为艺术家的自由提供了保障,是艺术自由的友邻而非敌人。在市场化语境中,不乏以金钱为动机的艺术家,这种对金钱的渴求不仅吸引更多的人进入市场,也扩大了艺术家劳动力的供给。不仅如此,金钱也是一种重要的信号,它让艺术家找到知音,从而实现艺术作为价值符号的交流功能,即便这些艺术家可能对金钱毫无兴趣。另外,作者注意到一种颇具讽刺意味的现象,"市场经济促进了艺术家的独立性,使其从消费文化的公众的直接需求中解放出来"。③ 这方面的情形较为多元,如市场经济提供了丰富的市场需求,这让艺术家轻易就能拥有财务的独立性,因此能够自由

---

① 泰勒·考恩. 商业文化礼赞 [M]. 严忠志,译. 商务印书馆,2005:1.
② 泰勒·考恩. 商业文化礼赞 [M]. 严忠志,译. 商务印书馆,2005:108.
③ 泰勒·考恩. 商业文化礼赞 [M]. 严忠志,译. 商务印书馆,2005:22.

创作。另外的情形就是，在市场经济背景下，艺术家获得更多外部的经济支持，这包括艺术家个体的兼职行为、各类基金会和亲友的馈赠等，这种情形通常都被解读为市场失灵。而作者颇有新意地认为，"艺术市场有时不能发现伟大作者的价值；但是，与贫穷的经济制度相比，富有的经济制度在总体上对那种判断失败的反应更为有力。富有的经济制度为艺术家提供了更大数量的潜在经济支持来源"①。

再次，技术进步为艺术发展提供了装备支持。众所周知，用于艺术的各种材料，如纸张、钢琴、摄影设备等不断发明，且其价格不断下降，这让更多的人能够接触艺术，特别是那些女性艺术家。另外，材料费用的下降让艺术本身从资本密集型转向劳动密集型，让更多艺术家不再受限于高昂材料的沉没成本，能够致力于创新。总而言之，艺术从技术进步中获益良多，如纸张与印刷术的出现让文学艺术实现跨越式发展，录音与广播技术大大提升了交响乐队的生产效率。也正因此，考恩对文化经济学界广为接受的观点——"成本病"并无好感，他在《我为什么不相信成本病：对鲍莫尔的评论》一文中直击该问题的软肋，即技术创新对表演艺术的革命性影响：就生产过程而言，现代数字化生产技术的出现，大大改变了传统表演艺术，如弦乐四重奏的生产率，让其化一为万惠及更多的观众；就产品本身而言，艺术家的创新让艺术作品的种类有了几何级别的增长，这也是艺术生产率增长的明证。② 在这个问题上，作者还是一如既往地持其乐观主义态度，即经济的繁荣或者生产率的提升，并没有给艺术带来所谓成本病问题，而是促进了艺术的繁荣与发展。

最后，市场促进了多样性与创新。如前所述，市场为艺术家提供了更多元的资助，这给予艺术家更多的自由，艺术家不必为其资助人，或者那些作为衣食父母的大众读者而写作，从而能够根据其创意而创作更为多样性的作品。以出版业为例，美国的图书品种在1947年的数据是85 000种，到了1996年这个数据上升至1 300万种，其中新版图书就高达14万种，也就是说图书市场的发展促进了多样性，而不是悲观主义者所得出的相反结论。③ 与此同时，市场竞争也给艺术创新注入不竭的动力，特别是艺术家在与前人的竞争中，更倾向于创新而不是模仿，以克服与前人对比的恐惧，提升自己的知名度，从而增加自己的收入。例

---

① 泰勒·考恩. 商业文化礼赞 [M]. 严忠志, 译. 商务印书馆, 2005: 22.
② Tyler Cowen. Why I Do Not Believe in the Cost-Disease: Comment on Baumol [J]. Journal of Cultural Economics, 1996, 20: 207-214.
③ 泰勒·考恩. 商业文化礼赞 [M]. 严忠志, 译. 商务印书馆, 2005: 60.

如，音乐家勃拉姆斯在创作音乐作品时，时刻感受到来自贝多芬的"竞争"的恐惧，他常常提醒自己"不准落在贝多芬的交响曲造诣之下"，因而不得不避免创作交响乐，而去创作声乐合唱曲，如他创造性地将《海顿主题变奏曲》改写为带钢琴助奏的交响曲，就能通过创新获得与贝多芬比肩的成就。①

如前所述，前几位先贤都从福利经济学角度论证艺术资助问题，即便是后来的皮考克，虽然强调消费者主权，但是，政府始终保留其干预者的角色。与之相反，与欧洲隔海相望的美国却是另外一番景象，政府在艺术领域基本处于"无为"状态，倒是市场与社会发挥积极的作用，推动文化的繁荣。正如时任美国艺术基金会主席的达纳·乔伊亚（Dana Gioia）在由泰勒·考恩执笔的《美国如何资助艺术》中不无自豪地说："如果说美国的艺术体系是无与伦比的复杂、去中心化，且富有活力，那么它也是特别高效的——它创造了规模庞大且种类多样的艺术景观。"② 正是在这份报告的基础上，考恩写就美国艺术资助模式的礼赞之作《好又多：美国艺术资助的成功之道》，而《关于艺术资助的敌对观点》就是其序言，也是全书的核心部分。

我们知道，经济学对政府资助有着很多论证方法，如外部性理论、优效品理论、经济发展理论、子孙后代理论等，但是，作者均将这些理论弃置不顾，而选择去中心化与荣耀理论，其原因就在于这两种理论能够实现美学与经济学方法的完美融合。就去中心化理论而言，其美学的依据是，如果我们需要更丰富的艺术，特别是更高质量、更能经得起时间检验的艺术，我们就应该为艺术提供更多元、非中心化的资助，这是艺术品质的重要保障；其经济学的依据则包括：一方面，艺术产品具有公共性特征，而其生产者往往无法通过将其内部化而获得其全部收益，因此，建立去中心化的机制，对于刺激持续的创造具有十分重要的价值，这其中也包括版权保护的方式；另一方面，所有厂商都倾向于自身利益的最大化，如减少产品种类、提高定价等，但是，去中心化机制让这些厂商时刻面临竞争，以致它们无法实施上述措施，这反而提升消费者的福利。就荣耀理论而言，其美学的依据就是，实施艺术资助会给国家带来民主政治的光韵（aura），让这个社会成为人人向往的"善良社会"；其经济学的依据就是，艺术资助是政府执行公民的公共选择，而这种公共选择事项是无法通过市场来提供的。因此，通过这两个理论，美学与经济学在政府资助艺术这个问题上达成了共识，而政府

---

① 泰勒·考恩. 商业文化礼赞 [M]. 严忠志，译. 商务印书馆，2005：32.
② National Endowment for the Arts. How the United States Funds the Arts [J/OL]. https：//www. arts. gov.

资助艺术便有了合法性。

在合法性论证之后，考恩接着讨论资助方式问题，这主要包括直接与间接两种方式，当然，作者的主要精力还是集中在他所礼赞的美国式的资助方式，即"好又多"的间接资助。在作者看来，"直接资助就是政府机构直接给艺术家或者艺术机构开支票。而间接资助则是通过政府政策影响价格或者收入，来鼓励艺术生产。如我们所见，间接资助较之直接资助常常能够对文化消费产生更为积极的影响"。[1] 这种模式的秘诀在于，美国政府不是采用直接资助方式，因为直接方式不仅需要政府官方界定艺术，而且要决定什么是好的艺术，这两种行为都必然导致中心化；而是通过税收这种去中心化的政策手段间接资助艺术，即通过税收政策不加区别地支持艺术，而选择权则交给社会而不是政府，从而实现去中心化。在考恩看来，"一种通过税收系统支持艺术的决策也同样适用于宗教、慈善以及其他的非营利事务。税收减免方式的中立性——其首要的优势之一——就意味着该政策并没有为捐赠设定任何目标。因此，美国税收体系就这样支持非营利事务的去中心化，而不是选择任何种类的艺术，或者设定非营利机构该如何作为"。[2] 这让我想起当年撒切尔夫人引述老子的话"治大国，若烹小鲜"，强调政府的"无为而治"，我想这恐怕也是考恩关于文化政策的基本立足点，因为作为一个超级艺术鉴赏家，他深知艺术的本质属性是自由，而任何不论出于何种目的的政策都是一种干预。

3.2.1 市场经济中的艺术[3]

3.2.1.1 艺术的社会机制：财富如何支持更高的美学目标

艺术市场由艺术家、消费者、经纪人或分销商组成。艺术家致力于自我实现、赢得名利和财富。艺术创作背后的动机包括对美、金钱与名誉的热爱，以及自我的傲慢与内心的强烈冲动。创造者强烈渴望被别人倾听和欣赏。乔舒亚·雷诺兹（Joshua Reynolds）爵士在《艺术论》中宣称："每个艺术家的最高抱负就是被视为天才。"概括地说，我将艺术家看成是追求金钱与非金钱回报的复杂

---

[1] Tyler Cowen. Good and Plenty: The Creative Successes of American Arts Funding [M]. Princeton: Princeton University Press, 2006: 31.

[2] Tyler Cowen. Good and Plenty: The Creative Successes of American Arts Funding [M]. Princeton: Princeton University Press, 2006: 40-41.

[3] 本文节选自《商业文化礼赞》同名章节。

组合。

消费者和赞助人是艺术家的沉默伙伴。我们用金钱、时间、情感和认可来支持创造者。我们发现其作品中的细微差别，这些细微差别是艺术家们没有注意或者没有意识到的。被灵感激发的消费本身就是一种创造性行为，它进一步丰富了观众和作品本身。艺术作品促使我们重新审视或确认自己的想法和感受，消费者和赞助人对艺术品的需求客观上为市场提供了资金。经销商将生产者与消费者聚集在一起，无论是美容皂、面包，还是贝多芬。供需双方的结合激发创造的动力，并传播创造的结果。缺少任何一方，即艺术品的生产者或消费者，都不可能繁荣昌盛。如果不能吸引艺术家和消费者，任何经销商都不可能盈利。

生产者、消费者和经销商之间的互动构成了本书分析的基本框架。创造者对内在和外在动力都有反应。内在动力包括艺术家对创作的热爱，对金钱和名誉的需求，对风格、美学和前人作品所引发问题的渴望。外在动力则包括可用的艺术材料和媒介、赞助的情况、销售网络和赚取收入的机会。按照经济学或理性选择理论来说，内在动力对应的是偏好，外在动力代表的是机会和约束。这些内在和外在动力相互作用，形成艺术生产。

心理动机虽然是许多伟大艺术作品背后的推动力，但并不能独立于外部约束，在真空中运行。经济环境影响艺术家表达审美灵感的能力。具体而言，艺术的独立性需要财务独立性和强大的商业市场。贝多芬写道："我并不是你想象的那样，借音乐而获得暴利，只是为了变得富有才写作，绝非如此！然而，我热爱独立的生活，如果没有收入的话，我就无法独立。"[1]

资本主义创造财富，使个人能够通过艺术来养活自己。艺术是人类历史上晚近发展起来的职业，而且随着经济发展呈蓬勃之势。不断增长的财富水平和舒适度，使富有创造力的人摆脱了繁重的体力劳动，并为他们追逐梦想提供了手段。富裕社会通常消费大量的非金钱性享受。当财富能够满足我们基本生理需求时，就会提升我们的需求目标与审美兴趣。按照这种机制，能够作为全职创造者，并能养活自己的人数，几个世纪以来稳步上升。颇有讽刺意味的是，市场经济通过文化消费群体的直接需求，提升了艺术家的独立性。资本主义投入各种财务资源，让艺术家能够投资于技能养成，从事长期的项目，追求内心向往的艺术类

---

[1] Alexander Thayer, Life of Beethoven [M]. Princeton: Princeton University Press, 1967: 500; H L Mencken, Prejudices: Third Series [M]. New York: Alfred Knopf, 1922: 17–18; Ayn Rand. Atlas Shrugged [M]. New York: Random House, 1957; Jock Abra. Assaulting Parnassus: Theoretical Views of Creativity [M]. Lanham, Md.: University Press of America, 1988.

型，发展营销能力。商业社会是一个繁荣而舒适的社会，它为艺术家提供了各种细分市场来满足其创作欲望。

许多艺术家不能靠手艺谋生，需要外部资金支持。与许多其他评论者相反，我不认为这是市场失灵。艺术市场有时不能认识到伟大创作者的优点，但从总体上看，富裕经济体较之贫穷经济体，更能经受这种判断失误的考验。富裕经济为艺术家提供了更多其他潜在的财务支持。私人基金会、大学、有钱亲戚的遗赠，乃至普通的工作，都可能是艺术创作的源头，也给予崭露头角的创作者实实在在的支持。简·奥斯汀靠家庭财富生活，T. S. 艾略特在劳埃德银行工作，詹姆斯·乔伊斯教授语言，保罗·高更通过做股票经纪人，让其在经济上免于压力，查尔斯·艾夫斯是保险业高管，文森特·凡·高得到哥哥的支持。欧克纳供职于发电厂，后来成为好莱坞编剧，菲利普·格拉斯在纽约开出租车，威廉·卡洛斯·威廉姆斯在新泽西州卢瑟福做内科医生，坐诊间隙写诗。[①]

美国诗人华莱士·史蒂文斯从事全职保险业工作。一位前同事指出，"他是一个非常富有想象力的人"。当史蒂文斯被哈佛大学授予教学与写诗的席位时，他拒绝了这个席位，而宁愿从事保险工作，不愿放弃在保险公司的职位。有一次，一位同事指责史蒂文斯在上班时间写诗。他回答说："当我周六和周日漫步在伊丽莎白公园时，我正在考虑担保问题，所以就扯平了。"[②]

父母和长者资助了许多反传统的文化的革命。19 世纪法国大多数顶尖的艺术家，至少在其职业生涯的部分时间中，依靠家庭基金（通常是由商业活动产生的）为生。这个名单包括德拉克洛瓦、科罗特、库尔贝、索拉特、德加、马奈、莫奈、塞尚、图卢兹-劳特雷克和莫罗。法国作家查尔斯·波德莱尔、保罗·维

---

① 关于 Williams 参见 David Perkins. A History of Modern Poetry [M]. Cambridge, Mass.: Belknap Press of Harvard University Press, 1976: 544-554; 关于 Ives 参见 Frank R Rossiter. Charles Ives and his America [M]. New York: Liveright, 1975.

② 关于 Wallace Stevens 参见 Peter Brazeau. Parts of a World: Wallace Stevens Remembered [M]. San Francisco: North Point Press, 1985: 57, 67; 关于 Stevens's refusal of the Harvard position 参见 Perkins, A History of Modern Poetry [M]. Cambridge, Mass: Harvard University Press, 1976: 535.

尔莱恩、古斯塔夫·福楼拜在反对传统的态度上走得更远，他们同样都仰仗父母为生。①

即使是最孤僻的艺术家，有时也会悄悄地依赖资本主义财富。马塞尔·普鲁斯特将自己关在软木内衬的房间里写作，用毯子盖住自己，每天出门不超过 15 分钟。然而，他依靠的是通过巴黎证券交易所获得的家庭财富。保罗·高更离开法国艺术界，来到热带的塔希提岛，他深知自己的画作只有在自己不现身的情形下才会增值，从而可以凯旋。高更从未停止孜孜不倦的自我推销，在太平洋地区逗留期间，他时刻关注自己的绘画在法国的售价。②

财富和财务的安全，给艺术家提供了拒绝社会价值的空间。波希米亚人、先锋派和虚无主义者都是资本主义的产物。他们所追求的是现代世界所独有的自由和创新的形式。

3.2.1.2 金钱激励

许多艺术家拒绝波希米亚式的生活，他们追求利润。意大利文艺复兴时期的艺术家首先是商人。他们为了利润而生产，签订商业合同，如果报酬不够，就会毫不犹豫地辞去工作。文艺复兴时期的雕塑家本维努托·塞利尼在自传中这样评述道："你们是可怜的白痴，我只是个可怜的金匠，我为任何付费的人工作。"③

巴赫、莫扎特、海顿和贝多芬都沉迷于通过艺术赚钱，正如他们的信件所揭

---

① Alan Bowness. The Conditions of Success: How the Modern Artist Rises to Fame [M]. London: Thames and Hudson, 1989: 60; Madeleine Hours. Jean-Baptiste-Camille Corot [M]. New York: Harry N. Abrams, 1972: 11-30; Roy McMullen. Degas: His Life, Times, and Work [M]. Boston: Houghton Mifflin Company, 1984: 242, 249, 260, 373; Ralph E Shikes, Paula Harper. Pissarro: His Life and Work [M]. New York: Horizon Press, 1980: 209. John Rewald. Studies in Impressionism [M]. New York: Harry N. Abrams, 1985: 99; Harrison C White, Cynthia A White. Canvases and Careers: Institutional Change in the French Painting World [M]. Chicago: University of Chicago Press, 1993: 129; F W J Hemmings. Culture and Society in France, 1848-1898, Dissidents and Philistines [M]. London: B. T. Batsford, 1971: 162; Riva Castleman, Wolfgang Wittrock; Henri de Toulouse-Lautrec: Images of the 1890's [M]. New York: Museum of Modern Art, 1985: 21, 45; John Rewald, Studies in Post-Impressionism [M]. New York: Harry N. Abrams, 1986: 256; Jacques Letheve. Daily Life of French Artists in the Nineteenth Century [M]. New York: Praeger Publishers, 1972: 154; Jerrold Seigel, Bohemian Paris: Culture, Politics, and the Boundaries of Bourgeois Life [M]. New York: Penguin, 1986: 249; A E Carter. Charles Baudelaire [M]. Boston: Twayne, 1977: 30, 36, 52; Benjamin F Bart. Flaubert [M]. Syracuse, N. Y.: Syracuse University Press, 1967: 7; Terence Kealey. The Economic Laws of Scientific Research [M]. New York: St. Martin's Press, 1996: 75-77.

② Ronald Hayman, Proust. A Biography [M]. New York: Carroll & Graf, 1990: 335, 337, 347, 411; Paul Gauguin. The Writings of a Savage [M]. New York: Viking, 1978; Belinda Thomson. Gauguin [M]. London: Thames and Hudson, 1987.

③ Benvenuto Cellini. The Treatises of Benvenuto Cellini on Goldsmithing and Sculpture [M]. New York: Dover Publications, 1967: 165.

示的那样。莫扎特甚至这样写道:"相信我,我唯一的目的就是赚尽可能多的钱,因为它是除健康之外最好的东西。"1972 年,当查理·卓别林接受奥斯卡奖时,他说:"我做生意是为了赚钱,而艺术由此而来。如果人们对这句话大失所望,我也无能为力,这就是事实。"① 最成功的创作者所获得的巨额金钱回报,鼓励许多个体尝试进入市场。

艺术家根据利润信号,找到最大和最热情的观众。英国"朋克小提琴家"奈杰尔·肯尼迪曾写道:"我认为,如果你演奏音乐或从事艺术,你在一定程度上可以通过为你和你周围的人带来的金钱数量,来衡量你与他人交流的程度。"② 创作者渴望与他人交流,因此他们关注市场收益,即使他们对物质财富没有多少内在的兴趣。普林斯和布鲁斯·斯普林斯汀所赚取的数百万美元,就表明他们如何成功地传播了影响力。

贝多芬关心金钱,并将其视为帮助他人的一种手段。当他遇到有需要的朋友,有时就会为了钱而作曲:"我只需要坐在办公桌前,就能很快为他提供帮助。"金钱作为一种通用的交换媒介,服务于各种不同目的,而不仅仅是贪婪的或物质主义的。③

3.2.1.3 资助艺术材料

追求利润的艺术家并不总是为了自己的利益而积累财富。艺术家的收入允许他或她购买必要的材料进行艺术创作。崭露头角的雕塑家必须花钱购买青铜、铝和石头。作家们希望旅行寻找观念和背景,而音乐家则需要时间待在工作室。巴赫利用在婚礼和葬礼上演奏所赚得的额外收入,让自己免于教授拉丁文的职责,以便有更多时间用于作曲。罗伯特·汤森德通过向朋友租用信用卡,制作了热门电影《好莱坞洗牌》。金钱是实现创造性表达和艺术交流目标的手段。④

资本主义财富为艺术生产提供装备。伊丽莎白时期的剧院,莎士比亚戏剧的剧院,都是营利的,门票收入为其提供资金支持。在英国历史上,剧院首次聘请了全职的专业演员、制片公司和剧作家。建筑是专为戏剧而设计的。莎士比亚为

---

① Alan Steptoe. The Mozart – DaPonte Operas [M]. Oxford:Clarendon Press, 1988:63;James Twitchell. Carnival Culture [M]. New York:Columbia University Press, 1992:132.

② Nigel Kennedy. Always Playing [M]. London:Mandarin Paperbacks, 1992:52-53.

③ H C Robbins Landon, Beethoven. His Life, Work and World [M]. London:Thames and Hudson, 1992:87.

④ Otto L Bettmann, Johann Sebastian Bach as his World Knew Him [M]. New York:Birch Lane Press, 1995:56.

了钱而写作，作为一名演员和剧作家，他生活得很好。①

　　钢琴、小提琴、合成器和混合器自发明以来，相比于一般的通货膨胀，其价格一直在下跌。随着家用摄像机的出现，即使是最基本的电影制作，如今也已经普及。随着技术革新，摄影在19世纪后期蓬勃发展。随着设备价格大幅下降，显影变得更加容易了。摄影师突然可以用手持照相机工作，并且无须拍照后立即处理照片。摄影设备重量不再是50~70磅，而且维护一个可移动暗室的费用也取消了。②

　　材料纸价格的下跌，使得数百万爱好者和潜在的专业人士，能够负担得起艺术。以前，即便是纸张都很昂贵，这将书写和绘画技能的发展，局限在相对富裕的家庭。文森特·凡·高，是一个禁欲的孤独者，他无视公众品味，在其艺术生涯的早期，他甚至无法维持其已经糟糕透顶的生活方式。他之所以能不墨守成规，是因为技术进步降低了油漆和帆布的成本，使他能够坚持做一个艺术家。女性艺术家，像贝丝·莫里索和玛丽·卡萨特，也凭借材料成本下降的优势进入市场。在19世纪晚期，妇女突然可以利用闲暇时间画画，并且不必担心材料花费太多。艺术方面的意志力比外部财务支持变得更为重要。这种转变使得遭受歧视伤害的人，更容易进入艺术世界。随着资本主义的进步，妇女参与视觉艺术、文学和音乐的人数稳步上升。

　　材料成本的下降有助于解释，为什么艺术在20世纪能够远离大众品味。在艺术史早期，染料和材料非常昂贵，艺术家们受缚于立即获得佣金和销售收入。当这些成本下降时，艺术家们更多关注于创新和个人表达，而不是取悦买家和评论家。现代艺术成为可能。印象派画家不需要立即得到法国沙龙的认可，而对于抽象表现派画家而言，即便佩吉·古根海姆是唯一买家，他们也可以继续。

　　艺术家自身的健康和福祉——一种"人力资本"，也提供了一种特别重要的资产。现代社会改善了健康状况，延长了艺术家的生命。约翰·济慈如能获得现代医学救助，就不会在26岁时死于结核病。德国最有才华的画家之一保拉·莫德森·贝克尔，31岁时死于分娩后的并发症。莫扎特、舒伯特、艾米丽·勃朗特和许多其他甚至没能开始其艺术生涯的人，都是现代医学的悲剧，如果在现代社会，他们都会存活下来。与前现代社会相比，富裕社会为更多人提供生活的资

---

① Gerald Eades Bentley. The Profession of Dramatist in Shakespeare's Time (1590-1642) [M]. Princeton: Princeton University Press, 1971; Douglas Bruster. Drama and the Market in the Age of Shakespeare [M]. Cambridge: Cambridge University Press, 1992.

② C J Gover. The Positive Image: Women Photographers in Turn of the Century America [M]. Albany: State University of New York Press, 1988.

源，从而也极大地刺激了艺术市场的供需双方。

健康和预期寿命的重要进展只是晚近的现象。1855年的美国，是当时世界上最富裕、最健康的国家之一，而新生男孩的预期寿命不超过39岁。然而，许多最伟大的作曲家、作家和画家都在40岁后达到创作顶峰。①

生育控制技术的应用才只有几十年时间，它使得女性创作者更好地控制自己的生活和家庭条件。过去的大多数著名女画家，由于种种有意或无意的原因，要么几乎没有孩子，要么根本没有孩子。生育责任让大多数妇女远离了艺术界。如今，初出茅庐的女艺术家们可就是否以及何时想要孩子，行使更大的控制权。妇女在音乐、文学和视觉艺术中日益突出的地位，为文化乐观主义提供了最有说服力的论据。在人类历史的大部分时间里，人类至少有一半人将很多艺术形式拒之门外，而女性才刚刚开始纠正这种不平衡。②

3.2.1.4 艺术有生产力落差吗

两位经济学家威廉·鲍莫尔和威廉·鲍温，在分析表演艺术时认为，经济增长给艺术生产带来了"成本病"。他们认为，随着生产力的提高，按照国民收入计算，艺术的相对成本就会增加。进而，他们认为，艺术不能同等程度地享受技术进步的益处。1780年莫扎特弦乐四重奏耗时40分钟，而今天仍然需要40分钟。根据这个假设，随着经济中工资的增加，支持艺术的相对成本将会增加。③

与鲍莫尔和鲍温相反，我们所提供的证据表明，艺术从技术进步中受益匪浅。印刷媒介、纸张生产的创新，以及如今因特网的出现，都增加了书面文字的普及性。法国印象派从化学工业的创新中，汲取了新的色彩。录音和广播这两项

---

① William J Baumol, Sue Anne Batey Blackman, Edward N Wolff. Productivity and American Leadership: The Long View [M]. Cambridge, Mass.: MIT Press, 1989: 52.

② Tyler Cowen. Why Women Succeed, and Fail, in the Arts [J]. Journal of Cultural Economics, 1996, 20: 93-113.

③ William J Baumol, William G Bowen, Performing Arts—The Economic Dilemma [M]. New York: Twentieth Century Fund, 1966; Baumol, Blackman, Wolff. Productivity and American Leadership [M]. Cambridge: MIT Press, 1989; Staffan Burenstam Linder. The Harried Leisure Class [M]. New York: Columbia University Press, 1970; Mark Blaug. The Economics of the Arts [M]. Boulder, Colo.: Westview Press, 1976; Grampp. Pricing the Priceless [M] //Bruno S Frey; Werner W Pommerehne. Muses and Markets: Explorations in the Economics of the Arts. Cambridge, Mass.: Basil Blackwell, 1989; James Heilbrun, Charles M Gray. The Economics of Art and Culture: An American Perspective [M]. Cambridge: Cambridge University Press, 1993; Gianfranco Mossetto, Aesthetics, Economics [M]. Dordrecht: Kluwer Academic Publishers, 1993; Tyler Cowen, Robin Grier. Do Artists Suffer From a Cost-Disease? [J] Rationality and Society, 1996 (8): 5-24; Tyler Cowen. Why I Do Not Believe in the Cost-Disease: Comment on Baumol [J] Journal of Cultural Economics, 1996 (20): 207-214.

技术，都大大提升了交响乐团的生产力。交响乐作品较之以往，能够更轻松地送达数百万听众。这些技术进步将永不停息，它只会推迟"成本病"的发生。就此而言，艺术受益于技术进步的方式，将是持续且累积的。[1]

"成本病"的争论，忽略了经济增长的其他有益方面。艺术从技术进步所获收益，远超从其表面所乍看到的程度。比如，交响音乐会不只是让乐队坐在房间里演奏肖斯塔科维奇。演奏者必须面对面，保持身体健康和精神镇静，安排排练和音乐会的交通，并从批评家和教师那里获取高质量的反馈。在所有这些方面，由于技术进步，现代的生产力远超从前。其他生产力的进步源于新的思想。1800年的弦乐四重奏可以演奏莫扎特，但是今天的弦乐四重奏也可以演奏勃拉姆斯、巴托克、肖斯塔科维奇和吉米·亨德里克斯。

创意——一种人力资本——在文化产业中无处不在。大部分的生产力提升，不论是不是艺术，都来自人的创造力，即科学家、工程师或发明家的"表演艺术"。其实，娱乐和休闲产业所发生的生产力提升，将让许多计算机公司或工程公司倍感羞愧。

3.2.1.5 艺术多样性的支撑机制

发展完善的市场，能够支持文化多样性。只要我们快速浏览光盘或超级书店，就会发现今天的音乐和文学品味，正变得越来越同质化。零售网点将产品遴选和多样性作为主要战略，吸引消费者登堂入室。即使项目没有直接利润，也有助于吸引消费者的光临，从而提升企业提供多样化产品的能力。外在对内在创造力限制的不断放松，往往能产生出多样性的艺术情感和风格。当代文化已被证明是乐观的、喜庆的，并且是礼赞生命的。巴迪·霍利的音乐、霍华德·霍奇金以及史蒂文·斯皮尔伯格的电影（如《第三类接触》），均显示出积极且富有活力的文化力量。汉克·威廉姆斯、艾萨克·巴什维斯·辛格和英格玛·伯格曼等艺术家，描绘了一种更凄切、更震撼人心的美学，尽管并不是没有救赎的可能。如果我们想体验黑暗和狂喜的情绪，马克·罗斯科的作品就能让我们沉浸其中。而罗伯特·马普尔索普的绘画、性感枪手乐队的音乐和贝托鲁奇的电影《巴黎的最后探戈》，则可以让我们发现沉沦与无度，这些情感有着异常巧妙的表现。

艺术产品多样性的出现应该是不经意的。亚当·斯密强调，劳动力分工，也就是一定程度的专业化，是受到市场范围限制的。就艺术而言，如果市场规模够

---

[1] W J Baumol, S A Batey Blackman, E N Wolff. Productivity and American Leadership: The Long View [M]. Cambridge, Mass.: MIT Press, 1989: 131-135.

大，就能降低创造性的成本，也更容易找到细分市场。相反，如果只有一个资助者，艺术家要么迎合资助者的品位，要么就一无所获。音乐、文学和美术市场的不断增长，使创作者不再依赖资助。与顾客相反，资助者用自己的钱来支持艺术家，并不必然要购买其艺术品。18世纪，塞缪尔·约翰逊将资助者描述为"一个施以傲慢、受以奉承的可怜虫"。然而，即便是约翰逊也不相信资助者本质上是坏的；只有当艺术家完全依赖一个资助者时，才会有问题。资助方面的关系，如今处于历史最高点，而且随着时间的推移，更有利于艺术创造力。如今资助来源的规模和多样性，为艺术家们创造了更大的自由创作空间和更强的讨价还价能力。

市场的增长解放了艺术家，不仅包括资助者，而且包括主流市场品味的潜在霸权。与18世纪不同的是，今天的图书不必在畅销书排行榜上名列前茅，就能给作者丰厚的报酬。那些相信自己比大众更了解艺术的艺术家，就可以沉醉于自我的品位，引领时尚。如今，即便是那些基于细分市场、拒绝主流品味的艺术家，也能更好地谋生。资本主义的财富和多样性，增加了艺术家教育批评家和观众的机会。

从19世纪末开始，许多画家有意拒绝创作那些受众容易接受的作品。起初，马奈、莫奈和塞尚用绘画震惊了艺术界，并最终改变了它。在这场斗争中，他们从家人和客户那里得到的经济支持，有着至关重要的作用。20世纪的美国流行音乐艺术家，如安迪·沃霍尔、罗伊·列支敦士登、罗伯特·劳森伯格和贾斯珀·约翰斯，也为提升我们的品位做出了牺牲。今天，我们欣赏他们精彩的作品，同时将曾经令人震惊的方法视为理所当然。

在文化领域，市场机制不只简单给予消费者想要的东西。市场给生产者最大的自由空间来教育其受众。艺术包括生产者和消费者之间的持续对话，这种对话帮助双方决定他们想要什么。同时通过销售营利的市场动机，促进了消费者与生产者不断完善需求。经济增长提高了我们培养高雅和专业品味的能力。

许多评论家，如尤尔根·哈贝马斯，认为"批判理论"的发展对改良社会和个人愿望至关重要。哈贝马斯的批判理论置身于市场秩序之外，试图解构现代社会赖以存在的前提，并去除霸权化。理性交往理论与需求改良，是其哲学的关键。我与哈贝马斯的不同之处在于，我对文化发现过程有着不同的看法。在我看来，交往理性不是置身市场之外而评估市场的方法，而是在市场激励和产权的具体制度框架内发挥作用的方法。哈贝马斯希望走出这个框架，通过理性和明确的沟通来引导文化。我把他的"纯语言社区"看作一个柏拉图式的神话，因此，更加强调在由激励机制统治的不同文化理性之间的竞争。①

3.2.1.6 竞争和互补是创新的力量

艺术家生成新产品来增加收入、名声和曝光率。他们力图避免复制旧的媒体和风格，这些东西已经过时，且所有可能的成就都是前人的。毕加索虽有能力掌控多种风格，但不是他对法国印象派的模仿，而是创新让他赢得更多的赞誉。

四位才华横溢的年轻演奏家，决定组建克洛诺斯四重奏乐团，不是安安稳稳地演奏海顿和贝多芬，而是演奏格拉斯、莱利和非洲音乐。作为新产品线的领导者，这支四重奏乐团获得了特别高的利润。阿迪蒂四重奏虽然没有帮克洛诺斯赢得利润，却让它成为当代室内乐之弦乐四重奏的翘楚。②

创新使艺术家克服了与巨匠相比的恐惧。一个世纪以来，德国和奥地利音乐家——舒曼、舒伯特、勃拉姆斯和布鲁克纳——都害怕与贝多芬做比较，因而追求新的方向。勃拉姆斯多年不作交响曲，而是写歌曲和合唱曲。这些作品超越了贝多芬的声乐作品。直至其技巧能够胜任，勃拉姆斯才转向交响乐。勃拉姆斯曾经这样写道："你不知道总是听到那些巨匠在我身后的感觉是什么。"贝多芬因此拒绝听莫扎特的歌剧，甚至连贝多芬也逃脱不了自己已有成就的阴影。他没有完成第十交响曲，其原因可能是较之第九交响曲要苍白，于是他创作了有些新意的晚期弦乐四重奏。③

沃尔特·杰克逊·贝特创制了"历史负担"这个短语。哈罗德·布鲁姆在《影响的焦虑》这本书的基础上，发展了一种诗歌理论。在另外一本图书——《误读地图》中，布鲁姆对故意误读现象做出另外一种解读。这些策略使艺术家能够克服历史积累的杰作，在数量和质量上的影响。创作者对过去的杰作的反应有时是模仿，而不是尝试产品差异化。印象派画家在日本木版画中看到许多创新，如鲜明的色彩、平直的场地和垂直的视角等。作为回应，他们收集和推广这些作品；玛丽·卡斯特甚至从形式上复制了这种风格。同样，滚石乐队也因此受到了鼓励，因为他们有可能追随马迪·沃特斯的脚步，而不是被吓跑。拉斐尔主

---

① Friedrich A Hayek. Competition as a Discovery Procedure [M]. Chicago: University of Chicago Press, 1978: 179-190.

② Malcolm MacDonald. Brahms [M]. New York: Schirmer Books, 1990: 245; Alexander Gerard. An Essay on Taste [M]. New York: Garland Publishing, 1970: 115-116; David Lowenthal. The Past is a Foreign Country [M]. Cambridge: Cambridge University Press, 1985: chapter 2.

③ Walter Jackson Bate. The Burden of the Past and the English Poet [M]. Cambridge, Mass.: Harvard University Press, 1970; Harold Bloom. The Anxiety of Influence: A Theory of Poetry [M]. New York: Oxford University Press, 1975; Harold Bloom. A Map of Misreading [M]. New York: Oxford University Press, 1975.

张对古物的保护,他说:"保持古代榜样鲜活如初,以便与他们平起平坐,甚至超越他们。"①

许多最新的文化组合方式,模仿了非常古老甚至是被遗忘的艺术。部落或"原始"的艺术模式在20世纪产生巨大影响。毕加索从非洲面具中获得不少灵感,布兰库西和莫迪利亚尼借鉴了赛克拉底克艺术,超现实主义者则将视线转移至南太平洋,装饰艺术受到玛雅寺庙的影响。摇滚乐和当代"古典"作曲家,均在探索原始的非洲节律传统。

批评家经常过早地宣告不断变化的风格和流派的终结。史诗的创作并没有停止,而是存在于德里克·沃尔科特——他就是在模仿荷马——的作品之中。《体温》和保罗·维尔霍温的《本能》,就是遵循20世纪40或50年代的黑色电影传统。过去几年里最受欢迎的乐队,如涅槃、珍珠果酱、粉碎南瓜,就有意回归传统,让人回想起20世纪70年代。事实上,在古典音乐方面,阿尔沃·帕特复兴了中世纪的传统;在爵士乐方面,乔治·格伦茨让大乐队重振雄风。②

今天所谓"后现代"的拼贴取向其实是对两种市场动机的回应。首先,随着时间的推移,越来越多的风格叠加起来,因此要想不参照过往风格创作,已经变得越来越难。其次,随着时间的流逝,市场成功地保存与传播文化创造的成果,这使得创作者和观众对过往的风格了如指掌。表演者发现自己通过参照过去的作品,更能与观众建立融洽的关系。安迪·沃霍尔可以用丝网形式,复制毛主席、玛丽莲·梦露或蒙娜·丽莎,但达·芬奇能参考的偶像则少得可怜,而且主要是宗教作品。

新近有些艺术的发展,背弃了未来主义和高科技,而拥抱更早、更自然的艺术形式。比如最近的摇滚明星,"不插电"、制作原声专辑和音乐会已成趋势。当代雕塑家安迪·戈德斯沃西和罗伯特·史密森的创作就取材自然,其材料包括石头、树枝和冰。艺术家赛·通布利使用蜡笔,就取得不错的效果。艺术家想通过扩大受众增加其收入与名声,就会毫不犹豫地抛弃电子类的雕虫小技,而更多借鉴传统风格来实现这个目标。

在充满活力的市场经济中,艺术家无法运用守成策略而获得成功。即便艺术家暂时确立其在小众市场的优势地位,但从长期来看,他无法免于竞争的压力。毕加索和布拉克引入了立体主义,但很快就不得不与以这种方法为基础的竞争对

---

① Lowenthal. The Past is a Foreign Country [M]. Cambridge: Cambridge University Press, 2015: 390.
② Howard D Weinbrot, Britannia's Issue. The Rise of British Literature from Dryden to Ossian [M]. Cambridge: Cambridge University Press, 1993: chapter 3.

手展开激烈的竞争。声望和利润的下降,加之竞争的威胁,常常会敦促原创艺术家再次创新。斯特拉文斯基、毕加索和披头士乐队至少有一段时间,通过几次风格的转变,超越了竞争对手。

最终,大多数艺术家失去迎接挑战的动力和深度,因此也不得不放弃作为行业领袖的地位。安迪·沃霍尔创办了工厂,并以自己的名义出售工作室制作的印刷品和丝网艺术品,玛丽亚·卡拉斯没能足够爱护其歌喉,而罗西尼则完全停止创作歌剧。虽然福斯特1970年才去世,但其最后一部小说的出版日期早在20世纪20年代。他解释道:"我没什么好说的了。"所有这些艺术家,都放弃了各自领域的领军地位。[1]

新的创新并不总是使更古老、更成熟的艺术形式黯然失色,但确实不可避免地改变了这些艺术形式。外部竞争动摇了旧的形式,激发了新的创造力。文艺复兴时期的雕塑向画家传播了深度透视的观念,爵士乐悄悄融入了古典音乐的节奏,电影则加快了畅销小说的节奏。有时,新媒介会推动其他艺术走向相反方向。例如,电视的出现,促使电影导演们开发出具有特殊效果的巨幕、景观电影。摄影为肖像画提供了廉价替代品,这促使画家将才华引向更抽象、更缺乏现实性的主题。[2]

随着后来的作品改变先前的作品含义,从而提高先前作品的质量,艺术的丰富性和创新性也会逆时而动。关于莎士比亚的《奥赛罗》,威尔第的歌剧和奥森·威尔斯的电影,所传达出来的信息,恐怕比任何文学评论都要多。《奥赛罗》的不同版本,通过不同的媒介和表现形式,使我们能够重新审视莎士比亚的作品。威尔第的音乐展现了剧作恐怖的一面,并影响了我们阅读该剧的方式。随后的演绎与改编使莎士比亚的作品更加丰富,就如同莎士比亚的原作深深影响后来版本的深度。艺术家塔图姆的钢琴即兴演奏,列支敦士登对法国和抽象表现主义绘画的模仿,而贝多芬的《迪亚贝利变奏曲》,则很大程度上让我们重新审视以前的艺术作品。T. S. 艾略特的《传统与个人才能》着重探讨了这种机制,就其本人而言,他在这种交流的两个方面都非常突出。

艺术创造了一种相互依存的语言,其整体超过了部分之和。因此,随着我们艺术经验的积累,杰作就能提供更多的满足感和洞察力。罗西尼的歌剧一度被视

---

[1] Francis King. E M Forster and his World [M]. New York: Charles Scribner's Sons, 1978: 76.
[2] Remi Clignet. The Structure of Artistic Revolutions [M]. Philadelphia: University of Pennsylvania Press, 1985: 57; Jean Gimpel. The Cult of Art: Against Art and Artists [M]. New York: Stein and Day, 1969: chapter 11.

为"太日耳曼化"和"太知性",因为他使用管弦乐队来建构旋律线。整个欧洲的歌剧作曲家最终采纳了这种做法,这说明了罗西尼原创观念的普遍性。亚瑟·丹托注意到,安迪·沃霍尔的《布里洛盒子》如果不是一百年前创作的,就不能算是艺术品。这些作品不仅得不到赏识,而且在现代商业环境之外,它甚至很难引起人们的关注。①

语境的重要性和事后"重新诠释"的可能性,使好作品的价值取之不尽。我们知道的音乐越多,就越能从巴赫和贝多芬的作品中听到更多的意蕴。优秀创作者能预见流派的复制趋势,其所创作的作品能够在其后展现更为丰富的内涵。在这些情况下,艺术品的消费和生产都受到规模收益递增的影响。过去的好作品越是引人注目,其意义就越大。因此,我们对过去的理解至少应该部分归功于现在。具有讽刺意味的是,如果现代文化如此贫乏,就不可能产生如此多的能够欣赏过去杰作的文化悲观主义者。连续的创作增加了有些作品的效力,却贬低了另外一些作品。现在我们发现理查森的《帕米拉》令人难以置信且是沙文主义的:女主人公被迫嫁给了一个令人讨厌的角色,却最终爱上了这个角色。当代观众也许最喜欢詹姆斯·迪恩的《无因的反叛》,将其视为一部无意义的闹剧,而不是愤青的励志故事。市场保留了这些作品的物质内容,但贬低了其原初动力和意义。

文化批评家和评论家为市场艺术的活力做出了巨大的贡献。批评家使艺术消费者接触到生产者,帮助我们把麦子从谷壳中分离出来,从而促进了品味提炼的过程。突然对古典音乐产生兴趣的听众,不必梳理整个18世纪的曲目,而只需倾听莫扎特和海顿。克莱门特·罗森伯格和哈罗德·格林伯格帮助美国抽象表现主义画家找到了普通观众,并赢得了进入博物馆的机会。宝琳·凯尔将我们的注意力转移至最新的电影上。我希望我自己的评论能提高人们对当代艺术和音乐的兴趣。这些形式的专业文化批评,作为一个相对较新的职业,都归功于资本主义财富。现代社会可以支持成千上万的知识分子,让他们专门评论艺术品的优点。

3.2.1.7 作为创新者的局外人

局外人和边缘化的少数族裔常常推动艺术创新。正如卡米尔·帕格利亚所注意到的,美国文化中的许多动态因素都来源于此,如黑人、犹太人和同性恋。局

---

① Edward J. Dent. The Rise of Romantic Opera [M]. Cambridge:Cambridge University Press,1976:14;Henry Raynor. A Social History of Music:Music and Society since 1815 [M]. New York:Taplinger Publishing Company,1978:72;George Steiner. Real Presences [M]. Chicago:University of Chicago Press,1989.

外人在现实中没什么地位,因而更愿意冒险。他们在与主流市场竞争时面临劣势,但差异化产品给其中一些获得市场立足的机会。那些难以进入市场的人,更倾向于冒险,因为他们没什么可损失的。如果一个黑人管弦乐队或黑人指挥来录制《莫扎特 C 大调朱庇特交响乐》,有着种族偏见的人就不太可能去推销或购买这种产品(迪克森是 20 世纪最负盛名的黑人指挥家,但很少有人知道其姓名或作品)。当市场提供前纳粹支持者冯·卡拉扬和博伊姆的作品时,这种歧视似乎对人们的消费行为影响不大,纵容歧视性品味的成本很低。但是,当黑人演奏《坐火车》或《美宝莲》时,甚至许多种族主义者也放弃分歧,开始掏钱购买这些产品。

最具影响力的非裔美国人的贡献,并非来自最成熟的文化形式,如书信、风景画和戏剧。相反,他们主导了新的文化领域——爵士乐、节奏蓝调、霹雳舞和说唱。少数族裔创新者为文化生产带来了新颖的见解。他们的非典型背景提供了主流文化所没有的、起初无法理解的思想和美学。当然,少数民族也必须将其局外人地位合理化。

他们会解构批评者,重新审视基本原理,并探索事情可能会怎样复制。他们往往会带来艺术创新所必需的自命不凡的心态。爵士乐音乐家马克斯·罗奇指出:"创新就在我们的血液中,我们(黑人)不是那种可以袖手旁观,说一百年前发生的事情就很伟大的人,因为一百年前发生的事情是狗屎——奴隶制。黑人必须继续前进。"①

尽管存在系统性歧视和迫害,资本主义仍然允许少数群体进入市场。当黑人节奏和蓝调音乐家被各大唱片公司拒绝时,他们通过象棋、太阳、斯塔克斯和摩城等独立公司推销产品。那些偏爱锡盘巷而不是节奏和布鲁斯音乐的电台,发现自己被自动点唱机和留声机绕开了。这些分散的产品传输方式,允许消费者选择播放何种音乐。这就像法国印象派画家,当他们被政府资助的学院拒之门外后,就举办了自己的画展。

在这个过程中,现代艺术市场诞生了。在 20 世纪初,犹太人被排除在许多美国企业之外,但他们用自己的资本发展了电影业,这些资本通常是通过商业零售活动赚取的。18 世纪的英国,一旦广大的普通读者取代了赞助制度,女性就

---

① Havelock Nelson, Michael A Gonzales. Bring the Noise: A Guide to Rap Music and Hip-Hop Culture [M]. New York: Harmony Books, 1991: 261; 关于那些在社会经济方面处于底层的艺术家的趋势参见 Reuven Brenner, Rivalry. in Business Science, among Nations [M]. Cambridge: Cambridge University Press, 1987: 30-33.

打入了小说市场。对于那些具有潜在吸引力的创新者,总能找到愿意将金钱置于偏见或怨恨之上的追求利润的经销商。

3.2.1.8 保存过去文化的创新

当代世界的多样性包括了我们保存和销售过往文化贡献无与伦比的能力。市场为那些成功地保存和营销过往艺术家产品的人提供大量利润。如今的消费者比当时的听众更容易接触到莫扎特的作品,即使我们将比较的范围限制在欧洲。1990年,在公共电视上看到瓦格纳的《尼伯龙根的指环》的人,比1876年首映以来现场观看《尼伯龙根的指环》所有作品的总人数还要多。即便是那些名不见经传的作曲家,出盒装唱片和全集已经十分常见,一度沉寂的歌剧和交响乐如今也飞入寻常百姓家。经典唱片的再版已经超出了所有人的预期;唱片公司急切地重新发行那些默默无闻的唱片,即便其销量只有几千张。[①]

旧电影,包括许多无声电影,可以通过出租录像带换取极少的收入。这种视频光盘价格可能会大幅下跌,它将为电影和音乐表演提供新的、更好的途径。许多经典的交响乐和器乐表演都通过光盘重新发行。许多文学作品的最新和修订本,或者更好的译本,又以新面目出版。经典作品有了廉价的平装本。电视、音像店和书店,让现代的粉丝比伊丽莎白时代的粉丝,更容易接触到莎士比亚。

甚至连一些不知名的画家,现在也有个人画展,展览的画册上全是漂亮的彩板。富有的美国艺术收藏家,使纽约现代艺术博物馆和大都会艺术博物馆,成为保护20世纪和过去几个世纪艺术作品的世界领导者。最近加州的盖蒂和诺顿·西蒙博物馆就由两家大型私人基金会联合组建。甚至政府运营的国家美术馆,也从私人收藏中征集大量藏品,比如梅隆、克丽丝、戴尔和威德纳家族的藏品——无论如何,这些画都要被送到博物馆收藏。

现场表演作为一种保存过去的手段,也得到了蓬勃发展。今天的音乐会观众,可以轻松地欣赏到各种时期、乐器和风格的音乐,这是古人所羡慕的。指挥家在掌握20世纪艺术语言的同时,也精炼文艺复兴、巴洛克和古典风格的"原创表演"。克利夫兰、波士顿、纽约、费城和其他城市的美国交响乐团,已经超过了许多欧洲的竞争对手。1965—1990年,美国拥有的交响乐团从58支发展到

---

① Public Television: The Taxpayer's Wagner [N]. Economist, 1992-05-30: 41.

近 300 支，歌剧院从 27 家发展到 150 多家，非营利性地区剧院从 22 家发展到 500 家。①

随着保存设施的日益增长，艺术创新的速度也加快了。随着现有产品更容易地传播和吸收，就需要更新、更快的创新。艺术家可以通过更快地获得各种各样的想法和灵感来满足这些需求。贝多芬晚期的弦乐四重奏，在很长一段时间里都不为听众所知，而巴托克的弦乐四重奏，却因为朱利亚四重奏唱片而名声大噪。这就是巴托克的创新比贝多芬的更快被接收的一个原因。音乐家、评论家和听众可以随时听到巴托克的四重奏，而且他们很快就吸收了其中的新思想；而贝多芬的艺术贡献则需要更多的时间才能理清头绪。新的通信和保存方法正在兴起，并且以越来越快的速度传播。印刷术至少用了两个世纪才成为一种普遍使用的存储和传播信息的手段，广播花了 30 年时间，而电影和电视均用了不到 20 年的时间。随着光盘、录像机以及如今互联网的迅速普及，其传播速度更为迅速，因此新的艺术产品和流派也同样如此。

从过去学习需要保存和复制。很多古代艺术作品，由于其保存缺乏足够耐久的形式，如今已经永远地失传了。中世纪早期，许多雕塑作品因其青铜价值更高，因此被熔化和毁坏。直到文艺复兴时期，财富的增长刺激了古老艺术品、手稿和工艺品的市场，文化保护市场才完全复苏。许多幸存下来的希腊和罗马手稿都是通过伊斯兰文明传入西方的，伊斯兰文明是当时最富裕、最市场化的地区。

3.2.1.9 现代性是大众文化的时代吗

许多评论家把现代社会看成是大众文化的时代，在这个时代大量个体不假思索地消费同样的产品。但是，大众文化模式最多只适用于电视和体育领域。这些领域有着很高的可见度，也易于关注。在我看来，电视与体育有些特殊，其竞争受到严重抑制，而且它们不代表现代文化的先锋或高峰。

战后美国电视业基本上没有提供什么文化财富。电视节目娱乐大众，呈现富有吸引力的人物，但在本人看来，最佳电视节目的名单，是无法与音乐、绘画或文学的名单相提并论的。从纯粹个人的视角来看，英国的蒙提·派森剧团和英格

---

① Richard Bolton. Culture Wars: Documents from the Recent Controversies in the Arts [M]. New York: New Press, 1992: 266; 关于美国私人艺术博物馆的成功参见 Perry T Rathbone. Influences of Private Patrons: The Art Museum as an Example [M] //W McNeil Lowry. The Arts and Public Policy in the United States. Englewood Cliffs, N. J.: Prentice-Hall, 1984: 38-56; 关于美国私人资助管弦乐团的传统参见 Philip Hart. Orpheus in the New World: The Symphony Orchestra as an American Cultural Institution [M]. New York: W. W. Norton, 1973.

玛·伯格曼（Ingmar Bergman）的《魔笛》无疑是最佳电视节目，然而这些节目都是国有电视台制作的，而不是基于市场的美国体制。我同意罗伯特·休斯的观点，哪怕是几个小时的美国电视节目，就能够为反对市场供应文化产品提供最佳论据。

电视市场的影响也对其他文化媒体，如电影产生了一些影响。今天，电影利润的大部分来自电视版权的销售。在某种程度上，电影制作人的注意力已经从更专业的电影观众，转移至更一般的电视观众。电视为原本不会制作的电影提供资金，但也会对电影质量产生负面影响。①

我不希望上述表述成为反电视言论。电视——甚至它的低级形式——提供了一个有用的媒介，用来呈现社会问题，并通过案例向观众展示如何处理个人问题。20世纪六七十年代，社会和性的开放程度的迅速与健康增长，要部分地归功于电视。电视还提供各种非艺术服务，从新闻到西班牙语《芝麻街》，再到自然纪录片都在电视上播出。

对有线电视的法律限制，部分地造成了电视文化的缺陷。多年来，美国政府赋予三大网络和地方台以垄断的地位。联邦通信委员会也有权撤销那些不符合所谓的"公共利益"的广播机构的许可证。电视台如今的发展模式显然不足以支持创新和有远见的文化产品所需要的多样性。

电视的质量特别容易受竞争限制的影响，因为电视节目没有其他播出渠道。相比之下，音乐受广播限制的影响较小。现场表演、留声机和自动唱机盒，提供了多种替代性营销渠道。广播电台比电视频道数量要多。如果大众口味像控制电视一样控制着其他类型，那么其表现就不会那么有效。如果一个社会给予所有渴望阅读的人，只有3个主要的图书销售渠道，就不会产生弗拉基米尔·纳博科夫的《洛丽塔》，或弗兰兹·卡夫卡的《变形记》。文化市场的优点，不在于大众品味的质量，而在于艺术家能够为其观念找到少数人的支持。即便是迈克尔·杰克逊，一个无与伦比的文化现象，其专辑《战栗》在全球卖出了五千万张，也从未赢得大多数美国人的热衷。

随着有线电视和卫星电视的广泛出现，大众口味在电视节目中的统治地位开始下降。借用阿尔文·托夫勒的话说，市场力量的竞争趋向于使媒体"分众化"。随着特殊兴趣电台数量的激增，电视观众正在分裂。在过去15年里，三大

---

① 关于后一种观点参见 the perceptive analysis of Pauline Kael. Why are Movies So Bad? Or, the Numbers [M]. New York: Dutton, 1994: 817-829.

电视网已经失去了三千万观众——三分之一的观众。吸引细分市场的多样化产品，可以利用针对大众的平庸作品的弱点。有线电视用户通常可以访问 150 个或更多的电台，而且这个数量正在稳步增长。[1]

尽管如此，未来电视能够带来多少文化灵感还是一个悬而未决的问题。美国在有线电视方面的经验让许多人感到失望。许多有线电视频道专注于重新包装传统的电视网节目；我们现在可以随时观看重播的情景喜剧。有线电视的多样性在很大程度上支持了福音传道者、家庭购物网、寻找浪漫的个人广告、天气预报直播、航班时刻表，以及各种语言的肥皂剧。这些产品对消费者是有用的，但不太可能是经得起时间考验的文化产品。有线频道制作的新节目，比许多观察家预期的要少。即使可选频道的数量很大，创作者也必须通过吸引大量观众，来支付他们的生产和营销成本。[2]

乐观的一面是，有线电视如今提供了世界上最伟大的电影、体育赛事、MTV以及少量的高雅艺术。探索频道通过拍摄和描绘自然界的美丽，来提供准文化服务。有线电视的教育功能也带来间接的文化效益。现在，人们无须离家就可以学习莎士比亚，或者通过外语渠道提高他们的语言技能，从而扩大他们接触世界文化宝藏的机会。

有线电视的失败是暂时的还是永久性的仍有待观察。数字压缩技术的出现，将在不久的将来使有线电视台的数量达到不少于 500 个。未来可能出现的交互式有线系统，允许每个观众从海量节目菜单中选择喜欢的节目。有线电视，就像印刷机、收音机和留声机早期，才刚刚开始发挥潜力。[3] 录像带和激光光盘的引入，进一步扩大了观看的多样性。现在，观众们可以任意选择那些出现在屏幕上的内容，或者从各种各样的音像店和磁带生产商那里挑选产品。除了电影，这些商店还提供旅游录像带、音乐、舞蹈、绘画、歌剧等。今天的音像店就是现代文化成就的宝库，其功能与亚历山大的古代托勒密图书馆如出一辙，但其保存和销售方面要更加成功。

体育仍然是大众文化未来生存的主要舞台。体育运动将娱乐和现场戏剧、表

---

[1] 关于电视网观众下降的数据参见 Michael Medved, Hollywood vs. America: Popular Culture and the War on Traditional Values [M]. New York: Harper and Row, 1992: 5.
[2] Gene F Jankowski, David C Fuchs. Two Cable Skeptics, in Their Television Today and Tomorrow: It Won't Be What You Think [M]. New York: Oxford University Press, 1995: 27-34.
[3] 关于有线电视的兴起和网络垄断的崩溃参见 J Fred MacDonald, One Nation under Television: The Rise and Decline of Network TV [M]. New York: Pantheon Books, 1992.

演艺术和舞蹈融为一体。我们不是雇用演员来假装上演，而是资助那些对参与者而言很重要的真实事件。消费者已经足够富有，以致可以用名利、金钱和自我创造出真正的情景戏剧。体育虽然就狭义而言，不算是艺术，但它提供了一个舞台，让各种多样性、特色性的表演能够得以呈现。

体育联赛是一种自然性垄断，而不是政策性垄断。许多体育迷喜欢看毫无争议的"最佳"赛事，比如超级碗，或者其他让人喜欢的比赛。通过追捧成熟的体育运动，个人可以与他人甚至陌生人讨论和分享。在篮球和足球方面，我们都看到了新贵联赛（NBA 和 AFL），最终的结果是巩固与合作。

小联盟和大学队表明，体育的自然垄断远非绝对，但成熟的大联盟仍然具有强大的在位优势。然而，即使是现有体育联赛的自然垄断，也未能阻止多样性和创新。无论是通过现场表演，还是有线电视，观众都可以观看到比以往更多的体育赛事。我们对奥运会有全天候的报道。我们可以定期观看足球和网球，并能在互联网上追踪其动态。20 世纪 70 年代，人们认为职业篮球濒临灭绝，但即便是今天，其复杂的动作和暴力扣篮，仍吸引了全世界年轻人的注意力。

3.2.2　关于艺术资助的敌对观点[①]

我的保守派和自由论者的朋友指出，政府对艺术的资助是不可接受的。他们发现，自从 1994 年所谓"金里奇革命"（Gingrich Revolution）之后，我们甚至都无法废除美国艺术基金会（NEA）。他们认为美国艺术基金会作为政府项目实在是糟糕透顶，没有任何的合法性。如果项目能够在保守的共和党执掌的国会中存活下来，我们怎么能指望政府控制其开支呢？

我的艺术朋友大多持相反的政治立场。他们认为，任何艺术爱好者都希望得到更高水平的政府直接资助。简而言之，他们的基本态度是艺术本身是好的，因此政府对艺术的资助行为也是好的。他们非常难理解一个人如何能够欣赏艺术，却不支持公共部门的深度参与。他们哀叹道，与西欧国家相比，美国政府对艺术的资助被严重低估，并存在明显不足。

为什么这场辩论的双方分歧如此之大？为什么双方如此用心良苦看待同一个事物，却发现截然不同的结果？

常常存在分歧几乎是社会科学的一个难题。我们可能期望的是，当一个人与

---

① 本文节选自《好又多：美国艺术资助的成功之道》的同名章节。

他人发生分歧时，他或她会认识到（如果他/她足够聪明和诚实的话），另一个人很可能也是对的。引述加里森·凯勒尔（Garrison Keillor）的表述就是，我们的智慧在同辈当中并无优势，我们应该对此有清晰的意识。此外，与我们争论的人往往有优越的训练、经验，或天生的智慧。然而，实际情况是，在大多数政治问题上很少能达成共识。当个人不停地自说自话时，政策分歧通常持续存在，而且会不断加深。此外，提供证据和引用专家意见往往不能解决争议。

就本人而言，我一只脚在艺术爱好者阵营，另一只脚在自由派经济学家阵营。我试图使一方立场对于另一方而言，变得易于理解，甚至富有同情心（如果不能令人信服的话）。我试图向各方展示，对方如何相信他所做的事情，以及两方观点如何彼此接近。此外，我还把持续的分歧视为一种证据、一种线索，以便能够辨明问题的本质是什么。

除了20世纪90年代关于美国艺术基金会的争吵外，几乎就没有关于艺术政策的严肃的政治对话。总统与国会的候选人不愿意把注意力放在这个问题上，除了先前有人试图攻击一些有争议的资助。

我试图将艺术政策辩论从美国艺术基金会挪开，因为更重要的问题不是它，而是下面几点：支持非营利组织的税收制度的应用，为慈善事业创造良好的氛围，艺术的法律制度，美国大学的艺术，以及著作权法的发展。我还试图重新针对直接资助展开辩论。核心的问题不是一个特定的政府机构应该得到多少钱。就这类问题我们很难达成共识，相反，关于政府可以采取什么样的一般步骤，为艺术提供更多样的健康且多元的资助来源，就需要更富有成效的研究。例如，研究是应该更倾向于直接补贴还是间接补贴？

最重要的是，艺术政策是美国支持创造性活动的一个窗口。人们普遍认为我们没有艺术政策，这种说法就其表面而言是正确的，因为我们没有中央内阁部门来规划艺术的发展。与此同时，美国政府却在不同的层次，为支持创造性企业做了很多。可以说，美国模式比许多欧洲模式的艺术支持，更能有效地动员政府。我们远不是人们所认为的那样，在艺术上自由放任。

我将为美国的制度辩护，至少是在我们能正确理解这种制度之后。美国模式鼓励艺术创意，将艺术政治化干预降至最低，并将经济与美学置入一种共生关系之中。话虽如此，这种模式并不一定适用于其他所有国家，特别是那些与美国进行贸易并从中获益的国家。此外，我认为不可能捍卫美国艺术政策的所有方面。我对美国制度的辩护主要集中于其最普遍的特征上——资本主义财富、竞争性市场、财务支持的去中心与多样化，以及间接补贴。①

最后，艺术政策揭示了政策评价和政治哲学中的关键问题。人不只能够思考，也能进行想象和创造。文化政策关注如何解决经济价值与审美价值之间的潜在冲突。就此而言，我们讨论的远不止艺术问题。我们协调经济价值和审美价值的能力，是理性政策评价的前提。

面对更大的问题，如果不弥合经济和美学观点之间的裂痕，我们就不可能有连贯的政治哲学。例如，批评者指责自由主义不能满足人类更高的愿望。他们把自由派的政府比作旅馆老板，他照顾客人，但除此之外，却缺乏远见和忠诚。在国际舞台上，美国经常被看作是一个军事和经济的庞然大物，但却缺乏对文化价值和审美的关注。我希望这种情形就此打住，并从自由主义的视野恢复美国在审美与创意方面应有的作用。

我将用艺术政策构筑一个自由国家的新版图。公共部门可以鼓励不同文化产出的扩散，并在这方面提供丰富的强化生活体验的选择。同时，我们也不必放弃自由言论的价值观，要在不同生活方式中保持中立（非强制性的）。所有这一切的完成，完全可以与繁荣以及其他经济目标的实现同步进行。一个国家——尤其是美国——可以在不丧失其自由主义特征的前提下参与到审美事务。我们还会看到，与常识相反，丰富多样的艺术成就与文化中心思想以及利用文化弥合政策之间毫无违和感。②

既然经济与审美之间的潜在冲突是我们最关心的问题，那就让我们现在更直接地去面对它。

3.2.2.1 美学和经济学

美学方法和经济方法都不能单独作为评价政策的工具。在研究政策建议时，与其使用抬高一方而贬低另一方的方式，不妨同时考虑审美主义者与经济学家各方的有用观点，以便更有效地说服持有不同观点的人。

经济方法寻求给消费者想要的。许多人在辛苦工作一天之后，甚至即便在轻松工作一天之后，回家选择观看《黑道家族》，而不是接着看詹姆斯·乔伊斯的

---

① 本书当中，"US"与"American"存在交叉使用的现象，特此说明。
② 盎格鲁-撒克逊传统最好的政治理论家包括霍布斯、洛克、休谟与麦迪逊等，他们的首要关切不是美学或想象的东西，而是政治的实用性方面。他们所讨论的是，政治秩序如何可能，财产权该如何界定，总体的福利该如何确保。关于科学与美学的讨论将我们带到一个陌生的领域，如维科的《新科学》、康德的《判断力批判》、杜威的《艺术与经验》、伽达默尔的《真理与方法》等。另外，晚近这种传统有延续，如 Arendt（1982）和 Beiner（1983）。最好的单本著作则是 Ankersmit（1996）。塞缪尔·弗莱施哈克尔（Samuel Fleischacker, 1999）甚至认为亚当·斯密也继承了这个传统的。

《尤利西斯》。如果一本书只需阅读一次，那么它不必连续改进。消费者最关心的是乐趣和便利。一项调查显示，46%的美国人不愿在下半生放弃观看电视，即便能换取一百万美元的回报。①

更严格地说，我从标准的微观经济学和帕累托福利经济学的角度来研究经济方法。经济学家用支付意愿或被支付意愿来衡量价值。

美学方法偏爱那些"恒久性"的产品。它将我们的注意力集中在精深的经典和规范的作品上。我们很难用一个标准的表达方式来说明美学的价值，但我认为美学的观点就是认定有品质的文化具有内在价值。马修·阿诺德写道："文化是，或者应该是，对完美的研究和追求；这种完美是文化、美和智慧所追求的，或者换句话说，是对甜蜜和光明的追求。"②

在美学的方法下，一个公正和美丽的社会的观念，优先于满足个人偏好的价值。"文化民主"的观念往往是最重要的。艺术有提升和发展的力量，就此而言，所有民主公民都有权获得这种经验。政府被认为有能力摆脱商业力量的消极影响，为人类教育和自由拓展一个领域。汉斯·哈克（Hans Haccke）毫无讽刺意味地写道："如果文化要保持自由，我们纳税人就必须准备好资助它！"③

按照经济方法来看，高雅艺术只是另一种少数的品味，没有特殊的规范。经济学的方法将艺术批评者仅仅看作是另一个消费者，尽管有着不同的智力和资源禀赋。一个评论家可能就是一个消费者，只不过他时间充裕，从事学术工作，或者接受过古典钢琴曲目的特殊训练。对经济学家来说，这样的消费者，并不比那些做两份工作、有三个小孩、从未上过高中的消费者更有特权。支付意愿，而不是社会地位、教育或任何其他变量，决定如何衡量个人偏好。沿着这些线索，一项研究发现，美国公众对公共汽车司机和棒球运动员的尊重，甚至要优于艺术评论家（或诗人、芭蕾舞演员或专业演员）。④

批评者往往把流行文化纳入其规范之中。但他们仍然从批评者的角度来评价大众文化，而不是从消费者的角度。这些批评者试图用高雅文化中所发现的品质来要求大众文化。例如，对《宋飞正传》（Seinfeld）的关键性评论，与粉丝们讨论这部剧的方式并不相同，后者所讨论的是，谁是最有趣的角色，杰瑞和伊莱恩是否应该重新建立浪漫的关系，或者克莱默能否找到工作。我们也许可以发表一

---

① 参见 Would You Give Up Tv for a Million Bucks? (1992).
② 参见 Arnold (1993: 81) 和 Varian (1992).
③ 关于文化权利参见 Arian (1989)；引用部分请参见 Haccke (1992: 146)。
④ 参见 Cwi (1982: 85).

篇关于"宋飞正传的后现代特性"的学术文章,但却无法研究伊莱恩是否应该与其前男友分手,尽管后者更受大多数观众的关注。经济学站在消费者观点的立场上,是试图揭开批评家的神秘性的激进尝试,这也是批评人士不喜欢经济方法的原因之一。

3.2.2.2 可通约性问题

美学方法的难题在于很难衡量审美价值。我们很难决定莎士比亚的《哈姆雷特》是否比《李尔王》更好,更难说服别人接受我们的决定,或理解我们的排名意味着什么。多少首格什温(Gershwin)的歌可以加总为肖斯塔科维奇(Shostakovich)的交响曲?海顿弦乐四重奏比海明威的短篇小说更好吗?布莱克(Blake)的诗与现代芭蕾相比如何?当我们评估政府政策或文化时代时,我们是看它所产生的高峰、艺术品的数量,还是两者的加权平均值?

产出的平均质量提供了一个不太适当的评估标准。无论从资金来源、政治制度还是时间期限来看,大部分艺术项目无论是在商业还是美学上都是失败的。我们更关心的是成功,而不是每一项文化事业的命运。同样,我们不能通过观察中值或典型的项目,来判断是政府资助还是放任自由更有利于文化成功。失败的轶事很容易被误导。如果一个特定的系统产生了大量的垃圾和有害作品,我们不应该感到惊讶。

我们常常用"高峰"作为基准,来比较一种文化与另一种文化。例如,人们称赞政府资助,是因为它支持了巴赫、韦拉·斯奎兹(Velázquez)和埃德蒙·斯宾塞(Edmund Spenser)。同样,我们也用高峰来比较"现代人"与"古人"。我们可能会问:现代作曲家与贝多芬在比较什么?现代诗歌与荷马的《奥德赛》在比较什么?或者我们可能会问:"哪个时代产生了最好的交响曲?"

然而,高峰标准显示出一种对市场的潜在偏见,并人为预先决定了重要性与公开的、审美的问题。为什么要将最好的作曲家或诗人的伟大之处,作为所有文化评价的相关标准?如果一种文化(现代性文化)产生较少创意巨擘,却创造更多的数量,这又怎样评价?我们如何权衡高峰的质量和总量?

什么是判断高峰的正确标准也是一个悬而未决的问题。我们可以用"一百位最好的作曲家"的优秀程度,或者用"五千小时最好的音乐"的美学价值来判断一个时代,而不是只看最高的高峰。或者,我们应该考虑一个不同类型的高峰:"一个时代有多少优秀的音乐类型?"如果以这些为标准,在每个时代最好的作曲家之间进行比较,那么,当代较之贝多芬所在的时代要好得多。我们今天在许多不同的音乐领域有许多有才华的作曲家,尽管今天最好的作曲家也无法比肩贝多芬。

为什么只关注一件艺术作品及其伟大之处？莫扎特的《唐·乔瓦尼》具有音乐美感、恐怖感、喜剧感和崇高感，是歌剧鉴赏家的最爱。但是，如果消费者从这部作品中吸取幽默，从那部作品中汲取恐怖，再从另一部作品中汲取美感，如此等等，那又会怎样呢？艺术高峰标准会将不同品质捆绑在一起。然而，我们可以争辩说，没有捆绑在一起的品质也许更优越，因为它允许消费者挑选他们想要品质的层次及其来源。

在进行审美评价时，我们引用"高峰"标准，因为它相对容易观察和讨论。除了高峰之外，很少有人了解18世纪的文化。因此，高峰的标准并不全面。高峰的概念并不反映一个时代产生了多少审美价值，或人们获得了多少审美价值。

经济方法，不管它有什么缺点，都有一个主要的优点。至少在原则上，它让审美价值变得可以衡量。个人的支付意愿为我们提供了一个标准，无论多么粗糙，它能衡量到底多少首格什温的歌曲与一个海顿的弦乐四重奏价值相当。因此，如果整体来看，个人愿意支付10万美元购买海顿的唱片，而支付20万美元购买格什温的唱片，那么按照经济标准判断，格什温的唱片的价值会更高。经济方法本身就否定了审美高峰标准的统治地位。相反，它关注的是生产的总价值有多少，再次可以用货币形式来衡量。钱不是最重要的，但所有重要的东西都可以用钱来衡量。

因此，经济学方法对于如何定义峰值，或如何在质量和数量之间衡量等难题，提供了一个切实可行的答案。这种相对直接的方法，不管它对艺术纯粹主义者而言有多可怕，确实意味着经济方法能够重复使用，以便裁决争端。同样，哲学家和经济学家亨利·西季威克（Henry Sidgwick）也认为，功利主义，无论其明显的缺点是什么，都是唯一可以精确衡量各种相互竞争价值之差距的方法。经济学，一种现代的功利主义形式，具有类似的属性。也许经济方法将会受到言辞犀利且颇具说服力的批评。然而，它仍将以某种形式重新出现，以解决可通约性问题，即使它不是判断政策的唯一标准。

经济方法在其中心也有核心的共识。艺术爱好者有时会说，经济成本好像并不重要。他们倾向于根据艺术的质量来评估，而不考虑这种艺术的机会成本。更多更好的艺术就等同于更好的社会。我们从来没有被告知，要牺牲多少袋薯片、多少反贫困项目，以便获得另外一种伟大的艺术表演，或我们希望如何就这个问题找到答案。经济学方法体现了普通人的观点，即艺术不是一切，甚至不是最重要的东西。

就其消极面而言，经济方法只考虑有限的价值，即体现为个人偏好和支付意愿的价值。对于许多经济学家而言，这种假设是不言自明的，但是，它却未能获得广泛的认同。它希望将"满足偏好"视为一个独立的道德价值，但不愿意考虑任何除了偏好之外的竞争价值。很难理解为什么非偏好价值（Non-Preference Value）不应该被应用到更广泛的决策计算中。

十分典型的是，经济学家会回归直觉，认为满足偏好在某种意义上说是"真实的"，追求非偏好价值是宗教的、神秘的或家长式的。然而，经济学之外的世界并不认为这种直觉有什么说服力。他们不明白为什么满足偏好应该是一种特殊和唯一的重要价值，尤其是当那些相同的偏好可能是错误的、不一致的、恶意的、或令人憎恨的。有关计算所有偏好、用钱作为衡量标准以及平等衡量所有市场需求的决定，其本身就必须依靠外部道德判断。出于这个原因，经济学家没有先验方法从整体的政策评估中筛选出非偏好价值。

经济学家们经常以家长制作风指责其他政策评估方法，但这与其说是一种争论，不如说是一种人身攻击。所谓家长制作风，就是要把没人想要的东西强加于社会，或者强迫一个人做违背意愿的事。现在还不太清楚为什么家长式作风会基于非偏好标准的价值来决出胜负。如果社会偏好本身并不意味着明确或几乎一致的等级排序，那又怎样呢？为什么寻找其他价值观来解决陷入僵局的偏好，这不是无稽之谈吗？

长期以来，经济学家一直将优效品（merit good）视为标准成本效益分析的一种"附加"。也就是说，我们坚持用标准的成本效益方法，只是在优效品相关的价值之上再增加价值而已。按照定义，优效品有着更大的价值，而且由于内在的原因，这种价值超过个体偏好所反映的价值。然而，这个过程需要就相关的价值权衡达成共识。它还要求将非经济价值纳入经济框架中。许多艺术爱好者希望保持优效品的看法，却抛弃了作为其根基的经济学。①

有些经济学家倾向于契约主义观点，在更广泛的社会选择层面实现统一。然而，我们必须明确指出，"面纱背后"的信息和价值观也将决定人们的选择。首先，我们需要关于什么是正确的先验理论，或者关于自私的人会追求什么样的生活的先验理论。但是，如果我们有着这些问题的先验知识，就可以直接开始。如果存在这种基础的话，将使我们偏离经济方法。

当财富分配是既定的，偏好是固定的且有着明确的界定，政策变化幅度也很

---

① 关于优效品的讨论参见 Musgrave 和 Musgrave（1989）。

小，那么，经济方法就能有着很好的表现。也许经济学可以告诉我们是否应该在圣路易斯再建一个体育场，但它不太适合分析整个艺术政策。通常，艺术消费者们直到面临消费对象时，才知道他们想要的是什么，这样就否定了固定偏好的假设。这就意味着，其实是艺术和艺术政策，决定了人们的喜好。更广泛地说，艺术的供应有助于帮助个体确定选择什么样的"语言"来解释社会现实。孤立地看，经济方法不适合评估这种选择。①

纯粹的帕累托式的改进，能使每个人都有更好的生活，然而却很难实现。因此，为了最实际的目标，可应用福利经济学将其归结为财富最大化。然后，我们就会想，为什么财富有如此至高无上的价值。甚至理查德·波斯纳（Richard Posner）也放弃了财富最大化标准，以回应罗纳德·德沃金（Ronald Dworkin）的严厉批评。德沃金提出了一个简单的观点，即财富本身不可能是目的。财富可能是其他价值的有用代表，例如正义、公平、幸福和美丽，但如果是这样（而且这些联系并非不言而喻），我们应该直接针对这些所谓的其他价值。这些指标可能很难衡量，但如果它们无法衡量，我们就不能声称财富是其有用代表。我们再次没有理由提出财富最大化的标准。②

阿瑟·施勒辛格（Arthur Schlesinger）说，仅需要"片刻的反思"就能认识到对艺术政策的经济方法是荒谬的。虽然这是一个严重的夸大，但经济方法在哲学领域的辩论中并无多大胜率。③

3.2.2.3 不同的方法如何看待补贴

美学的方法为政府对艺术的支持打开了大门。很少有评论家认为市场驱动的文化会最大限度地发挥其潜在的美学价值，或者干脆就认为不会有任何美学上的改进。因此，从批评家的观点而言，市场存在显而易见的、可补救的缺陷。政府在一定程度上可以利用良好的品位来引导生产，因此直接补贴较之自由放任更能对市场有所改进。

而经济分析框架，特别是采纳消费者的观点之后，导致了对补贴更大程度的怀疑。消费者把大部分文化时间花在商业上可行的产品上。他们看电视、买通俗小说、听流行音乐；他们对高雅文化的深奥形式不感兴趣。从消费者的角度来看，艺术补贴不仅会剥夺非艺术活动的资源，而且会导致艺术质量下降。约翰·厄普代克（John Updike）这样写道："我担心，政府投入艺术领域的资金，只会

---

① 参见 Dwokin（1985：chap. 11）。
② 参见 Richard Posner（1980）和 Dworkin（1980）。
③ 参见 Schlesinger（1990：5）。

让艺术家们从为其产品找到真正的市场、为其表演找到真正的观众的责任中解脱出来。"①

经济学方法强调机会成本概念。只有当所有影响都被考虑在内时，其美元计价的收益超过成本时，补贴才是一个好主意。

罗斯福新政的联邦作家项目，支持了索尔·贝娄（Saul Bellow）、理查德·赖特（Richard Wright）、拉尔夫·埃里森（Ralph Ellison）和佐拉·尼尔·赫斯顿（Zora Neale Hurston）等后来成为著名作家的人。很多文学爱好者由此认为这个项目不错。相反，经济学家则可能指出，联邦作家项目花费2 700万美元购买了大约1 000本书籍和小册子，其中每份出版物的成本为2.7万美元。如果换算为2 000年的价格，每份出版物价值337 500美元，其总额高达3.375亿美元。虽然有些出版物质量很高，却花了很多钱。很难相信，为每一部作品不加区别地提供337 500美元的预付款是一项有价值的投资，即使它能产出一些第一流的图书。弗雷德里克·巴斯夏（Frederic Bastiat）在19世纪这样写道：艺术补贴的支持者通常只关注"看到的"，却忽视了"没有看到的"，也就是那些本可以用这笔钱资助的其他项目和产出。

怀佐米尔斯基（Wyszomirski）曾经有一项旨在为新政公共事业振兴署（Works Progress Administration）辩护的研究（Wyszomirski, 1999），该研究预计将在5个核心艺术项目上投入500万美元，其所产生的艺术作品后来价值4.5亿美元。事实上，这些投资并没有多少经济的意义。如果那500万美元在1934年年底投资股票市场，截至1999年12月（1999年是怀佐米尔斯基研究的出版日期），其收益将超过7.73亿美元。当然，这种比较所选择的开始和结束日期非常敏感，如果我们选择其他日期，绘画的投资可能看起来会更好。此外，这些绘画在这段时间里也带来了乐趣。然而，如果我们把美国历史上最受好评的艺术项目——公共事业振兴署——与另类投资相比，它在经济上所取得的成功并不具有压倒性优势。②

在经济分析框架中，艺术只有产生"正外部性"时，才能得到补贴。只有艺术产品受益面超出付费的顾客之外时，才有正外部性。例如，艺术可以改善国家的社会和道德环境，也可以促进更多一般形式的经济发展。当这种外部性存在

---

① Cited in Zeigler（1994：164）. 英国作家金斯利·艾米斯（Kingsley Amis）也有类似表述，参见 Pick（1991：89）。

② 关于美元数额的讨论参见 Mangione（1972：369）。关于看得见与看不见的讨论参见 Bastiat（1850）。

的时候，艺术的总社会价值比人们在私人市场上愿意支付的价值大。补贴如果应用得当，就能够产生更多对社会有益的艺术，其所创造的收益就比成本高。①

关于艺术奇迹的陈词滥调，并不构成外部性的论证。一般的艺术，通过给我们的生活带来"甜蜜和光明"，而使这个世界变得更加美好，超越我们所付出的价格。然而，仅此并不足以推动政策。问题是，更多的艺术是否能对改善人类福祉起到很大作用。如果一个艺术委员会资助惠特尼博物馆的额外展览，纽约的经济增长率不太可能因此提高。②

在没有这种边际外部性的情况下，经济方法则可能主张，艺术生产最好交给市场。然后，消费者会购买足够的艺术品，直到生产更多艺术品所获得的社会价值（以支付意愿为依据）与生产这些艺术品的社会成本相等。这样的话，人类福利不可能有进一步的改善。

与此相反，大多数支持补贴的人一开始就问，艺术补贴是否让我们的社会更加美丽。就效率而言，我们可以衡量这种美丽是否值得花那么多钱，但不能光凭这种效率来预先判断问题。按此观点，艺术价值超越了人们愿意支付的价格。如果将所有的事情都考虑在内，那么拥有一个不那么有效率却更加美丽的社会，也许会更好。

许多提倡补贴的人则走得更远。他们设想的政策效益，包括健康、安全和繁荣，主要是在美学上，而不是在经济上。他们正在从美学的角度，评估整个社会，而不仅仅是艺术政策。一个富裕的社会大概是一个健康社会的先决条件，就此而言，效率在支持美学方面是有作用的。由于这个原因，典型的补贴提倡者并不（或者至少不需要）忽视效率。但是，许多补贴提倡者主张效率从属于美学，而经济学家则认为，个人偏好应该从属于基于个人偏好的效率标准。

3.2.2.4 和解?

最好的方案是在经济和美学两个角度之间实现和解。如果我们充分研究相关证据和积极的论点，他们可能会在一些实际问题上达成一致。剩下的分歧可能比上述更广泛的哲学问题更小，也更易于处理。通过这种方法，我们可以在艺术政策的实质性问题上取得进展。

论证的路径有点复杂，我们不妨列出大纲。首先，我从一些纯粹的经济论点开始，如经济发展论和免费午餐论。我将降低其重要性，它们不会重新成为影响

---

① 数据来源于 www.globalfindata.com。
② Heilbrun 和 Gray（1993）充分讨论了艺术领域的外部性问题。

政策的因素。后面我们将分别讨论两个在经济和美学两方面都具有影响力的论点——分权论和声望论。因此，当我们运用这些论点来制定政策时，我希望能证明相关的结论会得到经济和美学观点的一致支持。因此，我们可以回避一些更棘手的哲学问题。

3.2.2.5 经济发展论

许多外部性论证都未能为政府补贴提供有力的主张。例如，支持补贴的人士经常引用一个艺术团体对于一个城市的经济效益来进行说明，诸如艺术创造就业机会、吸引游客、创造税收等，所有这些影响可能都有助于整体的社会福利。英国作家亨利·普赛尔（Henry Purcell）是这类论点的早期支持者，他在歌剧《仙女女王》的前言中声称，补贴歌剧将吸引游客，使伦敦成为一个经济繁荣的城市。①

就艺术刺激经济发展而言，下文讨论的分权论则抓住了事情的真相，至少在美国的背景下是这样。要预测这一说法，最可能出现的情景是，当一个私人或官方的企业发现并投资一个被低估的艺术集群。为此，我们必须寻找多种不同的资金来源。没有任何一家公司、机构或个人，能够从茫茫人海中挑选出艺术的赢家。更广泛地说，产生新的和多样化的思想——文化的和其他的——将有助于经济增长。鉴于这里所讨论的是分权问题，我们暂且搁置经济发展问题。

一般而言，艺术具有经济效益这件事本身，并不一定意味着就要为艺术提供补贴。首先，艺术能够吸引游客、创造就业机会和提供税收，只是意味着这些艺术作为经济活动，也具有经济活动的基本功能而已。此外，艺术可能为一个地区增添价值，但与此同时，这个地区也为艺术增添价值。因此，我们可以期待城市与艺术走到一起，甚至能够代替补贴。用经济学的语言来说，将艺术带入城市可能是一种合作性博弈，也可能就是一个发现共同场所的问题。大多数城市经济活动都会产生和得到协同效益（因此愿意支付更高的城市租金），但这并不意味着所有城市活动都需要政府补贴。

其次，社会效益并不是艺术独有的。大多数生产活动都会带来社会效益。大多数经济活动都创造就业机会、提高税基，促进了总体繁荣和社会秩序，也都产生了积极的外部效应。关键的政策问题，不是艺术是否涉及某种正外部性，而是艺术"经济发展的外部性"是否大于另外一种可能的投资。事实上，如果艺术

---

① 关于普赛尔（Purcell）的讨论参见 Dorian（1964：431-432）；关于外部性的讨论参见 Grampp（1989）；关于补助的讨论参见 Shee（1811）。

需要补贴，它就不可能成为经济增长特别强劲的引擎，不管它们还有什么优点。

有些活动的确为地方提供了最大化的经济刺激，当然艺术有可能包含其中。尽管如此，我们没有证据表明，艺术在刺激经济方面有着超乎寻常的表现。即使艺术远远超过了平均数，作为政策分析者，我们也有责任推广其他可能的最好选择。相比之下，对分权化和企业家精神的强调，则要寻找资源被低估的例子。通常艺术不会必然被低估，但优秀的机构仍然可以帮助我们发现被低估的艺术创作的具体例证。

"经济影响"研究显示艺术对社会有多么重要，我们应该对此持怀疑态度。这样的研究可能表明，一个艺术节或新的艺术场所带来了数百万美元的经济价值。但这些研究通常认为艺术产出是凭空创造出来的价值，这就意味着，如果这笔钱没有花在艺术上，就不会产生任何其他经济或社会价值。需要再次强调的是，我们比较的是一个艺术场所是否比其他选择更有价值。当我们研究一个行业的经济影响时，它们似乎都显示出很高的效益。但这可能意味着，任何单个项目的净利润都很低、为零，甚至是负数。当我们投资一个好点子，总要放弃另一个好点子。从本质上说，这些研究所列出的是总收益，而不是净收益。此外，一旦进行经济影响研究，资源就不太可能被低估。[①]

经济影响研究还假设存在"乘数"效应，这无疑加剧评估的不确定性。基于乘数假设，一美元的支出，会产生几美元的价值。举个例子，艺术场所的建设帮助了附近的餐馆，这又会增加服务员的需求，进而给社区带来更多的收入，如此等等。就像论点所说的，建设艺术场所花费的1美元，一旦渗入经济活动中，就有可能会创造出3、4美元的价值。即使我们接受乘数效应背后的逻辑，它也不能证明相关的外部性。如果没有艺术场所，这笔钱会刺激一些其他的需求，并创造其他的乘数效应。艺术领域的乘数效应的净值，仍然可能是零或负的，除非可以证明艺术更具有生产力，然而，并没有相关证据。[②]

此外，社区必须投入资源，吸引其他地区的艺术活动。如果艺术确实带来了净收益，这些收益在某种程度上将反映在争取这些活动的成本上。做一个简单的类比，硅谷是一个经济动力之家。然而，康涅狄格州如果想争取硅谷入驻的话，其成本很可能超过收益。[③] 此外，当城市争取运动队、竞技场和艺术捐赠机构入

---

① 关于其影响研究参见 A J Radich. Economic Impact of the Arts: A Sourcebook [R]. Washingten, DC: National Conference of State Legislatures, 1987.

② 相关调查参见 Siegfried 和 Zimbalist (2000)。

③ 对此的详尽讨论参见 Cowen (2004)。

驻时，它们通常会将这些资源从其他城市争取过来。在这方面，一个城市（或国家）的收益，并不总是给整个社会带来净收益。

我们确实也看到了一些特殊的情形，如艺术遗产就具有特别高且明显的经济价值，需要采取集中行动。想想威尼斯吧，我们很难相信，如果威尼斯填平运河，将其转变为售卖空间，其经济发展会更健康。因此，对于威尼斯来说，除了保护之外，并没有其他同等有效的投资方式。因此，这是一个很好的论据，证明要对威尼斯的历史保护予以补贴，但这并没有给更广泛的艺术的补贴提供充足的理由。

3.2.2.6 "免费午餐"论：小数与大额

美国艺术基金会与许多其他政府补贴一样，如果我们按人均投入计算，其成本看起来并不高。在其高峰时期，美国艺术基金会的投入也只有人均不超过 65 美分，目前这个数字低于人均 50 美分，而且将来也没有大幅上升的可能性。

一些补贴倡导者在论证时，似乎觉得补贴实际上并没有让我们付出什么，或者全部付出微不足道。经济学家提出天下没有免费的午餐，因而通常认为这个论点是荒谬的。尽管如此，它在艺术爱好者的直觉中经常再现，所以我们有必要仔细地看一看，这种论证的各种形式之间的区别。

在更极端的形式下，人们论证说，如果换算为人均的话，美国艺术基金会所征收的税收，就相当于我们什么也没花。如果个人花的钱少，其总额也就少。可以说，没有任何重大的个人"生活项目"，会因为缺少 50 美分甚至几美元而无法实现，请注意，大多数贫穷的美国人根本不交所得税。多数人的计划中都有一定程度的财务冗余（Financial Slack）。他们在花光所有的钱之前就死了，自然也不在乎留给孩子们的遗产是多几美元还是少几美元。也许这些小数目从来就没有引起过人们的注意。甚至在人均艺术直接补贴最高的德国，其补贴额度也只有人均 80 美元左右。

相比之下，政府补贴以独立项目形式能够带来巨大而明显的效益。受益人注意到这种差异，因为这些艺术品原本不可能存在。这些艺术品的受益对象相对较少，包括艺术家，但每个受益者的收益都是可观的。大多数收益都会被人们所注意到，因此，它们增加了人们的幸福感。

相反，不那么极端的论点，则不是寻找免费午餐，而是依赖于反平均主义的直觉。我们从许多个体那里索取少量钱，然后集中付给少数人，而这少数人往往都是相对富裕的人。虽然善意在社会中的分布不平均，但这无碍于美学成就高峰的出现。补贴支持者不喜欢宣传这个现实，但是反平均主义的直觉却成为许多补贴争论的焦点。

从更专业的视角来看，被称为"完美主义"的哲学学说认为，社会应该寻求可能达到的高峰，即使这需要牺牲平等性。门槛论和完美主义论，共同强化了支持补贴的直觉。①

如果我们接受上述观点，那么，从外部观察者的角度来看，补贴似乎是一个不错的选择。就人类的幸福程度而言，其成本要么为零，要么接近零。与此同时，它们创造了大量的欢乐和美学奇迹。很多项目的成本甚至降到人们意识不到的程度，而其效益显然超过其成本。难怪就个案而言，补贴逻辑在纳税人那里几乎没什么阻力。

当然，我们可以这些理由来证明补贴的正当性，但不仅限于艺术补贴。我们可以向每个人征收一分钱的税，并将其重新分配给几百人或几千人。就幸福程度而言，没有人承担多少实际的费用，但是，接受资助的人就可以承担新的、有价值的项目。如果将足够小额的税，应用到足够广泛的范围中，那么，其所涉及的人均成本就很少。

补贴的门槛论和完美主义论点富有说服力，甚至能够证明更多的内容。如上所述，它们可以证明足够小的补贴的正当性，其条件是补贴鼓励了新的项目。

当我们将补贴捆绑起来评价时，其结果就不那么吸引人了。即便撇开从补贴的艺术中所获得的利益，为小额补贴项目支付的税款不会让我变得更糟。但如果征税额度达到收入的35%，我就受到了伤害。针对很多主体征收35%所达到的额度，对于很多个体、企业与机构而言，都是微不足道的。当单独评估项目时，这些补贴都有意义，但是，捆绑起来评估的话，就要涉及实际成本。如果捆绑起来的话，政府而不是个体，将决定项目的取舍。

补贴支持者通常倾向于独立地陈述与评价补贴，而批评者将艺术补贴描绘成无畏的慷慨和不必要的再分配。他们将补贴视为用政治分配，代替个人自发资源分配总体趋势的一个部分。

同样，如果补贴以集中成本而不是分散成本的角度来评估的话，就显得不那么有吸引力了。例如，在不发达的国家，花费几百美元，就足以保护一个孩子，免于致命性或衰弱性的疾病。为了便于论证，让我们不妨将这个数字大幅度地增加到2 000美元（Unger，1966）。根据这种估计，如果我们考虑将美国艺术基金

---

① 我们的很多道德规则都有着完美主义的倾向，因此，也是反平均主义的，请参见 Derek Parfit（1984），Thomas Hurka（1993）。有关数据的收集参考 Netzer（1992）。

会的资金分配给这种目的的话,其每年的花费将使超过五万人付出生命。原则上,我们可以将其废除并将资金分配给海地或印度,如果我们不信任传统的外部援助机制的话,就可以通过私人慈善机构分配。或者我们可以取消它,并且每年给一万多名贫困美国人每人 10 000 美元,让他们随心所欲地花钱。

补贴倡导者,当他们比较艺术支出和其他替代方案时,经常从军事上选择例子(自"9·11"之后,这种比较的倾向已经变得不那么时髦了)。例如,美国艺术基金会所花费的也只够购买航空器或核潜艇的部分而已。即使是简单的 M-1 坦克也要花费超过 300 万美元。这意味着美国艺术基金会的预算少于 40 辆坦克的价格。

正确的比较应该是什么?美国艺术基金会的花费是人均小于 50 美分?他们是否花费了 35 辆左右的坦克?还是艺术补贴花费了成千上万无辜儿童的生命?并且我们应该独立地评估补贴,还是将其作为更大项目的一个部分?

相关政策的选择将取决于政治气候。但我们不应该把艺术补贴与这些基金最不吸引人的机会相比较,比如"给每个人额外的 50 美分"。以至于到了"随心所欲"(play God)使用政府预算的程度,这也是政策分析常常假设的,我们可以按意愿花这些钱。如果我们一开始就接受门槛论和完美主义论,那么我们就有更好的选择,而不是简单地把 50 美分放在每个人的口袋里。

我们开始把免费午餐作为艺术补贴的一个潜在原因。但这恐怕也是没有这种补贴的一个潜在原因。根据我们前面关于选择的解释,当我们资助艺术时,我们正在被谴责不关心成千上万无辜儿童的死亡和疾病。

我现在考虑政府介入艺术的另外两个论点,也是在我看来更重要的论点,即分权论和声望论。

3.2.2.7 分权论

在人类生活的某些领域,我们通过集权化制度促进"最优秀和最聪明"之间的合作来进行学习。曼哈顿项目在后期就是这样运作的。或者,如果我们想研究夸克,最好在单个高能粒子破碎机上投入大量资金(尽管并非所有科学家都认同这种方法的成本效益)。

而其他事项则需要更多的分权化。例如,艺术创造从来不是蛮力问题,或者聚集足够的劳动力来完善一项工艺。相反,我们希望艺术家能够"有区别地看待事物",并看到其他人没有看到的东西。为此,艺术家必须有能力将其愿景推销给不同的消费者、捐助者和资助者。任何单一的资助来源,都不可能捕捉所有这些创新的重要性。只有当许多不同的愿景都有成功的机会时,创造力才会显现出来。

按照这个思路,我们可以把艺术基金看作是投资组合或投资问题。在大多数文化市场中,如果我们想选择未来之星,我们就不能预先预测什么会起作用。就此而言,文化市场类似于互联网创业或经典的研发问题。有几次试验会大有所获,更多的试验则以失败告终。在这种环境下,我们有必要尝试多种不同的方法,而不是把所有的鸡蛋放在一个篮子里。

美国的体制有助于产生艺术创新、鼓励营销和分销的新方式,并支持竞争性的艺术愿景实现各自的贡献。从本质上讲,美国的制度符合哈耶克标准,即机构应该支持知识的产生和传播。奥地利裔英国经济学家弗里德里希·哈耶克在他的许多著作中强调,"竞争是一种发现的过程",并强调中央政府无力就发明做出计划。市场具有调动分散性知识的优势。企业家有机会在不同财务支持来源的环境下,测试他们的不同愿景。

哈耶克的论点经常被看成是为自由放任的辩解,但从艺术政策的角度来看,这种辩解并无必要。这种论证事实上只是意味着,我们应该有许多分散的资源来生成与评估思想。这可能不意味着放任,这取决于制度环境。举两个例子,知识生产机构的税收减免和公共资助的大学制度,都可以鼓励权力下放。美国艺术政策利用政府来诱导一种比纯粹的自由放任政策更加分散的财政支持模式。①

这些政策并不意味着在艺术方面的投资,相对于其他选择,产生了特别高的社会回报。在论证艺术政策时,我们无须将其视为以牺牲其他活动为代价,或给予艺术以特殊地位。相反,我们应该把美国的政策看作是鼓励所有创造性活动的分权化,包括艺术。

就此而言,发展论和分权论是截然不同的。发展论认为,艺术带来了边际上的净经济收益。分权论寻求最大可能的机会,而不论在相应的边际上是什么带来最大的净经济收益。

大多数有意刺激发现过程的政府尝试都失败了,原因也是哈耶克和其他经济学家所概述的。政府没有中央计划创新所需的知识。举一个众所周知的例子,在20世纪70年代能源危机之后,美国政府资助了替代能源的研究,如合成燃料和太阳能。最终的结果是浪费资金,几乎没有或根本没有技术进步与节能。政府不知道哪些节能技术将成为赢家。能源效率的大多数改进都来自市场机构,这些机

---

① 哈耶克是否倾向于自由主义似乎并不明确。但是,较之其跟随者,他更像是干预者,尽管就这个文本而言,其倾向有些模棱两可。

构受省钱或从新技术中获利的愿望的鼓舞。

当政府避开中央计划，而是根据一些非市场标准提供支持时，通常最能刺激发明。这种方法并不要求政府能够特别出色地挑选赢家，也不要求政府比市场更聪明。它只需要政府根据不同于现有的原则来分配其资助。真正的问题不在于权力下放在当今世界是否有益，而在于我们应该如何鼓励分权化。

3.2.2.8 为什么要支持分权

至少有三个论点能够表明，政府应该直接或间接地帮助市场实现更有效的分权。

第一个关于分权的论点采用美学方法。按照这种观点，更多的艺术是可取的，特别是如果新的艺术符合高的标准，并能经受时间的考验。因此，我们应该投入资源，为创造有品质的艺术奠定前提，即多样化来源的财务支持。

第二个分权论点则援引经济学家的观点，特别是帕累托福利经济学。信息在某种程度上是一种公共物品，涉及一种正外部性。也就是说，创造者没有收获其付出的全部回报。

在非艺术领域中，量子力学的发现者们创造了巨大的价值，但其所获报酬相对较少。爱迪生是他那个时代最富有的发明家之一，但他只收获了其所创造的价值的极小部分。在艺术中，伟大艺术家使整个艺术流派和革命成为可能，但是他们并没有因为这些间接的影响而得到补偿。莎士比亚、莫扎特和贝多芬一生都过得很好，但是他们没有收获任何接近其全部劳动价值的东西。他们都为其他艺术家乃至人类提供了持久的贡献。毕加索比这些艺术家更富有，但他仍然只从自己的绘画而获得报酬。他并没有从对布拉克等现代艺术家创新的影响中收获什么。

对于这些最伟大的创造者而言，其付出的补偿程度常常不足。因此，如果一个机制鼓励一流的创新，它也将从经济的角度找到支持。信息是一种具有正外部性的公共物品。一旦信息产生，它通常传播得比最初的创造者所能收费的范围更广。有一项研究估计（Nordhaus，2004），创造者所获得的价值不超过其创新所创造的全部价值的5%。

版权并不能消除这种缺陷，即使它可以强制执行。版权法是基于观念与观念的表达之间的区分。大多数情况下，它保护了表达自由，而不是保护思想本身。因此，版权法可以阻止某人复制一幅画像，但是当其他人从他或她的灵感中学习时，创作者就一无所获。即使现有的艺术产品能够顺利进入市场，观念依然供应不足。话虽如此，有效的版权制度仍可以很好地激励分散的创造力。

第三个论点也来自经济学。现有大多数分析认为，企业家为消费者提供产品多样性存在不足。假设一个企业家正在考虑销售一种新的音乐，比如说一种光盘。购买者对其估价在 2~40 美元之间。卖方通常不能完全实现价值歧视，因此会在中间选择一个价格，比如说 15 美元。因此，许多消费者获得了比他们必须支付的更多的价值。企业家在决定推出新产品时，不会考虑这些额外的估值，因为他们只关心可以向人们收取多少费用。按照帕累托福利经济学的标准，企业家推出的新产品将会更少。①

请注意，这些论点并不意味着对艺术本身的补贴。也许我们的创造者太少，种类太少，但是，我们不能从这些主张直接跳至艺术的主题。例如，在艺术领域直接补贴更多的种类，将意味着在其他领域的种类减少，例如食物、汽车、铅笔或科学发现方面的种类可能会少些。没有任何论据表明，艺术或艺术中的观念的更多种类，就比科学中的多样性更重要。由于这个原因，第二、三种观点并不表明我们应该以任何特定的方式对待艺术。大多数争论认为，我们应该鼓励对所有创造性活动的分散的财务支持。随着讨论的深入，我们将认识到这一点至关重要。

我们还看到，分权论背后的两个观点——经济学和美学——为补贴提供了略微不同的补贴理由。批评者的观点认为，权力分散产生了好的艺术，所以我们应该支持一种有效的艺术生成机制。它并没有问我们是否为创造力投入太多的分权化支持，相对于这些资源的替代用途而言。经济学家的观点意味着，相对于纯粹市场所能带来的，我们应该更多地投资于创造性发现。它不是直接指称艺术，当然创造性发现的概念也包括艺术。

3.2.2.9 声望论

外部性论证的另外一个版本，则引用了国家、地区或文化的声望。许多公民为自己的国家生产某种艺术品而感到自豪，即使他们不愿意作为顾客为那些艺术品买单。他们喜欢他们所处的社会在创造性活动方面拥有优势，至少这些创造是有声望的。马丁·阿彻·希（Martin Archer Shee）在 1809 年写道，政府应该支持艺术，因为社会通过他们的艺术贡献赢得了历史声望，他将其称作"活着的尊严与不死的名声"。②

类似的方式有，许多英国人和法国公民支持英国和法国对协和飞机的公共补贴，尽管他们从来没想到要去坐飞机。我们向国旗致敬、唱国歌，有时甚至发动

---

① 类似的讨论参见 Spence (1976)，类似的结果也可参见 Dixit 和 Stiglitz (1977)。

② 参见 Shee (1811: 13, passim)，几乎所有关于艺术资助的讨论都可以在这本巨著中找到，而且很多都以诗歌形式呈现出来。

战争，都是以国家象征和声誉的名义进行的。

类似的，我们赞成艺术政策部分出于象征性的原因。补贴赞成者想要一种与公共空间有联系的艺术。他们喜欢这样的想法，即政府插手的是高尚的东西。他们不仅要为自己的国家和艺术而自豪，还要为这样的管理机构感到自豪。一个支持艺术的政府被视为更加美丽和更有声望。支持这样的国家的人，即便是作为选民和公民也会自我感觉良好。尤其是法国人似乎持有这种动机。一方面，他们购买大量美国的大众文化，但在政治舞台上，他们支持对这些产品加以贸易限制，并支持对法国艺术给予大量补贴。

由于这个原因，认为艺术如果没有直接补贴，就不会繁荣的观点，常常是站不住脚的。即使这个说法是真的，它也不能满足许多人的强烈愿望，即建立一个以创造力为荣的国家，然后用大量直接支出来支持这种荣耀。

此外，许多观察家发现，允许艺术完全属于私营部门的想法，有些令人不快。他们认为，艺术在某种程度上少不了民主方式的引导与推动。这些人希望他们的政府能够发表声明，艺术不仅关乎金钱，也不仅仅是合同。他们希望艺术被视为国家或地区文化遗产的重要组成部分，理应得到政府官方认可。这种认可需要政府的财政支持和政府艺术项目支持。沃尔特·本杰明（1986）著名的文章《机械复制时代的艺术品》谈到了被光韵环绕的艺术品，但是这种现象也延伸到了公共部门。政府对艺术的补贴有助于产生民主政治的光韵，尤其是在西欧。

我们可以引用这个原则的另外一个例子是，国家公园也有光韵。许多人认为私有财产并不意味着对自然的控制权和支配权。他们喜欢国家公园，不仅因为他们希望公园可以免费开放，而且因为他们希望公园是公共拥有的。公有的公园本身就是一种声明，即大自然的慷慨，作为一种权利，对所有人都是免费的。从这个观点来看，公有制并不会因为富人比穷人更喜欢公园而有所损害。相反，如果一个人援引私有财产权，从而将另一个人排除在普遍拥有的自然遗产之外，这是完全不可接受的。政府对公园的所有权就遵循这种态度。

请注意，声望论可以给予美学或经济学解释。以美学的语言来看，这样一种国家和政体更高贵、更美，因而也更值得拥护。以经济学和外部性的语言来看，政府补贴艺术的依据其实就是许多人希望政府为艺术提供支持。通过资助艺术，政府满足了人们对于特定社会和特定政府的需求。这种满足，不能通过私人化的市场交易来获得。市场不能产生"支持艺术的政府"，不管市场机构在传统经济意义上的运作有多好。

声望的论证所依赖的是补贴概念的不同含义，而不是分权论。对于分权论点来说，补贴实际上必须鼓励企业的创造性和多样性。当然，许多补贴并非如此。为了让声望的论据奏效，补贴只需要在那些享有声望的人眼中被视为一种补贴。这种可见性应该最大限度公开化。如果补贴本身看起来足够高贵（当然，在某种程度上，形象和地位随着工具的成功而实现）的话，它就无须太多地鼓励艺术创造。

我们也明白为什么补贴倡导者用人均成本来描述美国艺术基金会的支出，而不是将花在艺术上的钱，与可以拯救贫穷的海地儿童性命的钱进行比较。如果政府从用于啤酒和薯片上的支出中，划拨资金资助艺术，那么政府就更有威望。一个政府似乎用了原本要资助饥饿的海地农民的钱来资助艺术，就显得不那么高尚，其结果对支持者而言也不尽如人意。按照这个框架，项目的价值与我们如何描述密切相关。就艺术资助而言，它能够产生声望，于是倡导者就会用有声望来描述它。他们这样做不仅是为了游说或说服其他人，相反，有利的描述本身就值得期待，也就是说，即便是能产生一个有声望的政府，也让人感觉不错。

3.2.2.10 政府补贴模式解读

声望论有助于解释政府补贴模式，这是其他外部性论点所不能解释的。除了声望，可以说，最严重的外部性要数数字化可复制的大众文化。在网络交易盛行之前，非法复制如此容易，意味着音乐艺术家无法获得其付出的全部回报。虽然就互联网可能带来的机会而言，要比其所阻止的机会多，但市场缺陷仍可能存在。音乐艺术家创造了不少他得不到补偿的社会效益，而且制作的唱片相对于最佳发行量而言大大减少。至少在原则意义上，对流行音乐唱片的补贴，可以弥补这一缺陷。

高雅文化就不太可能有这种外部性。许多形式的高雅文化是实时表演的，这使得他们更难以大规模复制。人们常常盗版现场古典音乐表演，而这对演员的收入影响不大。如果玛丽亚·卡拉斯（Maria Callas）的演出没有被歌迷们严重盗版，其收入也不会高出很多，事实上，只有受欢迎程度的降低，才会导致收入降低。重金属乐队的代表性乐队"金属乐队"（Metallica）确实由于音乐共享而丢了生意。类似地，未经授权拷贝光盘和录像带对于古典音乐来说，似乎不像流行音乐那么普遍，如果大部分拷贝都是年轻观众所为的话。大众市场，特别是针对年轻人的市场，版权执行无疑是其最大问题，因此也最有可能发生市场失灵。

尽管如此，我们也很少看到有人会呼吁要补贴重金属音乐和说唱音乐。这些补贴在声望价值方面不会有什么效果。通常那些心存逆反的青少年，如果知道他们喜欢的艺术形式得到了政府补贴，会感觉很不好。而这种政策对于高雅文化的年长拥趸者，将会产生收获较低的甚至是消极的声望。很少有人会对政府感到满意。这就是大多数直接补贴的对象是高雅文化，而不是大众文化的一个主要原因。

补贴倡导者通常赞成政府只支持非常有限的审美活动。他们喜欢补贴歌剧、艺术博物馆、古典芭蕾。一些评论家已经扩大了边界，甚至呼吁对流行音乐和爵士乐进行补贴。与其他西欧国家不同，荷兰已经资助木偶剧和哑剧。日本补贴插花艺术。但很少有人愿意在传统高雅文化之外，在更广的范围推广补贴。美国艺术基金会有针对美国民间艺术和爵士乐的项目，而且这些项目通过爱国主义机制和政治正确性也产生声望。①

在这种情况下，我们不应该认为歌剧的光韵在某种程度上导致了政府对高雅艺术的补贴。相反，共同的程序导致了光韵和补贴。人们支持高雅艺术是因为他们支持政府对歌剧的补贴。他们认为歌剧自带一种光韵，值得补贴。②

为什么我们把补贴用在放在美术馆里的艺术上呢？拉斯维加斯贝拉吉奥赌场的绘画展比大多数传统艺术展，吸引了更多的注意力和参观者。托马斯·哈特·本顿（Thomas Hart Benton）说："如果把它留给我，我就不会用博物馆。……谁在博物馆里看绘画？我宁愿把我的卖给沙龙、妓院、基瓦尼斯（Kiwanis）和扶轮社、商会甚至妇女俱乐部。人们会去沙龙，却从不去博物馆。"为了证明这一点，本顿（Benton）把他的珀尔塞福涅（Persephone）油画（现在在堪萨斯城阿特金斯艺术博物馆）借给了夜总会老板比利·罗斯（Billy Rose），后者在夜总会展出了这幅画，在三周时间内有四万三千人参观了它。在可比的时间跨度内，当时只有两家美术馆有着较高的参观率，这个数字还要算上大量田野参观的学生。然而，夜总会的展览却没有多少声望产生。③

补贴倡导者忽视了外部性论证的其他不受欢迎的含义。如果"好"的艺术作品具有良性的社会效益，那么"坏"的艺术作品很有可能就具有负面的社会效益。并非所有的艺术都是鼓舞人心的、高尚的、教育的，或是具有持久价值的。许多艺术品是枯燥的、愚蠢的、不负责任的，或带冒犯性的。在这方面，艺术品的"质量"也难逃批评。以柏拉图的《苏格拉底》为例，哲学有一个悠久

---

① 关于荷兰的情形参见 Montias（1984：439）；关于插花的补助参见 Shikaumi（1970：27）。
② 光韵的程度随时间而变化。外国人与无知者的艺术在过去30年有着长足的发展。照相机早期作为肖像画的替代品，为其艺术的身份而努力。而另外的情形，如钱币与金属工艺曾经被视为艺术，如今却遭到冷落。
③ 关于连续剧《本顿》（Benton）的讨论参见 McKinzie（1973：3）。

的传统认为，最感人的艺术品往往最危险，最能吸引我们灵魂的基本部分。苏格拉底在《理想国》中谈到"哲学与诗歌之间的战争"，并站在哲学一边。苏格拉底提出，把荷马的诗歌从理想国驱逐出去，只教授那些鼓励美德的艺术作品。

如果有些艺术品使我们的社会变得更糟，外部性的论证表明我们应该予以阻止。我们可以通过法律手段审查他们，或者至少让其付出更大的代价。一旦我们接受政府应该直接参与艺术活动这个前提，从"鼓励好艺术"到"阻止坏艺术"就只是一步之遥。许多资助倡导者会否认这个结论（要注意的是，与极端保守主义者相比，他们经常赞成审查而不是补贴），但我们不明白为什么。直接补贴的论据，要求政府用合理的方式分辨艺术的好坏。补贴倡导者大概已经抛弃了政府在艺术上中立的立场。我们不需要把说唱歌手扔进集中营，但是我们可以想象各种各样的政策，从选择性的税收到选择性的版权执法，这些政策会阻止"坏"的艺术形式竞争消费者的注意。然而，审查制度通常不利于声望，至少不属于20世纪美国自由主义语境。因此，控制或限制不良艺术的提议，就没有被采纳。

最后，我们做些总结，声望论可能与分权论有所冲突。分权论呼吁有效的补贴，而声望论呼吁有形的补贴。经济版本的分权论，要求对创造力进行普遍支持，而声望论则需要对特殊艺术形式支持。我们不能从纯粹理论层面上重新解决这些分歧，因此需要我们转向美国艺术项目和艺术资助的历史。其后，为了获得关于事物如何运作的更好理解，我们将回到应该做什么以及为什么要这么做的问题。

4 文化经济学的理论探索

4.1 大卫·索斯比

导 读

诚如马克·布劳格所言,文化经济学在其过去 30 年所经历的多是经验性分析,其理论上的建树除"成本病"之外乏善可陈,就更谈不上什么体系建构。① 所幸的是,文化经济学在度过 30 余年的探索期之后,终于有了体系化的努力,这种努力的关键就是给文化经济学找到一个理论基点,为文化与经济原本背道而驰的两个领域找到相通的共同基础。就此而言,索斯比无疑是其中最杰出的代表人物,他以文化资本概念为基石,试图搭建文化与经济之间互通的桥梁,因此有学者这样评价道:"大卫·索斯比是文化经济学领域卓有建树的领军人物。他的著作标志了文化经济学的一个重大发展,他远非随意地将正统经济学应用于艺术领域,而是十分公正地对待艺术的特异之处,并丝毫不失经济推理之美。"②

大卫·索斯比就经济与文化的关系做了一个饶有趣味的比喻:"如将经济学比作一个人的话,那么这个人应该是这样的——男性,有点超重,也有点抑郁症倾向,有点喋喋不休,又有点倦怠——总而言之,他不是那个你在长途飞行中愿意选择的能够让人倍感清新的旅伴;而艺术则当然是女性,她聪慧、变幻莫测却有些引人痴迷。如果这样的两个人共同参加一次晚会,而且他们彼此之间略有情愫,那么他们会走到一起吗?如果走到一起,他们之间又会是什么样的关系?"③

---

① Mark Blaug. Where are We Now on Cultural Economics? [J]. Journal of Economic Surveys, 2001, 15(2): 123-143.
② David Throsby. The economics of cultural policy [M]. New York: Cambridge University Press, 2010.
③ David Throsby. Economics and culture [M]. New York: Cambridge University Press, 2001.

无论如何，想象这两个人走到一起的情形是令人着迷的，其实自亚当·斯密以来，经济学家就不断探索经济活动的文化背景，当然，在经济学的主流话语体系中，文化只是背景而从来没有走向过前台，对于艺术或者文化的研究充其量就是一个经济学家的"业余爱好"。这有点像谈恋爱，虽然两个人初次见面有点情投意合，但是，两人毕竟缺乏交往，尚缺乏作为爱情基础的共同语言，或者说情感的共同基础。而《经济学与文化》的根本任务就是为经济与文化找到共同的"情感"基础，这个过程颇为复杂，其论证从"价值"开始，最终落脚到可持续性发展特征的文化资本。对于各位读者而言，这个落脚点恐怕是各位理解《文化、经济与可持续发展》的出发点，现在我们就由此出发领略索斯比所构筑的文化经济学体系。

在索斯比的论述中，文化资本是一个十分重要的概念，他从文化学者那里借用这个概念，并从经济学的角度予以改造。在他看来，"文化资本作为一种资产，它不仅可能具有经济价值，而且体现、存储与提供了文化价值。同其他资本一样，我们有必要将其存量与流量区别开来。文化资本的存量，具体而言，就是该资本在某个时点的数量，我们可以用物理数量或价值总量等适当的计量单位来衡量。而这种存量随着时间所产生的服务流量则能够被消费，或者用来生产进一步的产品和服务"。[①] 应该说，索斯比借助资本存量与流量概念的分类说明颇为巧妙：已有的文化资本作为存量——它们可能是有形的（如文化遗产），也可能是无形的（如智力资本或文化产品）——倒是准确地捕捉到了文化资本之经济价值的潜在性；而基于存量资本所产生的流量，则具有经济价值的显在性，即通常能够通过市场价格予以体现。这样，文化资本作为存量体现为文化价值，而作为流量则体现为经济价值，于是文化与经济便实现了互联互通，文化经济学也就有了体系化建构的基点。

有了文化资本这个基点，索斯比接下来试图探讨的问题是，这种资本具有什么样的特征。其实，对于传统经济学而言，文化资本作为经济学概念是很难成立的，因为它不符合经济学的基本假设——竞争性与排他性。这好像自然资本（资源），如空气虽然价值无穷，但是，由于缺乏稀缺性，所以就没有价值（交换价值），传统经济学常常拿空气与钻石的例子来说明经济学的研究对象。与此同时，环境经济学的崛起，特别是环境价值经济评估方法的兴起，使索斯比豁然开朗，让其找到将文化资本的经济价值与文化价值结合的通道——可持续性。

---

① David Throsby. Economics and culture [M]. New York: Cambridge University Press, 2001: 46.

大卫·索斯比在开始分析之前，再次重申其文化与经济融合的分析理路："我们要牢记有关文化价值与经济价值之间的区别，因此，我们建议任何利用这种方法分析遗产项目的行为都应该兼顾这两种价值。基于此，我们才能借助可持续性标准将文化价值与经济价值结合起来评估。"① 循此思路，在可持续性理念的基础上，他试图将经济价值与文化价值融合起来：其一，可持续性本身包括非物质性与物质性的价值，因此能将文化与经济两种价值融合在一起；其二，可持续性所包含的代际公平理念就意味着，有时候我们需要为未来牺牲现在的经济价值与文化价值；其三，可持续所包含的代内公平理念就意味着，任何可持续性项目不应该带来经济与文化的负面影响。

接下来这篇文献所讨论的内容各位都很熟悉，而其文献本身——《文化产业的同心圆模型》对于国内学者而言则很陌生，我们对于这些内容的了解多是通过《经济学与文化》一书，或者其所主导的联合国教科文组织关于文化产业的界定。而这篇文献的贡献不仅在于提供了一个规范的界定，更为其同心圆学说提供了不少经验的支撑，让我们知晓这些内容的来龙去脉。就此而言，这是一篇被国内学术界严重忽略的文献，如今笔者将其呈现给各位，希望各位珍视它，而且笔者作为导读者敢保证你们的付出会有丰厚的回报。

先说文化产业的界定。其实在索斯比之前，文化产业已有不少命名，如英国政府将创意产业界定为"源自个人创意、技巧及才华，通过知识产权的开发和运用，具有创造财富和就业潜力的行业"，文化经济学家凯夫斯（Caves）将创意产业界定为"提供我们宽泛地与文化的、艺术的或仅仅是娱乐的价值相联系的产品和服务"，如此等等，不一而足。这些界定从不同视角揭示了文化产业的不同特征，但是，所有这些界定都没有捕捉文化产业的根本特征，从而将其与其他行业区别开来，而这恰是规范的行业界定的应有之义。

就此而言，大卫·索斯比关于文化产业的命名无疑是最规范的一个，这就是"通过具有创意的生产活动提供的文化产品与文化服务，它们具有知识产权与传递某些社会意义的功能"②。在这个界定中，文化产业概念体现了一个规范的行业概念界定的应有特征：其一，有关"文化产品与文化服务"的范围界定具有足够的包容性，能够涵盖行业内的所有文化产品；其二，有关"创意性"的特征界定赋予文化产业足够的特殊性，从而能够将其与其他行业区分开来；其三，有

---

① David Throsby. Economics and culture [M]. New York: Cambridge University Press, 2001: 75.
② David Throsby. Economics and culture [M]. New York: Cambridge University Press, 2001: 112.

关"知识产权与传递社会意义"的功能界定则揭示了行业的运行逻辑与社会功能，使概念界定更加丰满。总而言之，大卫·索斯比以其高超的理论概括能力，给我们奉献了一个特征鲜明、内涵丰富、边界清晰的文化产业概念，也得到很多国际组织、国家与地区以及众多学者的首肯与接纳，其作为命名者之功当彪炳史册。

然而，大卫·索斯比对于文化产业概念界定的贡献远不止这些，他所提出的有关文化产业范围的同心圆学说更是誉满全球，为其赢得世界级声誉。我们应当承认，其同心圆学说极其睿智，并饶有趣味，其论证逻辑大致如下：既然我们将创意作为文化产业的核心资源与特征，那么就可以围绕创意构建一个逻辑上自洽的行业体系，其核心是创意之理念，也是一切文化产业之源，并以此为核心向外扩散形成文化产业的其他业态，从而构筑一个有关文化产业范围的同心圆体系。对此我们早已耳熟能详，这里就不再赘述。这里要强调的是，这篇文献利用美国、英国、澳大利亚、加拿大以及新西兰5国的文化产业统计数据从实践层面佐证同心圆体系，使其更具有说服力与适用性。① 作为严谨的经济学家，索斯比深知"根据文化产业各项产出的文化含量的相对水平，对文化产业进行分类是一回事，而在客观计量基础上实施文化产业分类，则完全是另一回事。如上所述，文化内容并无明确的计算单位，而它充其量只是一个概念，其解释会由于观察者的立场而有所不同"。质言之，无论是文化产业概念，还是同心圆体系，即便它们在逻辑上自洽，如果不能用于实践，或者与实证的数据无法吻合，这些都只是一个花架子，并无实际价值。

比如，按照国民经济统计的常规做法，我们要从产出角度统计文化产业的增加值，但是，如果我们也要从产出层面辨析创意这个核心资源的话，就变得难以操作。我们很难说核心层的产品在文化内容方面就超出外围层的产品，总而言之，"试图从产出方面评估文化内容，似乎很难成功"。既然我们不能从产出角度加以分析，投入角度就是一个可能的替代，"我们可以假定同心圆模型中所定义产出的文化内容，与创意性投入的水平成正比，且创意性投入的唯一指标就是创意劳动力的数量。不同行业创意劳动投入是可衡量的，例如，如果我们能够将创意性劳动力与所谓创意性职业联系起来。如果职业可分为创意性或非创意性，就有可能利用职业和行业的就业数据，按照模型计算特定地理空间（如城市、

---

① David Throsby. The concentric circles model of the cultural industries [J]. Cultural Trends, 2008, 17 (3): 147-164.

州、地区、国家或一组国家）各行业创意就业人口占总就业人口的比重"。接下来，各位看到的就是，他利用 5 国的就业数据，通过统计分析表明同心圆模型所列行业产出的文化内容指标，其生产中使用的创意劳动力的占比，确实随着同心圆从中心向外移动而下降。这个结果不仅印证了同心圆学说，更为重要的是，它能够为各国的文化产业统计提供切实可行的指导。适用于所有 5 个国家，也适用于文化就业和更狭义的创意性就业概念。

当然，正如作者所强调的，"同心圆模式的吸引力在于，它强调原创性创意是推动文化产业并使其区别于其他产业的动力所在……这可能有助于加强文化政策的文化导向，并抵消将文化政策仅仅解释为经济政策的倾向，其作用恐怕仅此而已"。对于各位读者而言，这篇文献的核心意义恐怕不在于此，而在于让我们知道，文化经济学中实证研究与理论概述之间的关系。我们可以设想，如果没有这篇文章及其结论，索斯比恐怕不敢轻易提出所谓同心圆学说。各位读者是不是要反思一下，如果不知道同心圆学说的来龙去脉及其实证基础，你是否就会轻易地相信这个学说呢？

4.1.1 文化、经济与可持续发展①

4.1.1.1 导言

第八届国际文化经济学会议的日程和参会名单，证明了自 15 年前（1979 年，译者注）爱丁堡首届会议以来，文化经济学学科所取得的进步。当时的文化经济学还很幼稚。诚然，鲍莫尔和鲍温（1966）的著作问世已有 13 年，而距加尔布雷斯（1960）首次论述经济学和艺术的时间则更长。但这种学科意识仍然是自省而有开创性的。如今，这个学科不再英雄气短：文化经济学协会已经改革，《文化经济学刊》经过 17 年的蓬勃发展已经重新立足，《经济学文献》杂志也有了文化经济学这个类别（即使它位列字母表末尾，且尽可能远离其他类别），而且在过去几年里，若干优秀的专门著作也陆续问世。② 所有这些都证明，文化经济学与经济学的其他专业门类一样，正在走向成熟。

然而，从某种意义上说，我们根本就没有走远：有很多领域我们仍然处于无

---

① 本文节选自《经济学与文化》的同名章节。
② 包括 Frey and Pommerehne（1989）、Grampp（1989）、Feldstein（1991）、Moulin（1992）、Towse and Khakee（1992）、Heilbrun and Gray（1993）、Mossetto（1993）、Peacock（1993）、Towse（1993）、Farchy and Sagot-Duvauroux（1994）、Peacock and Rizzo（1994）、Trimarchi（1994）和其他学者。

知状态；有些领域，我们虽然已有不少重大突破，但仍在寻找完善的理论、良好的分析、全面的数据，如此等等。我们可以列出一个不完全清单：文化产品和服务的特殊性质，艺术市场的价格形成，表演艺术公司的决策过程，艺术家行为的经济层面，以及政府干预艺术市场的政策。就文化经济学目前的发展阶段而言，人们对它最大的敬意也许不是它找到了正确的答案，而是它像任何值得尊敬的科学那样，已经学会了提出正确的问题。

我想重温我最近在《经济学文献》杂志上所发表的文章（Throsby, 1994 a）。但是，与其进一步探讨经济学作为分析艺术问题的思想体系和工具箱（无论如何，这将是本届大会稍后小组讨论的主题）的效用问题，我想在这里不如从更广范围进行探讨，即探讨从经济学本身所置身的更广义的文化背景。

4.1.1.2 系统方法

首先，我建议将经济与文化体系界定为不同的实体。所谓"系统"，我将其描述为事物变量之间关系的结构化解释，无论它是"文化""经济"，还是其他什么东西。我们试图应用科学方法的基本原则：明确公认的价值观，构建行为理论，推导可检验的命题，以及检验这些命题所涉及的实证分析。在经济学中，我们熟知其隐含而非明示的价值体系，它也是经济学学科的基础。我们也熟知建立在这些基础上的各种理论及其后续应用。我们也可以用类似术语来界定"文化"系统：它是一套人类生存现状之性质的价值观（这种价值观表达了人类对其身份及其在宇宙中地位的基本信念，无论后者是用物理还是形而上学的术语来界定）理论，以及随后的经验检验。

如果能够确定经济与文化体系（这绝不是唯一可以这样描述的体系），我们就可以问它们是如何相互联系的，如果彼此之间确实有任何关系的话。这是一个有趣的政策问题，它不仅涉及文化与其他活动如何分配资源的直接问题，而且涉及更广泛的问题，即整个社会如何权衡文化（无论如何界定）与经济增长之间的关系，假定这两种结果是竞争性的，而不是互补的。

我建议，如果用生态学家所谓的"完整系统"的观点来看待世界，就可以把经济（由经济学家界定）和文化（由文化理论界定义）整合进入单一系统之中，我们在其中不仅可以辨析两者的互动与反馈效应，而且能够明确其运作机制。如果我们通过这种方式将"文化"和"经济"的相互作用予以概念化，就能超越只将经济视为自利的实体，或认为文化与自身无关的狭隘焦点，而将这些零碎的模型替换为更包容的一体化框架，我们可以在这个框架中同时考虑所有相关的经济和文化变量。

然而，系统方法如何提供这样一个框架？系统分析（或系统动力学）领域，是随着20世纪60年代和70年代运筹学和管理技术的发展而形成与发展起来的，它似乎为描述大型复杂系统的决策提供了全面手段，并且通常涉及能够进行经验求解数学模型的发展。系统分析特别适用于多学科情况，其他方法在此被证明是行不通的，其目标不明确且变动不居，其预期结果的实现有替代办法，有可能有学习和适应行为，其兴趣可能在于改进而不是优化系统性能，其体制和组织环境可能对决策方式产生重大影响（Miser & Quade，1988）。系统分析方法应用于社会科学之后，就其正式形式而言，它为建立和估计社会体系的严格模型提供了一种手段（Cortes et al.，1974）；就其非正式形式而言，它提供了一种描述社会变量与其他变量之间关系的方法。虽然系统分析也受到批评（Hoos，1983），但它仍在不断发展，特别是与新的信息技术同步发展。[1]

4.1.1.3 可持续性

以这种方式整合文化和经济体系，时间就成为一个重要的考虑因素，这就引出了人们所熟悉的可持续性概念，特别是对所研究现象演化或持久性质的关注。在政策背景下，可持续性概念就意味着，避免那些不能解决基本问题的短期或临时方法，同时关注在系统中产生自我生成或延续的特征，例如通过建立完善的体制设施，就能产生长期持续的收益或服务流。因此，我个人建议，可以采用布伦特兰（Brundtland）的建议[2]——她利用"可持续发展"将经济系统和生态系统联系起来，以确定人类与环境之间的关键关系，也同样利用可持续发展概念，将经济和文化系统结合起来。

鉴于这个概念的每个组成部分（即文化、可持续性、发展）所固有的复杂性，我们很难给出一个简明扼要的界定。因此，我们不如将其描述为一套标准（如下所述），据此评估政策与战略。[3] 因此，文化可持续发展应该被视为判断事物的概念框架，而不是一个精确的标准。

首先，我们必须厘清这个背景下文化的界定。我建议从广义上给予解释，它应该包括两个不同的结构。第一种解释是将文化具体解释为活动，包括在"艺术"和更广泛的所谓"文化产业"所涵盖的所有活动，后者包括出版、媒体领

---

[1] 例如，最近对"软系统方法"产生兴趣，该方法将"硬系统"工程方法应用于不适当的"软"和结构不良的情况，参见 Checkland（1988）。

[2] 提及联合国环境与发展世界委员会，该委员会的最后报告（以委员会主席的名字命名的《布伦特兰报告》）于1987年发表，见世界环境与发展会议（1987）。

[3] 关于更全面的说明见 Throsby（1994b）。

域与核心艺术领域。简而言之，这种功能意义上的文化，所代表的就是经济的"文化部门"。对文化的第二种解释可以称为人类学或社会学的观点，文化被视为对社会运作至关重要的态度、实践和信仰。就此而言，文化表现为社会价值观和习俗，它们随着时间的推移而演变，并世代相传。

我个人认为，"文化可持续发展"包括上述两种界定。也就是说，它既包括文化发展自身的理念，即艺术和文化在社会中按照自身的方式发挥独立和有价值的作用；也包括文化作为支持、限制和（或）促进广义的经济和社会发展的态度和做法。还需明确的是，文化可持续发展原则可适用于广泛的政治、体制、社会和经济环境，无论是发展中国家还是发达国家。

我们建议从如下四个原则或标准来界定文化可持续发展：

（1）促进物质和非物质福利。文化可持续的"发展"概念，所指的就是已被广泛接受的、以人均国内生产总值增长来衡量的、传统狭隘的经济增长概念，它本身不足以反映社会对增加可支配收入和提高生活水平的需求与愿望。广义的发展当然包括物质福利的改善，但也包括其他社会指标的变化，如营养水平、健康状况、识字率、入学率、公共或福利服务的标准，以及"生活质量"标题之下的非物质特征，包括空气和水质等环境指标。现在人们用"人的发展"和"人力资源开发"来描述这些现象。

但是，我们对发展的解释还必须进一步扩展。为此，我们建议，一个社会中的文化进步特征，也应视为发展概念的构成部分。要想包容这一点，就必须采取与上文所界定的人类发展相适应的各种经济和社会指标，并添加文化指标，这些文化指标应反映社区的文化地位，而不论我们是如何定义文化的。因此，文化可持续发展的首要原则，提出了一种对社会进步的综合观点，即经济、社会和文化要素是均衡的；这也意味着国家目标在经济、社会和文化等方面要有平等的表述。确定这类优先事项的过程需要社区的集体讨论与协商一致，当然，最终很可能涉及政治判断。

（2）代际公平和保持文化资本。可持续性的核心是关注长期问题，更具体地说，就是当代人管理资源时，不仅要承担自身的责任，而且要考虑子孙后代的需要和权利。因此，可持续性要求代际公平，即在各代人之间，特别是当代人与子孙后代之间公平分配资源和机会。为了阐明代际公平的原则，我们需要引入文化资本的概念。

就像生物圈的"自然资本"现象，被认为是代代相传的一样，我们在文化领域也可以在经济学所熟知的资本概念基础上，复制一个类似的文化资本概念

(Berkes & Folke，1992）。具体而言，就是假设文化资本有两种存在形式。第一种，它可能是有形的资本，体现为有形的、具有文化意义的形式，如艺术品、建筑物遗址、物体等。它包括（但不限于）遗产或文化遗产（patrimoine）的概念。这种资本具有经济学意义上物质资本的许多特征：它由人类创造并已经持续存在一段时间，如果不能维持，就会衰亡；它的价值可以通过将现有资源投资于其建设而增加；它一般可以买卖，且具有可以衡量的财务价值。与此同时，它与经济资本的不同之处在于，它是不可替代的，它对社会的价值超过其市场价值（或者换句话说，其社会回报率可能超过市场回报率）。第二种形式是智力资本，即思想、实践、信仰等，以及存在于公共领域（音乐、文学）的艺术作品，它们继承自祖辈，并将传至后辈。智力资本的存量会因为忽略而衰减，也会因为新投资而增加。维持现有与创造新增的智力资本，都需要资源。因此，社会关于文化资本的决定，既有智力资本的方面，也有物质资本的方面。

因此，代际公平原则主张，如果发展在文化上是可持续的，那么社会作为继承与传递文化资本的托管人，就必须认识到对子孙后代的责任，这方面的责任要求不亚于物质和生物环境方面的责任。

（3）当代人的公平。文化上可持续发展的代内公平原则主张，当代人享有文化公平待遇的权利。当然，公平或公正的思想在一般的经济和社会政策中发挥重要作用，尽管近年来由于经济学家关注经济效率问题，这些思想在一定程度上被遮蔽了。传统经济学认为，应该首先解决效率问题，而将公平或福利问题留待经济政策制定时单独处理，如通过一次性付款方式，单独解决穷困人口的收入重新分配问题。过去十多年来，这种观点越来越多地反映在发达工业化国家的经济政策中，也受到发展中国家的大力推行。为了追求更高的经济效率和更快的经济增长，各国政府执行了放松管制、私有化、减少公共部门开支及其他措施，努力使市场更自由地运转。然而，虽然正常运转的市场可能是财富的有效创造者，但也是非常糟糕的财富分配者，在许多资本主义国家，现有再分配机制甚至不足以维持现有的收入分配模式，更不用说减少不平等了。因此，用大多数标准指标可以衡量的贫富差距，在过去5~10年中无情地扩大了。

与此相关的困难也困扰着文化的发展。文化资源的分配、文化参与的机会、弱势群体的文化服务等，都是文化生活追求效率结果可能忽略的公平或公正问题。因此，文化可持续发展的原则，作为一项道德原则，就如同社会当中个体在经济和社会方面获得公平待遇的权利一样得到认可。

（4）承认相互依存。第四个也是最后一个原则，这在某些方面是最基本的原则。它源于前文所述的命题，即经济学和文化的概念化，不是一个孤立的过程，而是在一个框架内包含所有现象的系统观点。因此，这个原则主张，评估文化可持续发展，就必须认识到整个系统内经济、文化与其他变量之间根本性的相互依存关系。上文对此已有讨论，这里就不再赘述。我们要说的是，这个原则可与环境领域的可持续发展相提并论——环境领域已经承认生态与社会系统的关键关系，这就已经足够了。例如，人类现在认识到，土壤和水质量的持续退化将损害未来经济和社会的前景。在文化可持续发展背景下，承认文化与经济制度之间相互依存的基本原则，就意味着接受这样一种观点，即维持文化过程和维持生物过程对于人类的持续发展是同样至关重要的。

4.1.1.4 结语

我认为，根据这些原则来描述文化与经济体系之间的相互作用，可为政策分析提供可行的指引。在一个传统经济产出被视为至关重要的政策环境中，其他影响和目标基本上被忽视，从文化可持续发展的理想来看，承认文化和经济制度之间的相互联系，就相当于将外部性内部化，因为它使我们的决策能够考虑那些因与当前选择无关而未加考虑的现象。在此，我只是提出了一些想法来解释文化与经济之间的动态关系，即比我们所熟悉的"文化经济学"更广泛的层面。[①] 下一步就是阐明这些指导方针——也许是按照我所建议的路线，也许不是——以便能够用它们来解决真正的政策问题。

参考文献

[1] Baumol, William J, William G Bowen. Performing Arts: The Economic Dilemma [M]. New York: Twentieth Century Fund, 1966.

[2] Berkes, Fikret, Carl Folke. A Systems Perspective on the Interrelations between Natural, Human-made and Cultural Capital [J]. Ecological Economics, 1992 (5): 1-8.

[3] Checkland P B. Soft Systems Methodology: An Overview [J]. Journal of Applied Systems Analysis, 1988 (15): 27-30.

[4] Cortes, Fernando, Adam Przeworski, John Sprague. Systems Analysis for

---

① 世界文化与发展委员会正在讨论文化与发展之间关系的诸多方面，该委员会是世界环境与发展会议的继承者，该委员会的最终报告定于 1995 年提交联合国。

Social Scientists [M]. New York: John Wiley, 1974.

[5] Farchy, Ile, Dominique Sagot-Duvauroux. Economie des Politiques Culturelles [M]. Paris: Presses Universitaires de France, 1994.

[6] Feldstein, Martin. The Economics of Art Museums [M]. Chicago: University of Chicago Press, 1991.

[7] Frey, Bruno S, Werner W. Pommerehne. Muses and Markets: Explorations in the Economics of the Arts [M]. Oxford: Basil Blackwell, 1989.

[8] Galbraith, John Kenneth. The Liberal Hour [M]. London: Hamish Hamilton, 1960.

[9] Grampp, William D. Pricing the Priceless: Art, Artists and Economics [M]. New York: Basic Books, 1989.

[10] Heilbrun James, Charles M Gray. The Economics of Art and Culture: An American Perspective [M]. New York: Cambridge University Press, 1993.

[11] Hoos, Ida R. Systems Analysis in Public Policy: A Critique [M]. Berkeley: University of California Press, 1983.

[12] Miser, Hugh J, Edward S Quade. Handbook of Systems Analysis: Overview of Uses, Procedures, Applications and Practice [M]. Chichester: John Wiley, 1988.

[13] Mossetto, Gianfranco. Aesthetics and Economics [M]. Dordrecht: Kluwer Academic Publishers, 1993.

[14] Moulin, Raymonde. L'Artiste, l'lnstitution et le Marche [M]. Paris: Flammarion, 1992.

[15] Peacock, Alan. Paying the Piper: Culture, Music and Money [M]. Edinburgh: Edinburgh University Press, 1993.

[16] Peacock, Alan, Ilde Rizzo. Cultural Economics and Cultural Policies [M]. Dordrecht: Kluwer Academic Publishers, 1994.

[17] Throsby, David. The Production and Consumption of the Arts: A View of Cultural Economics [J]. Journal of Economic Literature, 1994a, 32: 1-29.

[18] Throsby, David. Linking Culture and Development Models: Towards a Workable Concept of Culturally Sustainable Development [R]. Commissioned Paper, World Commission on Culture and Development, Paris, 1994.

[19] Towse, Ruth. Singers in the Marketplace: The Economics of the Singing

Profession [M]. Oxford: Clarendon Press, 1993.

[20] Towse, Ruth, Abdul Khakee. Cultural Economics [M]. Heidelberg: Springer Verlag, 1992.

[21] Trimarchi, Michele. Economia e Cultura: Organiztione e Finanziamento delle Istituzione Culturali [M]. Milano: Franco Angeli, 1993.

[22] World Commission on Environment and Development. Our Common Future [M]. Oxford: Oxford University Press, 1987.

4.1.2 文化产业的同心圆模型

4.1.2.1 导言

近年来，文化产业日益成为许多国家文化政策关注的重点。各国政府开始认识到，在全球化的世界中，创意是推动创新和促进竞争优势的关键资源（Anheier & Isar, 2008）。创意经济等概念是指称发达国家和发展中国家生产创意产品和服务的宏观经济部门（Howkins, 2001；United Nations Conference on Trade & Development, 2008）。创意经济的核心是文化或创意产业，因此就开始出现一个新的文化政策方向，从重点关注高雅文化和艺术支持，转移到更加广泛和务实地关注文化产业对促进就业和经济增长的贡献。[①] 当然，文化产业与文化政策之间的关系，一直是文化研究和政治经济学传统长期关注的问题（Garnham, 1990；Hartley, 2005；Hesmondhalgh & Pratt, 2005；Lewis & Miller, 2003；McGuigan, 2004；Pratt, 2005）。然而，在过去十年左右的时间里，与全球化相关的快速技术变革，使文化产业及其在文化政策中的作用获得新的突出地位。

但是，如何界定文化或创意产业仍有争议，关于哪些产业应该或不应该纳入经济统计的文化部门，目前也没有达成共识。此外，有效制定政策的基本要求之一，就是要系统了解文化经济结构及其各部分如何组合起来。对文化产业结构特征的解释有很多方法，事实上，人们已经提出了几种不同的模型来描述和分类文化产业，每种模型都有自己对文化产业概念所覆盖范围的解释（Throsby, 2007）。这些模型或模式包括：英国制定创意产业战略所使用的众所周知的分类（Department of Culture, Media & Sport [DCMS], 2001）；世界知识产权组织所采

---

① 然而，发展领域早已讨论过更广泛的文化政策问题，例如1982年7—8月在墨西哥城举行的世界文化政策会议所颁布的《宣言》（UNESCO, 1982）。

用的基于版权的模式（WIPO，2003）；从文化研究角度所得出的模式，即将其视为象征性文本的提供者（Hesmondhalgh，2002）；联合国教科文组织统计署所开发的一个模式（2007），它建立一个新的文化产业分类系统，以便为实现统计数据收集的国际一致性奠定基础。

所有这些模式根据各自标准所列出的行业构成不同均有所不同，这至少在一定程度上反映了它们在解释文化产品和服务时，要看所强调的是文化还是经济。例如，世界知识产权组织的模式就侧重于知识产权的创收潜力，因此其界定就采用了明确的商业导向。相反，源于文化研究领域的模式就侧重于文化产业产品所固有的文化价值，将其视为经济价值的主要来源（O'Connor，2000）。

文化产品和服务定义的同心圆模式，或多或少均衡地结合了其经济和文化的特征，这种模式以创意艺术为核心，其他产业则围绕核心四周分布。将艺术作为文化产业的核心，是有先例的。例如，迦纳姆（Garnham，1990）指出，传统艺术政策的焦点是创意艺术家的中心地位，20世纪80年代大伦敦理事会的创意产业战略才彻底放弃这个焦点。一份未发表的英国文化委员会报告（Gorham & Partners，1987）也描述了艺术的关键作用，其中艺术生产链的后期（销售及其相关活动等）被描绘成围绕原创艺术的同心圆。随后迦纳姆（Garnham，2001）指出，当代政策通过引述"创意核心"概念重申艺术家的中心作用，与此同时，他也拒绝将高雅文化和流行文化区分开来。

如下文所述，本文所讨论的模型与先前的有所不同。索斯比（Throsby，2001）曾对此进行一般表述，随后在其他地方有所发展，例如在最近欧洲委员会（KEA European Affairs，2006）与英国（The Work Foundation，2007）所进行的研究，就分别将同心圆的理念作为分类的基础。[①]

本文概述了同心圆模型的结构，讨论其所依据的假设，并通过收集5个国家（澳大利亚、加拿大、新西兰、英国和美国）文化产业的相关数据，获得若干经验证据来说明该模型的应用。本文还考察了这些国家文化产业就业贡献的特征。

4.1.2.2 模型

同心圆模型最初是基于这个命题，即文化产品和服务产生两种不同类型的价值：经济价值和文化价值。我们原则上可以基于这个命题，将文化产品和服务界

[①] 有关该模型在澳大利亚数据中的应用，请参见Gibson、Murphy和Freestone（2002）。

定为特殊类别的商品,① 而且这确实是与文化现象价值有关领域有共同之处。②该模式认为,正是所生产的产品和服务的文化价值或文化内容,使文化产业具有显著的特点。

不同的商品相对于其商业价值而言,具有不同程度的文化内容;该模型认为,商品或服务所表达的文化内容越明显,生产这些商品或提供这些服务的行业,就更应该被列入文化产业。同心圆就是这样划定的:中心是核心产业,其文化与商业内容的比例,如果按照特定标准判断则为最高,当文化内容相对商业价值的比重下降时,其层次就从中心向外扩展。

如何以及由谁来确定这些标准?对于如何评价文化产业产出的文化内容,无疑有着不同的解释。例如,从事文化研究的学生可能根据文化产品所传达的象征性信息的力量和范围,以此作为文化内容的指标,而律师则可能根据所涉及的知识产权来衡量。同心圆模型的假设是,文化内容源于将创意理念融入声音、文本和图像的生产和/或呈现中,而这些理念源于原创性的艺术创意。它假设艺术创意过程(有别于科学)是首要的,这就是为什么创意艺术——音乐、戏剧、舞蹈、视觉艺术、文学——位于同心圆的中心,其他连续层次被定义为这些创意活动的思想和影响向外扩散。

在此基础上,我们可以提出四个层次或圈层,并根据上述定义对文化产品和服务进行行业分类。下面列出了它们所包含的类别和主要行业,详见图4-1。

(1) 核心创意艺术。具体包括:
· 文学。
· 音乐。
· 表演艺术。
· 视觉艺术。

(2) 其他核心文化产业。具体包括:
· 电影。
· 博物馆、画廊、图书馆。
· 摄影。

(3) 更广泛的文化产业。具体包括:
· 文物服务。

---

① 关于文化产品定义的详细讨论参见 McCain(2006)和 Throsby(2006)。
② 包括美学、哲学、人类学、艺术史等,参见 Hutter 和 Throsby(2008)。

- 出版和印刷媒体。
- 录音。
- 电视和广播。
- 视频和电脑游戏。

（4）相关产业。具体包括：
- 广告。
- 建筑。
- 设计。
- 时尚。

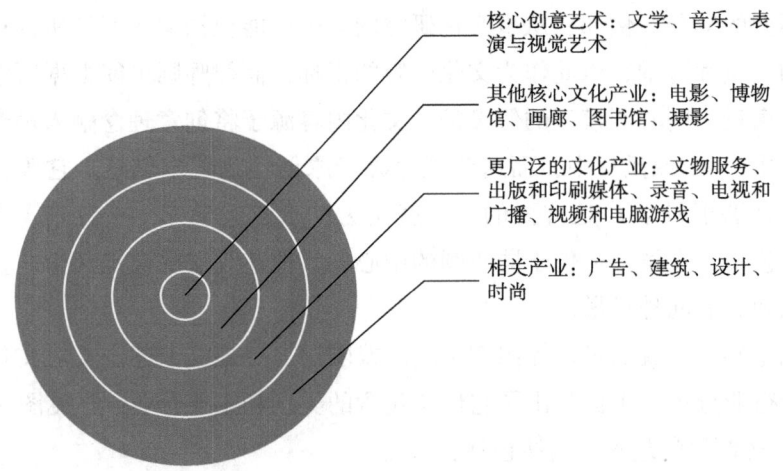

图4-1 文化产业的同心圆模型

虽然上述四个行业组合的安排，及其行业的分配，是基于同心圆模型的假设，即每个行业都是特别的；① 但它们并不依赖任何客观的标准来评估所生产的产品和服务的文化或商业内容。这并不奇怪，因为对于文化内容、文化价值和创意理念等复杂和多元的概念，并无明确的评价标准。尽管如此，同心圆模型分类系统仍可以通过经验数据来予以事后验证，我们下文将进一步讨论。

应当指出的是，"创意理念和影响的传播"可能是通过控制着整个经济和社会中知识和信息流通的各种通用沟通与交流过程来实现的。例如，小说或游戏的情节，可能会为视频或电脑游戏带来灵感。更具体地说，理念的传播可能正是由

---

① 例如，将设计分配给"相关行业"就会受到质疑。虽然，设计的某些方面有资格被纳入作为模型核心的创意性活动，而其他方面，如工业设计，本质上是功利主义的，而不是致力于传递文化内容。因此，实践上最好将设计解释为主要与商业化有关，因此将其放置在同心圆的外层是恰当的。

于创造这些理念的创意者供职于不同行业,从而使那些在离核心较远行业供职的人员,有可能为文化内容生产提供直接投入。比如,视觉艺术家可能通过创意生产原创艺术作品,但他也可能在设计业工作,或者演员有可能出现在现场戏剧的舞台上或广告业制作的电视广告上。无论如何,正是创意生产了这些行业的文化内容。

作为对文化生产结构的一种解释,同心圆模型可以看作是特定时间点的静态快照,而不是价值链模型的动态分析。在后一种情形下,一个原创的创意可以通过生产、分销和营销的增值过程,到最终消费,从而追溯其创意的起源。在同心圆模型中,分配等下游功能本身就表现为各自独立的行业,只是将核心层次所产生的原创创意作为中间投入纳入生产过程。例如,位于核心的电视编剧将作品卖给属于"更广泛的文化产业"的广播公司。在特定时刻,我们可以观察到这两个行业——编剧行业和电视业——的产出,并在适当的假设前提下评估其产出的文化内容,如下节所述。①

4.1.2.3 经验证据的必要性

根据文化产业各项产出的文化含量的相对水平,对文化产业进行分类是一回事,而在客观计量基础上实施文化产业分类,则完全是另一回事。如上所述,文化内容并无明确的计算单位,而它充其量只是一个概念,其解释会由于观察者的立场而有所不同。因此,试图从产出方面评估文化内容,似乎很难成功。然而,可以通过观察文化生产所使用的投入,作为文化内容评估的替代品。

具体地说,我们可以假定同心圆模型中所定义产出的文化内容,与创意性投入的水平成正比,且创意性投入的唯一指标就是创意劳动力的数量。不同行业创意劳动投入是可衡量的,例如,如果我们能够将创意性劳动力与所谓创意性职业联系起来。如果职业可分为创意性或非创意性,那么就有可能利用职业和行业的就业数据,按照模型计算特定地理空间(如城市、州、地区、国家或一组国家)各行业创意就业人口占总就业人口的比重。然后,根据模型的假设,这些比例可以作为这些产业产出的文化内容的替代物。要检验的假设是,随着行业从同心圆中心向外移动,其比重将有所下降。

这就要求我们先将职业划分为创意性与非创意性两类。在大多数文化生产领域,我们比较容易做这种区分。例如,在戏剧行业,演员、作家和导演明显就是

---

① 请注意,有些文化产品的生产和销售涉及不同阶段、不同的行业,而不是这个简单的例子所显示的那样。例如,音乐的制作和发行,就涉及现场表演、音乐出版、唱片、广播等行业等,所有这些都体现在同心圆模型的各个不同层次上。

创意性职业,而舞台工作人员、售票员和会计则可以被称为非创意性职业。① 然而,这种区别并不是明确无误的,因为总会出现边缘性情形。例如,一个作家就是记者,或者一个制作陶器产品的工匠,我们该如何分类呢?此外,有些文化产出——例如戏剧、电视和电影——是由团队制作的,其中创意性投入分散至所有团队成员,包括那些职业性质可能不具有明显创意性的人。

尽管有这些困难,但我们如果能够更精确地界定创意性职业的话,还是有可能给出一个可行的分类的。例如,我们承认文化部门有三种具体类型的创意性活动(Throsby, 2003):由作家、作曲家、视觉艺术家、电影和视频制作者、雕刻家、手工艺者等职业生产者创造的核心创意性产出;由表演者借助舞蹈、戏剧、音乐等多种媒介所从事的创意性诠释;由图书编辑、灯光设计师、音乐制作人等工作人员提供的辅助艺术和文化生产的创意性服务。②

值得注意的是,如果以人口普查数据作为就业人数的经验数据来源,就必须考虑到这些数据在衡量文化劳动力方面众所周知的不足之处。③ 这些问题包括人口普查数据是否能够充分反映从业的专业艺术家人数的问题。这方面出现困难的原因是,为统计收集目标所制定的工作通常是普查当中人们所从事的"主要工作",因此,一些出于经济需要或其他原因只从事艺术兼职工作的专业艺术家,就会被分配到其他职业,如教师或出租车司机。因此,从事文化职业的实际就业人数就会被低估。另一方面,由于人口普查表格是自行填写的,一些准艺术家或业余艺术家,可能会宣称自己是全职专业人员,而实际上他们对创意性产出的贡献很低或为零。此外,在伦敦这样的城市中,人口普查数据被认为存在着特殊问题,因为这些城市有大量流动人口、语言障碍者等(Higgs, Cunningham & Bakhshi, 2008)。最后,人口普查表格中所规定的职业描述,可能并不总是完全符合创意性人员实际所做工作的细节。

概括地说,任何国家如果要检验上述假设,其所需的经验资料就应提供按行业与职业分列的工人人数双向表;该表将具体说明各类别文化产业与非文化产业的总计,同时,职业可以划分为创意与非创意两类。这种交叉列表之前被用来研究文化劳动力的结构(Throsby, 2003),最近坎宁安(Cunningham, 2006)和希格斯(Higgs, 2008)等人对此进行了更深入的研究。他们将二乘二的分类(创

---

① 凯夫斯(Caves, 2000)使用"平庸"投入来描述后一种类型的工人。
② 关于美国艺术与文化职业的分析参见 Markusen、Wassall、DeNatale 和 Cohen (2008)。
③ 更详细的讨论参见 Throsby (2001b)。

意性/非创意性产业，创意性/非创意性工作者）解释为"创意三叉戟"，由表中四个象限中的三个象限组成如下：

- 专业工作者：在创意产业内从事核心创意工作的人员。
- 辅助工作者：从事创意产业内其他职业的工人。
- 嵌入式工作者：受雇于其他行业从事核心创意性职业的人。

这些论文认为，由于忽略了嵌入式工作者，创意产业的直接经济影响往往被低估。

4.1.2.4 应用

上述程序适用于 5 个国家的数据：澳大利亚、加拿大、新西兰、英国和美国。详细的表格和数据来源可参见索斯比和泽尼克（Throsby and Zednik，2007）的研究。本部分总结本文的主要结论，并检验了上述关于同心圆模型结构的假设。

这项研究数据收集所遇到的第一个问题是，这些国家并没有关于明确与划分文化产业或文化职业的共同标准，因此也无法一致性地在行业当中区分创意性/非创意性的类别或职业。因此，有必要粗略估计，以适应各国数据来源的不同特点。

就产业分类而言，这 5 个国家在其文化部门的产业定义中使用不同的活动组合，使得将产业划分为上述四类有时就有问题，例如电影有时是单列的，有时却与电视一起并列。此外，各国可识别的具体文化行业或行业组合的数目各不相同，从加拿大的 10 个，到新西兰的 24 个。根据本文的方案，我们将获得数据的文化产业归入四类之一，表 4-1 汇总了这 5 个国家各类别所包括的具体产业（详见 Throsby & Zenik，2007）。

表 4-1　同心圆分类所包括的文化产业（澳大利亚、加拿大、新西兰、英国和美国）

	核心创意产业	其他核心创意产业	更广泛文化产业	相关文化产业
澳大利亚	音乐、戏剧；创意艺术；电影和录像出版	电影和音像出版；博物馆、图书馆；摄影工作室；为艺术提供的服务	出版/印刷；广播/电视；电影发行与放映	建筑，广告，商业艺术展览；宗教机构；公园与花园；其他文化产业
加拿大	表演艺术，体育比赛与相关产业	遗产机构；图片服务	印刷/出版；广播与电视；电影与录音行业	专业、科技服务；服装，时尚，设计；宗教，募捐，市民，专业等类似机构

续表

	核心创意产业	其他核心创意产业	更广泛文化产业	相关文化产业
新西兰	音乐，戏剧，表演艺术；创意艺术	电影与影像；博物馆，图书馆；图片工作室；其他艺术服务	印刷/出版；广播/电视；其他电影；影像与音响	广告与商业艺术；建筑服务；宗教机构；其他利益团体
英国	艺术、文学创作与翻译；现场戏剧；艺术设施运营；舞厅，集市与游乐场	电影与录像；图书馆；档案馆；博物馆与其他文化活动；音乐器材生产；图片服务	出版/印刷；广播/电视；其他商业活动	广告；建筑、工程与相关技术咨询；服装/时尚/设计
美国	音乐与戏剧；独立艺术家，作家与表演者	电影与影像博物馆；图书馆；图片服务；其他艺术服务	出版/印刷；广播/电视；音响录制	广告与相关服务；建筑，工程及相关服务；服装，时尚，设计；宗教机构

在职业分类方面，我们利用了澳大利亚统计局（ABS）制定的文化统计框架，该框架界定的"文化职业"，除"艺术家和相关专业人员"等主要类别外，还包括其他一些职业，如建筑师、图书管理员、博物馆馆长、艺术领域的技术人员等（ABS，1996）。采用这个分类大大扩大了文化职业的范围，而且如果我们时刻铭记同心圆模式的概念基础，就有必要在那些范围较广的职业类别中确定下一个层次的具体职业。

采用澳大利亚统计局的文化职业类别，并在这些类别中确定具体的创意性分组，可得出文化职业的以下分类。

（1）创意性职业。具体包括：

·视觉艺术家。

·摄影师、雕刻家、工匠。

·作家、编辑。

·音乐家、作曲家、歌手。

·舞者、编舞。

· 演员。

· 导演。

（2）其他文化职业。具体包括：

· 设计师、建筑师。

· 记者、讲演者。

· 生产者。

· 图书馆馆员、馆长、管理员。

· 技师。

· 辅助人员。

4.1.2.5　结果

附录表1至表5汇总了2001年澳大利亚、加拿大、新西兰和英国以及2004年美国的就业数据，附录表6显示了同心圆每个圈层中创意与文化就业人口占总就业人数的相关百分比。表4-2列出了检验上述假设所需的结果。

基于模型的假设，表4-2的结果很明显与假设是一致的，也就是说，它们充分表明作为模型所列行业产出的文化内容指标，其生产中使用的创意劳动力的占比确实随着同心圆从中心向外移动而下降。这个结果适用于所有5个国家，也适用于文化就业和更狭义的创意性就业概念。由于每个国家对行业和职业的数据掌握程度不同，因此下降速度也各不相同。出于同样的原因，我们无法在表格中对这些数据进行比较。例如，我们不能由表4-2得出结论说，澳大利亚的核心创意性就业人口占比要高于其他国家。

表4-2　创意/文化就业人口占文化产业总就业人口的比例

（澳大利亚，2001；加拿大，2001；新西兰，2001；英国，2001；美国，2004）

单位:%

行业组合	澳大利亚	加拿大	新西兰	英国	美国
行业就业人口占创意就业人口的比例					
核心创意产品	65.3	46.7	53.7	41.7	42.5
其他核心文化产业	17.5	25.7	17.5	13.7	21.2
更广泛文化产业	9.3	5.7	5.6	4.3	6.9
相关产业	1.4	0.8	2.1	1.7	2.1

续表

行业组合	澳大利亚	加拿大	新西兰	英国	美国
各文化行业就业人口占所有文化产业就业人口的比例					
核心创意产品	80.2	64.3	65.9	46.2	55.7
其他核心文化产业	61.3	46.9	58.3	39.1	42.3
更广泛文化产业	46.1	22.1	21.1	25.5	20.6
相关产业	31.8	11.6	20.8	15.4	12.3

资料来源：附录表6。

如表4-3所示，这些结果还可用于调查5个国家文化劳动力的更广泛的特征。例如，表中第一列显示了文化产业的总就业人口占全国总就业人口的比例。这5个国家中的4个国家的文化产业就业人口约占劳动力的4%；① 由于数据中包含具体行业，英国的文化产业就业水平有所提高。②

表4-3 文化劳动力的特征（澳大利亚、加拿大、新西兰、英国、美国）

单位：%

	文化产业就业人口占全部就业人口的比重	文化就业人口占全部就业人口的比重	嵌入型就业人口占专业艺术工作者的比重
澳大利亚（2001）	3.6	5.2	51.0
加拿大（2001）	13.4[a]	15.6*	50.0
新西兰（2001）	4.1	5.8	59.9
英国（2001）	7.5	8.7	40.0
美国（2004）	3.8	4.6	57.5

* 由于加拿大数据中的"有关行业"组的原因，这些数字是反常的

资料来源：根据本章附录表1至表5的数据计算。

早些时候有人指出，如果不计算非文化产业中从事文化职业的工人，仅计算文化产业的就业就可能低估文化就业总额。在"创意三叉戟"模型中，这些工人被称为"嵌入式"。如表4-3第二列所示，计算这些工人就能提高文化就业人

---

① 如果假定自与数据有关的年份以来没有发生重大变化，此处和后文的数字目前仍具有适用性。
② 例如，将"建筑和工程活动及相关技术咨询"等纳入行业统计会大大提高英国文化产业的总量。

数的占比。这些数字表明,文化就业总量占这些国家劳动力总量的比例在 4%～9%。

表中最后一列强调了嵌入式工作者的重要性,这表明在很多国家,大多数文化或创意工作者就职于文化行业之外。请注意,英国的数据可以与希格斯等人(Higgs et al.,2008)在 2001 年估算的 54% 进行比较。后一个数字所采用的创意产业和职业的定义与上述定义有些不同。

4.1.2.6 结论

本文考察了文化产业同心圆模型的假设和结构。我们利用 5 个国家的实证数据,检验了该模型的关键特征,即文化产业产出的文化含量随着行业由核心向外移动而下降。由于文化内容不能直接衡量,我们以生产所使用的创意性投入(即劳动力)的占比作为替代品来进行测试。这些模型是由上述假设推导出来,其结果表明该模型作为描述文化产业结构特征的方法是有效的。

当然,文化产业模型没有"对的"和"错的"之分,只是在不同假设基础上,采用不同机制,将不同部分组合起来的结构而已。但是,选择一种模式来解释文化生产的结构特征,对文化政策的制定具有重要的意义。例如,从增加值、对国内生产总值的贡献、就业水平等方面来衡量文化产业的经济规模,就会因所选模式的不同而有很大差异,因为不同模式的行业组合方式不同。①

同心圆模式的吸引力在于,它强调原创创意是推动文化产业并使其区别于其他产业的动力所在。这个基本特征有助于将创意部门的经济与文化分析联系起来。特别是这种模式考虑经济价值与文化价值的区别,并赋予创意艺术以核心地位,这可能有助于加强文化政策的文化导向,并抵消将文化政策仅仅解释为经济政策的倾向,其作用恐怕仅此而已。

参考文献

[1] Australian Bureau of Statistics. Employment in selected culture/leisure occupations [R]. Canberra, Australia: ABS Cat. No. 6273.0, 1996.

[2] Anheier H, Isar R. Cultures and globalization: The cultural economy [M]. London: Sage, 2008.

---

① 例如,导言所提及的知识产权组织模式,在其扩充版本中就包括硬件制造业,如复印机和传输版权材料的其他设备,从而会过高地估计创意部门的规模。

［3］Caves R E. Creative industries: Contracts between art and commerce［M］. Cambridge, MA: Harvard University Press, 2000.

［4］Cunningham S. What price the creative economy?［R］. Platform Paper No. 8. Sydney: Currency House, 2006.

［5］Department of Culture, Media & Sport. Creative industries mapping document［E/OL］.［2008-02-04］. from http://www.culture.gov.uk/Reference_library/Publications/archive_2001/ci_mapping_doc_2001.htm, 2001.

［6］Garnham N. Capitalism and communication: Global culture and the economics of information［M］. London: Sage, 1990.

［7］Garnham N. Afterword: The cultural commodity and cultural policy［M］//Selwood S. The UK cultural sector: profile and policy issues. London: Policy Studies Institute, 2001: 445-458.

［8］Gibson C, Murphy P, Freestone R. Employment and socio-spatial relations in Australia's cul-tural economy［J］. Australian Geographer, 2002, 33 (2): 173-189.

［9］Gorham & Partners. A briefing paper on the export potential of the creative industries［R］. Unpublished paper for the British Council.

［10］Hartley J. Creative industries［M］. Oxford: Blackwell, 2005.

［11］Hesmondhalgh D. The cultural industries［M］. London: Sage, 2002.

［12］Hesmondhalgh D, Pratt A C. Cultural industries and cultural policy［J］. International Journal of Cultural Policy, 2005, 11 (1): 1-13.

［13］Higgs P, Cunningham S, Bakhshi H. Beyond the creative industries: Mapping the creative economy in the United Kingdom［R］. London: National Endowment for Science, Technology & the Arts, 2008.

［14］Howkins J. The creative economy: How people make money from ideas［M］. London: Penguin, 2001.

［15］Hutter M, Throsby D. Beyond price: Value in culture, economics, and the arts［M］. New York: Cambridge University Press, 2008.

［16］KEA European Affairs. The economy of culture in Europe［R］. Brussels, Belgium: European Commission: Director-General for Education & Culture, 2006.

［17］Lewis J, Miller T. Critical cultural policy studies: A reader［M］.

Oxford: Blackwell, 2003.

[18] Markusen A, Wassall G, DeNatale D, Cohen R. Defining the creative economy: Industry and occupational approaches [J]. Economic Development Quarterly, 2008, 22 (1): 24-45.

[19] McCain R. Defining cultural and artistic goods [M] //Ginsburgh V, Throsby D. Handbook of the economics of art and culture (Vol. 1) Amsterdam: Elsevier/North Holland, 2006.

[20] McGuigan J. Rethinking cultural policy [M]. Maidenhead, UK: McGraw-Hill Education for the Open University Press, 2004.

[21] O' Connor J. The definition of the "cultural industries" [J]. The European Journal of Arts Education, 2002, 2 (3): 15-27.

[22] Pratt A C. Cultural industries and public policy: An oxymoron? [J] International Journal of Cultural Policy, 2005, 11 (1): 31-44.

[23] The Work Foundation. Staying ahead: The economic performance of the UK's creative industries [R]. London: Department of Culture, Media & Sport, 2007.

[24] Throsby D. Economics and culture [M]. Cambridge, UK: Cambridge University Press, 2001.

[25] Throsby D. Defining the artistic workforce: The Australian experience [J]. Poetics, 2001, 28 (4): 255-271.

[26] Throsby D. The cultural workforce: Issues of definition and measurement [M] //Bernier S, Lievesley D. Proceedings of the international symposium on culture statistics [R]. Montreal, Canada: UNESCO Institute for Statistics, 2003.

[27] Throsby D. Introduction and overview [M] //Ginsburgh V, Throsby D. Handbook of the economics of art and culture (Vol. 1) [M]. Amsterdam: Elsevier/North Holland, 2006.

[28] Throsby D. Modelling the creative/cultural industries [R]. Paper presented at the New Direc-tions in Research: Substance, Method and Critique seminar, Royal Society of Edinburgh, Scotland, 2007.

[29] Throsby D, Zednik A. Employment and output for the cultural industries (Macquarie Economics Research Paper No. 5/2007) [R]. Sydney, Australia: Macquarie University, 2007.

[30] United Nations Conference on Trade & Development. Creative economy

report 2008 [R]. Geneva, Switzerland: United Nations, 2008.

[31] UNESCO. Mexico City declaration on cultural policies [R]. Paris: Author, 1982.

[32] UNESCO Institute for Statistics. UNESCO creating global statistics: Revision of the expert scoping study [R]. Montre'al, Canada: Author, 2007.

[33] World Intellectual Property Organisation. Guide on surveying the economic copyright-based industries [R]. Geneva, Switzerland: WIPO, 2003.

【附录】

附录表 1 至表 5 显示了本研究中 5 个国家的 X 行业的职业表。这些表格是由索斯比和泽尼克（Throsby and Zednik，2007）研究所包含的更全面的数据浓缩而成的，其中也包含方法、假设和来源等相关细节资料。

附录表 6 显示这 5 个国家在同心圆模型的各层次职业类别就业占总就业的百分比。这些比例用来检验关于模型结构的假设，如表 2 所示。

注意，由于四舍五入误差，在所有表格中所出现的总数并不准确。

表 1　文化及其产业的就业（澳大利亚：2001）　　　　（单位:%）

职业组合	核心创意产业	其他核心文化产业	更广泛文化产业	相关产业	文化产业总计	非文化产业总计	就业总计
视觉艺术家、手工艺者等	4.0	3.8	1.5	0.8	10.1	11.9	22.0
作家、编辑	1.6	0.2	4.2	0.8	6.7	2.1	8.9
音乐家、作曲家、歌唱家	6.0	0.3	0.1	0.2	6.6	10.8	17.4
舞蹈家、编舞者	0.2	0.1		0.1	0.4	4.4	4.8
演员	1.2	0.4	0.6	0.2	2.4	2.9	5.3
导演	0.2	1.4	1.2	0.2	3.0	0.8	3.9
创意性职业总计	13.2	6.2	7.6	2.3	29.3	33.0	62.2
设计师、建筑师	0.6	0.8	2.9	31.1	35.4	30.7	66.1
记者、演讲家	1.2	0.1	9.0	0.4	10.7	2.5	13.2
制片人	0.3	1.3	3.5	1.4	6.5	0.9	7.3

续表

职业组合	核心创意产业	其他核心文化产业	更广泛文化产业	相关产业	文化产业总计	非文化产业总计	就业总计
图书馆馆员、博物馆馆长、管理者	0.3	7.0	3.4	14.1	24.7	18.9	43.5
技师	0.4	3.8	7.0	1.4	12.6	34.5	47.1
辅助人员	0.2	2.9	4.2	0.8	8.2	12.2	20.4
其他文化从业者总计	3.0	15.9	29.9	49.2	98.0	99.6	197.6
文化就业人口总计	16.2	22.1	37.5	51.4	127.3	132.6	259.8
非文化领域就业人口总计	3.9	13.9	43.9	110.2	171.9	7 866.8	8 038.7
就业总人口	20.2	36.0	81.4	161.6	299.2	7 999.3	8 298.5

资料来源:Australian Bureau of Statistics (2001), Employment in Culture, Australia (Cat. no. 6273.0).

表2 文化及其产业的就业(加拿大:2001)

职业组合	核心创意产业	其他核心文化产业	更广泛文化产业	相关产业	文化产业总计	非文化产业总计	就业总计
视觉艺术家、手工艺者等	6.1	4.6	1.1	3.0	14.7	8.7	23.5
作家、编辑	3.0		7.4	3.3	13.7	4.0	17.7
音乐家、作曲家、歌唱家	3.4		0.3	0.4	4.1	2.5	6.6
舞蹈家、编舞者	0.2				0.2	0.9	1.2
演员	1.5		0.2		1.8	0.5	2.3
导演	1.4		7.6	0.6	9.6	0.8	10.4
创意性职业总计	15.7	4.6	16.7	7.3	44.2	17.4	61.7
设计师、建筑师	0.5	0.1	8.2	40.3	49.2	28.5	77.6
记者、演讲家	1.8	0.3	10.6	5.5	18.2	10.0	28.3
图书馆馆员、博物馆馆长、管理者	2.0	2.1	17.9	24.9	46.9	104.4	151.3
技师	1.1	1.2	9.0	13.0	24.4	18.7	43.2

续表

职业组合	核心创意产业	其他核心文化产业	更广泛文化产业	相关产业	文化产业总计	非文化产业总计	就业总计
辅助人员	0.4	0.1	2.4	3.5	6.4	10.4	16.7
其他文化从业者总计	6.0	3.8	48.1	87.2	145.1	172.0	317.1
文化就业人口总计	21.6	8.4	64.8	94.5	189.4	189.4	378.8
非文化领域就业人口总计	12.0	9.4	228.8	722.2	972.5	7 334.0	8 306.4
就业总人口	33.6	17.9	293.7	816.8	1 161.8	7 523.4	8 685.2

资料来源：Statistics Canada (2001), 2001 Census, Canada's Workforce：Paid Work. (Cat. no. 9F0012XCB2001049).

表3 文化及其产业的就业（新西兰：2001）

职业组合	核心创意产业	其他核心文化产业	更广泛文化产业	相关产业	文化产业总计	非文化产业总计	就业总计
视觉艺术家、手工艺者等	0.6	0.9	0.2	0.2	1.9	2.2	4.1
作家、编辑	0.4	0.1	1.0	0.2	1.7	1.2	2.9
音乐家、作曲家、歌唱家	0.6			0.1	0.8	3.0	3.8
舞蹈家、编舞者	0.1				0.1	0.6	0.7
演员	0.4	0.3	0.1		0.8	0.6	1.4
导演	0.1	0.4	0.2	0.1	0.8	0.2	1.0
创意性职业总计	2.2	1.8	1.5	0.6	6.1	7.8	13.9
设计师、建筑师	0.1	0.2	0.5	4.5	5.4	5.4	10.7
记者、演讲家	0.2	0.1	2.5	0.1	2.8	0.8	3.6
图书馆馆员、博物馆馆长、管理者	0.1	3.2	0.6	0.2	4.1	5.0	9.1
技师		0.1	0.1		0.2	0.3	0.5
辅助人员		0.6	0.6	0.6	1.8	11.0	12.8
其他文化从业者总计	0.4	4.2	4.2	5.4	14.3	22.4	36.7
文化就业人口总计	2.7	6.0	5.7	6.0	20.4	30.3	50.6

续表

职业组合	核心创意产业	其他核心文化产业	更广泛文化产业	相关产业	文化产业总计	非文化产业总计	就业总计
非文化领域就业人口总计	1.5	4.4	21.4	22.9	49.9	1 626.7	1 676.6
就业总人口	4.1	10.3	27.0	28.9	70.3	1 657.0	1 727.2

资料来源：Statistics New Zealand（2001），2001 Census of Population and Dwellings（MB2001），commissioned table.

表4 文化及其产业的就业（英国：2001）

职业组合	核心创意产业	其他核心文化产业	更广泛文化产业	相关产业	文化产业总计	非文化产业总计	就业总计
视觉艺术家、手工艺者等	8.9	5.0	28.4	6.3	48.5	87.3	135.8
作家、编辑	7.4	0.7	14.1	2.8	25.0	19.2	44.1
音乐家、作曲家、歌唱家	14.2	0.3	1.7	0.5	16.7	10.2	26.9
舞蹈家、编舞者	2.2		0.4	0.2	2.8	4.2	7.0
演员	19.8	0.7	3.1	0.6	24.2	8.9	33.1
导演	5.6	2.6	4.6	3.2	16.1	5.6	21.7
创意性职业总计	58.0	23.2	38.4	13.6	133.3	135.3	268.6
设计师、建筑师	2.7	1.1	38.0	79.7	121.4	72.0	193.4
记者、演讲家	2.3	3.0	82.8	3.8	91.9	45.2	137.1
图书馆馆员、博物馆馆长、管理者	0.8	35.4	6.3	22.0	64.4	45.2	110.6
技师		1.8			1.9	1.2	3.2
辅助人员	0.4	1.6	64.3	2.5	68.8	21.6	90.4
其他文化从业者总计	6.2	42.9	191.4	107.9	348.4	185.8	534.2
文化就业人口总计	64.2	66.2	229.8	121.6	481.7	321.1	802.9
非文化领域就业人口总计	74.8	103.2	669.9	665.6	1 513.5	24 259.4	25 772.9
就业总人口	139.0	169.3	899.7	787.2	1 995.3	24 580.5	26 575.8

资料来源：Office for National Statistics（2001），2001 Census, Table C0417, Crown Copyright 2004.

表 5　文化及其产业的就业（美国：2004）

职业组合	核心创意产业	其他核心文化产业	更广泛文化产业	相关产业	文化产业总计	非文化产业总计	就业总计
视觉艺术家、手工艺者等	4.9	44.6	11.0	10.0	70.4	32.9	103.4
作家、编辑	2.4	5.7	75.1	11.1	94.3	45.8	140.1
音乐家、作曲家、歌唱家	32.9	2.2	0.4	10.4	45.9	15.9	61.8
舞蹈家、编舞者	5.8	0.4			6.1	25.7	31.8
演员	17.3	80.8	0.2		98.3	29.4	127.7
导演	7.3	18.5	28.5	16.4	70.7	15.8	86.5
创意性职业总计	70.5	152.2	115.2	47.9	385.8	165.6	551.4
设计师、建筑师	3.4	6.9	44.8	184.4	239.5	220.2	459.7
记者、演讲家	6.4	9.7	103.9	31.9	151.8	178.2	330.0
图书馆馆员、博物馆馆长、管理者	5.9	77.8	7.3	8.3	99.2	223.8	323.1
技师	4.3	27.4	35.1	5.5	72.2	177.5	249.7
辅助人员	1.9	29.5	39.6	3.1	74.1	165.9	240.0
其他文化从业者总计	21.9	151.4	230.6	233.1	636.9	965.6	1 602.6
文化就业人口总计	92.4	303.6	345.8	281.0	1 022.7	1 131.2	2 153.9
非文化领域就业人口总计	73.5	414.2	1 332.1	2 002.9	3 822.6	123 170.2	126 992.8
就业总人口	165.9	717.7	1 677.9	2 283.9	4 845.4	124 301.4	129 146.8

资料来源：Bureau of Labor Statistics（2004），November 2004 National Industry-Specific Occupational Employment and Wages Estimates.

表 6　创意/文化就业人口占全部文化产业就业人口的比例

（澳大利亚，2001；加拿大，2001；新西兰，2001；英国，2001；美国，2004）

单位：%

	核心创意产业	其他核心文化产业	更广泛文化产业	相关产业	文化产业总计	非文化产业总计	就业总计
澳大利亚							
创意职业	65.3	17.5	9.3	1.4	9.8	0.4	0.7

续表

	核心创意产业	其他核心文化产业	更广泛文化产业	相关产业	文化产业总计	非文化产业总计	就业总计
其他文化职业	14.8	43.8	36.7	30.4	32.8	1.2	2.4
文化职业总计	80.2	61.3	46.1	31.8	42.5	1.7	3.1
非文化职业总计	19.8	38.6	53.9	68.2	57.5	98.3	96.9
就业总计	100.0	100.0	100.0	100.0	100.0	100.0	100.0
加拿大							
创意职业	46.4	25.7	5.7	0.8	3.8	0.2	0.7
其他文化职业	17.9	21.2	16.4	10.7	12.5	2.3	3.7
文化职业总计	64.3	46.9	22.1	11.6	16.3	2.5	4.4
非文化职业总计	35.7	53.1	77.9	88.4	83.7	97.5	95.6
就业总计	100.0	100.0	100.0	100.0	100.0	100.0	100.0
新西兰							
创意职业	56.1	17.5	5.6	2.1	8.7	0.5	0.8
其他文化职业	9.8	40.8	15.6	18.7	20.3	1.4	2.1
文化职业总计	65.9	58.3	21.1	20.8	29.0	1.8	2.9
非文化职业总计	34.1	41.7	78.9	79.2	71.0	98.2	97.1
就业总计	100.0	100.0	100.0	100.0	100.0	100.0	100.0
英国							
创意职业	41.7	13.7	4.3	1.7	6.7	0.6	1.0
其他文化职业	4.5	25.3	21.3	13.7	17.5	0.8	2.0
文化职业总计	46.2	39.1	25.5	15.4	24.1	1.3	3.0
非文化职业总计	53.8	60.9	74.5	84.6	75.9	98.7	97.0
就业总计	100.0	100.0	100.0	100.0	100.0	100.0	100.0
美国							
创意职业	42.5	21.2	6.9	2.1	8.0	0.1	0.4
其他文化职业	13.2	21.1	13.7	10.2	13.1	0.8	1.2

续表

	核心创意产业	其他核心文化产业	更广泛文化产业	相关产业	文化产业总计	非文化产业总计	就业总计
文化职业总计	55.7	42.3	20.6	12.3	21.1	0.9	1.7
非文化职业总计	44.3	57.7	79.4	87.7	78.9	99.1	98.3
就业总计	100.0	100.0	100.0	100.0	100.0	100.0	100.0

资料来源：根据附录表1至表5的数据计算。

4.2 理查德·凯夫斯

导 读

在自由市场资本主义阶段，亚当·斯密所开创的古典经济学，用"看不见的手"来解释社会经济生活，即每个利己的个体在市场机制的作用下实现社会的共同利益，并将企业视为"黑箱"而弃置不顾。到了垄断资本主义阶段，企业在配置资源过程中发挥更重要的作用，这就需要我们打开"黑箱"，了解企业这只"看得见的手"，这就是钱德勒所谓的"企业的管理革命"。而在文化领域，人们对于管理的漠视更是由来已久，往往认为文化的生产源于天才的天赋，如同神秘的"黑箱"，似乎没有人能够打开它以探其奥秘，这也是早期研究"传统"文化的文化经济学在这个领域几乎无所作为的原因所在。而随着新兴的创意产业的崛起，文化企业特别是跨国文化帝国的崛起，"传统"的文化生产方式也随之改变，企业已经取代个体成为资源配置与生产组织的重要主体，因此，文化经济学有必要研究文化经济组织与管理问题。诚如迪克·纳策（Dick Netzer）所言，"理查德·凯夫斯教授填补了一项重要的历史空白：到目前为止，还没有任何学者曾经涉及艺术和文化的经济组织结构问题"[①]。这种评价十分中肯，只是，目前国内学术界有着此类认识的人似乎并不多见。

如前所述，文化经济学在经过30余年的探索期之后，终于有了体系化的努力，这种努力的关键就是给文化经济学找到一个理论基点，为文化与经济原本背道而驰的两个领域找到相通的共同基础。而索斯比与凯夫斯就是为这种体系化做出努力的两位最杰出的代表人物：前者以文化资本概念为基石，试图搭建文化与经济之间互通的桥梁；后者则以合同概念为基础，试图揭示创意与经济之间关联的管理秘诀。如果从今天的学科细分视角来看，两人各自驻守一方，前者所驻守的领域是经济学，而后者所植根的领域是管理学，凯夫斯所掀起的就是一场创意产业研究中"企业的管理革命"，其开拓之功毋庸置疑。其实，就笔者而言，虽然很早就拜读过其名著《创意产业经济学：艺术的商业之道》，但是，对其贡献

---

① 理查德·凯夫斯. 创意产业经济学：艺术的商业之道 [M]. 孙绯，等译. 新华出版社，2004.

似乎一直没有足够的意识，甚至我自己编写的教材虽将其列入参考书目，却在课上很少提及他的思想，即便是在创意生产管理的部分。这种改变源于另外一位文化经济学家——露丝·陶斯的耳提面命，她多次提醒笔者凯夫斯是理解创意管理的不二法门，他会引导你进入创意管理的秘境，领略个中奥妙。作为导读者，我这里依样画葫芦，给各位读者做一个向导。

文化经济学自创设以来，有关产业特征的描述除了鲍莫尔的"成本病"以及路人皆知的不确定性之外，似乎并没有什么让人过目不忘的总结，而凯夫斯在此一口气贡献了七大特征，很多都是自己基于经验观察的原创，如各色人等、光阴似箭等，这无疑将推进我们对文化产业特征的理解，其创新之功不可没。更值得称道的是，基于作者本人对创意产业30余年的关注，他从管理学角度给予超乎常人的理解，这里我们摘其要点予以解读。

先说我们所熟知的不确定性，学术界对此已有充分的讨论，凯夫斯从管理者视角将其概括为"无人知晓"，从这个视角他的确给出不一样的见解。所谓"无人知晓"，就是"虽然生产者对生产过程了如指掌，但他对顾客能否喜欢却一无所知"。传统经济学对此的解释通常是信息不充分或者不对称，比如说我们无法了解产品充分的信息，所以无法给出正确的决策。但是，凯夫斯从管理学角度特意提醒道，这里的问题不是信息不对称，而是对称性无知（Symmetrical Ignorance）。这里笔者要提醒各位的是，"两者之间的差别，至关重要"。如果是信息不对称的话，我们可以搜索信息、获取知识，以便降低信息的不对称。但是，对称性无知则意味着交易的双方对于产品的信息有着同样的无知，生产者、消费者，或者生产链条中交易各方，都无法掌握产品的全部信息。以生产链条中交易双方为例，两者存在对称性无知，合作就面临着困难，而期权合同就是管理学的应对工具，从这个角度我们能够更好地理解对称性无知。作者举例道，复杂创意产品（电影、流行音乐专辑）从构思到成品经历了诸多阶段，当产品进入下个阶段时，前面阶段的投入就成了沉没成本，但是，由于双方对产品的信息都无法有确定的判断，所以，双方只能在创意生产的过程中不断试探，以决定合作还是不合作。以电影行业为例，剧本几乎是产业链的首要环节，但是，从生产的角度，无论是剧作者，还是采购剧本的制片方，都处于对等的无知状态：剧作者也许有着不错的过往记录，对剧本的创作也信心满满，但是，写作毕竟是个体化的原创性行为，剧本在质量与时限方面依然存在着较大的不确定性；对于将要采购剧本的制片方而言，它不仅要面对剧作者自身也无法控制的生产的不确定性，而且要面对市场形势的变动性与不确定性，比如说，原本确定的题材随着时间的推移已经没有了市场等,制片方在一定程度上处于无知的状态。在这种情形下,期权合同就有了用武之地,这是因为"当玛丽获取新的消息之后,她就能够通过期权合同,从乔那里购买继续下去的期权(如果她愿意的话)"。

另外一个值得一提的特征就是"一流与二流",这就是文化产品所表现出的纵向区别,它更表现为一流艺术家与二流艺术家的报酬有着天壤之别,这又被称为巨星理论,或者级差租金理论。按照巨星理论的解释,"随着市场规模的增大,天赋上细微的差异都可能会使他们的收入成倍增长,从而导致了具有较高天赋的艺术家们和天资不高的艺术家们在收入分配上的巨大差异"。[①] 具体而言,巨星享有更高收入的原因不外乎两点:其一,从生产的角度而言,巨星由于其天赋的独特资源,能够拥有更高的生产效率与市场号召力,所以他们理应获得更高的报酬;其二,从消费的角度而言,消费者更倾向于选择一流的艺术家,因为他们代表了质量,这不仅会降低搜求成本,而且通过与更多的观众分享会获得更愉悦的体验。既然艺术家与艺术品有一流与二流之分,那么,这显然会对创意性活动的组织形式有所要求,即该采取什么样的组织形式与管理安排,让一流艺术家生产出一流产品。

对于文化产业而言,其最集中的体现就是明星制,即"对于文化企业而言,应对文化市场不确定性的最好方式是在推出产品之前将所有的精力集中在'名称'(name)上,并将其作为'明星'的作品来营销",[②] 如今,随着文化产业运作的组织模式日趋成熟,明星制几乎成了文化产品生产的基本程式。标准普尔在2000年所做的统计结果表明,20世纪90年代好莱坞126部国内票房过百万的电影中就有41部有如下7名大牌明星中的一名甚至多名加盟,他们是汤姆·汉克斯、朱莉娅·罗伯茨、罗宾·威廉姆斯、金·凯瑞、汤姆·克鲁斯、阿诺德·施瓦辛格和布鲁斯·威利斯。[③] 除了要聘请明星,管理者还要为明星搭建水平相当的团队,以保证明星的一流水平能够正常发挥,作者引用一位制片人的说法,"如果你有像阿尔·帕西诺这样的演员……千万不要随便找个临时演员与他演对手戏,你千万不要这样做。如果你非要这样做,这些名角就会拒绝工作……与他

[①] 露丝·陶斯. 文化经济学[M]. 周正兵,译. 大连:东北财经大学出版社,2016:79.
[②] Bill Ryan. Making capital from culture: the corporate form of capitalist cultural production [M]. New York: Walter de Gruyter, 1991: 198.
[③] David Hesmondhalgh. Cultural Industries [M]. London: SAGE Publications Ltd., 2002: 21.

们演对手戏的演员一定也要小有名望。否则……这些名演员就不会拿出绝活来"①。

如果各位读者对于这两个特征有着精确的理解，那么其他特征的理解也就变得简单了，也就无须导读。当创意产业有了这些特征，其实也就有了其发展的限制性特征，创意的管理就成了戴镣铐的舞蹈，而这些特征或者问题就成了管理的对象。而本节 4.2.2 的内容就是从合同的角度阐述创意产业如何在这些约束性条件下解决这些难题的。

我们知道，随着两次产业革命的进展，现代商业企业纷纷取代传统古典资本主义企业，当所有者与经营者开始分离，所有者与经营者之间的合同关系就变得十分重要，自然也成为经济学家研究的焦点。这个时期的合同理论基本可称为完全合同理论，即作为理性人的签约双方，都能完全预见契约期内可能发生的重要事件，愿意遵守双方所签订的契约条款，当缔约方对契约条款产生争议时，也能由第三方裁决并强制执行。但是，到了 20 世纪 80 年代，格罗斯曼和哈特（Grossman & Hart, 1986）等人发现，完全合同理论的诸多假设并不存在，如人们是有限理性的、信息是不完全的及交易事项是不确定的，因而不完全合同才是常态，他们在此基础上探讨财产权或（剩余）控制权的最佳配置问题，从而发展出不完全合同理论。作为管理学大师，凯夫斯对于这些理论可谓如数家珍，按他自己的表述就是，"如果合同所约束的商业活动的产出具有内在的不确定性，或者其产出要依赖于未来不确定的要素，那么，各方就难以起草一份完全合同——详尽规定各方应尽之义务与可享之报酬"②。以下我们不妨借用格罗斯曼和哈特所创设的模型，③ 对创意产业中不完全合同的管理予以直观的说明。

我们还是以前面所提及的电影剧本编写的合同管理为例，假设编剧与制片人作为甲乙双方在 T0 期签订合约，甲方（编剧）在 T1 期向乙方（制片人）提供一种中间产品（剧本），乙方根据甲方所提供的中间产品——剧本，生产出最终产品——电影，并向市场出售。但是，由于电影生产与消费的不确定性，加之艺术创作自身的不确定性，双方很难也不可能在 T0 期确定剧本的细节，所以双方

---

① 理查德·凯夫斯. 创意产业经济学：艺术的商业之道 [M]. 孙绯, 等译. 北京：新华出版社, 2004：127.

② Richard Caves. Creative Industries: Contracts between Art and Commerce [M]. Boston: Harvard University Press, 2000：14.

③ Grossman, Sanford J, Hart Oliver D. The Costs and Benefits of Ownership: A Theory of Vertical and Lateral Integration [J]. Journal of Political Economy, 1986, 94：691–719.

的初始合约是不完全合同。由于在 T0 期所签署的是不完全合同,那么,甲乙双方在 T1 期就甲所编写的剧本初稿进行谈判,以确定进一步的合约安排,于是就会有三种可能性:其一,在不存在竞争的情形下,由于制片人没有专用投资,而编剧则已经付出了沉淀成本,并且交易好于退出,所以,制片人在谈判中更有话语权,他会设定有利于自己的价格水平,直至获得全部利润;而对于编剧而言,一旦能够预见这种情形,他会在 T0 期减少专用性投资,以保护自身的利益。其二,在有竞争的情形下,假设制片人不止一家,还有很多其他潜在的购买者,那么,编剧如果对自己的剧本信心满满,他会以拒绝交易相要挟,提升价格水平,直至获得全部利润,如果制片人能够预期到这种情形,即受到编剧的要挟而致 T1 期交易失败,那么也不会在 T0 期进行投资。其三,在编剧存在竞争者的情况下,由于产品质量的事后不可验证性——剧本的质量无法由第三方验证,制片人可能以编剧的产品质量不符合要求为由,拒绝执行合约;或者在制片人存在竞争者的前提下,编剧提供了不合要求的产品,制片人拒绝接收,导致合约不能履行。

质言之,制片人与编剧之间所签订的是不完全合同,它符合格罗斯曼和哈特模型所描述的基本特征,不过,作为文化经济学家,凯夫斯也清楚创意活动中不完全合同也有其特殊之处,特别是在其成因方面。"事实上,信息不对称在创意产业合同中的作用十分有限,真正构成影响的是'无人知晓'的特征,因为在大部分或所有资源都投入到最终产品之前,没有人知道项目的价值。因此,不是不对称信息,而是对称性的无知影响了合同"。[①] 由于创意产业的这些特殊性,即便是不完全合同也不能保证创意产业的有效运转,所以,创意产业,如好莱坞电影产业就构建了一个完善的产业体系,以保证促进产业的有效运转,而这时候的合同就体现为另外一种新的形式,即隐性合同,这也是文化经济学家露丝·陶斯在评论中特别提请注意的内容。[②] 对此,凯夫斯是这样表述的,"合同理论也运用了隐性合同概念,即无须列出条款,而只是按照一种非正式的理解,即项目就会依照群体的共识予以实施"。[③]

我们知道,自从好莱坞大制片厂制解体以来,电影产业形成了所谓"多方位

---

① Richard Caves. Creative Industries: Contracts between Art and Commerce [M]. Boston: Harvard University Press, 2000: 14.

② Ruth Towse. Book Review [J]. Journal of Political Economy, 2002, 110 (1): 234-237.

③ Richard Caves. Creative Industries: Contracts between Art and Commerce [M]. Boston: Harvard University Press, 2000: 13.

产业联合体"（Multifaceted Industrial Complexes）。其中关联程度非常高的中小企业形成的紧密网络，在各类企业与个体之间重复合作，而各类电影组织，如协会、工会等中介组织为其提供信用网络，这些因素让隐性合同有了用武之地，也正是隐性合同让好莱坞电影行业的运转更加顺畅与有效。如前所述，由于创意产业合同存在太多的不确定性，所以无法也不可能详细规定合同的具体细节，所以合同执行过程中就会出现机会主义倾向，导致合约执行有困难。但是，如果创意产业，如好莱坞电影行业的合作是在产业集群内重复进行的，那么，其隐性合约将能有效地解决这些问题。我们假设，在集群中的合作是一次性的，如一位演员和导演的合作，那么，这位演员会有机会主义的倾向——如不愿全身心投入并展现其全部艺术才能（一种隐性的行为），甚至是磨洋工（一种显性的行为）——一旦导演觉察这种现象，他会中止合作，如果合作是一次性的，对于演员而言其损失有限。但是，如果合作是重复的话，那么演员就会意识到，任何一次的不合作都会遭受严重的后果——其后的合作将不再可能继续。所以，在重复合作的隐性合约中，不管合同条款如何界定，或者是否有相关条款，演员都会倾其所能，以保证合作能够继续下去。

凯夫斯以其管理学家的专业性为读者提供了有关合同的基础理论与最新进展。更为重要的是，他结合创意产业特别是电影行业，对其中的合同管理做了有史以来最具有学理性与说服力的解读，是我们理解创意合同管理的必备参考书。但是，诚如陶斯所言，"他并不只讨论合同理论，也运用了其他产业组织概念，如规模经济，但这让人心生疑惑，到底这些理论适用于何处"[①]。这在这本书中最明显的体现就是合同理论的泛化，即用合同理论解释创意产业中的任意现象，如陶斯所提及的规模经济现象，这是读者诸君在阅读此书时应当警惕的。

4.2.1 创意行为的经济特征[②]

经济学家们已就某些行业的特征做了深入的研究：制药业和计算机芯片业通过竞争促进创新；化工行业通过竞争装备新产能；食品加工行业通过竞争促进产品差异化和优势品牌的崛起。事实上，所有行业都有竞争，也都有让公共管理部门头疼的问题。其中一个最易被忽略的行业是创意产业，该产业提供与文化、艺

---

① Ruth Towse. Book Review [J]. Journal of Political Economy, 2002, 110 (1): 234-237.
② 本文节选自《创意产业经济学：艺术的商业之道》的同名章节。

术相关或仅仅有娱乐价值的产品与服务：包括书籍和杂志出版、视觉艺术（绘画、雕塑）、表演艺术（戏剧、歌剧、音乐会、舞蹈）、录音、电影和电视，甚至是时装、玩具和游戏。迄今为止，经济学家对这个领域的研究主要集中在精英性表演艺术的公共资助问题上。

虽然经济学家也曾研究创意行为的公共政策，但是他们很大程度上忽视这些活动的组织方式为什么如其所是。所有类别的艺术家都参与创意工作及其过程，但是，只有在那些"平庸"（或"普通"）的合作伙伴（也许还包括其他艺术家）协作之下，才能完成最终的任务。画家需要画商，小说家需要出版商，而电影则需要演员、导演、编剧、摄影师、制作设计师、化妆师，还有其他许多可以被称为艺术家的人员（还有卡车司机和会计师，他们也许不这么认为）。这些合作建立在交易和合同的基础之上，即使是"握手"合同，也是精心拟定的规范合同。有些艺术作品产生于持续性组织形式之中，如交响乐团，或者20世纪30年代的好莱坞电影制片厂，而有些产品则从一次性交易中产生。本书所讨论的是创意行为的组织问题：为什么交易和合同是这样的？为什么有些创意行为发生于组织（"公司"）之内，而另外一些则发生在一次性交易（"市场"）之中？

虽然经济学对于解答这些疑问有不少分析工具，却很少被应用于创意产业。合同理论解释了为什么自利的各方能够达成交易。产业组织理论研究（除其他问题外）为什么在持续存在的公司内部，还是在独立当事人之间进行交易，为什么公司的数量是多或是少，或者为什么公司在一个或几个市场中运作。我尝试用这些工具来综合分析创意行为的组织问题。需要做的工作还有很多，当然，我们也可以运用不同方法来实现这个目标。这里我们将提供几种选择，明确核心问题，并摘其要点予以分析。或者，我们可以先厘清创意行为的基本特征，并揭示这些特征是如何驱动这些有着大量创意元素的组织的运作方式。后者其实就是工具的选择问题。我们这里将介绍一些基本特征，然后，描述全书将如何运用这些特征，特别是运用这些特征解释创意行为为什么按照现有方式来组织。

经济学家论及艺术[1]时常常要证明，艺术工作者做出的经济选择与那些没有创意欲望或技能的普通人并无差别。[2] 在这里，我们假设创意工作者在其行为中有着目的性和理性，与普通人没什么两样。他们可能品味不同，也可能缺乏企业家精神或谈判技巧，但后者显然有待观察。相反，我要强调的是，创意产品与服

---

[1] 例如威廉·格拉姆普（William Grampp）

[2] William Grampp. Pricing the Priceless：Art, Artists, and Economics [M]. New York：Basic Books, 1989.

务的生产过程以及创意艺术家的偏好或品味,与那些创意能力较少(如果很少可以忽略的话)发挥作用的其他经济行业相比,有着明显且系统性的(如果不是普遍的)差别。这些差别根植于创意行为与其他经济行为的差异,以及创意行为之间的些微差异。

4.2.1.1 需求不确定性

关于消费者如何评价新生产的创意产品,有着很大的不确定性,因为缺乏没有可比性的产品。它有可能赢得赞誉,并带来远超成本的收入,也有可能会发现很少有客户给予正面评价。如果创意产品的制作成本很高(是一部电影而不是一幅画),那么制作者将竭尽全力,在所有成本都已经投入之前,了解买家评价是高还是低。然而,所有研究和预先测试多是无效的,即便是在事后,我们也很难用已有需要的满足,来解释创意产品为什么成功。① 当所有投入变为沉没成本之时,问题就更加恶化,而且一旦灾难在所难免,这些沉没成本就会像往常一样无法挽回。这个特征就意味着,任何创意产品的风险都很高,所以,对于生产机构而言如何配置或分担风险就变得十分重要。这就是一位好莱坞观察家所描述的特征——"无人知晓"。② 一项针对成功电视剧的研究戏剧性地证明了这一点。电视网络使用新节目的若干信号吸引广告商,它们自己也根据这些信号来决定将哪部电视剧列入播出季。尽管如此,这些信号都没有能力从统计学意义上预测哪个电视剧会成功。③

经济学非常关注买卖双方颇为头疼的信息不对称问题:二手车的买家怀疑卖家隐瞒了产品缺陷的充分信息;美食的卖家为了证明其美味可口,只能恳求顾客购买并试用它。如同上述产品,创意产品是经验产品,而买家的满意只是一种主观的反应。虽然生产者对生产过程了如指掌,但他对顾客能否喜欢却一无所知,即无人知晓。组织所解决的问题是对称性无知,而不是不对称的信息。两者之间的差别,至关重要。复杂创意产品(电影、流行音乐专辑)从构思到成品经历了诸多阶段,当产品进入下个阶段时,前面阶段的投入就成了沉没成本。但是,在生产的漫长过程中,常有市场前景良好的新信息不断传来。当乔将未完成的产

---

① David F Prindle. Risky Business: The Political Economy of Hollywood [M]. Boulder, Colo.: Westview Press, 1993: 34.

② William Goldman, Adventures in the Screen Trade: A Personal View of Hollywood and Screenwriting [M]. New York: Warner Books, 1984: 39.

③ Willian T Bielby, Denise D Bielby. "All Hits are Flukes": Institutionalized Decision Making and the Rhetoric of Network Prime Time Program Development [J]. American Journal of Sociology, 1994 (99): 1287-1313.

品交给玛丽时,乔对项目的投入就是沉没成本,但玛丽仍有机会调整,甚至收回投资。如果在两人交接的刹那,有项目最终将会成功的消息传来,这就足以让玛丽就是否和如何继续做出选择(相对而言,乔已经没有选择机会了)。① 这种不对称解释了期权合同为什么广泛应用于创意行业,当玛丽获取新的消息之后,她就能够通过期权合同,从乔那里购买继续下去的期权(如果她愿意的话)。

4.2.1.2 创意工作者关心产品

经济学家通常认为,受雇从事某项工作的工人,并不关心其所生产的产品的特征。他们关心的是工资和工作条件,以及付出多少努力,而不是产品的风格、颜色或特征。熟练工匠常常对其工作与产品质量给予荣誉感或关注,但经济学家认为,这种兴趣不会影响生产的组织。然而,在创意行为中,创作者(艺术家、表演者、作者)高度关注原创性、技艺,以及生产过程的成就与和谐程度。这种对艺术成就的关注与消费者的最终接受有一定的联系,虽然这种联系不一定很紧密。这位音乐家可能会看重一些表演技巧,这种炫技行为会绕开一般观众,却能够被同行所识别。因此,艺术家就会将精力从消费者注意到的方面(从而影响支付意愿),转移到那些他们既不注意也不重视的方面。我们这里明确地区分创意性投入与平庸性投入。无论在哪里工作,平庸性投入所要求的工资,至少相当于他们从事其他工作的工资水平。他们不在乎雇用者是谁,也不在乎(在能力胜任的范围内)被要求承担什么任务,他们只是为了钱。

至于创意性努力与平庸商业之间的结合问题,有待进一步探讨。从浪漫主义那里继承来的创作灵感观认为,艺术家的创作源于内心的需要。想象力和激情自行其是,大概不会妥协于理性和既定实践。成功地模仿一位大师,一旦被认为是小有成就,就会变成一种懦弱和懒散的行为。艺术声称自己是一种超越现实之物,从而将艺术家与工匠区分开来。② 当艺术家被要求与那些平庸的伙伴合作时,他们拒绝妥协,也从不对其艺术创意行为做出承诺,或者接受任何外在的限制。问题的症结在于,由于资源稀缺,妥协往往不可避免。原则上拒绝妥协将会分散注意力,使他不能达成最好的交易。

艺术家品味不仅关系着如何完成创作,还关系到投入多少精力。艺术家通常还有其他的工作选择,而且确实有可能拥有能够获取高薪的技能。关于创意工作

---

① Georg Nöldeke, Klaus M Schmidt. Sequential Investments and Option to Own [J]. RAND Journal of Economics, 1998, 29: 633-653.

② Albert Guérard. Art for Art's Sake [M]. Boston: Lothrop, Lee, and Shephard, 1936: 34-35; Raymond Williams. Culture and Society (1780-1950) [M]. New York: Columbia University Press, 1958: ch. 2.

的兴趣，将通过从平庸工作中转移时间，从而增加努力程度，这也就是所谓的"穷困潦倒艺术家"综合征。兴趣的广度与强度影响创作的质量、数量，我们称之为"为艺术而艺术"。

这个特征就意味着，相比较于只看重收入情形下的产量而言，艺术家实际上创造出更多的创意产品，而且实际上艺术家所获得的平均金钱性收入，要低于其能力、技能和教育所应得的。不那么明显的是，当工人密切关注产品特性时，其生产的组织问题将为之巨变。那些组织平庸性生产的企业家所面临的问题是，我能否以低于购买者支付愿意的价格，招募生产特定产品所需的投入？对于企业家而言，好消息是创意性投入相对便宜；坏消息则是，产品的特性和创意性投入的就业条件，必须通过与那些不愿乃至无法预先对其创意选择做出承诺的人进行谈判来协商。艺术家们发现，即便在事后也很难解释其审美选择，就更不用说事前了。[①]

事实上，艺术家本质上是将内心观念外向性的物化，这就解释了"无人知晓"现象。因为艺术家无法知道，也不能预测其创意观念也同样吸引他人。更糟糕的是，她也不能确信自己是否成功地将其内心观念抽绎出来，并转化为外在的创意产品。也就是说，观念的质量及其实现的有效性都是未知的。

4.2.1.3 创意产品需要多种技能

有些创意作品只需一人完成，如画家可以独自创作油画。然而，很多作品需要多种技能性和专业性的工人，而且每个人关于产品质量与形态都有不同的品味。一部电影源于诸多不同艺术家的努力，每个艺术家都有不同的技能和审美价值，因此在工作重点与偏好方面就会有冲突，而导演就被迫协调这些人的努力。不同的口味和偏好显然使得组织这些活动的交易行为变得更为复杂，正如"为艺术而艺术"特征所暗示的那样。正式合同通常不可行，我们发现，复杂创意行为中所有合作艺术家相互冲突的偏好，往往通过等级秩序机制予以解决。

然而，如果所有投入都必须达到或超过一定的效率水平，并能够在生产不同产品时保持效率的一致性，那么就会产生一个更复杂的情况。也就是说，创意行为包含了经济学家所谓的乘数生产函数（Multiplicative Production Function）。生产函数只是计算指定组合的投入而获得全部产出的方程。我们通常假设投入是可替代的：你可以用两个单位劳动和一个单位资本，或者一个单位劳动和两个单位资本生产一个小物件；也许只要四个单位劳动力也可以生产一个小物件。然而，

---

① Howard S Becker. Art Worlds [M]. Berkeley：University of California Press，1982：199-200.

在乘数生产关系中，如果要生产任何有商业价值的产出的话，每一种投入都应该达到或超过最低的效率水平，以便完成自己该完成的任务。即便是大数，当它乘以零，其结果仍为零。这就是迈克尔·克瑞莫（Michael Kremer）所谓的 O 型环生产理论。[①] 这里我们称它为人员混杂（Motley Crew）特征。它所指称的是，为创意产品选择投入的组合，并在生产过程中维持所有组合成员之间的合作。

4.2.1.4 差异化产品

当消费者评价一件创意产品时，他通常会将它与同类产品进行比较。正如看电影与读书，均为打发夜晚时间的可相互替代方式。对于创意行为的组织者而言，更为重要的是，消费者要从诸多正在上映（或者从音像店租赁）的影片中选择一个。没有哪两个片子是相同的，它们确实有所不同，而且会导致不同的选择。一旦体验了两种产品，购买者就有可能认为 A 产品比 B 产品更好，经济学家称之为垂直差异。如果 A 和 B 以相同的价格出售，那么就没有人会购买产品 B。文化产品在特点、情感、风格等方面会有所不同，无论什么形式的不同，这些差异都独立于买家对其质量水平的总体判断，两首歌曲、两幅画、两部"动作"电影在消费者眼中可能有非常相似的特征和质量，但它们并不一样。从经济学意义来看，它们具有横向的差异性。当具有横向差异性的产品以相同价格销售时，有些人会喜欢其中的一种，而有人可能会喜欢另一种。创意产品通常同时表现出纵向和横向差异。大多数创意产品在很多方面都会有所不同，如绘画会在大小、颜色、图像类型、技巧等方面有所不同。一般而言，可以比较的维度越多，其差异就越大，也许每个人都可能同意男主角在电影 B 中的表现要优于其在 A 中的表现，但有些人出于其他原因更喜欢 A。

这就是无限多样性特征。我们引用这个概念来证明艺术家选择的多样性，以及消费者或中介实际选择的多样性。可以画的画儿不计其数。以油画为例，其数量也数不胜数，而且其中有不少有着类似的风格与优点。也就是说，它们是有区别的，但差别不大。无限多样性对创意行为的组织而言意义重大。例如，当一种创意产品有许多样本可供消费时，大多数消费者就会对此持无所谓态度，于是，有人就会选择斯卡拉蒂（Scarlatti）所演奏的奏鸣曲，或一部低成本的杀人狂电影。这种选择对多梅尼科·斯卡拉蒂（Domenico Scarlatti）来说已经不再重要了，但对那些杀人狂电影的版权持有者来说却是非常重要的。

[①] Michael Kremer. The O-Rings Theory of Economic Development [J]. Quarterly Journal of Economics, 1993, 108（8）: 551–575.

虽然创意的可能性总是丰富的，但创意的实现有时却并非如此。歌曲的创作成本很低，但瓦格纳的《尼伯龙根的指环》的制作成本很高（与歌剧爱好者的资金相比），因此其产量并不多。当固定（沉没）成本飙升至接近消费者的意愿支付水平①，就会出现另外一个组织问题，即剧院经理所能收取的票价无法覆盖《尼伯龙根的指环》的成本，即便音乐爱好者支付意愿还很充足（因为有些人支付的门票低于其对体验的评价）。这个问题解释了国家歌剧院和音乐厅为之抱怨不已的赤字问题。它也解释了为什么出现捐助者所支持的非营利性机构，以便管理与资助此类活动。

4.2.1.5　垂直差异化技能

对消费者而言，文化产品在质量水平上的差异是无法预测的。而艺术所提供的个人创意，在技能、独创性和（或）熟练程度方面也有所不同，尽管不是那么不可预测。当技术熟练的机构生产创意产品时，或者成品展示出来时，或者两种情形兼而有之时，我们就能观察到这些人才的差异性。一位艺术家的技能对于这样的人群也许是显而易见的：那些受过培训的、提供同样创意性投入的同行，协调这类与他类创意性投入的专业人士，以及其他有资格成为教师、评论家的人。艺术家可以通过培训和（或）实践来提高技能，但是无论如何，受训和成熟的创意者所立足的熟练程度并不相同。艺术家（无论多么精通）的表现会时好时坏，但是这丝毫不会影响这种排名程序，尽管排名也确实有些不确定。例如，好莱坞的编剧、导演和制片人，任何时候都会同意谁是"A 名单"和"B 名单"的编剧。用经济学的术语来说，这些创意性投入本身在纵向上是有区别的，这是 A/B 名单特征。

投入的质量差异引发了若干有关创意行为的组织问题。为什么会使用 B 名单的投入呢？一位电影制片人在支付给一位 A 名单的编剧启动资金后，能否与一位 B 名单上的编剧合作，从而成功节约费用？消费者在多大程度上制订了自己的 A、B 名单，还是两个名单并无不同？人们可能还想知道，为什么创意圈对人才排名如此感兴趣？我们必须要援引人类的某种心理倾向，以便建立啄食秩序，还

---

① 固定成本与沉没成本这组概念在本书中多次出现，因此需要精确界定。固定成本是指产品数量不会影响产品生产的成本。沉没成本是指生产终止后无法回收的费用。固定成本通常是沉没成本，反之亦然——专业化化学工厂没有其他用途，如果其产品没有市场的话——但是，它们也有差异。报纸生产的首印成本是固定的，不管它有多少复本，但是，这些都是可以避免的，如果报纸停刊的话。视觉艺术家的成本将随其所使用画布数量的增加而增加（并不固定），但是，如果没有人喜欢其绘画的话，这就成了沉没成本，而无法回收。

是有一个明确的经济解释？一位有良好血统且前途光明的位列 B 名单的艺术家，会因为排名改进而有所失。霍华德·贝克尔（Howard Becker）认为，艺术家及其作品的排名，是所有创意行为的执行过程与生俱来的内在问题。①

排名之所以重要的一个原因就是资金。相关的概念就是级差租金——人们为了看 A 名单明星主演的电影，而支付的超出 B 名单明星主演同一部电影的额外总额。② 这种级差租金限制了一线明星所能要求的最高工资。少索取其实就是该得未得。租金概念也解释了为什么 B 名单艺术家，可能会发现即便叫价再低，也无人问津。无论她的工作成本有多低，其收入也无法弥补其他成本。如果考虑到电影种类繁多，她在间歇性失业期间的漫长等待所提供的服务，倒是 A 名单艺术家的一种成本收益较高的替代品。

4.2.1.6 时间是宝贵的

表演艺术和创意行为涉及复杂的团队——我们称之为人员混杂特征——这显然需要从时间上协调其行为，如音乐会在预定时间之内公布并准备就绪。电影必须在几周内依次拍摄完毕，在此期间，所有创意性投入必须随时待命。尽管他们可能预料到演员的表演会造成影响，导演通常会打乱顺序，将涉及同样布景、地点或演员的镜头放到一起拍摄。这种时间上的协调问题表明了这样一个事实，即选择创意性投入不仅仅取决于质量，还取决于何时能用。一个能力稍差的演员，如果此时正好有空的话，他会点头答应。与人员混杂这个特征相关，时间协调就意味着套牢问题：那些不可或缺的投入，会在最后一刻要挟终止服务，而要求更有利的合同条款。

时间协调问题与时间流逝对项目价值的影响相互作用。一项耗资 100 元，明天就能带来 200 元收入的投资，当然比 10 年后能带来 200 元收入的投资更划算。当一部预算达 1 亿元的电影刚刚筹办，如果其开工日期延后，那么其预期的盈利能力大概不会受到太大影响。毕竟还没有实质性投入，此外，这部电影也有可能就此偃旗息鼓。但是，如果项目处于拍摄过程当中，且已经投入 9 500 万美元，任何推迟都代价巨大。这种创意行为的经济利润，高度依赖于生产上的时间协调与快速的收入变现，我称之为时间飞逝特征。

---

① Becker. Art Worlds [M]. California：University of California Press：352-353，362.
② 租金在本书多次出现。对于艺术家而言，一个成功的创意角色与次优职业身份之间的收入有着天壤之别，如阿诺德·施瓦辛格作为《终结者》扮演者的角色与体育馆运营者的身份之间的差别。可以获得的租金基于一个成功艺术家拍电影所带来的收入减去其投入的成本。由于艺术家的收入（包括租金）常常要在收入明确之前就予以商定，这就意味着企业的企业家在争取艺术家的服务时要去猜预期的收入。

4.2.1.7 持久性产品与长期租金

许多创意产品是持久的:随着音乐厅里最后一声回响,交响乐表演就已经谢幕,但是,交响乐团所出版的乐谱,以及由管弦乐队和指挥家所录制的表演,却会恒久留存。在作曲之后很长时间里,管弦乐队经理可能愿意支付版税,以便能够演奏这首曲子,或者音乐爱好者愿意支付一定的费用(其中包含版税),购买这首经典唱片。版权的法定期限决定了原作者或表演者可以在多长时间内收取版税,这些版税就是原创者的租金。① 这种持久性就是艺术永流传的特征。

这些租金如涓涓细流持续不断,这对组织创意行为至关重要。当录制的歌曲被广播电台、点唱机或公共场所的背景音乐服务商播放时,可能少有人会在意;但是,如果花费几个便士就能有此享受的话,人们还是很乐意的。然而,当所有这些微不足道的便士汇总起来,这笔钱就颇为可观了,如果收集成本许可的话,就值得征收这笔钱。其实,这涉及的是版权所有者如何有效征收版权费的问题。当持久性产品首次生产时,它还涉及与创意性投入之间的协商问题:必须协商并确定预期租金的分配比例,然后指定负责收集和分配的代理人。

艺术永流传特征,还涉及创意耐用品的仓储和回收问题。有些问题在公共或非营利机构,如博物馆和图书馆中较为明显。其他如电影或音乐母带,仍然留在创造者或后续产业链条的商家手中。大都会博物馆藏有大量的已故大师作品;威尔登斯坦画廊的藏品虽然要少得多,但就其规模而言仍然惊人。如何在他们之间分工是一个经济问题。

需要注意的是,上述7个特征并未考虑赫伯特·甘斯(Herbert J. Gans)所谓的"大众文化"与"高雅文化"之间的区别。② 高雅文化十分重视这种区别,克莱门特·格林伯格(Clement Greenberg)的《前卫与媚俗》(*Avant-Garde and Kitsch*)就是这方面的代表作。③ 高雅文化的严肃生产者从事前沿与实验性艺术,他们创作的艺术用形式超越甚至消解了内容,他们对消费者的直接、主观反应几乎无动于衷,因为他们只关注创意产品的审美前瞻性。媚俗是从先前的创造性创新中所衍生出的一种易于接受的产品,这种产品受到普通消费者的宠爱,而这些

---

① 这里的租金与前一个注释的概念有所区别。一个成功的创意产品的固定成本一旦发生,以出版为例,出版商就能够将其提供给更多的消费者,所有消费者都支付超过复制的边际成本之上的价格。净收入是版权所有者的租金,这也是作者试图在原始合同中争取的。对于出版商而言,这部分租金就可以覆盖其固定成本的平庸性部分;对于作家而言,当这笔收入超出其创造的平庸性成本时,这就是天赋的租金。

② Herbert J Gans. Popular Culture and High Culture: An Analysis and Evaluation of Taste [M]. New York: Basic Books, 1974.

③ Clement Greenberg. Art and Culture: Critical Essays [M]. Boston: Beacon Press, 1961: 4-12.

消费者不太会进行智力投资，以便能够欣赏创意发展的前沿。在格林伯格的区分中，尚不清楚的是，前卫与媚俗和高雅与流行文化之间，就其涉及的经济与社会意义而言，是什么样的关系。难道所有的流行文化都是媚俗的吗？或者，每一种文化产品——小说、流行歌曲、电影，其自身的生态当中就包含前卫和媚俗产品及其提供者？社会学家甘斯就持后一种立场。其实，围绕高雅文化与庸俗文化的社会进程和组织结构并无根本不同。前卫艺术家也许更富于哲理与自我意识，其作品与消费者数量相对于常规创意产品而言会有所不同，但是，所有这些要素也会出现在庸俗作品之中。如果这个复杂生态存在于所有创意领域，那么它肯定会影响公司与合同的组织方式，这就是我们的基本研究假设。

4.2.2 艺术与商业之间的合同

对艺术、娱乐等创意产业感兴趣的经济学家，在解读为什么采取这种产业组织形式以及公共政策对其产生什么样的影响时发现，很难找到一套适用的经济分析工具。然而，合同理论最近的进展为其提供了不少有用的工具。创意产业基本的结构性特征，及其生产与消费的方式，强烈抵制任何完全合同形式的治理。它们已经形成了独特的、实用性的合同形式，与其他领域的交易模式大不相同。

正如鉴赏家所言，伟大的艺术作品可以为自己代言，但问题是它们并不能实施自给自足。天才艺术家的灵感只有在其他投入——响应普通经济刺激的平庸性投入——的帮助之下，才能到达消费者手（眼睛、耳朵）中。视觉艺术家需要画廊，将其作品展示与推销给潜在买家。作家需要出版商，流行音乐家则需要唱片公司，交响乐团或舞蹈公司需要演出厅与售票人员，而好莱坞电影、百老汇戏剧、电视情景喜剧则不仅需要多样化的创意人才，还需要一系列的平庸投入。因此，艺术与商业之间的合同问题，其实嵌套于一个更大的问题之中，即为什么艺术家与平庸投入之间选择如今的结构来构建两者之间的关系。

事实证明，艺术与娱乐业的组织严重依赖于将创意与平庸投入结合起来的合同。这些合同的形式不尽相同，但都具有一套基本的结构性特征。① 所有这些合同都与理论意义上的完全合同相去甚远，所谓完全合同将规定签约人在所有可能的自然状态下的行为。但所有这些似乎都具有某种"最佳可行"（best-feasible）

---

① 事实上，一些经济学家将职业体育也列入其中。这个范围对于娱乐和体育法而言已是惯例（Weiler，1997）。

特征，这使得不同行业所达成的交易都显示出共同的特点。

4.2.2.1　基础：基本结构性特征与合同理论

产业组织似乎有几个基本结构性特征，它们将艺术和娱乐与其他经济部门区分开来，有时也能将其内部的行为区分开来。① 我给每个特征都写了一个朗朗上口的警句。

无人知晓是指，创意产品生产者所面临的不确定性。在了解其保留价格之前，生产者必须完成所有投入并向目标客户提供产品。生产者的诸多决策，可能影响产品质量和吸引力，但是，其预测消费者如何评价质量的能力却微乎其微。生产者对过往的成功案例知之甚多，他们也试图将这种知识应用到手头的项目，但这些努力很少有机会实现预期目标（Goldman，1984）。

如果失败项目的投入可以回收与再利用的话，无人知晓这个特征就没什么影响。然而，沉没成本的普遍存在让生产者无法得到这种保护。一个创意产品的供应商必须从每一个爆款中获得足够的租金，以弥补失败的损失。

另一个重要特征与艺术家对作品的态度有关。"为艺术而艺术"是指艺术家从创意性工作中所获得的效用。经济学家通常假设工作本身并无效用。然而，艺术家可能接受创意性工作的工资低于其他平庸性工作机会，这就意味着艺术家可以被视为廉价劳动力。"为艺术而艺术"也包含艺术家对如何创作、采用何种技术或风格的品味。艺术家对如何执行创意工作的偏好，使签约过程变得复杂，特别是决策权的界定与分配。其他基本属性包括横向与纵向差异、时间协调、持久性和协调多位艺术家的风险。下文将分析这些特征。

为了理解这些特征是如何决定和支配创意产业运作的交易行为，这里我们主要借鉴了合同理论。② 在这里，我们描述合同理论与创意产业特征之间的关联。首先，合同理论非常关注信息不对称，这通常涉及卖方知道买方不知道的产品关键特征。然而，在创意产业中无人知晓，因此，其核心问题是对称性无知。其次，虽然委托—代理关系在创意产业中很重要，但创意产品的诸多交易涉及不同投入提供者之间的合作经营。最后，创意产业的制作通常涉及技术决定的投入次序：电影导演在剧本定稿之前，无法就拍摄做任何计划。然后，当项目从一个投入提供者向另一个投入提供者转移时，就会出现决策权分配和转移等关键问题。

---

① 关于这种方法的讨论详见本人所著《创意产业经济学：艺术的商业之道》导言部分。

② 米尔格罗姆和罗伯茨对合同理论提供了有益的介绍，创意产业的合同实践与合同理论所关注重点之间的对比，并不意味着它与其他行业的合同实践有着对等关系，参见 Milgrom 和 Roberts（1992，第三章至第七章）。

4.2.2.2 双边交易：艺术家与辅助者

我们从合资项目的交易开始，这类交易通常包括一位艺术家与一个能够将艺术家的灵感带给潜在消费者的平庸投入者。此类交易的例子包括视觉艺术家和艺术经销商、作家和出版商、音乐家和唱片公司。从这些行业的合同中，我们可以观察到创意产业的特征是如何塑造交易结构的。

（1）视觉艺术家与画廊。艺术家和画廊之间看起来似乎是最简单的经济交易，它却因其本质特征的原因而变得异常复杂，甚至是困难重重。以"为艺术而艺术"特征描述的职业，让人们曲解了有关年轻艺术家接受培训与学徒的事实。19 世纪的浪漫主义理想将艺术家的工作设定为：寻求创意形象化的新问题，并设计引人侧目的解决方案。艺术的进步就是，就问题展开对话，为新问题提供解决方案，然后依次循环往复。参与对话的艺术家从作品而非其引发的赞誉（如果有的话）中获得满足。艺术既非工艺，亦非纯粹的装饰。视觉艺术家的培训灌输了这些态度：对学生的评价是根据其创意与原创性，而不是技巧或熟练程度来进行（Getzels 和 Csikszentmihalyi，1976）。

浪漫的理想解释了我们所观察到的一种现象，即艺术家与经销商能够在长期的合营项目上达成一致。一旦艺术家与经销商建立长期合作关系，经销商就会展示其作品，并向收藏家和其他人阐明艺术家解决问题的背景及其所生成的意义。这种合同方式几乎支配着所有当代"严肃"艺术的销售。在这些艺术中，我们可以看到艺术家对浪漫理想的真实情怀。艺术生产和销售的纵向一体化显然不能保存这个理想。如果经销商雇用艺术家来画能够热卖的产品，那么创意的自主性显然就荡然无存了。如果艺术家承担起经销商的职能，与顾客讨价还价，就没了创作时间，艺术家就必须勉为其难地完成既不合意又不熟悉的工作。①

经销商和艺术家之间合营项目涉及合同问题，艺术家根据合同要为画廊的定期展览准备作品。经销商承诺与收藏家、评论家和策展人一起推广艺术家的作品，双方再分配总收入（可能减去艺术家所花费的部分成本），其中经销商的占比最高达 50%。合同（通常是握手合同）没有明确的期限：如果艺术家的作品没有朝向能够吸引经销商的方向发展，或者与经销商画廊所代表的风格发生冲突，双方可能会分道扬镳。

分配总收入而不是利润，也是这个合同的一个值得关注的特点。它很有可能

---

① 对初出茅庐的艺术家来说，这些选择已经足够宽泛；而对于已经功成名就的艺术家来说，独家代理有可能失去其价值。

反映了经济利润的衡量缺乏客观性,以及作为簿记员的各方的机会主义特征(这一主题将再次出现在随后的电影讨论中)。如果一个合作项目的合同将利润五五分成(比如说)的话,即便这个方案不是最优的,也一定有具备吸引力的激励特征。按照这种合同安排,各方都能从无法直接补偿的努力中,获得很大一部分(如果不是100%的话)的额外利润。合同就通过这种方式提供了灵活性,以补偿各方可能产生的金钱成本。

另一方面,分享收入而不是利润,会抑制各方承担互利性成本(Mutually Beneficial Costs)的动机。它诱使各方将成本转嫁给合作伙伴,同时,合同也会遇到道德风险问题。由于经销商分配收入的较大份额,艺术家和收藏家就能从直接交易中获利,并将经销商的份额据为己有;禁止直接销售是艺术家—经销商合同的标准要求,违反这一规定也是合同终止的常见原因。道德风险也会影响经销商的记账行为;没有立即报告给艺术家的销售,就变成了画廊的无息营运资本,而那些资本规模很小的画廊就会连同与艺术家委托的作品,一夜之间就消失了。[①]

(2)作者和出版商。作者与出版商之间的关系在概念上比艺术家—经销商之间的联盟更简单。无论是艺术家还是作家,其为艺术而艺术的品位,都引导其往往从其毕生事业的高度来创作作品。然而,典型的作者很少,只有一本作品问世,这无疑将降低作者与出版商之间签订协议、优化长期条款的风险。在商业出版中,代理商将作者推销给出版商,因此,作者与代理商之间的交易,先于作者与出版社之间的交易。这个过程大致如下:

代理商充当媒人的角色,知道哪种手稿会引起出版商的兴趣,能够充分识别并展现作者作品的优点,从而让出版商认可它。作为作者的雇员,代理商可以刺探出版商关注的信息:作者的灵活性、守时性以及其他与能够成功合作相关的特征。代理商倾向于与出版商之间不断互动,这有助于提高代理商推荐的可信度。代理商的报酬是作者版税的一部分(传统是10%)(Hepburn, 1968),如果他所代理的是脆弱或不合作的作者,其作品的出版也不会有多高收入,那么代理商只能自认倒霉。如果代理商在挑选作者方面记录不佳,其收入也会缺乏竞争力。因此,出版商期望代理商更多了解作者,也不会怀疑代理商可能隐藏作者的负面信息,因为那些成熟的代理商无法指望通过赚取那些钱途不佳的作者的10%版税而致富。

出版商自己的合同是一份收入分享协议,作者据此获得部分图书批发或零售

---

① 参见 Caves(2000: 21-30, 37-47)。

收入作为版税。如果按给定零售利润率和出版商的变动成本计算，标准版税费率就是将出版商的毛利润（即扣除出版商的固定成本之前）在两者之间按照58：42的比例分摊（Auletta，1997）。与其他分享收入的合营项目合同一样，各方努力实现共同利润最大化的动机均在不断减弱。弥补缺陷的重要手段就是给予作者预付款，这笔预付款通常提供给缺乏流动性的作者，作为其运营资金。然而，出版商在该花费多少（作者与出版商似乎无法就此达成协议）宣传作者的新书方面享有自由裁量空间。直至付给作者的预付款被收回之前，出版商能将促销活动所得额外利润收入自己口袋，从而促使出版商做出利润最大化的选择。当预付款已经赚回时，出版商再次宣传的动力就减弱了。[①] 预付款的作用说明了收入分享合同的一个重要特点：通过预先承诺给予一定的费用（这笔费用其后可以赚回），可以增强对当事方的激励，而不会扰乱当事各方的收入分配。

在文学界，人们正在争论出版商对代理商角色的态度问题。商业出版商讨厌代理商侵入作者（艺术家）与出版商（雇佣者）之间的私人关系，这冒犯了出版商自己"为艺术而艺术"的品味。此外，代理商作为作者的代理人，较之作者本人具有更强的议价能力。事实上，代理商最近几年已经将附属权（如平装本和电影剧本版权）从出版商转移至代理商和作者手中。出版商曾经尝试拍卖附属权，并将其中所获半数收益收入囊中，即便如此，也无法阻止代理商和作者获取租金，毕竟，作者的才华才是产生租金的独特资产。

为了阻止出版商潜在现金流的入侵，代理商就利用其优势担当守门人的角色。如果没有代理，出版商就会承担守门——从未经筛选的"烂稿堆"（Slush Pile）中过滤稿件——成本。

（3）音乐家和唱片公司。最后一个双边合同体现创意产业的共同结构——即决策权有效分配问题。它保留了合营项目的形式，但增加了创意产品生产分步实施的重要元素：一方提供自己的投入，这些投入将在此过程中变为沉没成本，然后将不完整的商品交给另外一方，另外一方再投入其专用资产。流行音乐团队灌制完专辑的磁带，然后交给唱片公司制作、发行和推广。由于音乐家与唱片公司，都期望音乐家延长其职业生涯，因此，其义务也将延续至音乐家未来的专辑。电影产生于按次序投入的大量创意资本。无人知晓消费者将如何评价最终产品，但是完成序列中的另一步往往就能减少预测的不确定性。在自己投入资本的阶段，每个参与者大概比其他任何人都知道更多关于行为和后果的信息。

[①] 参见 Hansmann 和 Kraakman（1992）。

以下我们讨论合同各方如何管理生产次序，以便最大限度地提高最终产品的预期价值。第一步已由 α 完成（α 的投入成本已沉没），下一个投入的提供者 β，就有资格决定是否继续投入，如果投入的话，其投入的资本就会变为沉没成本：β 可以观察 α 努力的结果，并掌握加入自身投入之后效果的相关信息。没有人能够掌握产品完成后状态的充分信息。最重要的是，β 的投入还没有变为沉没成本，这给了它充分了解信息的强大动力。如果 β 掌握是否和如何继续的决策权，那么，最终产品的期望价值就会提高。但是，β 期望从项目中获得自身预期的最大化收益，以便实现预期总价值的最大化。特别是考虑到，β 所采取的是将利益从 α 转移到 β 的第二个阶段的决策，它就有动机采取上述行为。一个稍有远见的 α 当然会预见到这一点，并要求 β 支付部分费用来补偿这种道德风险（Grossman & Hart，1986）。

唱片公司和流行音乐家之间的标准合同就是如此。唱片公司向音乐家预付一笔钱，以支付录制首张专辑的成本，外加一笔双方商定的预期版税。当磁带交付后，唱片公司掌握唱片发行的期权。如果唱片公司行使期权，音乐家就开始紧锣密鼓地准备第二张专辑，这将带来更高的预付款和更高的版税。每次交付时，唱片公司都要重新决定是否继续。如果某一张唱片的版税不足以支付预付款，则差额将从随后发行的唱片中扣除（"交叉担保"）。期权是单方的，因为音乐家在合同到期之前（也许是 10 年）不能退出并为另一家唱片公司录制唱片（Caves，2000；Passman，1994）。

这个合同具有前面所提到的效率特性。音乐家或音乐团体花预付款来录制专辑，因此有动力高效利用录音室的时间（而不是沉迷于完美主义）。唱片公司拥有分销和促销的决策权，这是它的特长。此外，这份合同期限较长保证唱片公司能够承担有前途艺人早期专辑上的亏损。尽管有这样的逻辑，公众仍然同情年轻的音乐家，认为他们似乎被剥夺了决策权，并被锁定在这种单向的关系之中。例如，加利福尼亚的音乐家寻求通过立法限制唱片合同的期限（Ordonez，2002）；支持者似乎都是些成功音乐家，他们能够通过重新商定长期合同而受益。

为什么就没有一家更善良、更温和的唱片公司提供一份短期合同，让表演者尽享早期巨大成功所带来的租金呢？答案在于高"刚性比"，即 80%~90% 的唱片亏损。从长远来看，公司要想实现盈亏平衡，就必须从成功作品中攫取足够利润，以弥补刚性的损失。为什么艺术家没有决定权？因为，由于为艺术而艺术的品味，艺术家保留的任何决策权，都会受到道德风险和挪用项目资金的威胁。艺术家原则上可以协商保留一些决策权，但他必须以减少经济补偿作为交换条件。

然而，就创意决策权签订合同并非易事，也鲜有例证。①

4.2.2.3 复杂创意产品的人员混杂特征

复杂创意产品需要多位艺术家与平庸性资本的共同投入，如电影、电视连续剧、交响乐团、舞台剧和剧目剧团、舞蹈团。上述机构都是复杂机构，且各有独特之处。我们这里关注电影和电视节目，及其交易实践是如何建立在理论概念之上的。

（1）电影。存在已久的好莱坞制片厂发行和推广电影，但每部电影都建立在独立的合同之上，这些合同将制片人与演员、导演和其他关键性艺术人才联系起来。由于制片厂实际承担制作和发行的成本（大成本电影的标准做法），所以其介入程度最深。每个制片厂都通过密集程序把关（过滤），使许多项目"处于开发中"，所有深处这个炼狱（purgatory）的关切方都修订和重写其项目，以克服制片厂的怀疑并赢得"绿灯"。

制片人作为协调者，确定并招募主要的创意参与者。纵向差异在这种与其他复杂活动的合作中发挥重要的作用。② 通过扩大固定成本，可以提高消费者眼中创意产品的质量。这些额外固定成本可以支付精心制作的特效、成群的临时演员等费用，但更有可能购买更多熟练（昂贵）的创意参与者。这些参与者在其所属的创意群体之中有着约定俗成的排名，这就是 A/B 名单特征。电影的目标似乎就在于保持投入质量水平的一致性。这种做法可以归因于高质量投入的互补性：更好的女主角激发男主角更好的表现。然而，似乎还有比这种成对互补性更重要的东西。所有投入都需要至少达到一定程度的奉献与熟练程度，才能生产出统一质量的产品。这个要求所对应的理论就是乘数生产过程的"O 形环特性"，它得名于"挑战者"号航天飞机上的关键部件，该部件故障导致爆炸：产出的质量取决于所有投入的表现必须到达一定标准（Kremer，1993）。正如预测的那样，A 名单艺术家彼此合作的概率，显然高于将所有艺术家随机分配的概率（Baker and Faulkner，1991）。参与者的时间是否合适对项目集合形成制约，这也会在将所有交易整合起来的程序中有所反映。承诺的参与者会承担谈判的沉没成本，也因此丧失其他机会的赎回权，因此，最后签约的一方获得战略杠杆优势，以获取已经做出承诺的各方所预期的收益。交易参与者可以通过签订"要么表演，要么付费"（play or pay）合同，来阻止这种威胁，该合同保证了演员的工

---

① 其中一个例子是，电影导演在原胶片剪辑中的"首次剪辑"（First Cut）权。
② 纵向差异化是按照质量实施品牌排名的产品差异化，也就是说，每个人都同意 A 比 B、B 比 C 更可取，但是这并不意味着，愿意为 A 支付更高的价格。

资，即使被项目除名或者电影并没有拍摄。此类或其他类型的套牢问题，在电影圈里也遇到了声誉的挑战——有关不合作行为的言论自由传播（对 A/B 名单排名的评价也是如此）。

电影合同的经济补偿与创意者其他效用之间有着交易关系，这使谈判过程更加复杂。明星的报酬（原则上）包括一笔租金，该租金反映明星较之一般演员能给电影带来的额外预期总收入。考虑到表演者的经济租金（如果有的话），表演者也可能会用现金补偿信誉，这种信誉极有可能赢得评论界的尊重。最后，预付的固定补偿可以用来交易递延补偿和或有补偿，通常是电影总收入或其净利润的一部分。

好莱坞的交易实践还涉及两个问题：第一个问题是，如果表演者都是风险厌恶的，采取或有方式就能增加其报酬。给明星一个风险溢价，必然就在其他地方产生抵消价值。我们采取两种可能有效的竞争机制，包括让西尔维斯特·史泰龙（Sylvester Stallone）再次参演《洛奇》（*Rocky*）的或有薪酬的激励机制，或者当风险转移至明星身上时，就可以要求其他参与者降低风险溢价。对于这种相互矛盾的解释，学者们虽有讨论，却并无定论（Chisholm，1997；Weinstein，1998；Goldberg，1997）。

第二个问题源于好莱坞的会计体系，这个体系精于将利润（制片厂必须与艺术家分享）退回到不确定的状态（Bibicoff，1991）。任何吞噬净利润的成本，通常而言都有其现实的经济基础。但问题在于，发行影片的制片厂既是簿记员，又是剩余利润索取者，就会产生严重的道德风险（受害者眼中的欺诈）。① 一个显而易见的特征就是，净利润接受者可能就什么是净利润进行协商。因此，或有报酬往往指向总收入而不是净利润，其激励效果一般不太令人满意。这个问题在好莱坞可谓人尽皆知，但同样的战略会计和道德风险问题也出现在所有创意产业当中。②

（2）电视节目系列。电视连续剧的合同与电影合同有很大不同。在观众眼中，电视剧中的主角与其所扮演的角色融为一体，成功的替代并不多见。如果节

---

① 为什么将簿记留给有强烈兴趣的一方？唯一可行的选择就是生产者，它分享利润，同时也面临道德风险。此外，制片厂也促销与发行做出关键决定。这些决定它是否保存簿记或将收据移交给另一方。

② 产生这种现象的一个原因是，流向创意产业顶尖人才的租金规模巨大，这种模式由超级明星效应所解释（Rosen，1981）。超级明星的合同与标准合同的不同之处在于，涉及的金额和讨价还价的强度，而不是合同的结构形式。然而，系统性差异确实存在，为了"为艺术而艺术"的缘故，超级明星可以放弃现金，以便获得决定权。

目成功,关键参与者将获得战略杠杆,就可以通过威胁退出,来攫取节目利润。生产商坚持签订能够长期约束关键角色的合同,从而避免了这种套牢问题。从演员首次角色诵读那一刻起,这个演员就承诺履行一个通常为期5年的期权合同。如果是电视网遴选该节目,并订购了续集,那么,制片人和电视网络在每一季结束时,都可以选择是否继续拍摄该节目和续聘该演员。续约引发了事先协商加薪,但是如果节目大获成功的话,演员所获得的租金将十分有限。因此,当像《宋飞正传》(*Seinfeld*) 或《老友记》这样的爆款产品,其持续时间超过标准合同期限,明星表演者的报酬就有待争取。不可替代的表演者如果是一个群体的话,就可以从其续集中索取全部租金,并根据其议价能力进行分配 (Carter, 1998)。

期权合同在电视业广为接受,但期权合同也有执行成本。例如,由于重新谈判出现僵局,项目有时会被取消。如果各方对该计划的未来现金流有相同的预期,那么这种结果就不应该发生,但事实并非如此。新节目的套牢因素将扭曲规划过程。电视网委托的节目和试播剧集,通常比其实际播出的要多得多(没有人知道),而且许多演员投身于不会被执行的选项。当先前参与另一个节目的首选角色如今可供选用时,电视网络所选择的节目有时就会出现"贵买"(trade up) 现象,但角色的最佳分配几乎遥不可及。

4.2.2.4 进一步研究

在简单合同理论的帮助下,创意产业的交易运作模式讲述了艺术家与平庸投入各方如何达成协议,以便解决复杂的激励问题。人们并不认为艺术和娱乐业,也是按照复杂商业合同组织起来的行业。然而,这些挑战经济计算的结构性特征,解释了为什么交易结构如其所是。在创意产业中,具有预付款收入分享的合营项目,和具有连续决策权转让的期权合同会反复出现。大量的定性证据支持这些描述性结论。如果我们能够获取这些交易的合同样本与具体条款,就会发现其实我们对这些交易的权衡性质和具体条款,缺乏更深入的了解。这样问题可能会得到答案:在创意产业中,合同在多大程度上具有正式约束力,而当未来某些自然状态出现时,合同在多大程度上提供了重新谈判的基础?在这种高度不确定的市场中,风险分散又在合约中扮演了什么角色,尤其是考虑到艺术家多种形式的风险偏好行为?在与艺术家签订的合同中,一些平庸企业所拥有的市场要素又是以什么形式被有效利用的呢?

参考文献

[1] Auletta Ken. The Impossible Business [N]. The New Yorker, 1997-10-06: 50-63.

[2] Baker Wayne E, Robert R Faulkner. Role as Resource in the Hollywood Film Industry [J]. American Journal of Sociology, 1991, 97 (2): 279-309.

[3] Bibicoff Hilary. Net Profit Participations in the Motion Picture Industry [J]. Loyola Entertainment Law Review, 1991, 11 (1): 23-53.

[4] Carter Bill. Outbid on Pro Football, NBC Retains "E. R." in Record Pact [N]. New York Times, 1998-01-15: A1, A10.

[5] Caves Richard E. Creative Industries: Contracts between Art and Commerce [M]. Cambridge, Mass.: Harvard University Press, 2000.

[6] Chisholm Darlene C. Profit-Sharing versus Fixed-Payment Contracts: Evidence from the Motion-Pictures Industry [J]. Journal of Law, Economics, and Organization, 1997, 13 (1): 169-201.

[7] Getzels Jacob W, Mihaly Csikszentmihalyi. The Creative Vision: A Longitudinal Study of Problem Finding in Art [M]. New York: Wiley Interscience, 1976.

[8] Goldberg Victor P. The Net Profits Puzzle [J]. Columbia Law Review, 1997, 97 (2): 524-550.

[9] Goldman William. Adventures in the Screen Trade [M]. New York: Warner Books, 1984.

[10] Grossman Sanford J, Oliver Hart. The Costs and Benefits of Ownership: A Theory of Vertical and Lateral Integration [J]. Journal of Political Economy, 1986, 94 (4): 691-719.

[11] Hansmann Henry, Reiner Kraakman. Hands-Tying Contracts: Book Publishing, Venture Capital Financing, and Secured Debt [J]. Journal of Law, Economics, and Organization, 1992, 8 (3): 628-655.

[12] Hepburn James. The Author's Empty Purse and the Rise of the Literacy Agent [M]. Oxford: Oxford University Press, 1968.

[13] Kremer Michael. The O-Ring Theory of Economic Development [J]. Quarterly Journal of Economics, 1993, 108 (3): 551-575.

[14] Milgrom Paul, John Roberts. Economics, Organization and Management

[M]. Englewood Cliffs, N. J.: Prentice-Hall, 1992.

[15] Ordonez Jennifer. Artists Seek to Ease Recording Pact Law [N]. Wall Street Journal, 2002-02-25 (B2).

[16] Passman Donald S. All You Need to Know About the Music Business [M]. New York: Simon & Schuster, 1994.

[17] Rosen Sherwin. The Economics of Superstars [J]. American Economic Review, 1981, 71 (5): 845-858.

[18] Weiler Paul. Entertainment, Media, and the Law: Text, Cases, Problems [M]. St. Paul, Minn: West, 2015.

[19] Weinstein Mark. Profit-Sharing Contracts in Hollywood: Evolution and Analysis [J]. Journal of Legal Studies, 1998, 27 (1): 67-112.

5 文化经济学的领域扩张

5.1 提勃尔·西托夫斯基

导 读

众所周知,经济学借助自然科学,特别是数学与物理学的方法,走向独立自主,并成为"社会科学皇冠上的明珠"。但是,与此同时,它也背离了社会科学的人文传统,经济学与文化于是渐行渐远,甚至背道而驰。当然,晚近以来,包括经济学在内的社会科学也不乏反思,并演化为所谓文化的转向,特别是 20 世纪 90 年代以来,多位这个领域的经济学家斩获诺贝尔经济学奖,就是一个明确的证据。例如,加里·贝克尔、道格拉斯·诺斯(Douglas North)与阿马蒂亚·森(Amartya Sen)等人就将"意义""价值"等文化元素加入经济学研究之中,阿马蒂亚·森更是认为,"由于伦理考虑影响了人类经济行为中对于目标的元排序,因此,将更多的人文思考引入经济学对于增强主流经济学的解释和预测能力是大有裨益的,并能祛除主流经济学在哲学上的贫困"[1]。在某种程度上,经济学的文化转向显然也是文化经济学诞生的重要背景,而且文化经济学在这个方面显然有着先天的优势——与文化有着天然的亲近性,因为它原本就是人的行为,特别是非理性行为的研究。因此,文化经济学在这个方面也有不错的贡献,而提勃尔·西托夫斯基(Tibor Scitovsky)与布鲁诺·弗雷(Bruno Frey)就是其中杰出的代表。

"在大约 25 年的时间里,人均实际收入提高了 62%,但是那些认为自己

---

[1] 阿马蒂亚·森. 伦理学与经济学 [M]. 王宇,王文玉,译. 北京:商务印书馆,2003;朱成全,汪毅霖. 经济学人文传统的回归与科学哲学的文化转向——对"F 论点"和"F 扭曲"之争的重新审视 [J]. 经济学家,2009(9).

'很幸福'、'相当幸福'和'不太幸福'的人的比率几乎没有任何变化。我们的经济福利一直在升高,但作为结果,我们并没有变得幸福。"① 这段描述各位应该并不陌生,其实,它就是我们之前所讨论的"凯恩斯之问"的核心内容。而在提勃尔这里,这种现象被描述为"无快乐的经济"现象:经济学意义上GDP、人均可支配收入以及实际掌握的物质财富大幅提高,而人们由此所能享受的快乐却没有随之同步提高。这种收入与快乐之间的不同步,甚至是背离,就是"无快乐的经济"的本质。为了更清晰地概括这种收入与快乐之间的悖论,我们不妨直接称之为"提勃尔悖论"。

其实,早期经济学对此有着清晰的认知,经济学学科的缔造者之一——马歇尔就在其名著《经济学原理》的前半部分用了不少的精力来讨论这个问题。在该著作当中,马歇尔细致地区分两种劳动,即生产性劳动与以自身为目的的活动:其中"(生产性②)劳动的负商品的产生也许是源于身体或精神的疲劳,或是由于在有碍健康的环境中继续劳动,或是由于与不受欢迎的同事一同工作,或是由于占用了娱乐、社会或智力活动所需的时间",这种劳动的本质是通过现时的牺牲——如身体或精神的疲劳、有碍健康的环境等——来获取未来的满足,并主要体现为货币化的物质;而后者则具有内在满足的特征,"当然,有很多努力是为了工作本身而进行的,例如登山、竞赛以及从事文学、艺术和科学的活动就是如此;但是很多艰难的工作是在使别人获益的欲望的影响下进行的",这些活动不同于生产性劳动,其目的不是外在的物质财富,而是内在的满足感。③

但是,正如提勃尔所言,"他似乎被两者——'以自身为目的的活动'和生产性劳动(这种劳动是繁重的,其唯一目的就是金钱)——的差别难住了,却没有认识到二者的相似性:两种活动的产品都为被动的消费者提供满足"。④ 当然,经济学草创时期的科学主义倾向,也让马歇尔远离那些"以满足自身为目的的活动",因为这些活动是无法"用财富或它的一般代表物——货币——来衡量"的。⑤ 这恐怕就是为什么经济学自马歇尔开始,虽然一方面意识到"在这一切方面,经济学家所研究的是一个实际存在的人,不是抽象的或'经济的'人,

---

① 提勃尔·西托夫斯基. 无快乐的经济:人类获得满足的心理学 [M]. 高永平,译. 北京:中国人民大学出版社,2008:117.
② 笔者添加。
③ 马歇尔. 经济学原理 [M]. 宁琦,译,长沙:湖南文艺出版社,2012:159.
④ 提勃尔·西托夫斯基. 无快乐的经济:人类获得满足的心理学 [M]. 高永平,译. 北京:中国人民大学出版社,2008:257.
⑤ 马歇尔. 经济学原理 [M]. 宁琦,译,长沙:湖南文艺出版社,2012:38.

而是一个有血肉之躯的人",① 另一方面却在实际的研究中将人抽象化,只研究能够用货币来衡量的动机与欲望。

就此而言,"提勃尔悖论"无疑是经济学发展历程中一次十分重要的"拨乱反正",它一针见血地指出经济学的症结,即将经济学研究建立在片面而抽象的假设——理性人的基础之上,而背离经济学的人文传统,也无法对人类行为加以合理的解释。如果我们能够理解"提勃尔悖论",就能解开经济学症结,自然也就能理解个人财富收入与快乐之间的背离现象,因为"国民收入充其量只是经济福利的指标,而经济福利仅仅是人类福利的一小部分。国民收入通常仅仅是经济福利的一个拙劣指标"②。这里需要提请读者诸君注意的是,从"凯恩斯之问",到"提勃尔悖论",其本质都是人类在所谓丰裕社会所面临的新的困境,当人类被抛到这个困境面前,我们迫切要做的,就是厘清问题的成因及其可能的出路。而接下来我们所读到的两篇文章,恰恰就是这方面的尝试。

《艺术的问题就是社会的问题》就是试图回答"提勃尔悖论"产生的原因。在回答问题之前,我们还是要从现象入手,"我们绝大多数人在收入和教育方面都是世界精英;那么,我们为什么没有同样成为品味方面的精英呢?这个问题的答案更加重要,因为我们的品味,全部地反映在我们的消费和生产模式中,并受到全球的追捧。这就是许多国家的精英们,表达他们对美国化恐惧的理由所在。那么,是什么塑造了美国人的品味?它与其他精英的品味有何不同?"作者连续追问了三个问题,为什么我们的收入与品味有着如此的反差,它与其他国家有什么不同,是什么导致了这个问题?各位读者也可以尝试回答这个问题,我想各位通常的反应一定是,随着人均收入的递增,恩格尔系数下降,人类更高层级的需求,特别是文化需求就会增加。各位读者恐怕更为熟悉的是,我国不少媒体据此测度我国文化消费的理论数值,并得出供给侧存在巨大差距的结论。但事实是,这只是一种理论上的臆想,事实却并非如此。其原因是什么,国内的学术界也给出了各种各样的解读,对此,读者诸君也耳熟能详,这里我们还是回到文本本身,看看提勃尔给出什么样的解答。

提勃尔给出的第一个原因来自教育:"教育的目标是越来越多地提供生产技能方面的专业培训,而不是提供一般的人文教育,后者提供有关消费技能方面的

---

① 马歇尔. 经济学原理 [M]. 宁琦, 译. 长沙: 湖南文艺出版社, 2012: 47.
② 提勃尔·西托夫斯基. 无快乐的经济: 人类获得满足的心理学 [M]. 高永平, 译. 北京: 中国人民大学出版社, 2008: 126.

培训，以便最大限度地享受生活。"对此，我想所有读者都能感同身受，我们的教育在工业化与功利化方面有过之而无不及，教育的根本目标已经演变为培养一个合格的生产者，各种工业生产线上的专门生产者。想想我们目前高等教育中各个大学的名称，什么航空航天大学、电子工程大学、建筑大学等，其实这些大学就是培养专门的专业人才，而不是培养人——完整的人。其实，这种倾向的问题已经展露无遗，而且也被觉察到，于是，我们的教育在一个错误的轨道上开始纠偏，我们的初级教育试图以素质教育来纠正知识教育之偏，高等教育则试图以博雅教育来纠正专业教育之偏。由于教育严重偏离了正确的轨道，因此人们在文化消费方面缺乏必要的训练，而文化消费较之生产而言更需要技巧。质言之，我们对于丰裕社会所可能带来的文化繁荣并没有很好的准备，以至于当幸福来临之时，我们却无法把握它们，以至于让它们又匆匆溜走。作者颇为温情地回忆工业革命之前的教育，那时候针对特权阶层的教育，其目标只在培养人类的消费技能，而工业革命以来的教育似乎在一个相反的方向上跑得太久，以致偏离了教育之培养人的初衷，这种基于宏观历史观对教育的反思无疑值得我们反思。

第二个原因则与观念有关，"对大多数人来说，工作已经不再给生活带来快乐和意义，我们的清教徒传统和教育，也阻止我们在消费中寻求快乐和意义"。在作者看来，教育的偏废让我们没有能力消费，而清教徒传统则让我们没有意愿去消费，于是，人类在文化消费方面就既无能力也无意愿，文化消费问题无论多么糟糕，似乎都在情理之中。读者诸君需要注意的是，作者这里虽然是基于美国的情形将清教传统作为观念的障碍，但我们千万不能认为其他工业文明所发展起来的其他观念，就不是文化消费的障碍。而问题的关键恰恰在于，人类工业文明所塑造的价值观念——重生产、轻消费，这似乎就是工业革命在价值观方面的成就。马克斯·韦伯在《新教伦理与资本主义精神》一书中所描述的清教徒，以职业为神圣使命，强调禁欲和俭省节约，这是资本主义扩大再生产的唯一秘诀，也是工业社会持续发展的重要法宝。在此背景之下，一切消费都是纵欲、享乐，都是一种违反道德的行为，理应受到人们的唾弃。我们对消费的仇视甚至上升到了意识形态的高度，对于文化的消费就更是如此。

至此，作者雄辩地证明"艺术领域的经济困难更多地与喜好偏好有关，而不是与经济有关"，这里我们也特别提醒更多读者，对文化消费问题的解读恐怕也多从消费偏好入手，否则就是缘木求鱼。有了对问题症结的准确捕捉，接下来就要采取实际的行动来解决这个问题，这就是《文化是个好东西：一个福利经济学的论证》一文的根本目标所在。

上篇文章中作者描述了人类面临经济发展所带来的尴尬境地：一方面，经济的发展与财富的增加给人们带来更多类型的消费，以及更多快乐的可能性；另一方面，由于消费技巧的缺失，人类却无法让这种可能性变为现实，只能一味地追求舒适，而与快乐渐行渐远。对此，我们只要参照凯恩斯当年的感慨就会豁然开朗，"没有任何国家、任何民族，能够在期待这种多暇而丰裕时代的同时，不怀有丝毫的忧惧。在国内，长久以来，我们都是被训练着去奋斗而不是去享受。对那些没有特殊才能来寄托身心的普通人来说，这是件可怕的事，特别是当他再也不能在传统社会的温床和他所珍视的那些风俗习惯中找到自己的根基时，这个问题就显得尤为严重。从今天世界任何一个角落的富裕阶层的所作所为和取得的成就来看，解决这个问题的前景是非常黯淡的"①。可以说，提勃尔在这个问题上的惶恐程度不亚于凯恩斯，他觉得作为学者有必要激醒社会，找到症结，给出答案，让这个社会在解决经济问题的同时，演变为一个善良的社会。

我们知道，凯恩斯对这个问题所提出的解决之道就是，"当这种丰裕实现以后，只有这些人才能在这种丰裕中获得享受：他们不会为了生活的手段而出卖自己，能够使生活的艺术永葆青春，并将之发扬光大，提升到更高境界"②。凯恩斯以其艺术鉴赏家的实践替自己，也是替人类找到了解决这个问题的答案——艺术，而半个世纪后的提勃尔几乎是亦步亦趋，给出了几乎相同的答案——文化。对此，提勃尔这样表述道，"（上述问题的）解决之道就是文化。我们必须获得消费的技巧，这些技巧将会让我们有机会享受前人积累起来的新奇性宝库，使我们能够根据自己的意愿并且没有任何限度地补充并完善作为刺激之源的现有的新奇性之流"③。

至于其原因，作者这样表述道："文化活动就属于这一类高尚的活动。它产出'爱'，不是为了针对受益者的爱，而是对活动本身的爱。这就是我称文化为好东西的一个原因。"④ 也就是说，文化活动就是马歇尔所说的"以自身为目的"的活动，或者布鲁诺·弗雷（Bruno Frey）所谓的"心流体验"，它所关注的是

---

① 约翰·梅纳德·凯恩斯. 我们后代的经济生活前景 [M] //约翰·梅纳德·凯恩斯. 预言与劝说. 赵波, 包晓闻, 译. 南京：江苏人民出版社, 2000.
② 约翰·梅纳德·凯恩斯. 我们后代的经济生活前景 [M] //约翰·梅纳德·凯恩斯. 预言与劝说. 赵波, 包晓闻, 译. 南京：江苏人民出版社, 2000.
③ 提勃尔·西托夫斯基. 无快乐的经济：人类获得满足的心理学 [M]. 高永平, 译. 北京：中国人民大学出版社, 2008：208.
④ 提勃尔·西托夫斯基. 无快乐的经济：人类获得满足的心理学 [M]. 高永平, 译. 北京：中国人民大学出版社, 2008：259.

过程效用，而不是结果效用，人们往往在文化活动中获得自由与自我实现的感觉，而这是快乐的重要源泉。文化作为解决收入与快乐悖论的关键之处在于，它不是借由外在的物质财富，而是依赖人类自身来实现自我，获得快乐。

对于阅读此篇文章的读者而言，我觉得十分有必要引用作者原话，算是对各位的一种善意提醒，也是阅读这篇文章的最大收获："如果艺术领域出了什么问题，我们应该从自身而不是我们的经济中寻找症结。我恳请你们去思考一下这个问题，不是作为经济学家，而是消费者。"①

5.1.1 艺术的问题就是社会的问题

我认为艺术在美国的地位差强人意。如果就参与戏剧和音乐现场表演的人数而言，美国艺术消费人均不到德国和奥地利的一半、比挪威和瑞士的一半稍强、不到东欧国家匈牙利、捷克斯洛伐克和东德的 1/3（见表 5-1）。在旧金山这样的文化中心，与其 70 万人口相比，上一个演出季有 180 多万参与人次确实令人印象深刻——这可能超过了世界上任何一个同等规模的城市（见表 5-2）。但如果我们考虑其郊区的生活方式，以及旧金山还有 400 万湾区居民的事实，那么这个数字就不算高，与美国较低的平均水平倒是更为吻合。这里的比较所使用的美国平均数只是一个近似值，有着较大的误差；但即便我们采用其他指标，其差距也同样存在。例如，美国严肃音乐唱片的销量占唱片总销量的 4%，约为欧洲这个比例的 1/3，英国的 12%，法国和西德的 14%。②

显然，我们不能把这种情况归咎于经济的原因。我们国家有许多严重的经济问题，但消费模式不符合消费者的偏好并不在其中。如果人们对于艺术的重视和投入不足，这主要是消费偏好造成的，最好的补救方法就是改变消费偏好。

诚然，我们这种大规模生产型社会，对少数人的需要和品味抱有偏见，似乎觉得艺术享受通常只是少数精英的特权。这里我要问的问题不是，这一小部分人是否得到了应有的待遇，以及如何才能得到应有的待遇，而是一个更大的问题，即为什么在我们今天的富裕社会，这部分人的数量还是如此之小；事实上就是要问，为什么它仍然是少数？

---

① Tibor Scitovsky. What's Wrong with the Arts Is What's Wrong with Society [J]. The American Economic Review, 1972, 62 (3): 62-69.

② 美国的百分比是根据美国唱片工业协会 1970 年在纽约所收集的，唱片工厂出货量以美元总值计算。欧洲的比例则是通过本人与音乐遗产协会的私下交流所得（Cf. Stereo Rev）。

毕竟，我们的生活水平有着大幅的提升。就富裕程度而言，我们很早就赶上并超过西欧。但为什么不是我们所有人都成为精英呢？普通美国人的实际收入，等于最富有的 2/5 的法国人的平均实际收入，而这个数字在意大利就是最富有的 1/5，日本则为前 3% 或 4%。[①] 如果有全球 70 亿人口的收入分配统计数据，我敢说，排名靠前的绝大多数是美国人，除了那 2 500 万享受福利或处于贫困线以下的人口。

表 5-1　观看戏剧与音乐会的人口占比（每百人）　　（单位：%）

	戏剧	音乐会	合计
奥地利（1967—1968）	66	(22)[a]	(88)
捷克斯洛伐克（1967）	70	17	87
民主德国（1967—1968）	72[b]	12	84
匈牙利（1968）	57	15	72
联邦德国（1967—1968）	44	14	58
挪威（1968）	30	—	—
瑞士（1968）	28	(13)[a]	(41)
荷兰（1965）	17[c]	14[c]	31
美国（1970—1971）	(16)	(6)[d]	(22)

a. 我们假设全国戏剧的上座率是一致的，由此估计音乐会门票收入，因为只有那些大城市才有相关的数据。因此，这个数据可能被低估了。

b. 工人剧院的门票，并不在此列，如果考虑这个数据的话，其比例将增加 5 个点。

c. 这里只统计接受补贴与需要纳税的活动的门票，这也有可能被低估。

d. 不包括室内乐和独奏表演。

资料来源：奥地利、捷克斯洛伐克、民主德国、匈牙利、瑞士、荷兰的统计年鉴；还有维也纳和苏黎世。联邦德国部分的数据来源于 B. Mewes, "Theater und Orchester 1967/68, in Sla/istiscihes Jahrbuclz Deuitscher Gemeinden 1969 and F. Harlan," Konzertstatistik 1968, to be published in the 1972 volume. 挪威的数据来源于 "Innstilling Nr. 40 1970 til Stortinget om Teatervirksomheten I Norge."

美国的数据基于非营利表演艺术、百老汇、外百老汇、《路》和夏季演出季的数据，来源于美国艺术基金会报告《表演艺术的经济分析》《综艺》（Variety）（June 9, 1971）与摩尔（T. G. Moore）的《美国戏剧经济学》等。

---

① 对此，我要感激科尔哈根先生，他基于贝克曼与培根所提供的数据，并结合全国人均收入的估计值，推算出这个数值。

表5-2 旧金山与慕尼黑—汉堡两个地区剧院和音乐会平均入场人数

（单位：个）

	旧金山人口 716 000 湾区人口 4 628 000	慕尼黑—汉堡平均人口 1 538 000
歌剧、轻歌剧	203 500	514 000
轻歌剧（Operetta）	332 400	226 509
音乐会	457 800^a	399 000
戏剧（非营利）	308 000	743 000
戏剧（营利）	298 700	810 900
其他^b	224 700	54 100
合计	1 825 100	2 747 600

a. 不包括独奏和室内乐。

b. 旧金山的数据更具包容性，包括芭蕾舞、民间舞蹈团体、摇滚音乐会、英国掷弹兵乐队等。慕尼黑—汉堡的数据只包含舞蹈。

资料来源：旧金山数据的估计来自我自己的调研。有关慕尼黑—汉堡的数据，请参阅表5-1中引用的德国数据来源。这些城市的人口数量相似，人均艺术参与水平几乎相同，这使得平均水平具有一定的说服力。与旧金山不同，这两个城市都没有被其他独立的卫星城市所包围。

当然，金钱本身并不能让人成为精英，还需要教育。但是就接受教育年限来说，我们又一次站在了世界之巅，而且其差距更为明显。[①] 我们绝大多数人在收入和教育方面都是世界精英；那么，我们为什么没有同样成为品味方面的精英呢？这个问题的答案更加重要，因为我们的品味，全部地反映在我们的消费和生产模式中，并受到全球的追捧。这就是许多国家的精英们，表达他们对美国化恐惧的理由所在。那么，是什么塑造了美国人的品味？它与其他精英的品味有何不同？

我们对艺术的兴趣十分有限，这很难将其归咎于上天过于怜惜审美感。这可能与教育的性质和方向有关。从古希腊到18世纪的欧洲，工作和休闲都是专门化的功能，并严格按照阶级来划分。教育在很大程度上是有闲阶层的特权；如果考虑休闲和娱乐需要比工作更多的学习与技能，这是合乎逻辑的。艺术及其鉴赏

---

① 1967年，美国高等教育机构在校生占总人口的比例，是西欧的4倍。参见 UNESCO Statistical Yearbook 1969, Table 2. 12：257-73.

的发展是教育的结果之一，这种教育的主要目的是，提供享受生活所必需的技能与背景。

从18世纪开始，这种进步大大加速，并出现新的转折；就此而言，美国已有了前所未有的成功，以至于一直被视为进步的象征，被称为进步之国。男性的工作和休闲得到了更平等的分配；美国已经具备了良好的经济基础，以至于我们能够通过开发产品和器具，来提供国内服务，而无须国内的劳动力，从而让我们能够更好地分配休闲时间。教育也不再是一种特权，而是为所有人享用，但其性质和目标已经并仍将发生改变。教育的目标是越来越多地提供生产技能方面的专业培训，而不是提供一般的人文教育，后者提供有关消费技能方面的培训，以便最大限度地享受生活。教育目标的变化是生产力提升的重要原因。这也解释了这样一个悖论：随着社会进步将越来越多的时间和精力从工作中解放出来，而似乎我们为了追求有趣与愉悦生活，应该具备的享受空闲时间与多余精力的能力，却日渐力不从心。我们的社会工程师们对此非常担心，美国人获得休闲的速度明显快于为享受休闲所做的准备，这种担心显然是正确的。① 更令人痛苦的是，我们应该接受培训，知晓如何利用空闲时间，因为多年的学校教育未能培养品味，也未能唤醒我们对生活所能提供诸多乐趣的兴趣。

与其责备学校教育，倒不如责备整个社会及清教徒的观念。我们的开国元勋们并不排斥有闲阶层，应该说，我们大多数人都属于这个阶层，但他们确实改变了这个阶层的态度和愿望。他们想让人们从工作中获得世俗的满足，而消费仅仅提供生活的必需和舒适。这在18世纪的手工业社会是可行的，但是自从那时起，技术和经济的进步使得大多数工作过于机械与分裂，难以让人感觉愉快。② 今天，只有手工和智力的艺术，以及商人的职业（利润最大化的活动）仍然具有挑战性和回报性。对大多数人来说，工作已经不再给生活带来快乐和意义，我们的清教徒传统和教育，也阻止我们在消费中寻求快乐和意义。我们讥笑18世纪美国人的偏见，指责他们在道德层面上反对戏剧，反对把时间和金钱浪费在体育和艺术上。但这显然并不好笑，因为我们的行为仍然受到这种偏见的支配。美国人平均花在积极运动和锻炼上的时间，仅为欧洲人的1/3；③ 甚至我们在休闲娱

---

① 参见 Cf. J. C. Charlesworth, ed.
② 关于这个问题最好、最著名的讨论请参阅乔治·弗里德曼。
③ 参见 TNSEE's Et odes et Conjoncture.

乐方面的相对开支，也比西欧低 1/3。① 艺术如今在美国已受人尊敬，但享受生活的观念仍然不受待见。我们支持文化，因为它是 Culture 之 C，而不是因为能从中获得或知道如何获得乐趣。其所导致的矛盾之处，就是艺术的问题所在。

我们继承了一种根深蒂固的信念，生活中最重要的事情就是生产和赚钱。消费，尤其是花费金钱、时间和精力享受生活，被认为是一种轻浮的、不太体面的生活方式。这就是为什么我们要吃，不是因为这东西好，而是因为这东西对我们有益；我们去度假，不是为了消遣，而是为了让孩子们有事干或让妻子休息片刻；我们为汽车购买额外的铬合金和配件，不是为了好玩，而是为了更好地转售价值。凯恩斯拯救了花钱的颜面，花钱如果不是作为一种享受的来源，至少也是一种刺激生产、就业与利润的手段；但是我们从来没有解决由花费时间和精力享受或获得享受的技能所带来的道德困境。

美国消费者对大多数商品的品味和质量，从所吃、所穿之物，到身边的陈设，他们放弃了所有的主动性、专业性，甚至是判断力。他对消费持消极态度，依靠卖家提供消费技巧，自己视之为麻烦而避而远之。他甚至为自己是一个没有技能的消费者而倍感自豪，因为他彻底地超越了消费的琐碎事务，能够付钱让他人提供技能，并尽到照料之责。

其结果不仅是任务从市场的一方转移到另一方，而且是消费的性质和内容彻底发生改变。一方面，当消费者缺乏技能，不愿尽情享受和丰富自己的生活时，他所能获得的满足就变得相当有限；另一方面，生产者的主动行为不可避免地导致强调规模经济所带来的满足感，以及将生产者技术扩大到消费领域。因此，消费在很大程度上是防御性的，它侧重于避免痛苦、努力、不适、厌倦、未知和不确定。这种对舒适和安全的追求，与过去休闲阶层所热衷的积极追求快乐，是截然不同的。除了极少数情况，舒适和快乐之间的选择，并非预算约束下的简单经济问题。我们永远不会富裕到既能享受快乐又能享受舒适，因为快乐有赖于对新奇事物的吸收、对紧张的缓解、对冲突的解决、对复杂性的理解；如果一个人不能面对最初的震惊，就无法获得愉悦。一个可预测的大团圆结局，或一段过于简单的音乐，所能带来的愉快是有限的；太过轻松或直白，会把许多潜在的快乐，变成纯粹防止无聊而已。过去的有闲阶层完全理解这一点，他们敢于冒险，舍得在身心、感官和精神发展上投入时间和精力，这对于享受生活中的美好事物来说

---

① 1968 年，美国"休闲娱乐"支出占私人消费支出的 5.6%；欧洲经济共同体国家，英国、挪威和瑞典等国，相应的比例为 8.0%。United Nations Yearbook of National Accounts Statists, 1969.

至关重要。相比之下，我们越来越不愿意接受不舒适，不愿面对不确定性和意外，这越来越妨碍我们获得快乐；迄今为止，技术进步完全无法解决这个难题。这似乎是命运的讽刺，我们这些清教徒拒绝将快乐作为生活的最终目标，却造就了一种畸形的偏好体系，赚钱成了最主要的挑战，而轻松、无趣的舒适则成了主要的奖励。如果偏好体系是建立在自私的基础之上，那么，无私的行为也会被妖魔化：我们帮助我们中间和第三世界穷人的努力，也应当按照我们帮助自己的方式来评价。

如果将我们的与西欧的生活模式进行比较，就很能说明我们偏好的这种偏见，但我只能引用一个很小的样本。时间安排、消费者支出调查、各种各样的统计数据和其他信息都表明，我们通常比他们在娱乐上花的钱更少，而花在安全和舒适上的钱更多；我们通常用生活质量来换取省力或额外的安全；我们经常被威权所迫进行这种权衡，其名义好像是保护人们免受愚蠢行为的伤害，但就从来没有考虑过这其实是强迫人们为了微不足道安全的增加而牺牲快乐。

我们每天在做饭、打扫房间和跑腿方面节省半个小时，然后多花了半个小时用餐，这大概是因为我们更喜欢用餐，但是，正是我们在烹饪时间、精力和技巧上的克扣，才是食物索然无味的秘密所在。与欧洲富裕国家居民相比，我们拥有的企业数量与人寿保险保单量，是其两倍；但我们度假的频率甚至不及他们的一半。后者尤其重要，因为度假在很大程度上取决于收入。美国数据显示，度假需求的收入弹性很大；[1] 欧洲数据显示，各国生活水平与度假的成年人比例之间存在高度相关性。[2] 然而，当我们拿美国与欧洲相比，就会发现美国位于欧洲最贫穷国家之列，与葡萄牙和意大利相当，好像我们的高水平舒适和安全是一个不可降低的最低标准，消化了如此多的收入，如果用我们所享受生活的剩余来衡量，我们似乎不如其他许多比我们穷的人。

度假者减少的另一个原因是，我们对远离家乡所致危险的容忍度较低，对度假设施的容忍度也较低，这在一定程度上可以解释为，我们的政府对公民为快乐而冒险的容忍度较低。例如，为什么游泳在美国是如此难以普及，其中一个不太

---

[1] 具体参见 Cf. J. P. Bunker, Institute of Life Insurance, and A Survey of Europe Today, Table 12, 70-71.

[2] 在西欧，1967年休假6天或以上的成年人所占比例数据为：瑞典人占66%，英国人占64%，瑞士人占62%，法国人占49%，意大利人占28%，而整个西欧占44%。1967年，美国出于商务、家庭事务和参加会议以外的原因，而旅行6晚或更长时间的总人数占比为28%。假设将一半人口将出差等也算作旅行，再加上真正意义上的度假，那么度假人口比例就会提高到将近32%。欧洲的数据指的是成年人，这只会让这种差距变得更大，因为我们可以假定儿童的比例高于成年人。Cf. A Survey of Europe Today, Table 42, 138-39 and National Travel Survey, Table 8, 24.

合乎常理的原因是，多数州在审批时要求水的纯度达到极高的卫生标准。其标准大致相当于公共卫生部为我们喝的牛奶所设定的标准；有个别州甚至在游泳和洗澡方面，制定了比这更高的标准。[①]

我提到的这些问题，似乎与我们的话题无关，但是度假和旅游的危害，与艺术和艺术欣赏的危害似乎并没有什么区别，而且政府为了追求虚幻或无足轻重的安全的增加，而乐于牺牲公民亲近大自然的权利，如今又忽视艺术，这两者在哲学理念层面是一致的。同样是这个政府，它对表演艺术的3 000万美元补贴，只是西欧公共补贴的一小部分，而它在医学研究上的花费接近17亿美元，其占国民生产总值（GNP）的比重是英国、法国和西德的两倍。（见表5-3）

表5-3 表演艺术和医疗研究的公共补贴（仅为经常业务开支）

	表演艺术		医学研究	
	百万	%	百万	%
美国（1969—1970）	$ 30[a]	0.003	$ 1 695	0.17
美国（公共补贴加上来自基金会、企业和个人的私人捐款）（1969—1970）	$ 80[b]	0.008	$ 1 890[d]	0.19
英国（1970）	£ 6.6[c]	0.015	£ 41	0.09
联邦德国（1968）	DM 505.5	0.09	DM 490	0.09
法国（1968）	Fr 83.5	0.013	Fr 457.3	0.07
瑞士（1969—1970，1965—1966）	Kr 222.6	0.15	Kr 91	0.09
挪威（1968，1970）	Kr 29.2[e]	0.04	Kr 53.2	0.08

注：a. 假设各州艺术委员会从联邦与各州基金的960万美元划拨一半资助表演艺术，那么550万美元的联邦补贴就变成了1 030万美元。目前尚缺城市的拨款数据，我估计这个数据应该是联邦与州政府拨款总和的两倍。

b. 187家主要非营利公司门票销售之外的收入为5 870万美元，我采用四舍五入法计为8 000万美元，这可能太慷慨了。

c. 不包括当地政府对音乐的支持。

d. 不包括制药公司的药物研究。

e. 不包括来自市政当局的支持。

[①] 美国公共卫生服务部规定，巴氏灭菌奶中大肠菌群的最大允许数量为每100毫升1000个。大多数州对游泳和洗澡的水的月平均值，制定相同的标准，尽管有些州对水的纯度要求要比这个标准更高。在犹他州和华盛顿州，其标准为每100毫升50个；缅因州，每100毫升100个；蒙大拿州和新罕布什尔州，每100毫升240个；而加利福尼亚州则是每100毫升240个。Cf. California State Water Quality Control Board.

我试图用这几个例子来证明，艺术领域的经济困难更多地与喜好偏好有关，而不是与经济有关；欣赏艺术是我们享受生活的一个部分；政府对艺术的吝啬态度，再次成为一个更大的集体偏好系统的组成部分，这个系统完全符合消费者的市场偏好。

我就此提出了一个诊断，如果正确的话，就需要采取行动。如果你对我们如此忽视艺术有点惋惜的话，你就应该做点什么，以便影响公众的品味。我们当中如果有人希望看到政府对艺术更加慷慨的话，最好先考虑这个要求合理的基础是什么。没有一个支持政府资助的标准论点，真正适用于艺术。① 它们不是公共产品，如果是的话，政府就能以更低的成本或更有效的方式提供；补贴也无法减轻收入的不平等；其合法性也不能立足于保护后代利益。对艺术的补贴有利于少数爱好艺术的人；虽然我们可以用一些理由，来抵消人们歧视少数人品味的趋势，但当我们想起这些少数人中的绝大多数是那么富有时，这种观点就失去了说服力。

政府资助艺术的唯一合理性就是，艺术是教育大众品味的一种手段，而大众会从更有教养的品味中获益。如今人们普遍反对这种观点，其理由是人类已经尝试这种做法，却从来没有成功过。② 然而，这种推理的角度是错误的，而且过于悲观。我们无法指望，我等平凡之辈，一朝学习，就能一世聪明。社会是不朽的，它必须接受持续的教育，才能获得每一点智慧。但是，一旦一个人有了正确的方式，并意识到艺术教育不是一朝一夕之功，而是一个持续的过程，那么就有足够的理由乐观。艺术的情形在今天可能很糟糕，但过去的情形更糟糕。我已经取得了巨大的进步，没有理由不继续下去。如今的年轻人对父母的价值观十分挑剔，可能包括我所讨论的这些。他们很可能反对把舒适和安全置于快乐之上，不仅是当年轻音乐家因为演奏巴洛克音乐堵塞人行道，而被从街上拖走的时候。另一方面，对艺术的补贴是否会影响品味，这取决于他们如何花钱以及花了什么钱。英国艺术委员会（Arts Council of Great Britain）因在科文特花园（Covent Garden）上花费过多而饱受批评，它为上流社会的生活提供了补贴，却很少招募年轻人来欣赏音乐。我们也倾向于选择安全舒适的艺术，而忽略实验性与中庸性艺术，即便我们不是为了国家声誉，而是为了帮助公众学会欣赏艺术，我们也要平等对待此事。

广泛发放补贴也是可取的，因为它可以维持市场竞争与控制市场压力，以免

---

① 艾伦·皮考克（Alan Peacock），他对音乐爱好者和优秀经济学家之间冲突的描述，使我的陈述更加可信。

② 参见 Cf. A. Hilton.

价格和成本飙升。艺术与医疗资助有许多相似之处,我们必须保持谨慎,以免艺术的成本跟医疗的成本一样,不断攀升。这显然是我们未来要思考的问题之一,它与未来可用的资金有关。至此,我们已经充分阐明了我的观点。如果艺术领域出了什么问题,我们应该从自身而不是我们的经济中寻找症结。我恳请你们去思考一下这个问题,不是作为经济学家,而是消费者。

参考文献

[1] Beckerman W, Bacon R. International Comparisons of Income Levels: A Suggested New Measure [J]. Econ. J., 1966 (76): 519-536.

[2] Bunker J P. Surgical Manpower-A Comparison of Operations and Surgeons in the United States and in England and Wales [J]. New Eng. J. Med., 1970 (282): 135-144.

[3] Charlesworth J C. Leisure in America: Blessing or Curse? [Z] Philadelphia 1964. G. Friedmann, Le Travail en Miettes, Paris 1964.

[4] Hilton A. The Economics of the Theatre [J]. Lloyds Bank Rev., 1971, 26 (7).

[5] Peacock A. Welfare Economics and Public Subsidies to the Arts [J]. The Manchester School, 1969, 37: 323-325.

[6] California State Water Quality Control Board Resources Agency. Water Quality Criteria [J]. California State Report, 2nd ed., 1970.

[7] INSEE's Etudes et Conjoincture. Recherche Comparative Internationale sur les Budgets Temps [J]. The Crisis of Classical Records in America, 1971: 57-84.

[8] National Travel Survey [Z]. U. S. Bur. of Census, 1967 Census of Transportation.

5.1.2 文化是个好东西:一个福利经济学的论证

文化包含着生活所能提供的最好、最有价值的东西。参与文化活动的人或对文化产品感兴趣的人,本能地感觉到文化是个好东西;但本能的信念并不总是容易通过逻辑推理来证实。然而,就文化活动而言,一个非常简单的论点就是,无论从个人还是从社会的角度来看,文化活动都是人类获得满足的优质来源。

世纪之交的伟大经济学家——阿尔弗雷德·马歇尔(Alfred Marshall),就充分认识到其所谓"为自身利益而进行的活动"的重要性。他认为这不仅对经济学很重要,而且对"解释人类历史"也很重要。他认识到,人们追求闲散的欲望是可以满足的,经济进步和生产力提高,将增加公众为自身利益而进行活动的需求。他列举了相关证据,如科学、文学、艺术、体育比赛和旅游等活动。

马歇尔指出,在追求上述行为中对于卓越的愿望,"对高级人才的供应产生巨大的影响"。他批评同事,特别是杰文斯(Jevons),认为欲望以及消费者满足愿望的渴望,是所有经济活动唯一的动力,甚至没有提及人类行为的重要组成部分,即以自身为目的的行为。

马歇尔强调将对活动的渴望作为人类行为的动机,并批评其同伴没有将其考虑进来,这些都包含在其名著《经济学原理》前面的部分中;[1] 然而,该书后面的部分也应当受到同样的批评,他也没有将对活动的渴望,纳入经济学理论。我尝试将此解释为,他不知道该如何去做。他似乎被以自身为目的的活动与以金钱为目的而从事的繁重的生产性工作之间的差异所困,以至于没有注意到两者之间相当明显的相似之处,即两者的产品都能使被动的消费者感到满足。绘画、雕塑、音乐制作,不止活动自身是令人愉快的活动,其产品也如同任何其他产品,也能给相应的消费者——音乐会观众、博物馆参观者,以及绘画和雕塑的拥有者和观众——带来满足。如果他注意到生产性工作与令人愉快的活动之间的相似之处,他也就能认识到两者的差别无论多么重要,也只是程度的问题,因为许多生产性活动往往既有不错的回报,也有不小的负担;虽然我们从事这些活动,只是为了金钱,我们迎接挑战,勇敢地面对各类危险和障碍,但与此同时,我们也获得满足感。

事实上,生产性活动与文化性活动之间的密切联系,可能解释了为什么经济学家拒绝将后者明确地引入人类行为模型,却没有明显地减损这个模型的效用。文化活动与其他为了自身目的而开展的活动之间的区别,要大得多,也要重要得多。

马歇尔注意到以自身为目的的活动越来越重要,并将其归因于确保人类舒适和生计所需时间和精力的逐步减少;但他过于乐观地认为所有人类行为进步的影响都是有益的。他所列举的以自身为目的的活动,是不完整、不平衡的,也过于乐观;因为它只包含良性的活动,即便那些以自身为目的的恶意活动同样重要且数目众多,而且事实向来就是如此。但是,马歇尔是维多利亚时代的绅士,也是这个高雅、可敬和虚伪时代的忠实子民,这个时代注重福利,也对各种病态视而

---

[1] Alfred Marshall. Principles of Economics [M]. 8ed. London: Macmillan, 1930: 88-91.

不见。以规矩为名，施行暴力与压迫，殴打妻子、子女和学生，以及以文明的名义征服和统治其他民族，所有这些都是为自身利益而进行的活动，而不论他们会有什么其他动机和好处。

我强调这些邪恶和有争议活动的存在，以及它们也使追求这些活动的人感到满足的事实，是为了充分认识文化的价值，人们必须现实地看待人类本能的冲动与坚持自我所可能引发的各种活动。因为我们每个人都需要从事肉体或精神活动，以便发泄能量，提供刺激和兴奋，展示力量、技能或胆量，并让我们有一种优越感。满足这些需求有许多方式，许多影响因素会决定我们的选择，而这种选择对社会福利有很大的影响，特别是应该考虑到一个人的活动，给他人带来的可能是痛苦，也可能是快乐。

作为讨论这些问题的框架，将人类活动分为三类是比较方便的。

第一种当然是工作，它是繁重的，人们从事工作不是为了工作本身，而是为了其所生产的产品所带来的满足感，有时是为了工人，但是主要是为向那些承担负效用的工人支付报酬的人。与此同时，根据工作的性质和组织方式，工作本身可以是具有挑战性的，甚至是令人兴奋的，它也为工人提供了展示其过人之处的机会。简而言之，工作既有成本，也有收益，但如果是自由选择的话，我们可以假定其效益大于成本，工人的时间与努力应该得到充分的补偿。只有从工作获得的净收益分配才会有所不同，而这取决于关联各方的议价能力。

第二组活动包含可以称为反社会的活动。它们是工作的反义词，从某种意义上说，赢家和输家的角色是相反的。这些活动使执行者感到满意，但其代价是给他人造成痛苦、羞辱或身体的伤害或损失。我想到了许多形式的暴力，从施虐到破坏公物，还有对他人的精神和身体控制、酷刑、战争和对他人的统治。这类活动的代价通常大于收益，只是这种暴力行为会给执行人带来短暂的满足感，而它给他人造成的痛苦、伤害或损失，则往往是持续的，甚至是永久性的。肇事者所承担的费用和利益，以及其他所有成本，都转嫁给他人，而在大多数情况下，我们无法甚至不可能要求肇事者赔偿。与此有些类似的就是吸毒成瘾，它也会带来短暂的快感，但稍后就会给同一个人带来更持久的痛苦。

最后，我要谈论的是第三组，它所包括的活动，不给任何人造成负担、伤害，而是给周围的人带来满足和快乐，这些人既包括那些积极参与的人，也包括那些受影响的人。这些活动的定义本身表明，它们是所有活动中最具善意与价值的。值得注意的是，这个组别既包括爱，也包括为了自身利益而进行的学习。爱被认为是人类文明最好的东西，而学习能够带来智慧和洞察力，这是希腊哲学家非常重视的品质。

不用说，文化活动就属于这一类高尚的活动。它产出'爱'，不是为了针对受益者的爱，而是对活动本身的爱。这就是我称文化为好东西的一个原因。然而，另外一个同样重要的原因是，有些文化活动可以挤掉第二组别所列的反社会活动。换句话说，它不仅创造好处，而且能够减少痛苦。

因为人类对刺激和兴奋的需求，与其他需求和欲望一样是有限的。因此，如果一项活动（或一组活动），很好地满足了个人对活动的需求，那么他对其他活动的需求，就相应地减少了，也就是说，其他活动被排挤出去了。这就是工业革命如何将文化变成了有闲阶层的特权，与此同时又迫使工人阶级的男人、妇女和儿童长时间辛苦劳作，并剥夺其闲暇时间。当然，为自身目的而进行的活动之间也有同样的可替代性关系，这意味着能用第三组别的良性活动或系列活动，来替代第二组别的反社会活动。

在某种程度上，这是众所周知的。我们很早就发现，要使儿童和游手好闲的青年远离恶行，最好的办法就是让他们参加一些有组织的游戏或竞技运动，只要它们不像恶行那样费劲、吸引人和令人兴奋。即使是被动地享受别人的活动，如果有足够的热情，也可以排挤暴力。20世纪60年代初，甲壳虫乐队在英国青少年中的人气，达到了无与伦比的地步，许多人认为这正是街头暴力和骚乱减少的原因所在。

最大的问题是如何激励人们选择有益而不是有害的活动，而且这种选择是主动的，如何诱导越来越多的人——他们手头有大量时间和精力，却不知道如何使用——将其多余的时间和精力，用于音乐、绘画、表演、体育，以及其他各类有益活动，而不是毒品、吵闹、残忍和暴力等有害活动。

不幸的是，实现这个目标的障碍是如此之巨，以至于对于这个问题的讨论，将占用我的大部分时间。然而，让我首先谈一谈能够轻松处理的问题，尽管人们常常提及它。

许多人认为，文化活动永远是社会和知识精英的特权，这是因为只有那些知识渊博与智商较高的人才能享受文化。对于那些为自身利益而进行的知识活动来说，这种说法无疑是正确的；它们是大多数人——当然是大多数的知识分子——首先想到的活动。

然而，许多其他有益的活动却并非如此，这些活动恰巧包含绝大多数的艺术活动；尽管人们很容易被音乐厅、歌剧院、剧院和博物馆参观者的问卷调查结果所误导，这些调查都表明，其参观者有80%受过大学教育，或者至少接受过大学课程。

然而，这些调查只是显示了何人喜欢被动地接受他人从事的文化活动，这与积极从事这些活动并不相同。我这里所关心的是这样一种活动，它能最大限度地满足欲望，为人类提供挑战、自尊、成就感和满足感。被动观看也是一种享受和刺激，因为它并不完全是被动的，它也需要精神上的努力，以便理解和欣赏文化活动的目标及其所表达的信息。然而，这种努力并不费劲，因而其让人满意的程度有限，更多是一种愉快的消遣，它通过增加知识和保持头脑忙碌来防止无聊；但它很少释放被压抑的能量，以满足人们确证自己和证明自己价值的雄心。然而颇为吊诡的是，通常只有后者，也就是一个人对艺术活动的被动反应和享受，才需要智力和知识。

艺术的历史学家、评论家和鉴赏家，必须接受精英的知识教育，而艺术家不一样。因为艺术家的技能是不同的；毕竟，大多数艺术家都是手工艺工作者，至少像外科医生、工匠、技工和熟练工人一样，需要同样娴熟的手、眼睛和耳朵，耐心，以及对细节的过度关注。

为了便于说明，我注意到美国许多知识精英用从新几内亚、马里、加纳、托戈兰、达荷美和其他贫穷的非洲和大洋洲国家进口的当代民间艺术来装饰家居。所有这些物品大多是礼仪性和普通的家用物品或衣物，它们有着精美的雕刻、绘画、刺绣或其他装饰，但是，这些都是由未经训练的普通人，而不是训练有素的专业人士制作的，这些人较之那些因为艺术品质而购买并珍视手工艺品的人而言，显然技能要简单得多，其教育程度也低得多。事实上，所有民间艺术都是由原始社会与农业经济中的普通人创造的，它是人们打发时间的一种手段，人们用某种形式的缓慢、踏实、细致的工作，来消磨冬季或雨季的闲暇时间，我们称之为创造性活动。在更悠闲的年代和文明中，几乎每一个有着剩余精力的人都从事类似的创造性活动，因为它是令人满意的、可资炫耀的，而且给创造者一种自豪感、成就感和自尊感的活动。

简而言之，更悠闲的生活以及作为其促成方式的文化，使得人类可以忍受前工业经济的赤贫。工业革命提高了生活水平，减少了贫困，但与此同时也消除了工人阶级的闲暇，以及表现为文化形式的享受闲暇的能力和动力。这就是我早先所指的，工业革命把文化变成了精英阶层的特权。

就我所知道的欧洲丰富的民间艺术遗产和闲暇时间利用的历史，似乎就能够证明这一点。欧洲民间艺术实质上就是农民的艺术，这种艺术在英国——第一个工业化国家——早在18世纪就已经消亡；而在经济落后的匈牙利，民间艺术在19世纪中期才达到其鼎盛时期，民间艺术在我的童年时期，还是一门鲜活的艺术。而德国则介于这两个极端之间，其民间艺术在18世纪中期达到顶峰，之后就衰落了；而且德国无疑是我们研究闲暇时间利用的最好例证，因为德国工人可支配的闲暇时间长度在1750年每天只有8~9小时，而到了1850年，其工作时间减至每天12小时，与此同时，其工作的速度和强度在增加。①

然而，如今现代技术的巨大进步，能让我们所有人在享受更舒适、更高标准的生活的同时，也让我们拥有比欧洲工业化前农民更多的空闲时间和多余的精力，这意味着我们应该在民间艺术的创造与享受方面，超越他们，而不是与他们等量齐观。那么，是什么阻止了我们利用这些机会呢？

我要表明，最大的障碍是清教徒的职业道德。正是这种清教徒的道德观念使工业革命成为可能，它创造了一种信念，即工作和赚钱是首要利益，而文化和自然与环境之美是轻浮和次要的，这种道德思想至今仍与我们相伴而行，以至于不再重拾那些所谓轻浮之物。但要证明这一点，我必须首先处理体制和心理的障碍。

体制性障碍似乎较为简单，它所蕴涵的基本事实是，当技术进步减少了维持我们习惯的生活水平所需的劳动时，其影响效果不是创造闲暇，而是创造失业。要想通过缩短每周或一年的工作时间，将少数人的失业转化为更多人的闲暇时间，雇主与雇员之间就必须采取审慎的行动并达成共识。只要工作时间足够长且令人精疲力竭，工人就需要更多的休息，并成功地争取到生产率提高所带来的好处，其形式就是更多的闲暇时间。但是，随着发达国家每周工作时间减少到40小时或更少、带薪休假成为惯例时，劳动力便不再迫切需要更多的闲暇时间。

今天的公众希望通过创造更多工作来解决失业问题。只有当所有其他手段都失败的情况下（就像最近的大萧条时期），有些美国和欧洲公司才会尝试分享工作。②事实证明，这些措施相当成功，似乎也为雇主和雇员所接受，但这只是应对严重萧条的紧急措施。如今，将缩短每周或一年工作时间作为解决失业的更持久或标准方法的主要障碍是，工人不想要更多的闲暇时间，因为他们不知道用它来做什么。

这让我想到个体如何利用闲暇的心理学问题。这个问题在老年和青年中最为严重。当不太擅长与习惯休闲活动的人退休之后，突然发现自己有无限的空闲时间，却不知道如何使用，就会不知所措。有证据表明，他们可能会面临迷失方向、抑郁和早逝，除非找到什么建设性的、令人满意的事情去做，这对于他们这个年龄并非易事。事实上，养老院的主要任务是消除无聊，只有当这项艰巨任务

---

① The article on "Folk Art" in Encyclopedia of Word Art [M]. New York: McGraw Hill, 1961; Tamas Hofer, Edit Fel. Hungarian Folk Art [M]. Oxford: Oxford University Press, 1979; Wolfgang Nahrstedt. Die Entstehung der Freizeit [M]. Gottingen: Vandenthoek & Ruprecht, 1972: 138, 222.

② Cf. Stanley D Nollen. New Work Schedules in Practice: Managing Time in a Changing Society [M]. New York: Van Nostrand, 1982.

执行失败时，其气氛才会变得压抑，不幸的是，他们常常难逃此运。

当人们正值青春时，通常是他们离开或即将离开中学的时候，这是生活的一个特殊时期，在这个时期对于人们最紧迫的是需要激励、渴望刺激与挑战，以及展示其勇气的机会。在这个阶段，年轻人的精力让其不会陷入麻木，老年人则有这种危险，而他们所面临的难题就是选择刺激和兴奋的正当来源。他们做出错误选择的风险很大，因为许多最有价值的、社会所期望的活动，都需要特殊的技能，这种技能不仅是为了表演和享受，而且是为了找出他们是否具有学习和享受这些技能的天赋，甚至哪怕是意识到他们是快乐的，都能够提供他们所需的刺激、挑战和兴奋。

换言之，我所谓的心理问题源于不平衡的教育，因为如果人们要就有益活动做出明智选择的话，就不仅需要了解它们的存在，而且至少需要基本的执行技能。如果没有这些技能，我们甚至无法想象这些活动是有益的，就更谈不上确定哪些活动会给自己带来乐趣了。这就是为什么缺乏这些技能的人，其选择往往局限于不需要特别技能的刺激和兴奋来源，如性、强奸、毒品、暴力和犯罪等。

学校和家庭一样，应该发挥教会我们所有人技能的作用，这些技能不仅是用来谋生的工作所需，还应该能够提供令人愉快、对社会有益的休闲活动，这种休闲活动可以提供一个完整而有趣的生活，且有助于我们就舒适和刺激之间达成平衡——这些无疑最适合我们的气质与需要，也是我们不同生命阶段与职业身份的迫切需要——做出明智的选择。这两种技能对个体和社会的福祉同样重要；然而，不幸的是，我们清教徒的职业道德和金钱意识，使父母、教师和学生都不约而同地重视赚钱的技能，而不是使生活更有意义和更愉快的技能。这就解释了为什么工作技能将生活技能排除出课程之外；如果没有生活技能让我们知晓生活中尚有许多有益的快乐来源，那么，暴力和毒品的刺激就会挤出艺术和文化所带来的兴奋和享受。

只有幼儿园和小学教师相对没有这种偏见，他们教授学生各种令人愉快的活动技能。多亏了他们，大多数孩子都有足够好的听觉、视觉、灵巧性和艺术感，他们不仅掌握了不少艺术技能，而且享受这些技能所带来的乐趣。想想看，我们小学所展出的儿童绘画是如此令人愉悦，男生合唱团的训练与表演是如此出色。这些技能日后可以进一步保持与发展，以便给生活创造更多的意义，但是，不幸的是，这些很快就被排除在学校课程之外，然后被废弃与遗忘殆尽。

竞技体育几乎是唯一有益活动，其技能和实践尚存于学校教育之中，且常常成为终生的兴趣。不幸的是，对于大多数人来说，最便宜、最受欢迎、最令人兴奋的运动——足球，似乎太费劲了，以至于大多数人一旦离开学校就无法继续，并很快就由体育爱好者退化为看客了,虽然这也是一种惬意的小憩,但比起参与性活动而言,其令人满意与能量释放的程度就不可同日而语了。这或许可以解释足球迷们臭名昭著的粗暴行径,他们因为错过了作为参与者的兴奋而倍感沮丧,于是在赛后通过暴力,为其受压抑的精力以及对仅能满足被动而非主动兴奋的不满情绪,找到发泄的出口。

我提到所有学校继续体育教育,因为这是一个说明文化教育也可以轻易效法的例证。我们所需要做的就是,保持和发展小学教育就已经奠定基础的艺术技巧和兴趣。如果如此简单和自然的事情,看起来仍然像乌托邦,而且几乎无法实现,其原因恐怕很难归咎于学校未能实施改革,而是社会并未准备改变其价值观。①

然而,我们也有希望的迹象,如今人类正在开始非常缓慢地改变人生观与优先事项。正如一个世纪前马歇尔抨击其他同行将理论建立在狭隘的、以消费为导向的人类行为模式的基础上一样,如今美国也兴起消费主义批判,不过这种评判太现实了,它不是针对经济学家分析人的行为模式,而是针对我们的教育制度,这是仿照经济学家的消费主义模式来构造人的行为,这种行为方式是与人类自身相对立的。

如今人们正攻击美国教育,指责其课程设置狭窄与片面。最著名的就是阿伦·布鲁姆(Allan Bloom)对未能教授共同核心价值观的批评,他将其归咎于大学的过度专业化。② 如果他所说的价值观是指文化和伦理价值观,我完全同意他的观点,这些价值观确实被严重忽视了。但是,我们不应该像布鲁姆建议的那样,只针对大学毕业的精英教授这种价值观,而应该是教授每个人,因为所有人都应该学会如何过上一种美好的生活,而且是在不侵犯他人美好生活的前提下过上美好生活。高中是这样做的适当场所,因为它是强制性的,能够惠及所有人;而大学则由于要保持与提升复杂的技术和科学文明的教育责任,会削减其所提供的专门培训的数量,因而很难完成这个任务。

至于对人类自身的批判,其所采用的形式就是反抗清教徒的两性分工。你可能也注意到,我所讨论的问题主要是男性问题。迷惘所折磨的多是老年人,而暴力所侵扰的多是年轻人。其原因是显而易见的:我们对于劳动力,至少是中产阶级劳动力的性别分工,就将赚钱这项有声望的任务交给了男性,而将其他从属性

---

① Cf R F Harrod. "The Possibility of Economic Satiety" in Committee for Economic Development Problems of Economic Development [M]. New York: C. E. D., 1958: 73-74.

② Allan Bloom. The Closing of the American Mind: How Higher Education Has Failed Democracy and impoverished the Souls of Today's Students [M]. New York: Simon and Schuster, 1987.

的任务交给女性，这让男性赢得了独立，但是如果没有工作或是工作无法令人满意时，就只能过着空虚的生活；它使得妇女的生存是依附性的，要忙于家务和照顾孩子，但她们所负责的其他两项从属性工作，却在一定程度上减轻了负担：志愿慈善与文化方面的工作，前者包括园艺、家居装饰、美食烹饪、缝制被子，后者则包括文学，以及涉足的音乐制作、绘画等。

双方都反对这种劳动力的性别分工。妇女争取更大程度的平等和经济独立的斗争，取得了很大进展，也很成功，部分原因是这场斗争唤起了人们的公平感，且与职业道德并无多少冲突。

男人为了更充实的生活而进行的反抗——很快就有女人加入，这就是广为人知的"花童起义"——却没有那么成功，只局限于小规模精英阶层，这部分是因为这只是学生反抗的诸多目标中并不重要的一个，部分是因为它正面冲击了清教徒伦理及其价值等级观念。

此外，当年轻的艺术和手工艺爱好者的期望受挫，这场反抗也遭受了最初的挫折。他们重视文化活动，不是将其视为工作之外给生活增添乐趣的奇技淫巧，而看作是一种可以替代其他职业的全职工作，进而忽视社会对专业艺术家和工匠的需求非常有限的问题。

大学的统计数字就很好地说明了这个现象。例如，我所在的斯坦福大学，在学生反抗活动后的5年内，主修音乐和艺术的学生人数增加了3倍，这无疑是一个巨大的增长。但是，随着即将毕业的学生进入本已萎缩的职业艺术家劳动力市场，这个市场将进一步陷入低迷，这些人也深感失望，因为在接下来的5年里，艺术专业的学生人数下降的速度，与前五年的增长速度几乎一样快。

然而，这并不意味着花童的反抗没有什么持久的影响。因为有迹象表明，今天的公众越来越多地从事文化和其他有益活动，并对生活中的美好事物给予更大的关注。

斯坦福大学可能不会像以前那样培养更多的专业音乐家，但它为更多的业余爱好者提供了创作音乐和提高音乐技能的机会。在过去25年里，器乐和声乐团体激增，会员数量翻了一番，几乎所有新增的成员都来自音乐系之外。今天，这所大学有交响乐团、室乐团和巴洛克乐团、音乐会乐团、文艺复兴乐队和2个爵士乐队，其成员多达300名，另外还必须加上仪仗队的200名成员；而大学合唱团、纪念教堂合唱团、斯坦福合唱团、早期音乐歌唱家和合唱团的歌手总数为350人，当然他们之间有些重叠。在所有这些器乐演奏者与歌手中，只有1/5是音乐专业的学生，4/5都是业余爱好者，但是交响乐团却足够优秀，可以参加巡回演出。

近年来，另一种文化活动——表演的受欢迎程度甚至更高。今天，拥有 400 万成年居民的旧金山湾区有 120~130 个专业和社区的戏剧团体，而 20 世纪 50 年代只有不到 30 个。目前尚无全国范围的数字，但据说其增长率与此相似，依此估计如今美国的专业和业余剧团应该有数千之众。

旧金山湾区 130 个剧团断断续续地雇用了 700 名专业男女演员，和 1 000 多名业余演员；值得注意的是，所谓专业不是指该演员以此为主要职业，或收入主要来源于表演，而只是指他是演员工会的注册成员而已。考虑到演员工会成员的失业率为 85%，而且大多数成员每周收入在 115~175 美元之间，我们就应该清楚，并非所有 700 名专业人员都只依赖表演作为生活来源。据信，约有一半人有其他工作或收入来源，而更多地将表演视为一种休闲活动。只有一半是全职演员，而这些全职演员的一半在早期演戏的几周里，就靠每周 110 美元的工资生活，在其他时间他们要不停地寻找演戏机会和试镜，就不得不靠失业救济金生活。①

近年另一项颇受欢迎的休闲活动是度假和旅游。1967 年的一项统计调查显示，一个国家的成年人每年休假 6 天或 6 天以上的比例越高，该国的平均收入就越高，但美国却除外，美国的这个比例不到瑞典、瑞士、荷兰或英国等国的一半，比任何西欧国家都要小，除了最贫穷的葡萄牙。②

不幸的是，美国有关这个问题的数据统计因为里根政府的经济举措而泡汤，但从间接证据来判断，1967—1985 年，美国海外旅游人数增加了三倍多，我们肯定已经或者几乎赶上了欧洲人。

最后一点证据表明，美国的清教徒伦理正在开始削弱，这就是城市和郊区精英越来越关注生活品质。这表现在烹饪书、民族餐馆、各种面包和其他烘焙品的大量增加，以及所销售产品的质量与品种的提升。在服装和耐用品市场，消费者越来越关注设计和工艺，这对美国的贸易平衡产生了不幸的后果，因为美国生产商在应对美国消费者日益增长的复杂性方面一直反应迟缓，而欧洲制造商早就知道如何迎合奢侈品贸易。

在讨论下一个主题之前，让我回顾一下已经得出的要点。我认为进步增加了闲暇时间，同时也增加了人们用愉悦性活动来休闲的冲动；我强调有必要教授技能，使人们能够从这些活动中选择令个体与社会满意的活动；我还讨论了教授这

---

① 我要感谢戏剧历史学家米沙·伯森（Misha Berson）和迪安·古德曼（Dean Goodman）、湾区戏剧协会与演员权益协会让·希夫曼（Jean Schiffman），以及大卫·莫特罗尼（David Motroni）夫人和温德尔·科尔（Wendell Cole）教授提供的关于现场戏剧的资料。

② Tibor Scitovsky. The Joyless Economy [M]. New York: Oxford University Press, 1976: 190-195.

些技能的过程中遇到障碍的性质,以及克服这些障碍的困难。

然而,到目前为止,我还没有提及人们选择一项而不是另一些令人愉快活动的动机,更不用说人们对于他人活动的被动享受,这可以有力地加强他人活动的动机。

因为只有当一个人认为自己擅长于艺术或任何其他活动时,他才会喜欢它。然而,新手和非专业人士对自己表演的判断往往并不确定,而且很大程度上受到他人反应的影响,这就是为什么当其他人显示出喜欢的迹象时,他们会更看重自己的艺术活动。此外,由于艺术的目的是探索和展示新的、更好的或非同寻常的方式所观察到的世界,所以他人的理解和欣赏就是成功的标志,它让人有成就感,这是满足感的额外来源。

公众对艺术的欣赏,部分是通过鼓掌来表达的,部分是通过购买艺术品和艺术活动的门票来表达的。大多数人对于掌声慷慨大方,而对于金钱则过分吝啬。此外,富人和穷人都为艺术喝彩,但只有富人才付得起。这两种艺术欣赏的表达方式之间的差异,可能解释了为什么在社区剧院、管弦乐队和唱诗班中,表演和音乐制作等休闲活动,似乎比绘画、雕塑或陶器制作更受欢迎。

因为表演艺术,如表演、舞蹈和音乐,是唯一可以用掌声来表达其消极享受的艺术。众所周知,演员、女演员、舞蹈演员、歌手和音乐家不仅非常喜欢如此,而且观众的热烈鼓掌就意味着,观众们不仅在物理意义上与其共处,而且在精神意义上与其试图表达的内容有着共鸣。

那些视艺术为休闲活动的人,如果必须要出售其艺术品,那也不是为了钱,而是为了找出其他人是否喜欢以及如何评价作品;而至于公众如何欣赏其艺术品,其外在的表征相对较少,也很难识别。其中的原因之一是,只有富裕知识分子才有兴趣并购买原创艺术作品;另一个原因是,对艺术需求受其性质的限制。例如,现场表演是短暂的,只有在其持续的时候才能欣赏,这就是为什么观众的需求是持续的、不停歇的。相比之下,艺术品是享受的持久来源,只是大多数人希望拥有的数量十分有限。因此,对新艺术品的需求主要来自艺术收藏者的增长,以及随着现有艺术品失去吸引力、过时、意外被毁或进入博物馆及其库房时,需要补充现有艺术品库存的愿望。

这两点限制了公众对艺术品的需求,这也很可能会抑制作为休闲的艺术品创作,因为创作者手中大量艺术品滞销或无法售出,将让业余画家、雕塑家或小说家望而却步,除非他像亨利·卢梭(Henri Rousseau)那样,对自己的艺术价值有足够的把握,不会因为缺乏公众认可而灰心丧气。

专业艺术家所关心的是同行而不是大众对自己作品价值的判断,像凡·高这样的人，他一生中只卖出一幅画，但他们需要出售艺术来谋生，以便能将所有时间和精力都投入艺术中。事实上，由于市场对艺术品的需求主要来自富有的精英阶层，职业艺术家在文明时代早期的境况可能会更好，这是因为财富和收入不均造就了庞大的贵族阶层和更大的艺术市场。如果说法国很长时间一直是艺术家的天堂，那至少部分是因为其收入分配较之其他发达工业国家更为不均。

在那些分配更平等的国家，如果专业艺术家的艺术创作要蓬勃发展，国家和/或基金会就必须接管或补充传统赞助人和富有艺术收藏家的职能；令人欣慰的是，许多国家已经这样做了：在西方，主要是通过购买艺术作品或委托艺术创作；在人民民主国家，则是通过支付艺术家工资来实现的。

这就引发一个问题，我将以一个尝试性的答案来结束我们的讨论。我一直在讨论和恳请更多的文化活动，这些活动不是针对专业艺术家，而是针对每一个人；不是为了艺术，而是为了健康的社会。如果出现这种情况，它将如何影响专业艺术家？

如果更多的业余爱好者试图出售其艺术作品，这将抑制艺术市场；所有购买行为一定要有回报，而且常常物超所值，因为它会引发更广泛的文化教育和公众对文化活动的更大兴趣，增强其美感以及对艺术是什么与艺术家试图做什么的理解。简而言之，文化对社会、广大人民是一件好事，对艺术家也是一件好事。

5.2 布鲁诺·弗雷

导 读

话说物极必反，经济学在理性主义的路途上狂奔几百年之后，终于有所醒悟，发现将人类目的弃之不顾的做法有些荒谬，于是经济学开始关注人类生存的目的问题，而幸福就是其中最为重要的目的。由此，经济学开始喊出"回到亚当·斯密"的口号，与此同时，人们在实践层面也试图突破国民财富统计的 GDP 主义，通过编制人类发展指数或者幸福指数来评估人类的财富积累程度，更有不丹第四代国王提出"国民幸福总值"概念，并以此作为治国纲领。就此而言，有关幸福的研究既是对正统经济学的革命性突破，也是经济学对人及其所处社会深化理解的重要机遇，而布鲁诺·弗雷就是这场革命性突破的领军人物。对于这位领军人物的学术贡献，南加州大学经济学系教授理查德·伊斯特林有着很好的总结："长期以来，一位将心理学运用到经济学之中的先驱布鲁诺·弗雷，对幸福研究进行了巧妙的综合，并且证明了幸福研究对于政策的价值和对于正统经济学日益增长的挑战。"概括而言，布鲁诺·弗雷将心理学引入经济学并创设幸福经济学，挑战经济学的诸多假设，并提供了诸多崭新的见解，其中很多见解对文化经济学将产生深远影响，其实，这也是其名著《艺术与经济学：分析与文化政策》努力阐释的主要方向。诚如作者在序言中所说："新颖、富有挑战性的洞察力可以从超越既定界限，闯入新的（方法论的）领域来获得。实际上，艺术经济学是经济学中最欢迎新方法的一个领域。"① 而《艺术：经济学的视角》就是该著作的核心内容——序言部分，它概括了作者运用新方法探索新领域的新成果。

让我们从人们最习以为常的需求入手，经济学家关于艺术需求通常的观点是，"个人是从享受（消费）他认为是艺术的东西那里体验到效用的"，而这种效用是可以通过"边际支付意愿"来衡量的，并直接体现价格形式。这大概就是正统经济学对于艺术所能描述的全部，但是，这显然不是全部，布鲁诺·弗雷于人止步处起步，贡献了不少的"新的途径"。经济学关于理性人基本偏好明确

---

① 布鲁诺·弗雷. 艺术与经济学：分析与文化政策 [M]. 易晔，郝青青，译. 北京：商务印书馆 2017：8.

且稳定的假定,如今受到行为经济学的激烈抨击,各位读者恐怕早已耳熟能详,这里我们仅从供需两端分析弗雷的突破及其新收获。

首先,就消费而言,经济学的个人主义观点并不十分有效,其中一个主要的例外就是公共性质艺术的存在,"在许多领域和情形下,个人并不直接提出对艺术的要求,而是将决定交由有代表性的机构"。就公共艺术而言,其消费意愿只能通过实证的方法来测量,其方法也十分多元,包括"从简单的调查和预算(个人受限于收入约束因素),到旅行成本(衡量某人有多愿意花时间和金钱去看一场文化表演),到市场评估(所有其他要素不变,支付意愿是否反映在更高的房价和地价上)等"。[①] 在作者看来,传统经济学只关注价格所折射出来的价值,其实"并没有充分地获取一个文化对象所具有的社会价值,并且完全漠视了这些没有反映在市场上的价值"[②]。为了避免这种理论上的漠视,更为了避免政府部门决策的风险,经济学家应该积极地引入支付意愿法来评估文化产品,特别是文化遗产的非市场价值,以避免经济学家在这些领域完全失语。众所周知,支付意愿法源于环境经济学,在文化经济学中也有广泛的应用,弗雷本人也有不少类似的案例研究,很多基于瑞士的个案研究开了文化经济学领域的先河,是这个领域的重要文献。

其次,我们常常将那些能够提供某种艺术的生产者的生产行为定义为供给,特别是在艺术领域,我们几乎不管艺术家有没有市场需求,他都是艺术家。作者就此举了一个特别有意思的例子,一个女服务员可能认为自己是演员,但其实市场却没有相关需求,她也不曾由此获得任何的报酬,那么,将其命名为供给者并无多大意义。关于艺术家的定义似乎常常由艺术界(如我们国家的文联、作协等机构)来确定,但是,从经济学的观点来看,基于供需视角的界定似乎更具有价值。从供需角度来看,艺术供给还涉及一个十分有趣的现象,即艺术供给过剩的问题,如大量非营利机构存在。按照市场原则,如果没有需求,这些供给者就应该关门大吉,但是,现实的情形是,它们常常通过补贴或捐赠等方法持续存在。在其他文献当中,作者通过博物馆收藏的例证,说明这类非营利机构供给的特殊逻辑,它们是基于专家、机构甚至政治家的公共决策,而不是市场需求。还有一个更有趣的现象是,有些机构有着旺盛的需求,但是,"供给没有根据需求进行调整,以便维持或按照意愿程度排列,以显示好的品质"。从传统经济学供需平

---

① 布鲁诺·弗雷. 艺术与经济学:分析与文化政策 [M]. 易晔,郝青青,译. 北京:商务印书馆 2017:28.

② 布鲁诺·弗雷. 艺术与经济学:分析与文化政策 [M]. 易晔,郝青青,译. 北京:商务印书馆 2017:155.

衡的角度来看，这显然是不理性的，公共经济学也试图从非营利机构运营的角度给出不少答案，不过，弗雷从制度与行为经济学给出许多更有意思的解答，如声誉理论，这些机构通过高品质、低价格为其获得更高的声誉，因而能够为其今后获得更多的收入提供更多的可能性。[①]当然，由于本文的序言性质，因此，很多观点只是点到为止，各位读者还是要亲近原著本身，才能领略其新方法与新成果。

乍看起来，《创意、政府与艺术》这篇文章就是一个颇为诡异的组合，创意、艺术、政府，心理学、艺术学与政治学三种不同领域的不同范畴，能够组合在一起吗？它们之间能够有什么化学反应吗？如果我们细读文本，就会发现弗雷基于心理学的前沿成果，特别是拥挤效应，让这些看似风马牛不相及的概念发生了化学反应，并有着振聋发聩的结论。我们知道，传统经济学，如福利经济学认为，政府对艺术家的资助能够优化资源的配置，其方式就是通过经济的激励所诱发的"相对价格变化可以提高艺术家的绩效"，从而能够提高艺术的供给。但是，作者根据拥挤理论对此提出质疑，"如果政府的支持被认为是对艺术家的控制，他们的内在动机和创造力就会被削减。受挤出效应以及相对价格效应程度的影响，政府支持也许在无意中对增加艺术家的创造力起到了反作用"[②]。在这种质疑的基础上，作者分别从"挤出效应"与"挤入效应"两个维度，分析政府资助对艺术动机的影响。

首先，就"挤出效应"而言，其表现大致可分为两种情形：其一，政府根据艺术家的表现而给予激励，而艺术家将会投其所好根据政府评价的标准，生产出更多"平庸的艺术"，此时，政府资助就会对艺术家的内在动机产生挤出效应；其二，政府对艺术的激励只能采取统一的标准，而艺术本身就具有天然的多样性，这势必破坏了艺术家的多样性，对其内在动机也构成了挤出效应。

其次，就"挤入效应"而言，其情形也大致有二：其一，政府充分支持艺术家的独立性，并对其创造性提供无条件的支持，如提供生活津贴与税收豁免等，以便艺术家的内在动机能够得到承认和欣赏，从而能够产生"挤入效应"；其二，"政府对艺术家的外部刺激，如果能够考虑艺术家的参与性时，也能支持艺术家的内在动机"[③]，也就是说，如果艺术家在诸如公共建筑设计等艺术活动中能够获得更强的参与感，那么，政府资助就能产生一定的"挤入效应"。

[①] Frey Bruno S, Werner W Pommerehne. Muses and Markets: Explorations in the Economics of the Arts [M]. Oxford: Blackwell, 1990.

[②] 布鲁诺·弗雷. 艺术与经济学：分析与文化政策 [M]. 易晔, 郝青青, 译. 北京：商务印书馆 2017：122.

[③] Bruno S Frey. Creativity, Government and the Arts [J]. De Economist, 2002, 150 (4): 363-376.

基于艺术领域的公共政策存在拥挤效应，所以弗雷对艺术政策极其谨慎，"这不是说政府为艺术提供的所有支持都应该停止或者缩短。不过政客和官僚不应该认为他们可以计划出创造力……比起计划，政府应该关注于为艺术的创造力制定出正确的制度"①。笔者想各位读者对于"计划"这个语词不会陌生，我国文化行政部门往往受制于计划思维模式，以为艺术的产品甚至艺术家的创造力都可以计划出来，其弊端就是我们所熟知的"有高原，没高峰"的现象。因此，弗雷的提醒有着重要的实践价值——我国艺术发展，特别是艺术家创造力激发所缺乏的不是各种规划以及随之而来的各种激励，而是"必须设定规章制度允许一个繁荣的艺术市场存在"。

5.2.1 艺术：经济学的视角②

5.2.1.1 陷阱和可能性

每当经济学家将其领域拓展到传统领域之外时，经济学常常会冒误解其自身能力的危险。只有我们认真选择所要研究的问题，才能期望经济学做出有益的、新颖的贡献。

艺术就是这样的领域，经济学在这个领域有着极大的风险。其原因之一就是专家和公众对艺术的定义没有共识。另一个原因是，从事艺术经济学的学者都是艺术爱好者，有时也是艺术从业者，因此，他们常常被情绪所引导，而不是如其处理传统领域时那样采取冷静和理性的态度。

"艺术经济学"的领域可以从两个不同的角度来确定。有人认为第二种观点是可取的，即艺术经济学并不局限于艺术的（狭义的）经济、物质或货币等方面。以下我们将从需求方（艺术品的消费者）和供给方（艺术品的生产者）两个方面，分析艺术的经济学界定。此后我还将指出，艺术的需求和供给之间的不平衡，有助于我们从经济学的角度，更好地理解什么是"艺术"。最后，我们将对全文作结。

5.2.1.2 艺术经济学的两种观点

"经济"和"艺术"可以通过两种完全不同的方式结合起来：一种是分析艺术活动的经济或者物质方面，特别是艺术领域的财务问题；另一种是"经济"，

---

① 布鲁诺·弗雷. 艺术与经济学：分析与文化政策 [M]. 易晔，郝青青，译. 北京：商务印书馆 2017：126.
② 本文为《艺术与经济学：分析与文化政策》同名章节。

或更确切地说,是研究艺术的"理性选择"方法。以下我们将依次展开分析。[①]

(1) 艺术的经济方面。艺术需要良好的经济基础才能繁荣。这从许多现象中都可以理解:欧洲的表演艺术和博物馆,财政补贴占主导作用,而在美国,这些补贴被捐赠免税所替代;绘画、古董和其他艺术物品市场的价格和盈利能力;国际艺术贸易;个体艺术家的收入。在某种程度上,文化活动也会对经济产生影响,例如萨尔茨堡(Salzburg)或维罗纳(Verona)这样的节日,吸引了更多的游客来到这座城市。经济和艺术之间的这种联系是相当明显的,无须进一步的讨论。

(2) 艺术的经济学方法。在过去的几年里,典型的经济思维方式被应用到许多不同的领域。以理性选择为形式的经济方法论,已成为一种普遍的社会科学范式,延伸到人类行为的所有领域。[②] 经济方法在研究人类行为方面,有如下四个特点:

一是个人,而不是群体、国家或整个社会,是行动单位(方法论上的个人主义),但这并不意味着个人单独行动,而是他们之间有着不断的互动。

二是行为取决于个人的喜好以及个人所受的资源(收入)、时间或规范方面的限制。

三是个人,就其平均程度而言,或大部分时间,都在追求自身利益;其行为是由激励决定的。

四是行为的变化应尽可能归因于制约因素的变化,因为后者更易于观察。这个策略使我们推导出经验上可验证的命题。

经济方法的第二个基石是重视塑造个人行为的环境的制度。制度可以是决策系统、规范、传统以及组织等形式。它们约束人类的行为,从而决定个体的选择。现代经济学家从比较的角度看待制度,即研究不同制度环境对艺术需求与供给的影响。因此,人们所关心的不是戏剧如何实现帕累托最优的演出数量和质量,而是当戏剧机构处于竞争性市场或垄断性地位,其数量和质量将受到什么样的影响;它是从政府获得补贴,还是通过自己的生产性努力获得收入;获得的补贴是无条件的,还是以售票数量等为条件。因此,政策比较方法与政策问题直接相关。

---

① 艺术经济学对此已有大量文献,参见 Baumol & Bowen (1966), Netzer (1978), Throsby & Withers (1979), O'Hagan & Duffy (1987), Peacock, Shoesmith & Milner (1983), Grampp (1989), Frey & Pommerehne (1989), Feldstein (1991)。

② 参见 Becker (1976), McKenzie & Tullock (1975) 和 Hirshleifer (1985);关于方法论研究参见 Kirchgassner (1991);若干应用研究请参见 Frey (1992a)。

理性选择方法如今并不局限于经济学，它已成功地应用于多种不同领域，如自然环境（环境经济学）、政治（新政治经济学、政治经济学或公共选择）、国际关系（国际政治经济学）、冲突（战争与和平经济学）、教育、卫生、家庭和体育等，也被社会学家、政治学家、律师和历史学家所采用，但是传统艺术学者并没有采用这种方法。

(3) 两种艺术观的比较。从内容和方法两个层面分析艺术经济学是有用的。然而，我们要强调的是，其指导原则应该是将艺术经济学看作一种方法。其原因是，艺术的物质或金钱方面，也可以交由其他社会科学来处理。例如，豪塞尔（Hauser, 1953）在其不朽著作《艺术与文学的社会史》（*Sozialgeschichte der Kunst und Literatur*）或最近的福斯特和布劳（Foster & Blau, 1989）的著作对此都有精彩的分析。如果只局限于经济与艺术之间的关系，艺术经济学的显著特征就会丧失。艺术经济学之所以不同于其他方法，就是因为其基本格局是由个人理性行为和制度的比较观所决定的。当然，经济学家在研究艺术的物质或金钱方面有一定优势。这或许是真的，但不应忽视的是，许多从业人员对这些方面也有很好的了解（如拍卖师对绘画价格，剧院经理对演员工资），因此经济学家的相对优势又具体体现为分析这些事实和数据的特定方式。

5.2.1.3 艺术的经济观

(1) 个人主义的后果。经济学家是从个人偏好或价值观入手理解艺术概念的。它从根本上区别于艺术的其他界定，它们遵照完全不同的原则，如基于深层次哲学基础的审美概念来界定艺术。它也与艺术专家（艺术史学家、博物馆人、艺术评论家和记者、画廊老板和艺术家本身）所界定的艺术概念相去甚远，这些人对艺术活动具有卓越的专业知识，并因此有权判断什么是艺术。按照经济学的方法，个人的艺术偏好是可以记录的，但却无法给出关于艺术的规范性判断，就此而言，艺术是人们自己所认为的艺术。[①] 经济学家不能也不想判断什么是好或坏的艺术，这不是其专业能力的范围，而应该留给那些处理艺术质量问题有着更适合理论的科学（如哲学）来处理。

一个例子就是，人们建议将葆真性的绘画复制品放入博物馆，以克服原件的稀缺性问题[②]。经济学家对这种复制品是否代表艺术持中立态度，他们依靠大多数人的判断。相反，与艺术有关的其他科学，则考虑复制品是否构成艺术的问

[①] 虽然这听起来非常幼稚，但这样的艺术定义确实得到了一些成熟艺术家和艺术理论家的支持，约瑟夫·博伊斯（Joseph Beuys）就是一个例子。

[②] 参见 Banfield (1984)，根据安德烈·马尔罗（Andre Malraux）1947 年在《想象的博物馆》（Musee Imaginaire）所提出的想法。

题。因此，美学家们倾向于认为，复制品没有原作的特殊"光韵"。例如，律师就会提出异议，因为原作创作者的权利可能会受到影响。虽然经济学家基于其专业能力，并不参与复制品是否为艺术的争论，但他们对于生产完美复制品对供求的影响却有话要说。据推测，如果原件与复制品无法区分，那么原件的价格就有下降的趋势。博物馆管理人员会发现自己的处境将完全不同，因为他们现在能够负担得起展出自己喜欢的任何绘画作品，其保护和储存的成本将大幅下降。但艺术爱好者还会去参观这样的博物馆吗？还是会吸引新的人群？通过使用艺术经济学的工具来分析不同的后果，确实很有意思。

需要区分针对艺术的两种不同的个人偏好。其中基本偏好是指外生决定的基本愿望，它们不是经济分析的主题，而是留给其他能够更好处理这个问题的科学来处理的。经济学家对影响人类偏好的因素知之甚少（Becker，1992），特别是专家意见如何影响普通人对艺术的看法，如果他们真的受到影响的话。我们假设这些基本偏好不会随着时间而变化，并且在个体之间不会有很大的差异，这种假设通常是有用的，特别是在我们推导出可以验证的命题时。另一种偏好就是显示偏好，它不仅由（不变的）基本偏好所决定的，而且受到个体所面临条件的约束。两者之间的差异可以通过看歌剧的偏好来予以显示。一个人可能对歌剧有很深的爱好，尽管他或她对歌剧有明显的基本偏好，但当他或她审视自己的行为时，可能会表现出较低的显示偏好。也许歌剧爱好者会很穷，也许是受到金钱的收入限制，或职业的时间限制，或找不到保姆的社会约束，或剧院距离太远的物理限制。同样地，经济学家会假设，日本人对购买欧洲印象派（雷诺阿与凡·高）画作没有内在甚至基因上的偏好。① 相反，经济学家会研究日本人与美国和欧洲收藏家之间，在限制条件方面有多大的差别，以致影响其显示偏好。需要考虑的相关因素包括，收入的不同增长、相对价格的变化（特别是美元和日元的汇率）、拍卖会所提供绘画的种类、绘画"用途"的差异、税收政策的差异，以及在熟悉度和文化教育方面的差异（印象派绘画似乎更类似于日本的古典绘画），这些都可以用人力资本理论来研究（Stigler and Becker，1977）。

这两个例子说明了一般意义上的个人主义方法论，以及基本的与显示的偏好，这些都与需求方有关，也同样适用于供应方。艺术生产的所有形式（原则上）都可以追溯到个人的行为。因此，研究的主题就是激励和约束，如何以及在多大程度上引导人们创作艺术。

---

① 最高价格的几幅画是凡·高的肖像画《博士的肖像》（于1989年以8 250万美元的价格拍卖）和《向日葵》（1987年其拍卖价格为3 930万美元），两者都流入日本。今天，日本收藏家对"故去大师"的兴趣大大减少了。

艺术的经济方法聚焦于资源（资本和劳动力、自然资源和环境）、时间以及个体的身体与心理①的潜力。这再次将艺术的经济学研究与其他研究（如美学与艺术史）区分开来，这些研究不涉及稀缺性，因此并不涉及上述问题。

上述经济学方法对艺术的概念产生了以下后果：①"艺术"是由个体行为者来定义的，而不是由外在因素或艺术专家来定义的；②没有"好"的或"坏"的艺术；③"艺术"的定义，会随着时间推移而变化，而且由于限制条件变化，个体之间也有不同，也就是说，这是一个动态的概念；④不同的制度条件影响着个体的限制条件，当然也影响艺术的概念。以下我们讨论经济方法的具体方面——艺术的需求和供应。

（2）艺术需求。个体体验的效用来自其享受（消费）他或她自己认为是艺术的东西。经济学家能以"边际支付意愿"的形式来衡量这种需求。对于不同的艺术对象与活动，其支付意愿也会有所不同，但如果据此衡量所有艺术的内在价值，那就有些荒谬。如果有人愿意为看电影比看戏多花两倍钱（反之亦然），当然，这并不意味着这部电影的"好"的程度是戏剧的两倍，经济学家并没有发表规范性声明，而只是表示被调查者中有人根据自己的评价准备支付两倍的费用。

个人的支付意愿往往直接体现在为艺术品（例如，拍卖中的绘画）所支付的价格上，或为参加文化活动所支付的门票上。在其他情况下，它必须以经验的方式来衡量，这方面有很多不同的方法（有关讨论可参见 Pommerehne，1987）。这些方法包括直接方法，如抽样调查和预算博弈（人们受到收入的限制）与间接方法，如旅行费用（衡量人们愿意花多少钱和时间去看艺术活动），或市场评估（在这些方法中，当所有其他条件都保持不变时，购买艺术的意愿反映在较高的住房和土地价值上）。虽然这些方法有时并不容易应用，但它们提供了作为社会构成部分的个人是如何对艺术价值进行定量分析的。

应该指出，这种评估某种意义上由多数人决定什么是艺术，并不民主。相反，每个人都自己决定，即使只涉及很小部分的人口，其支付意愿也被记录下来。事实上，很可能只有少数几个人构成了一个社会为某种艺术形式付费总体意愿的主体，也就是说，即使是罕见的偏好也可以表达出来。因此，艺术的经济方法并不意味着只针对"大众"艺术，或者说对"大众"艺术予以支持。

在许多领域和情形下，个人并不直接提出对艺术的要求，而是将决定交由有

---

① 经济学家最近才意识到人类的认知局限性。其突破性成就是西蒙（Simon's，19/8，1982）的"有限理性"，以及对人类行为反常现象的讨论，参见 Kahneman, Slovic 和 Tversky（1982），Frey 和 Eichenberger（1989）。至于在经济学的延伸请参见 Frey（1992）。

代表性的机构。这些机构可以是议会（决定分配给艺术的预算规模）、公共行政部门（将资金分配给艺术机构和艺术家）或专家小组（只在"一臂之距"原则下发挥作用，以奖品或津贴的形式发放资金）。在上述情况下，个人支付意愿间接地反映在这种机构的决策中，只有这些机构对艺术享有最终的生杀大权。因此，在民主国家，选民选举议会和政府时，也决定了一般的艺术政策。在瑞士，公民可以通过倡议和全民投票更直接地表达其偏好。

（3）艺术供给。我们有必要区分如下几类执行主体：

一是自谋职业的艺术家。在大多数社会中，每个人都可以自由地称自己为"艺术家"。在人类社会早期就不是如此，那时的艺术家是一个有着明确界定专业组织的成员，必须经历特定的职业教育（主要是作为学徒），而且还必须属于一个公会（Montias，1982）。而且在更为原始的社会中，其情形也会有所不同，在那里习俗和传统决定了谁是艺术家。无论艺术家潜在的动机如何，都可以应用经济思想。

然而，谁是或不是艺术家，对于艺术家在人口中所占比例，以及艺术家收入的实证研究而言，有着至关重要的作用（Filer，1986）。如果只使用纯粹的主观评价，人均收入往往会低于更严格定义的艺术家，例如专业协会的有资格的成员，或成功完成结果认证的艺术课程的学员。

二是供职于组织中的艺术家。表演艺术中的大多数人都在戏剧公司、芭蕾舞团或马戏团等机构工作。当然，表演艺术领域也有独立的表演者。在各类博物馆中，艺术组织也十分重要。在经济学中，艺术组织不被视为有自己生活和行为的集体组织。相反，它们是个人行为的结果。

制度条件在很大程度上决定一个组织多大程度上可以自由地称自己为"艺术"或"文化"单位。在西方工业社会中，这些用语原则上是宽泛的（例如，它可能用于纯粹的色情表演）。然而，当政府发放补贴或允许免税和税收减免来支持"艺术"时，就会对其使用进行规范与梳理。在这种情况下，什么是"艺术"和"文化"是政治领域诸多行为者相互作用的结果。其结果很大程度上取决于，那些对政府支持感兴趣的组织的实力，特别是由艺术专家和忠实于艺术的爱好者所组成的团体。既有的艺术形式，如戏剧、歌剧和芭蕾舞或博物馆，长期以来一直享有政府的资助，而从事"非法"艺术形式的新来者发现，要想纳入公众认可的艺术和文化部门，则困难重重。

（4）供需平衡。到目前为止，艺术的供需双方是分开考虑的。然而，应该认识到，从经济学角度来看，供需之间的平衡很大程度上决定艺术家是什么。

尽管在当今社会，每个提供者都可以自由地称自己为"艺术家"，但如果考虑到与需求之间的互动关系，这个术语就会变得更加明确了。一位年轻的女服务员可能会认为自己是一名歌剧演员（即使没有受过足够的教育），但如果对其艺术服务的需求如此之低，以至于其作为一名歌手的工作时间为零，那么将她算作艺术家也没有什么意义。如果需求很低，她只能从中获得其总收入的很小比例，情况也是如此。

有些国家，即那些受德国浪漫主义影响的国家，他们拒绝这种观点，他们有着强烈的传统观点，认为"真正的艺术家"是贫困的。[①] 与刚才所说的相反，这种观点认为艺术的质量与市场性之间存在负关系。然而，这种观点纯粹是理想主义的，与现实没有多大关系。经验证据（Frey & Pommerehne, 1990: chapter 9）表明：①不是所有的艺术家都是穷人（凡·高和高更是例外，当然这不是什么规则）；②高收入的艺术家不一定是"差"的艺术家（根据艺术史家的评价来定义）；③许多"高素质"的艺术家也获得很高的收入。

最后两种说法的例子有：画家如鲁本斯、提香和伦勃朗[②]，伦巴赫和卡克，毕加索和波依斯；作曲家如莫扎特[③]和贝多芬、威尔第和瓦格纳；歌手如多明戈、帕瓦罗蒂和卡雷拉斯；作家如莎士比亚和歌莉、狄更斯、霍普特曼、布莱希特和托马斯·曼。

为了实证分析，经济学家往往遵循"创造性艺术"、"表演艺术"和"文化遗产"的区分。例如，鲍莫尔和鲍温（Baumol and Bowen, 1966）或索斯比和威瑟斯（Throsby and Withers, 1979）的著作专注于表演艺术，而瓦根菲尔（Wagenfiihr, 1965）或费尔德斯坦（Feldstein, 1991）的著作只处理绘画和博物馆意义上的创造性艺术。这种区分是有意义的，因为需求和供给的过程，及其所达到的平衡之间有着系统性的差异。

5.2.1.4 动态方面

无论是供给超过需求（供给过剩），还是需求超过供给（需求过剩）时，我们对这种不平衡情况的反应，能让我们对艺术概念有着重要的认识，因此有必要认真加以研究。

(1) 艺术供给过剩。以一家戏剧剧团为例，它在一间几乎空荡荡的房子里演出。这种情况揭示了关于艺术的什么样的经济学概念？经济学家不必急于就此得出结论认为，如果没有需求的话，就没有艺术。相反，对这种不平衡状况的分

[①] 斯皮茨威格（Spitzweg）的《武林诗人》（Der arme Poet）(1839) 很好地说明了人们对德语国家艺术家的看法。

[②] 伦勃朗的佣金很高，但他（几乎）破产了，因为他投机于高风险的船运股票。

[③] 与迈尔斯·福尔曼（Miles Forman）的电影和彼得·谢弗斯（Peter Shaffers）的戏剧《安诺迪斯》（Amndeus）所描绘的情形相反，莫扎特在他的时代得到了丰厚的报酬，但他在赌博中挥霍了很多钱。

析使其把注意力集中于艺术在社会中的发展进程上。

如我们的例子所说的那样，缺乏需求会让剧院蒙受商业亏损。这种不平衡的局面是无法长期维持下去的，其解决方案大致有三：①该公司已倒闭。就此而言，"艺术"的确消失了，它不再生产。②改组戏剧公司，以降低成本和（或）增加需求。如果这能避免损失，我们有一个市场生产艺术的例子。③该公司通过外来资金弥补制作的亏损。私人资助能够享受免税优惠，因此，税法的变化对私人资助的艺术活动是否能够生存有很大影响。① 当然，损失也可以由政府承担，在这种情况下，什么样的艺术能够幸存下来，以及什么是文化，是由政府和议会由哪个党派掌权，文化利益团体与其他反对力量相比组织得如何，艺术专家的影响如何，以及预算状况如何等因素决定的。我们运用政治经济学来分析政府在艺术方面的行为。资金是在政治经济学范围内分析的（Mueller，1989）。

显而易见，不同因素有着不同的作用，艺术经济学家对此也有所研究，这取决于三种调整方式的哪一种，用来平衡艺术的过度供应。

（2）对艺术的过度需求。再考虑一个极端的例子，即存在着对某种艺术活动的需求，但缺乏相应供给。分析这种不平衡，也引发人们关注理解艺术的相关社会因素。

就所举的例子而言，艺术活动没有发生，就不能作为社会的产出来衡量（例如，作为国民产出的一个部分）。然而，关键的问题是，为什么不通过提供相应的艺术活动，来利用现有需求所带来的赚取"利润"的机会。我们从如下三个方面分析这种不平衡的原因：

一是由于成本超过了支付意愿，艺术作品的制作是不可行的。由此产生的问题是，个人的需求是否涵盖艺术活动产生的所有收益，或者换句话说，是否存在任何（相关的，即边际的）外部性。以经济福利理论为基础的文献已经确定了艺术的公共效益（Throsby & Withers，1979），其中最重要的是选择价值、存在价值、声望价值、教育价值和遗产价值。根据这些外部效应的大小，我们可以规范地认为，应该存在相应的艺术活动，经济学家可以提出反映个人真正边际支付意愿的政治措施。

二是艺术活动因其供应被禁止，或者至少是受到阻碍而无法进行。对艺术供给的政治限制不仅存在于独裁政权，也存在于民主国家，特别是在涉及色情问题的情况下。②

---

① 例如，据估计美国最近对免税的限制，导致私人对博物馆的捐款减少了24%，参见 Fullerton（1991）。

② 美国最近的一个例子是梅普尔索普（Maplethorpe）的照片。

三是供给没有根据需求进行调整，以便按照意愿程度排列，以展示好的品质（参考关于餐馆排队的情况，见 Becker，1991）。当供给者能够获取因人为制造的稀缺所产生的租金（部分）时，这种行为也是合理的。在许多公共剧院、歌剧院和节日中，管理者默许黑市的存在，以提高其权力、声望与直接或间接的收入①。

为了解这些情况下产生了什么艺术，我们同样有必要从政治经济学的角度进行分析。应该强调的是，政治进程的结果并不一定反映刚才所讨论的规范性考虑。有可能是，政府并没有干预，尽管有选择或存在价值没有反映在市场上。与此同时，政治力量往往诱使政府支持艺术，即使不存在这种外部影响。与传统经济学的福利理论方法不同，政治经济分析使我们能够找出决定文化生产的因素，并从经济学角度间接地界定什么是"艺术"。

5.2.1.5 结束语

理解艺术的经济学方式有两种：一种是从经济角度，研究艺术的经济动力与后果；另一种是将经济分析应用于艺术。有人认为，后一种侧重于方法，经济学家对此有着相对优势。当然，这并不意味着要忽视前者，而应从理性选择角度分析其经济原因和后果，以便与社会学、心理学或艺术规律等其他方法区分开来。

经济方法的特点在于，关注个人主义与接受个体偏好。"艺术"被定义为人们所认为的样子，经济学家不会判断艺术是"好"还是"坏"。随着时间的推移，"艺术"的概念也会变化，而这些约束又是由供求双方存在的制度条件所决定的。在供需平衡中，艺术的经济概念被定义为所有参与者的个人偏好和条件约束的结果。

供给超过需求或需求超过供给的不平衡情况，有助于我们更好地理解艺术生产供给与需求的过程，以及经济学家所理解的艺术概念是如何演变的。

参考文献

[1] Banfield Edward C. The Democratic Muse: Visual Arts and the Public Interest [M]. New York: Basic Books, 1984.

[2] Baumol William Y J, Baumol Hilda. On the Economics of Musical Composition in Mozart's Vienna Economic Research Reports RR 92-45 [R]. C. V. Starr Center for Applied Economics, New York University, 1992.

---

① 关于萨尔茨堡（Salzburg）音乐节的讨论参见 Frey 和 Pommerehne（1989：ch. 4）。

[3] Baumol William J Bowen William G. Performing Arts—The Economic Dilemma [M]. Cambridge, Mass.: Twentieth Century Fund, 1966.

[4] Becker Gary S. The Economic Approach to Human Behavior [M]. Chicago: Chicago University Press, 1976.

[5] Becker Gary S. A Note on Restaurant Pricing and Other Examples of Social Influences on Price [J]. Journal of Political Economy, 1991 (5): 1109-1116.

[6] Becker Gary S Habits. Addictions and Traditions [J]. Kyklos 1992, 45 (3): 327-346.

[7] Fetdstein Martin. The Economics of Art Museums [M]. Chicago: University of Chicago Press, 1991.

[8] Filer Randall K. The "Starving Artist" —Myth or Reality? Earnings of Artists in the United States [J]. Journal of Political Economy, 1986, 94: 56-75.

[9] Foster Arnold W, Blau Judith R. Art and Society: Readings in the Sociology of the Arts Albany [M]. New York: State University of New York Press, 1989.

[10] Frey Bruno S. Economics as a Science of Human Behaviour: Towards a New Social Science Paradigm [M]. Boston and Dordrecht: Kluwer, 1999.

[11] Frey Bruno S Tertium Datur. Pricing, Regulating and Intrinsic motivation [J]. Kyklos, 1992, 45: 161-84.

[12] Frey Bruno S, Eichenbergery Reiner. Should Social Scientists Care About Choice Anomalies? [J]. Rationality and Society, 1989, 1: 101-122.

[13] Frey Bruno S, Pommerehne, Werner W. Muses and Markets: Explorations in the Economics of the Arts [M]. Oxford: Blackwell, 1989.

[14] Frey Bruno S, Pommerehne, Werner W. Art: An Empirical Inquiry [J]. Southern Economic Journal, 1989, 56: 396-409.

[15] Frey Bruno S, Pommerehne, Werner W. Public Promotion of the Arts: A Survey of Means [J]. Journal of Cultural Economics, 1990, 14: 73-76.

[16] Fullerton Don. Tax Policy Towards Art Museums [M] //Feldstein, Martin. The Economics of Art Museums. Chicago: University of Chicago Press, 1991: 195-236.

[17] Grampp William D. Pricing the Priceless: Art, Artists, and Economics [M]. New York: Basil Books, 1989.

[18] Hauser Arnold. Sozialgeschichte der Kunst und Literalur [M]. Munich: Deck, 1953.

[19] Hirshleifer Jack. The Expanding Domain of Economics [J]. American Economic Revieto, 1985, 75: 53-68.

[20] Kahneman Daniel, Slovic Paul, Tversky Amos. Judgement under Uncertainty: Heuristics and Biases [M]. Cambridge: Cambridge University Press, 1982.

[21] Kircheassner Gebhard. Homo OeconomiGus. Das ökonomische Modell individuellen Verhaltens und seine Anwendung in den Wirtschafls-und Sozialwisscnschaften [M]. Tübingen: Mohr (Siebeck), 1991.

[22] Malraux André. Le Mus/Imaginaire [M]. Paris: Gallimard, 1947.

[23] McKenzie Richard B, Tullock Gordon. The New World of Economics [M]. 2nd. Homewood, Illinois: Irwin, 1975.

[24] Montias J Michael. Artists and Artisans [M] //Delft. A Socio-Economic Study of the Seventeenth Century. Princeton: Princeton University Press, 1982.

[25] Mueller Dermis C. Public Choice II [M]. 2nd. Cambridge: Cambridge University Press, 1989.

[26] Neter Dick. The Subsidized Muse: Public Support for the Arts in the United States [M]. Cambridge, London and Melbourne: Cambridge University Press, 1978.

[27] O'Hagan John W, Duffvr Christopher T. The Performing Arts and the Public Purse: An Economic Analysis [R]. Dublin, Irish Arts Council, 1987.

[28] Peacock Alan, Shoesmith Eddie, MiJner Geoffrey. Performing Arts [R]. London, Arts Council of Great Britain, 1983.

[29] Pommerehne Werner W. Präfercnzen für öffenlliche Güter, Ansätze zu ihrer Ertassung [M]. Tübingen: Mohr (Siebeck), 1987.

[30] Simon Herbert A. Rationality as a Process and Product of Thought [J]. American Economic Review, 1978, 68: 1-16.

[31] Simon Herbert A. Models of Bounded Rationality [M]. Cambridge, Mass., MIT Press, 1982.

[32] Stigler George J, Becker Gary S. De Gustibus Non Est Disputandum [J]. American Economic Review, 1977, 67: 76-90.

[33] Throsby David C, Withers Glenn A. The Economics of the Performing Arts [M]. London and Melbourne: Arnold, 1979.

[34] Wagenführ Horst. als Kapitalanlage [M]. Stuttgart: Forkel, 1965.

5.2.2 创意、政府与艺术

5.2.2.1 创意的重要性

在现代西方艺术中,创意与艺术有着密切的联系。事实上,一个艺术家的评价等级很大程度上取决于创意能力。相比之下,一个艺术家如果生产与其他人相同的艺术,就被称为模仿者或其作品被认为是低质量的,甚至人们不称其为艺术家。这种对创意的强调适用于各种艺术。因此,对于画家而言,他必须发展新风格,而作家就必须发展新颖的写作和观察世界的方式。因此,我们说创意是艺术的本质一点也不过分。[①]

很少有经济学家专门研究创意问题。[②] 经济学家聚焦于创新和技术进步的决定因素,主要是通过分析研究投入与技术进展,可参见纳瓦雷蒂(Navaretti, 1998)的研究。他们所使用的方法就是辨析典型的不完全合同的类型(Aghion & Tirole, 1994a, 1994b),以及信息披露问题(Dasgupta & David, 1987)等。相应的激励结构不仅催生新的生产技术,并在有限程度上也催生了新的产品。人们在此背景下理所当然地认为,物质奖励或金钱奖励会促进人们创新。一般而言,竞争性市场以最有效的方式产生这些金钱激励,因此也最有利于创新。[③]

"艺术经济学"或"文化经济学"[④] 即经济学方法在艺术领域的应用,遵循一般经济学的基本原理。[⑤] 大多数文化经济学家认为,只有外在激励才能很好地解释现实。通常极端的假设是,从事艺术活动的人,其行为目标就是收入或财富最大化。外在动机和行为的变化,可归因于外部约束的变化(McKenzie &

---

① 但情况并非总是如此。当米开朗琪罗伪造其主人多梅尼科·吉尔兰达约(Domenico Ghirlandaio)的作品时,是为了公开展示其作为艺术家的能力。甚至有买家表示,尽管他们认为这是一幅原作,但还是欢迎其复制品。因此,声称是文艺复兴时期卢克雷齐娅·多纳蒂(Lucrezia Donati)的半身像的买家,当他发现这是赝品时却很高兴,让他高兴的是有着如此天赋的艺术家居然还活着(Jones, 1990)。关于从印象派到立体主义的法国画家对创新重要性的定量分析,请参见 Galenson(1999)。在非西方艺术中,如中国艺术,以及部分西方艺术中,如在塑像制作方面,更重要的是要遵循前人所树立的榜样,而不是展示创意。

② 一个著名的例外请参见 Throsby, 2001。

③ 企业家的角色不是新古典经济学关注的中心,参见 Baumol(1990),这与演化经济学和熊彼特经济学形成对比。

④ 参见 Heilbrun & Gray(2001),Throsby(2001),Frey(2000),Benhamou(2000),O'Hagan(1998); the earlier contributions by Baumol & Bowen(1966),Throsby & Withers(1979),Frey & Pommerehne(1989); the readers by Towse(1997),Hutter & Rizzo(1997),Blaug(1976)。

⑤ 当然,也有例外情形,有人就偏离了新古典经济学,如 Klamer(1996)和 Hutter(1987, 1992, 1998),另见 Castañor 和 Campos(2002)。

Tullock，1975；Becker，1976；Hirshleifer，1985；Frey，1999）。这种相对的价格效应适用于各种行为和人，自然也适用于艺术创意。因此，艺术家被认为越有创意，收益就越高，成本也就越低。这种方法十分有效，因为它防止将行为的变化归结于主观随意的偏好和无法解释的变化（Stigler & Becker，1977；Becker，1996）。此外，它提供了清晰且经验可被检验的假设。

与经济学方法不同的是，大多数艺术史学家[①]、艺术专家和艺术家都相信，创造性的艺术只能由具有内在动机的人创造出来。萧伯纳（George Bernard Shaw，1903）曾这样说，"真正的艺术家，可能让妻子挨饿，孩子赤脚，母亲在古稀之年还要忙于生计，而他本人除了艺术之外就一无是处"。大多数艺术家会断然否认创作艺术是为了获得金钱上的回报。有些艺术家的观点却恰恰相反，萨尔瓦多·达利（Salvador Dali）据报道曾说过，"我感兴趣的只有钱"，这与其说是描述艺术家如何看待自己，不如说是精心挑选的"中产阶级"的努力方向。

在那些被认为是创意专家的心理学家中，同样也有着两种观点。"创意的内在动机假说"是一种传统的、占主导地位的观点："在观点生成阶段，内在动机有利于创意，而外在动机则是有害的。"（Amabile，1988）相反，货币或非货币形式的回报将会降低创意。根据已有一篇广为引用的文献（Condry，1977）的结论，获得奖励的人"似乎工作更努力，活动更活跃，但活动质量较低，包含更多的错误，而且与研究相同问题的主体（他们没有获得激励）比较而言，其工作更陈腐，更缺乏创造性"。其主要原因是，奖励转移了"人们对任务本身和环境中不明显方面的注意力，而这些方面可能被用于提供创造性解决方案"（Amabile，1983）。这些发现可以直接应用于艺术创意（Loveland & Olley，1979；Amabile，1979，1985；Hennessey & Amabile，1988）。

创意心理学中的第二个观点得出了相反的结论，它同样是基于实验得出的结论。系统性奖励可以用以提升创造性的表现（Torrence，1970；Winston & Baker，1985）。"在成功耗时且困难的情况下，使用定期显著的奖励，为保持创造性努力提供一种有效的方法"（Eisenberger & Armeli，1997；Eisenberger & Selbst，1994）。然而，相比经济学家的相对价格效应，心理学家考虑的要素更多。他们认为奖励有助于创造一种创造性行为的普遍倾向，即使在奖励不活跃的情况下也是如此。

文化经济学家和心理学家，都关注个体所表现出来的创意。相反，他们往往忽视总体的或社会水平的创意。特别是，他们很少（如果有的话）考虑政府组

---

① 例外的情形如阿尔伯斯（Alpers，1988）对伦勃朗的描述。

织是如何影响创意的。为了弥补这个缺憾，我们将通过考察政治组织与艺术创作之间的联系，来分析制度需求问题。我们在第三部分分析艺术创意的个人供给，在此我们认为，艺术创意更是一种在纯粹的外在激励或内在激励两个极端之间的均衡状态；第四部分讨论与艺术政策有关的后果。

5.2.2.2 需求：艺术创作的制度条件

艺术创意很大程度上取决于艺术家行为的制度环境。这是本节提出的基本命题。然而，这种关系并非如此简单。正如人们所争论的那样，我们似乎不可能从总体上预测制度条件如何影响创意水平。但我们有可能就哪个类型的艺术活动受到支持或阻碍，提出若干猜想。

我们可以考虑两个层面的政治组织，它们都涉及权力集中的程度。一个层面述及公民民主参与权的程度；另一个层面述及政治决策权分权的程度。具体如下：

(1) 民主权利的范围。人们普遍认为，专制制度会产生糟糕的艺术。人们倾向于认为独裁者往往有着差的品味，并利用其支配的手段，将其观点强加给臣民。在有些情况下，这当然是正确的。但以文艺复兴时期的专制教皇为例，如朱利叶斯二世（1503—1515 年在位），他曾雇用布拉曼特、贝尼尼、拉斐尔或米开朗琪罗以及斯坦兹和卡佩拉·西斯蒂纳等艺术家，建造圣彼得大教堂和梵蒂冈。即使是希特勒，这个历史上最可怕的独裁者，人们的观点也有了变化。虽然他摧毁或放逐表现主义和抽象艺术家，但他委托创造的艺术作品、电影，特别是建筑，如今看来也不算太糟。就另外一位独裁者墨索里尼而言，其部分工作甚至往往得到人们的认可，例如罗马世界博览会旧址的部分建筑。

我想提出两个猜想，而不是简单地将独裁统治与艺术的好或坏联系起来，毕竟具体情况不尽相同：

一方面，在专制统治者中，其所生产艺术的质量，比民主国家更具多样性。在民主国家，政府是由公民控制的，在两党竞争或简单多数投票的模式中，其艺术政策趋于中位选民的偏好，即"平均艺术品味"。这就意味着在中位选民模型中，极端观点的权重很小，甚至实际上没有权重，这就产生更稳定的艺术政策。与之相反，专制国家的统治者对艺术的偏好是决定性的。因此，其所支持和生产的艺术取决于统治者的艺术品味，从而导致更大的多样性。独裁统治者的个人品味可能因人而异，有时会走向极端，以致无法直接转化为艺术政策。如果统治者碰巧有"好"的艺术品味，相应的政策很可能产生高质量的艺术。一个例子就是埃及法老建造宏伟的庙宇和金字塔。但是，如果一个独裁者对艺术的品味"很差"，其文化政策极有可能产生大量垃圾。

大多数艺术爱好者，毫不奇怪还有政治家和公职人员，都痛恨让公民参与有关艺术的决策。他们绝对相信精英们的决定，当然，他们也相信自己就是那些被选中的少数人，由他们来做决定比让公众做决定要好得多。独裁统治者也使用同样的观点，他们也相信自己的品味是至高无上的。要区分民主国家的精英与专制国家的统治者所青睐的艺术支持，人们不得不辩称道，后者代表着艺术品味的逆向选择。这很可能是真的，但必须以经验为依据。然而，众所周知的是，通过全民公决来决策并不会破坏艺术。事实上，经验证据表明，直接民主体制中的公民已做好充分准备，在财务上支持艺术（Frey & Pommerehne, 1989; Vautravers-Busenhart, 1998）。

另一方面，专制国家与民主国家相比而言，其艺术政策的特点是，所支持和生产的艺术类型缺乏足够的多样性。为了继续掌权，专制统治者被迫对民众施加影响。任何允许甚至支持反对政府的艺术家、艺术团体和运动都是危险的，因此也是不被允许的。[①] 虽然这有些理想化，而非现实，但是，符合"官方"艺术政策的艺术家与团体会发现，他们从政府那里获得财政支持要容易得多。

（2）政治权力分权的程度。中央集权的政府是公共产品和服务的垄断提供者。与之相反，在分权化的体系中，公民和企业可以选择不同的供给。这些制度差异极大地影响了艺术供给。

在一个中央集权垄断的国家，符合官方艺术政策的艺术家或艺术团体可以从政府所拥有的资金中获得相当大程度的支持。那些申请支持的艺术家，必须至少符合垄断国家规定的形式要求。这无疑降低了艺术自由，而且，如果提交的艺术项目符合执政党和政治家的口味，获得支持的机会就明显更高。因此，这种中央集权国家的特点就是，艺术支出规模大且集中。我们不妨以法国与奥地利为例，蓬皮杜中心、巴士底狱歌剧院、国防拱门或国家图书馆，全部位于巴黎，而维也纳歌剧院、伯格剧院不仅获得巨额补贴，也全部坐落在维也纳。

与政府所定义的"好的艺术"甚至"艺术"不一致的艺术家和团体会发现，要获得公共资助非常困难，而且往往是不可能的。如果他们的艺术还没有销路，就不得不移民或等待一个有更适合他们的艺术政策的政府上台。

在联邦政府系统中，艺术家可以求助于其他来源的政府支持。艺术家可以通过搬家来扩大艺术自由。历史为此提供了许多例证。例如，由数百公国所组成的神圣罗马帝国（Volckart, 1997）为艺术提供了制度环境，因为艺术家发现很容

[①] 有人可能会说，这个政策导致了"地下艺术"。这是非常正确的，但在大多数情况下，相对于消费者所接触的艺术而言，其数量相对较小，而且它只有相当小众艺术的消费者规模，并仅限于适合秘密展示的特定艺术形式。

易将家搬到几公里外的另一个公国。一个著名的例子就是弗里德里希·席勒（Friedrich Schiller, 1759—1805），他受到卡尔·尤金（Karl Eugene）公爵的严酷压迫，但他有外部的机会。他就利用了这种优势，逃到曼海姆，后来又逃到魏玛，在那里找到了创作其杰作的自由和支持。另一个例子是沃尔夫冈·阿马迪斯·莫扎特（Wolfgang Amadeus Mozart），他离开萨尔茨堡，逃脱了科尔洛雷多（Colloredo）的统治，并在维也纳和布拉格找到了更宽松的环境（Baumol & Baumol, 1994）。

在中世纪和文艺复兴时期，意大利许多独立的城邦，也为艺术提供了同样的支持条件。艺术家们，包括天才米开朗琪罗·博纳罗蒂和莱昂纳多·达·芬奇，经常更换赞助人。他们无须屈从，因为双方都知道艺术家在其他地方会有很好的机会（Warnke, 1985）。

人们常常忽略这种分散联邦制对艺术的刺激作用，因为历史学仍然固执地认为，德国、意大利的统一是一项伟大的成就，尽管人们逐渐认识到，这在政治上可以说有些喜忧参半。在两次世界大战中，"国家艺术政策"的概念仍然广为流传。有些人甚至梦想并积极推动欧盟内部的"欧洲艺术政策"。但历史经验已经提醒，我们应对这种做法持高度怀疑态度。

结合上述两个猜想，我们可以预测，专制国家艺术类型的多样性较小，但就质量而言，其多样性较大。专制国家支持艺术的典型就是占主导地位的"纪念碑"，它们不一定是建筑的，也有可能是虚拟的，例如管弦乐队或戏剧团体，根据艺术史的评价，其中有些是丑陋的，有些是美丽的。相比之下，在分权化的民主国家，对艺术的财政支持有利于更广泛的文化活动，其质量差异较小。

本节讨论的目的是证明，我们有必要分析哪种类型更适于国家支持艺术。除了这里讨论的两个维度——集权化与专制化程度外，其他几个方面也可能对艺术类型产生重大影响。到目前为止，文化经济学对其中的许多方面缺乏必要的关注。然而，它们可能是一个待研究的富矿，但这显然超出了艺术史学家的研究范围。

5.2.2.3 供给：个人创意的决定因素

现在是时候克服经济学家与心理学家关于艺术家个人创作动机的分歧了。为此目的，需要通过"拥挤理论"，将内在动机与外在动机系统地联系起来（Frey, 1997）。

拥挤理论分析了外部干预对内在动机的影响，因此，它适用于个人的创意，这在很大程度上依赖于为自身利益的动机，而不是为了外部补偿。外部干预可能包括货币与非货币回报，以及其他某些条件。它基于一种成熟的心理效应，即

"报酬的隐性成本"和"认知评价理论",① 这些效应指出奖励动机强的人从事一项任务,往往会降低其内在动机。由于引入了外部激励,内在激励就不再需要,也不再受到重视。这种心理关系被概括为挤出效应。但也有一些内在性因素,在这种情况下,外部干预会提高内在动机,从而导致挤入效应。心理学家表明,当干预被认为是支持性的时候,就会发生挤入;而当干预被认为是受影响者控制时,就会发生挤出。

拥挤理论为经济学提供了一个新的视角。它与迄今为止代表经济学核心的相对价格效应理论正好相反。在相关的条件下,价格或金钱奖励的增加,会减少努力投入程度。这就是挤出效应支配相对价格效应的情形。

5.2.2.4 政府对艺术的支持

我们现在可以从这个更平衡的角度,来分析政府支持对艺术家创意的影响。

根据传统经济学,向个人或组织提供资金能增加艺术努力或产出。如果这种可能性的空间得以扩大,就能够影响这些活动,只要它是规范化的产品。② 如果政府以与激励相容的方式为文化活动提供支持,比如说,艺术努力程度越高,给予的支持就越高,那么由此引起的相对价格变化,就会提高艺术活动的努力程度。

拥挤理论对此提出了质疑。如果政府的支持被相关艺术家看来是受到控制的,其内在动机和创意就会受到损害。根据挤出的规模和相对的价格效应,政府支持很可能会对艺术创意产生意想不到的、反常的影响。

如上所述,当政府资助的接受者认为受到控制时,就会产生挤出效应。在艺术领域,接受者的这种反应似乎并不鲜见,尤其是因为政府出于官僚主义的原因,在一定程度上控制了受助者。在极端的情况下,我们有所谓的"艺术家",其艺术热情毁于资助,而生产出垃圾,甚至他自己也意识到这一点。

有几位天才据称担心金钱奖励会产生腐蚀或分散注意力的影响,甚至也包括诺贝尔奖。当艾略特被授予这个最负盛名的奖项时,他感到很沮丧:"诺贝尔是自己葬礼的门票,得奖后没有人能有什么新贡献。"奥斯卡·王尔德更是简明扼要地说:"天才是天生的,不是金钱买来的。"(Simonton,1994)

(1)挤出效应。相关研究已经明确在有些条件下,控制性知觉十分明显,

---

① Lepper & Greene (1978)、Deci (1971)、Deci & Ryan (1985)、Deci & Flaste (1995) 将拥挤理论引入经济学,可参见 Frey (1997)。关于心理学试验发现的综述,可参见 Deci (1999) 和 Cameron (2001)。关于试验结果的详细综述,也包括实践的证据,参见 Frey 和 Jegen (2001)。将其应用于企业理论,特别是默会知识的转移,请参见 Osterloh 和 Frey (2000)。

② 当然,为了减少艺术活动,编造一些故事是可能的。其中一种可能性就是寻租活动,这些活动所消耗的资源可能比从外部获得的资源更多,但这样的故事需要很多额外的假设。

其挤出效应也十分显著（Frey，1997），表现在以下两点：

一是政府支持的增加取决于具体的表现，这会强化挤出效应。即时的反馈不利于内在动机，更不利于艺术创新。创意需要时间，如果支持与行为密切相关，创意就会受到损害。

值得注意的是，同样的条件强化了相对价格效应：当支持程度完全取决于绩效时，才能达到最佳的激励兼容性。只有当接受者有一定的内在动机时，才会发生挤出效应。但这就意味着，政府补贴的有效方式——尽可能根据绩效来补贴——往往会产生更多但相当平庸的艺术，因为艺术家并不是出于内在动机去创作原创作品。另一方面，如果资助的潜在接受者具有很强的内在动机，因而具有潜在的创造性，那么这种随机性激励将挤出其强烈动机。在这种情况下，最好的补贴是让艺术家有相当大的回旋余地，以便使其能够从事创造性的艺术。

二是政府一视同仁对待艺术家也会存在挤出效应。艺术家的基本特征当然是多样化，任何一视同仁的处理都会有非常消极的反应。政府对艺术的支持没有考虑这种多样性，因此不利于创造性。

（2）挤入效应。挤入效应可以用艺术家与画廊老板以及艺术市场的经理人之间的关系进行说明。在大多数情况下，这种关系是亲密的，远远超越了商业利益。只有画廊老板愿意容忍，甚至鼓励其所代理艺术家的特殊禀赋，合作才会成功，才会有创造性。现在，我们可以把注意力转向外部干预提高内在动机的条件，即预期会有很强的挤入效应。表现在以下两点：

一是培养的艺术创意越多，每个艺术家的内在动机就越得到认可和欣赏。为了满足这个条件，政府的支持必须以一种支持艺术家自治的方式，使其觉得自己受到了重视。相比之下，如果政府把钱交给艺术家，就好像它只是众多要求支持的利益集团之一，那么艺术家往往会失去其独特的创意性。保持创意的一种方法就是无条件地给予支持，例如通过发放津贴支持艺术家在一个具有挑战性的地方生活一段时间，从而防止明显的挪用；另一种方法就是将此项任务交给条件更好的私人，由他们给予间接支持，然后通过免税来补偿他们。

二是当外部干预的接收者具有一定的参与度时，其内在动机也会获得支持。今天，这个条件在艺术界达到历史上前所未有的高度。艺术家过去经常被雇用来完成非常具体的任务。例如，中世纪的修道院曾委托画家完成一幅圣玛丽的画像，在这幅画像中，甚至连她外衣上的颜色都是事先确定好的（Baxandall，1972）。在此后的几个世纪里，艺术家们得到了更多的回旋空间，但仍然受到赞助人的极大限制。艺术家的这种依赖性也适用于公共事务。在20世纪，这种限制是难以想象的。如果政府明确规定所委托绘画或建筑的外观，这将导致艺术界乃至更大范围的骚动。事实上，今天的艺术家在这方面有相当大的自由，因此他们对美学的特殊理解也能在公共资助的作品上留下印记。这种例子比比皆是，但在博物馆建筑中就尤其明显，比如斯图加特或者门兴格拉德巴赫的艺术博物馆，建筑师们有很大的空间自行其是。这很可能是因为19世纪，特别是20世纪的艺术家的参与性大大增强，所以艺术风格愈来愈具有多样化与创新性。这种"宏观"关系只是一种推测，还需要进行严谨的实证分析。但这与拥挤理论所依据的心理学发现是一致的。

有大量的艺术经济学文献，讨论国家是否应该支持艺术这个问题。[①] 我们可以采用两种截然不同的方式。那些将市场失灵视为重要现象的人，往往会做出积极的反应；新右派的支持者往往会做出消极的反应，因为他们拒绝市场失灵的概念，而是强调政府失灵。

还有大量关于公共支持，特别是政府资助效率的相关文献。其结论是，应以激励相容的方式提供支持，即所提供的补贴应尽可能与预期绩效相关。

本文的思路完全不同，它希望探讨政府与艺术关系中被忽视的方面，主要有两个问题：一个根本的问题是国家对艺术的支持是如何在制度上组织起来的，其基本决策是由特定宪法背景下的政治—经济平衡决定的。

人们讨论了两个宪政方面的问题及其对艺术支持的影响：一个是公民的民主参与程度或民主；另一个是与单一联邦政体的分权程度。

一个专政和集权的国家倾向于支持更大的"纪念碑"，不仅包括建筑，还包括虚拟物，如管弦乐队，与分散的民主国家相比，其艺术类型的多样性更少，而质量的多样性更高。代表性的，但主要是集权的民主国家，其中政治精英主导艺术决策，显示出与专制国家类似的文化支持。

第二个问题是政府支持对艺术创意的影响。众所周知，有利于创新的制度是市场，它提供货币激励，即文化领域寻求创新的外在激励。相比之下，固定的政府补贴——尤其是自动覆盖预算赤字——导致了人们安于舒适的生活方式，因而对艺术创新不利。

有人认为，艺术创新很大程度上取决于艺术家的内在动机。拥挤理论让我们明晰政府支持的外部干预对创意的影响。政府政策往往会破坏内在的艺术动机，进而破坏创意。对特定艺术行为的随机支持，以及对资助对象的统一对待，都是

---

① 在很多情形下，其分析多聚焦于生产的直接资助与税收支出的艺术和社会福利的效益，如 Peacock, 1969。相关研究请参见 Hansmann（1981），Le Pen（1982），Dupuis（1983），Austen-Smith & Jenkins（1985）。关于艺术的各种公共促进工具的讨论，请参见 Throsby & Withers（1979），Frey & Pommerehne（1989），Trimarchi（1985，1994），Benhamou（2000），Heilbrun & Gray（2001），Throsby（2001）。

导致创意被挤出的主要原因。

与传统文化经济学相比，我们所做的分析导致了对公共支持截然不同的观点。这种差别在基于激励相容性的公共补贴情况下最为明显。对于正统经济学的委托代理理论来说，艺术表现与支持之间密切关联是有效支持的必要条件。与此形成鲜明对比的是，拥挤理论认为，艺术家必须有自由裁量的空间，来实验与发展他们的创意。如果政府的支持取决于艺术家的行为，那么艺术创新往往就会被排挤出去。

如上所述，政府的政策总体上并没有支持和提高艺术创意。在许多情况下，政府的支持往往会破坏文化活动的创新。如果政府的支持是中立的，也就是说，不干预创意，那就会有所作为。私人艺术支持者和画廊老板等艺术专业人士，更愿意满足支持艺术家创新能力的条件。博物馆建筑就是一个例子。间接的公众支持，即通过免除艺术基金会的税收，创造了令人惊叹的艺术创意的范例，如纽约的弗兰克·赖特（Frank Lloyd Wright）的古根海姆博物馆（Guggenheim Museum），毕尔巴鄂的弗兰克·盖里（Frank O. Gehry）的古根海姆博物馆（Guggenheim Museum），或洛杉矶的理查德·迈耶（Richard Meier）的盖蒂中心（Getty Centre）。

这并不意味着政府对艺术的支持就应该被暂停或削减。但是政治家和官僚们不应该相信他们可以对创意实施什么规划，因为"创意总是令人惊讶的"（Hirschman，1970）。相反，政府应该集中精力为艺术创作奠定合适的制度条件，特别是要确立允许艺术市场繁荣的规则，例如为艺术家的作品设定足够的产权[①]和促进国际艺术贸易。政府可以通过不干预政策来促进艺术创意，鼓励私人承担起增强艺术家创新内在动力的作用。当然，这样的政策也不是免费的，它涉及税收支出，即通过免税而损失的收入。

参考文献

[1] Aghion Philippe, Jean Tirole. On the Management of Innovation [J]. Quarterly Journal of Economics, 1994, 109: 1185-1209.

[2] Aghion Philippe, Jean Tirole. Opening the Black Box of Innovation [J]. European Economic Review, 1994, 38: 701-710.

---

① 因此，格兰普（Grampp，1989）和考恩（Cowen，1998）赞扬市场生产优秀艺术的能力，因此发现政府干预是完全没有必要的，甚至是有害的。

[3] Alpers Svetlana. Rembrandt's Enterprise [M]. Chicago: University of Chicago Press, 1988.

[4] Amabile Teresa M. Effects of External Evaluation on Artistic Creativity, [J]. Journal of Personality and Social Psychology, 1979, 37: 221-233.

[5] Amabile Teresa M. The Social Psychology of Creativity [M]. New York: Springer, 1983.

[6] Amabile Teresa M. Motivation and Creativity: Effects of Motivation Orientation of Creative Writers [J]. Journal of Personality and Social Psychology, 1985, 48: 393-399.

[7] Amabile Teresa M. From Individual to Organizational Innovation [M] // Kjell Gronhang and Geir Kaufmann. Innovation: A Cross-Disciplinary Perspective. Oslo: Norwegian University Press, 1988: 139-166.

[8] Austen-Smith David, Stephen Jenkins. A Multiperiod Model of Nonprofit Enterprises [J]. Scottish Journal of Political Economy, 1985, 32 (1): 119-134.

[9] Baumol William J. Entrepreneurship: Productive, Unproductive and Destructive [J]. Journal of Political Economy, 1990, 98: 893-921.

[10] Baumol William J, Hilda Baumol. On the Economics of Musical Composition in Mozart's Vienna [J]. Journal of Cultural Economics, 1994, 18: 171-198.

[11] Baumol William J, William J Bowen. Performing Arts-The Economic Dilemma [M]. Cambridge, MA: Twentieth Century Fund, 1966.

[12] Baxandall. Michael Painting and Experience in Fifteenth Century Italy. A Primer in Social History of Pictoral Style [M]. Oxford: Oxford University Press, 1972.

[13] Becker. Gary S. The Economic Approach to Human Behavior [M]. Chicago: Chicago University Press, 1976.

[14] Becker. Gary S. Accounting for Tastes [M]. Cambridge, MA: Harvard University Press, 1996.

[15] Benhamou. Francoise. L'économie de la culture [M]. 2ed. Paris: La Découverte et Syros, 2000.

[16] Blaug Mark. The Economics of the Arts [M]. London: Martin Robertson, 1976.

[17] Cameron Judy, Katherine M Banko, David Pierce W. Pervasive Negative Effects of Rewards on Intrinsic Motivation: The Myth Continues [J]. Behavior

Analyst, 2001, 24: 1-44.

[18] Castañer Xavier, Campos Lorenzo. The Determinants of Artistic Innovation: Bringing in the Role of Organizations [J]. Journal of Cultural Economics, 2002, 26 (1): 29-52.

[19] Condry John. Enemies of Exploration: Self-Imitated versus Other-Imitated Learning [J]. Journal of Personality and Social Psychology, 1977, 42: 789-797.

[20] Cowen Tyler. In Praise of Commercial Culture [M]. Cambridge, MA: Harvard University Press, 1998.

[21] Dasgupta Partha S, Paul A Davis. Information Disclosure and the Economics of Science and Technology [M] //G R Feiwel. Arrow and the Ascent of Modern Economic Theory. New York: New York University Press, 1987.

[22] Deci Edward L, Richard Flaste. Why We Do What We Do. The Dynamics of Personal Autonomy [M]. New York: Putnam, 1995.

[23] Deci Edward L, Richard Koestner, Richard M Ryan. A Meta-Analytic Review of Experiments Examining the Effects of Extrinsic Rewards on Intrinsic Motivation [J]. Psychological Bulletin, 1999, 125 (6): 627-668.

[24] Deci Edward L, Richard M Ryan. Intrinsic Motivation and Self-Determination in Human Behavior [M]. New York: Plenum Press, 1985.

[25] Dupuis Xavier, La surqualité: le spectacle subventionné malade de la bureaucratie? [J]. Revue Economique, 1983, 34: 1089-1115.

[26] Eisenberger Robert, Stephen Armeli. Can Salient Reward Increase Creative Performance without Reducing Intrinsic Creative Interest? [J]. Journal of Personality and Social Psychology, 1997, 66: 652-663.

[27] Eisenberger Robert, Michael Selbst. Does Reward Increase or Decrease Creativity? [J]. Journal of Personality and Social Psychology, 1994, 66: 1116-1127.

[28] Frey Bruno S. Not Just for the Money. An Economic Theory of Personal Motivation [M]. Cheltenham, UK / Brookfield, USA: Edward Elgar, 1997.

[29] Frey Bruno S. Economics as a Science of Human Behaviour [M]. 2nd Boston / Dordrecht: Kluwer, 1999.

[30] Frey Bruno S. Arts and Economics. Analysis and Cultural Policy [M]. Berlin: Springer, 2000.

[31] Frey Bruno S. Inspiring Economics: Human Motivation in Political Economy [M]. Cheltenham, MA: Edward Elgar, 2001.

[32] Frey Bruno S, Reto Jegen. Motivation Crowding Theory: A Survey of Empirical Evidence [J]. Journal of Economic Surveys, 2001, 5 (5): 589-611.

[33] Frey Bruno S, Felix Oberholzer-Gee. The Cost of Price Incentives: An Empirical Analysis of Motivation Crowding-Out [J]. American Economic Review, 1997, 87 (4): 746-755.

[34] Frey Bruno S, Werner W Pommerehne. Muses and Markets: Explorations in the Economics of the Arts [M]. Oxford: Blackwell, 1989.

[35] Galenson David W. Quantifying Artistic Success: Ranking French Painters and Paintings from Impressionism to Cubism [R]. NBER Working Paper, 7407, October, 1999.

[36] Grampp William D. Pricing the Priceless. Art, Artists and Economics [M]. New York: Basil Books, 1989.

[37] Hansmann Henry B. Nonprofit Enterprise in the Performing Arts [J]. Rand Journal of Economics, 1981, 12: 341-361.

[38] Heilbrun James, Charles M Gray. The Economics of Art and Culture, second edition [M]. Cambridge: Cambridge University Press, 2001.

[39] Hennessey B A, Teresa M Amabile. The Conditions of Creativity [M] // Sternberg R J. The Nature of Creativity. Cambridge: Cambridge University Press, 1988: 11-38.

[40] Hirschman Albert O. Exit, Voice and Loyalty [M]. Cambridge, MA: Harvard University Press, 1970.

[41] Hirshleifer Jack. The Expanding Domain of Economics [J]. American Economic Review, 1985, 75: 53-68.

[42] Hutter Michael. Music as a Source of Economic Growth [M] //Nancy K Grant, et al.. Economic Efficiency and the Performing Arts [M]. Akron, OH: Akron University Press, 1987: 100-117.

[43] Hutter Michael. The Impact of Cultural Economics on Economic Theory [J]. Journal of Cultural Economics, 1996, 20: 263-268.

[44] Hutter Michael. Communication Productivity: A Major Cause for the Changing Output of Art Museums [J]. Journal of Cultural Economics, 1998, 22: 99-112.

[45] Jones Mark. Fake? The Art of Deception [R]. London, British Museum, 1990.

[46] Klamer Arjo. The Value of Culture. On the Relationship between Economics

and Arts [M]. Amsterdam: Amsterdam University Press, 1996.

6 文化经济学的体系建构

6.1 露丝·陶斯的贡献

导 读

在文化经济学学科发展史中,露丝·陶斯教授可谓是为数不多的称得上是"活化石"的学者。她不仅参与并领导文化经济学学术史的进程,亲任国际文化经济协会主席(2004—2006),并担任《文化经济学刊》编辑长达 10 年;而且见证并总结了文化经济学学术史,她出版的《文化经济学手册》被誉为文化经济学的百科全书,而其所著各类文化经济学教材也是教科书中的经典。[①] 就此而言,露丝·陶斯是最权威的导读者,她所编写的《文化经济学手册》就是这一领域迄今为止最全面的参考书,正是其著作及其耳提面命的指导,让笔者能够构建文化经济学的历史观。对于那些专业的读者而言,其实完全可以跳开导读,去亲近原始文献——其所编写的《文化经济学手册》或者参与编辑的《文化经济学刊》,这样就能形成自己的历史观念,若能如此,就算在文化经济领域登堂入室了。

早在 1993 年,陶斯在担任《文化经济学刊》的编辑时,就形成了文化经济学的明确界定,"文化经济学将经济学分析方法应用于创意、表演艺术、遗产和文化产业,不管它是公有还是私人所有。它关注文化领域的经济组织以及生产者、消费者与政府的行为。它涵盖多种方法,主流的、激进的、新古典主义的、福利经济学、公共政策与制度经济学"[②]。其实,早期的文化经济学主要是将福利经济学应用于文化领域,在艺术补贴和遗产组织的实证研究方面有着不错的成

---

① 露丝·陶斯. 文化经济学的历史与未来 [J]. 孙晔,周正兵,编译. 山东大学学报(哲学社会科学版),2018(2).

② Ruth Towse. Editorial [J]. Journal of Cultural Economics, 1994, 18: 1-1.

效,这甚至是文化经济学过去半个世纪的主要成就。陶斯本人作为一名歌唱家,也在表演艺术领域多有涉猎,主要从事有关艺术家劳动力,特别是她属于的音乐家的研究,感兴趣的读者可以参考。① 正如笔者在露丝·陶斯的《文化经济学思想评述》中认为她的重要贡献在于,在文化经济学学术史梳理的基础上,构筑了文化经济学的体系,或者按照她自己的说法是"范式",这也是我们要阅读的《创意、版权与创意产业范式》这篇文章的核心内容。

文化经济学在其近半个世纪的发展历程中,主要侧重于艺术补贴问题,只是到了最近10年,研究的对象才发生了重大的转变,即"从侧重于艺术补贴,转向由营利与非营利机构所提供的广泛文化产品和服务上"。在陶斯看来,这种转变远非简单的研究对象转换,更重要的是对象的范式转变,她将新近涌现的创意产业概括为创意产业"范式",主要有如下几个原因:"它符合创意经济概念,强调知识和人力资本是后工业经济增长的源泉('新发展范式');它强调创新和创意的经济重要性;它重视知识产权法在发达与发展中经济体增长政策中的支柱作用。"

对于新范式而言,创意无疑是其枢纽,正是创意取代了传统的经济资源——如矿产等物质资源,成为创意产业的核心资源,才有了范式的革命。但是,问题也出在创意,如果我们不是将创意从管理学视角理解为企业家精神的话,经济学家似乎对此并没有什么可说的。读者诸君恐怕也有类似的感觉,创意似乎在我们日常生活中无处不在,甚至都有创意生活的提法,经济学家能针对这个不断泛化以致无所不包、自然也无处着落的概念说出点什么,我们恐怕无法寄予多大希望。当然,这方面的研究也不是一穷二白,作者梳理了两种相关的学术资源:一种是从心理学角度分析创意问题,论及的是创意的动机问题,这方面的代表性人物是弗雷;另一种是从劳动力角度分析创意问题,论及的是艺术家劳动力,这方面的代表性人物是索斯比。对于这两位代表人物,各位在前面已经阅读其具体内容,这里要提请注意的是,两者其实都涉及动机问题,特别是涉及版权所影响的商业动机问题。从弗雷的角度来看,版权既涉及经济权利,也涉及精神权利,前者产生外在回报,后者则是内在报酬,两者都可能产生挤入效应。索斯比虽然区分创意与商业动机,也认为这两种动机之间存在冲突性,但其"基本模型就是在外部回报与挤入性财务支付所组成的预算约束条件下,内在满足的效用最大化"。其实,这些文献所表述的核心问题就是,"创意与版权保护的激励之间的潜在关系",具体而言,就是基于版权的经济与精神权利对于创意的激励效应,这显然

---

① Ruth Towse. Singers in the marketplace: the economics of the singing profession [M]. Oxford: Clarendon Press, 1993.

是创意产业的核心问题。这个问题显然具有十分重要的政策意义：一方面，版权与补贴构成创意与文化生产的两种激励手段，公共政策需要在两者之间加以权衡；另一方面，创意提供者的激励也成为生产管理的核心环节，管理者需要在创意要素与经济要素之间找到平衡。作为导读者，笔者的一个不太恰当的概括就是，创意产业范式其实就是一个基于创意核心资源的资源配置与平衡模式，特别是创意资源与非创意性资源之间的权衡。毕竟，经济学本质上就是资源配置的学问，只不过传统经济学是在资源稀缺背景下的优化配置问题，而创意经济的核心资源在于创意，其实是一种知识资本，并不存在稀缺性问题，而是要做好激励与平衡问题，以便释放主体积极性的同时，促进其商业的变现。

其实，创意产业范式最重要的地方不在于上述概念的界定，更为重要的是，"如今人们认为，这个'部门'是 21 世纪的经济引擎，它依靠受版权保护的创意来实现增长（UNCTAD，2008）。这个转变将那些以前所谓'文化产业'的行业与艺术结合起来，并统称为'创意产业'"。质言之，创意产业作为范式，是对 21 世纪所崛起的、作为经济引擎的新行业的冠名，它在范围层面是传统意义上文化产业与艺术相加，在范式层面是基于创意核心资源的产业新模式。就此而言，创意产业从概念层面而言，也是一种学术层面的新范式。其实，我们如今所使用的文化产业（或者文化工业），始于文化批评理论，后来被很多国家与国际组织所采用，其所描述的对象是大众媒介背景下，文化内容通过媒介被批量生产和分销的经济活动的集合。两相比较，我们不难发现，文化产业与创意之间的区别其实不是范围的差别，而是范式的区别：前者强调媒介语境中的规模化生产，后者强调创意资源基础上的融合性创造。

行文至此，不妨就我国文化产业概念的应用多说几句。我们都知道，我国中央政府所采用的是文化产业概念，地方政府中如北京、上海采用创意产业的用法，在政府层面并不统一，据说不少政府官员因此没少打口水官司。以至于国家统计局还专门官方发文，要求各地统一文化产业的用法，维护这个官方概念。但是，细心的读者也许发现，在中央其他部门的文件中又出现创意产业或创意经济的用法，如国家发改委就提出所谓数字创意产业的发展规划。其实，这种改变的目的就是要通过概念创新，适应实践创新，去包容文化与经济发展中出现的新业态与新模式。就此而言，陶斯所述创意产业范式有着重要的借鉴价值，对于不断发展的文化与经济现象而言，创意产业似乎更具有解释力。

接下来的这篇文章是 2008 年陶斯教授在国际文化经济协会发表的主席演讲，该演讲反思文化经济学自身的问题，即为什么文化经济学忽略了版权。在演讲中，陶斯教授反思文化经济学研究为什么忽略版权在资源配置中的作用，而将资助置于弥补市场失灵、优化资源配置的中心。① 一方面，法经济学研究由于忽略版权对不同交易主体影响有别，从而夸大了版权激励原创的功用；另一方面，文化经济学研究由于学术研究路径依赖以及错误估计技术在创意经济中的作用，而低估了版权激励原创的功用。究其本质而言，资助与版权有着不可置疑的共同点，即两者都是"市场之手"之外的激励文化生产的方式，也就是说，两者都是宽泛意义上的文化政策，这也是"为什么英国政府高度重视以版权方式刺激创意经济发展，以期实现文化产业能够依赖市场而非政府资助"。而这就构成了陶斯教授版权经济研究的突破口，即将版权与资助均视为"市场之手"之外的文化政策，研究它们在激励原创、配置资源中的真实功用，既不能像版权经济学研究那样高估，也不能像以往的文化经济学那样低估。

其实，版权经济研究由来已久，从阿诺德·普朗特（Arnold Plant）于1934年写下那篇著名的论文——《图书中的版权经济》② 以来，版权经济的研究就未曾中断，陶斯教授对此做了细致的文献梳理，在她看来，版权经济研究可归纳为三个流派：其一是早期的版权经济研究，诸如阿诺德·普朗特（1934）、赫特和舒克曼（Hurt & Schuchman, 1966）等人质疑版权保护的经济合法性，其论述的核心是市场为作者的生产提供了动态的激励；其二是以理查德·波斯纳（Richard A. Posner）和威廉·兰德斯（William M. Landes）（1989）为代表的学者从福利经济角度，运用比较静态模型分析版权法律变动对市场的双重影响；其三是从经济学角度分析版权执行，如集体著作权管理组织等。③ 在陶斯看来，版权经济研究虽然取得了瞩目的成就，但是从文化经济的视角来看，以往的版权经济研究常常忽略如下三个方面的事实：其一，版权作品生产与销售中不同权利主体之间存在着交易关系；其二，不同权利主体的经济价值也各不相同，如图书的电影拍摄权，图书一旦拍成电影，作者就会从电影拍摄权获得比图书销售版税更高的收益；其三，同样的权利在不同地区也会有着不同的收益。④ 其实，早在1709年第一部版权法《安娜女王法》就将目标界定为"防止印刷者不经作者同意就擅自印刷、翻译或出版作者的作品，以鼓励有学问、有知识的人编辑或写作有益的作品"，但是，自《安娜女王法》颁行以来的版权法实践以及20世纪后

---

① Ruth Towse. Why has cultural economics ignored copyright [J]. Journal of Cultural Economics, 2008, 32: 243-259.
② Plant A. The Economic Aspect of Copyright in Books [J]. Economica, 1934, 3: 167-195.
③ Ruth Towse. Copyright and Economic Incentives: An Application to Performers' Rights in the Music Industry [J]. KYKLOS, 1999, 52: 369-390.
④ Ruth Towse. Copyright and Economic Incentives: An Application to Performers' Rights in the Music Industry [J]. KYKLOS, 1999, 52: 369-390.

半叶崛起的版权经济学研究,都忽略了这样一个事实:原创者与其交易对象,也就是创意经济中的各类企业,在版权经济中的地位并不均衡,版权对原创者与企业所施加的影响也迥然有别。因此,有关版权在资源配置中的积极作用,特别是版权的法定保护是否能够激励原创者的论断就大有问题。应该说,这是陶斯教授版权经济学研究的一个重要突破,她从创意经济的宏观视角,质疑版权配置资源尤其是激励原创者的功用,并开始其版权经济研究的创新之旅。①

在这篇演讲中,陶斯系统比较了资助与版权激励原创的功用。在陶斯教授看来,版权与资助作为文化政策,两者有着很多的共同点:都是应对市场失灵的措施,都是借用福利经济学来论证其合法性,都是次优选择,都会产生寻租问题,都会导致道德风险。与此同时,两者也有着诸多不同之处:如版权是通过读者激励作者生产作品,而资助则通过纳税人(通常并非读者)来刺激作品生产;版权是事后的,其中收入与产品之间的关系是自动的,而资助是事前的,收入与产品之间的关系更为复杂;版权涉及代际间的继承,而资助的代际关系则更为复杂;最后,版权是依靠市场发挥作用,而资助则不是。

基于此,陶斯教授认为,"版权与资助是可以共存的,无论是从政策还是实践层面:原创者的版权作品可能获得资助,而获得资助的艺术机构在诸如戏剧、管弦乐、当代艺术展览之类的业务中也会支付版税以便使用版权作品。"② 陶斯教授的贡献在于,告诫学术同行以及政策决策者,无论是资助还是版权,它们作为文化政策都只是次优选择,它们之间没有替代性关系,也不可能互相替代,有的只是共存性关系,只有这样两者才能取长补短,实现共赢。显而易见的是,对于版权的激励作用的讨论只是一个开始,这篇文章更像是号召文化经济学家们关注这个问题的倡议书,特别是数字化语境下,这个问题对于创意产业模式来说是根本性的。当然,正如作者所言,虽然版权对创意有激励作用,但是其作用到底有多大,并无确切的数据,也正是因为这个原因,版权法几乎无视经济学家的研究,这恐怕是目前亟待改变的现状。

---

① Ruth Towse. Copyright and Creativity: an Application of Cultural Economics [J]. Review of Economic Research on Copyright Issues, 2006, 3 (2): 83-91.

② Ruth Towse. Why has cultural economics ignored copyright? [J]. Journal of Cultural Economics, 2008, 32: 243-259.

6.2 创意、版权与创意产业范式

6.2.1 导言

本文将评价关于创意产业的创意经济学与作为经济激励的版权方面的研究。其重点放在个人创作者的创意,而不是创意产业的企业家精神。研究结果表明,要想理解个人创意的有效激励机制,尚有很长的路要走。如果我们要激励新的创意内容的供给,以维持创意产业的增长的话,这个问题无疑就至关重要。

文章首先指出创意产业"范式"及其对版权法的重视。基于实证的政策制定,要求理解创意与版权保护的激励之间的潜在关系。弗雷的拥挤理论揭示版权与作者权利所带来的创意和回报,由于版权包括经济与精神权利,因此它是外在与内在激励和动机的结合。在艺术家劳动力市场的研究中,对艺术家供给决策的分析也揭示了创意问题。如果我们将人力资本模型应用于艺术培训,就会发现培训尽管可以培养创意人才,但这些人才显然不是这样创造出来的。然而,索斯比等人关于创意指数的经济学研究,无疑是从供给角度研究如何衡量创意效果的新进展。

文章接着尝试界定和衡量创意。到目前为止,其重点大多在于衡量创意产业产出和就业对国内生产总值的贡献,以及具体研究核心创意内容生产的贡献,这也是一种评价创意和版权作用的方式。关于创意产业就业的数据也正在核查之中,但是,人们已经逐步意识到它作为政策依据的局限性。

另一种方法是利用创新和专利来直接衡量创意和版权,其结果显示这种方法很难直接适用于此:除了缺乏合适的数据外,我们也很难找到测试版权对创作者影响的反事实情形(counterfactual situations),因为版权是自动授予那些受法律保护作品的作者的。[①] 在经济学上,关于版权及其对创意产品供给弹性的研究,虽然十分重要,但尚处于起步阶段,而且目前版权政策的制定几乎没有经验依据。

---

① 弗兰克(Frank,1996)提供了一个例子。

6.2.2 创意产业范式

在过去 10 年中，文化政策从侧重于艺术补贴，转向由营利与非营利机构所提供的广泛文化产品和服务。我将此称为创意产业"范式"，有这样几个原因：它符合创意经济概念，强调知识和人力资本是后工业经济增长的源泉（"新发展范式"）；它强调创新和创意的经济重要性；它重视知识产权法在发达与发展中经济体增长政策中的支柱作用。如今人们认为，这个"部门"是 21 世纪的经济引擎，它依靠受版权保护的创意来实现增长（UNCTAD，2008）。这个转变将那些以前所谓"文化产业"的行业与艺术结合起来，并统称为"创意产业"。虽然版权法出现已有几个世纪，从其开始就或多或少地保护了这些行业，但"数字革命"正在促使政策制定者重新思考版权法，在这个几乎所有人都是版权作品的创作者和使用者，生产与消费密切相关的世界中，版权界将此视为范式转变。

创意产业范式促使各国政府和超国家组织，收集以前散落于国民收入账户中未被视为"部门"的数据，以便衡量创意产业对国内生产总值规模和增长的影响，以及对就业和对国际贸易的贡献。它还导致强调数量而不是质量，并将有"质量"的文化边缘化为一个次要部门；它回避了文化内容的主要创造者（"艺术家"）与创意产业其他从业人员之间的区别；它用企业的企业家精神取代了个人的艺术创意。创意产业的概念消除了"高雅文化"和"低俗文化"之间的人为区别，承认它们在文化产品和服务生产方面的相互作用，例如艺术家同时供职于商业与非商业文化机构。它还让我们注意这样一个事实，即所有文化活动都有一个从核心内容创意这个原创行为开始的生产链。

版权法也没有规定创意的标准，它仅仅规定受保护作品的范围，并要求作品具有"原创性"。例如，在英国版权法中，"独创性"是指使用"劳动、技能和判断力"而产生的，而在欧洲关于作者权的法律中，"独创性"要求作品必须是作者自己的"智力创造"。然而，两者都没有对创造性或新颖性有什么具体要求（就像专利一样），而且许多缺乏新颖性的作品也受版权保护，因此，伟大的诗歌和贺卡中的打油诗都受到同等保护。此外，版权更多是保护创意产业的活动，而不是鼓励个人创作者创作内容，尽管经常有人持相反意见。

所有联合国机构（以及欧盟和许多国家政府）在其创意产业的界定中均涉及版权或其他知识产权问题，例如"创意产业是创造、生产和分配产品与服务的链条，它将创意和智力资本作为首要投入，并通过贸易和知识产权创造收入"（UNCTAD，2008）。毫不奇怪的是，世界知识产权组织（WIPO）对创意产业的分类，就将版权置于其模式的中心，中间是"核心版权"产业，其外围是"相互依存"和"部分"的版权产业（WIPO，2003）。然而，这个术语所隐含的因果关系具有误导性，经济学家们一直竭力避免误导人们认为，这些行业"依赖"于版权（Towse，2004）。同样，"版权是创意的基础"是资讯社会总署（DG INFSO）和资讯市场总署（DG Markt，2009）所编写的文件《欧洲单一数字市场的创意内容：未来的挑战》的开场白。英国政府文件《数字时代的版权战略》（IPO，2009）则在序言部分称，"版权的目的是鼓励作者的创意，并使其作品能够得以广泛应用"。

对创意产业价值的衡量导致人们试图对"创意核心"进行估值，从而测度其创作者对 GDP 的贡献，以此来衡量版权价值。尚无研究就此提供证明或表明创意产品和服务的生产对版权保护力度的反应（Png & Wang，2009；Watt，2009）。然而，在 20 世纪有关版权法的辩论中，创意一直是最重要的议题，如今创意产业游说加强版权保护时，几乎都会说加强版权可以增加创意。然而，如果创意产业要提供产品，我们就要理解创意产业的深层动力——个人创意的动机和版权作为激励的作用——而不是版权说客的花言巧语。

6.2.3 创意经济学

虽然经济学无望完全解释创意，但文化经济学家在艺术家劳动力市场的研究中，已经提出有关创意的理论，也提供了大量的经验证据。即使创意不能用经济术语来"解释"，它也可能受到经济激励的影响。由弗雷所发展的拥挤动机理论和索斯比等人关于艺术家劳动力市场决策的两个研究领域是相关的。

6.2.3.1 拥挤理论与创意

弗雷和其他人关于内在动机和外在动机的研究工作，是研究创意经济学的一个重要途径（Frey and Jegen，2001；Degli Antoni，2009；Bolle & Otto，2010）。弗雷（Frey，2000）在《艺术中的政府支持与创意》（*State Support And Creation In The Arts*）中将拥挤理论具体应用于创意。在这部分内容中，他区分了机构创意与个人创意，机构创意掌握在受公共资助的艺术组织手中（在很多欧洲国家，这些组织直接由国家官僚机构管理和资助）。弗雷认为，这些机构通过官僚主义的规章制度，以某种方式扼杀了创意。不过，更重要的是他对个人创意方面的研究，并将此应用于艺术动机。弗雷认为，外在动机只会导致低质量艺术品数量的增加，因为内在动机缺乏相对应的内在回报。他还讨论了"挤入"的可能性，即如果内在动机的呈现方式能够让人接受，就可以通过外在激励来培养内在动机。其中的一种方法就是,给予创造者"无条件的"政府资助,其使用也不受官僚制度的干预;另外一种方法是,让由同行组成的专家小组来分配资金。奖项也是一种内在激励,因为它是由同行专家颁发的。关于奖项的研究尚有较大空间(Wijnberg,2003;Boldrin & Levine,2002)。这方面的重点是,如果要激励创意,就必须采取合适的制度安排来支持文化生产。我已经明确版权法就是其中制度之一(Towse,2001)。这里,我将展开论述。

版权包括两个要素,即经济权利和精神权利:经济权利产生外在回报,尽管是通过间接渠道,却可能具有某种"挤入"特征;精神权利几乎完全是内在报酬,当然可以通过持有许可权来获取金钱(外在)报酬(Rushton,1998)。许多创作者强烈倾向于特许权使用费合同,尽管未来收入是有风险的,甚至是不确定的,但是他们更愿意这样做,而不是通过支付作为财务等价物的即期付款而买断权利①。也许,通过把关人②的把关而接受作品的过程本身,就提供一种认可和内在满足感;即使经济回报很低,也有作品被选中的满足感,毕竟出版市场上挤满满怀抱负的人。此外,版税收入取决于作品的市场销售,其成功也是满足感的进一步来源(Bolle & Otto,2010)。因此,即便是那些看似外在的经济回报,也具有一定的内在价值,因为它意味着对作品的认可。即使一次性即期付款完全等同于创作者希望从版税中所获得的金额,它也不会带来同样的满足感。创作者认为版权赋予自己在作品走向受众时分享命运的权利,这就与政府授权完全不同,市场的公正性就成了决定性因素。因此,拥挤理论为创意和版权经济学的行为研究提供了新途径,并且可以利用实验经济学的技术(Frey & Jegen,2001)。

版权,或者更确切地说,是欧洲传统意义的作者权,也涉及精神权利(droit moral)——受保护作品的归属、完整性、披露和撤回的权利。在享有作者权的欧洲国家,精神权利是不可被剥夺和放弃的,是法律的基本组成部分。精神权利已被纳入英国和美国的法律,尽管人们可以在合同中自愿放弃这些权利。精神权利对艺术生产有内在的激励作用,因为它鼓励人们承认艺术家的地位和专业精神,这是艺术家所珍视的。我与创作者的讨论表明,他们非常关心精神权利,而英国的创作者对合同经常要求其放弃其精神权利深感不满。③ 然而,博伊尔等人(Boyle et al.,2010)最近的一篇论文,对美国艺术家精神权利的价值提出了质疑。陶斯(Towse,2006b)对道德权利的经济文献也有小型的综述。

---

① 出于充分的经济理由,如陶斯(Towse,1999)所分析的那样。
② 代理商、编辑、画廊老板和所有其他人,所有细节见 Caves(2000)。
③ 参见 http://www.cippm.org.uk/news/symposium_on_copyright_contracts_and_creativity.html。在版权、合同及创意专题研讨会上所作的报告及简报,以及就可能的研究课题所作的报告。

6.2.3.2 艺术家劳动力市场研究

艺术家劳动力市场研究，也是经济研究的一个领域，它也有助于我们了解个人创作者（或艺术家）的创意。在这个领域，"艺术家"包括创意艺术家、表演者、应用型艺术家和手工艺者。大部分研究都通过问卷调查来解决社会统计数据不足或有偏差的问题（下文有详细分析）。这项研究的结果可能与内在动机有关，因为它们表明创作者和表演者并不寻求最大限度的金钱回报。相关文献可以追溯至20世纪80年代，艺术家的非金钱"心理"回报就已经得到承认，甚至有人通过将艺术家的替代收入与其他具有同等教育程度和工作经验的工人的收入进行比较，以便衡量其价值（Withers, 1985; also Towse, 2001b; Alper and Wassall, 2006）。

索斯比在《经济学与文化》（Throsby, 2001）中专门讨论创意的经济学问题，即创意过程能否解释为理性决策。他测试了"工作偏好"模式，即艺术家将劳动时间分配给艺术与非艺术工作的经济决策。从事其所选择的艺术职业，被认为是艺术家首选的花时间的方式，它同时受制于养家糊口的需要，而不是像"普通"劳动经济学认为的那样，将其视为休闲时间的损失。索斯比（Throsby, 2006）其后采用生产函数，模拟艺术家如何将时间花在"商业"而不是"创意"的决定。他设定两种功能，一种用于创意性（"内在"满足）艺术作品产出，另一种用于商业工作（"外在"激励）。工作数量和质量的共同产出，是劳动时间、人力和物质资本的函数。创意性产出需要创意性劳动的投入，而商业产出只需要"商业性"劳动投入。因此，需要在创意性工作与商业工作之间进行权衡。

考恩和塔巴洛克（Cowen & Tabarrock, 2000）也有类似的发现，他们所考虑的是艺术家在追求审美满足感、渴望名声与市场销售收入之间的权衡。其研究表明，经济增长有助于"高雅"艺术的生产，因为富裕社会可以让消费者购买更多艺术品，与此同时，也让艺术家更易于获得基本收入，从而使其能够花更多时间进行创作，而获得非金钱的满足。作者的结论是，市场可以照料好创意，并解决应该有多少创意的问题。切里尼和库克西亚（Cellini & Cuccia, 2003）所采用的方式虽有不同，但其结论是相同的：他们把这个问题看作一个私人营利性的"金融家"，与一个在"试验性"和"保守性"作品之间进行选择的艺术家之间的重复博弈。艺术家学会调整其创意的程度，以便与获得资金的期望相适应，这也取决于喜欢从事试验性与保守性作品创作的艺术家各自的数量。瓦特和陶斯（Watt & Towse, 2006）考虑另外一种不同的权衡，即创作者在投入到马上就有回报的工作时间，与投资于未来才有版税收入的工作时间之间进行权衡。

生产是一回事，收入是另一回事。不少国家对艺术家收入的调查显示，虽然大多数艺术家学历高于平均水平，但其收入却低于平均水平，而且他们常常觉得不能投入更多时间在其所选择的艺术形式上。这项研究的大部分内容是研究销售、费用和工资的收入，但最近人们对版权作品的使用费与其他报酬产生了额外的兴趣。正如可以预期的那样，版权收入方面也存在与其他收入同样的不平衡——超级明星的收入很高，而其他人的收入少得可怜（Towse，2001b；Kretschmer & Hardwick，2007）。

艺术家劳动力市场研究的一个不可避免的普遍结论是，即使大多数艺术家都经历报酬相对较低的情况，却还存在艺术劳动力的过剩现象。这与弗雷对艺术动机的分析——"为艺术而艺术"与经济收益无关——并与艺术家接受资助与培训补贴所导致的高供给弹性有关，这是旨在支持艺术家的政策所产生的意外后果（Abbing，2002）。这个让人不愿接受的事实，也是艺术家和其他原创者就报酬谈判所面临低报酬的根源，尤其是艺术家作为个人，当然也包括集体的情形。此外，加强版权并没有明显增加版税的收入。

对创作者的版权激励是通过两个渠道来实现的：其一，创意内容通常与传播媒介和其他人的创意工作相结合，为市场创造产品或服务；其二，这个过程由一家企业完成，它需要为市场营销成本提供补偿，而且在多数（似乎是大多数）情况下，就是所有权转让。这不一定是版权涵盖的所有权利（如出版权、复制权、公开表演权等），因为我们可以单独授权，但通常情况下，是公司要求转让版权，以便换取版权使用费的合同，或少数情况下要求一次性总付。由于著作权是一种个人权利，版税合同的条款必须由创作者与企业讨价还价完成，因此，正如凯夫斯（Caves，2000）所分析的那样，个体创作者发现自己在签约时处于弱势，这一点并不令人惊讶，这也反映在创作者从版权所获得的收入方面。版权法只是为版税合同提供基础，其合同本身仍需创作者或其代理人进行协商。

创意产业范式所强调的主要资源之一就是人力资本，人们基于艺术家收益函数对此做了较为深入的研究。人们基于人力资本模型对所有职业的实证研究发现，"先天能力"的特征导致更高的收入，这无法用学校教育投资予以解释；这在艺术家劳动力市场研究中被称为"天赋"或"创意"。这种"先天能力"是与生俱来的还是后天获得的（例如，有利的家庭环境），一直是教育经济学中的重要课题，这对艺术家来说显然更为重要。实证研究并无证据表明，培训和经验的长度会影响收入，因此这些研究所得出的结论是，人力资本投资似乎与艺术家从其艺术作品中赚取收入的能力无关，尽管它在解释艺术家从事教学等非艺术或与艺术有关工作中所获收入方面起着"正常"的作用（Towse，2006）。因此，这表明创意不能通过艺术、音乐、戏剧等方面的培训来"投资"。

在这种背景下，布莱恩特和索斯比（Bryant & Throsby，2006）试图描述创意的特征，并在此基础上建立一个创意指数。他们认为创意是基于天赋的"创意性努力"的应用结果。该指标列入艺术家创意产出的生产函数，其中人力资本投入分为普通教育、艺术训练、经验和创意天赋四个变量。它包括几个促进个人创意的因素——根据艺术家的主观评价和家庭支持所反映的天赋影响程度——以及通过同行评价获得资助作为人才的客观指标。布莱恩特和索斯比使用来自澳大利亚调查的数据来检验这个模型，结果发现指数中所规定的创意确实会影响产出。然而，这可能是一个相当乐观的结论，因为样本中的大多数艺术家认为，家庭支持比天赋更重要，这体现了关于艺术家劳动力市场众所周知的东西，简而言之，就是家庭为创意提供资金。布莱恩特和索斯比认为，这项研究仅仅是衡量人才问题的开始。它没有回答人才的先天问题，但确实为进一步研究利用人才从事创意工作的经济决定因素铺平了道路。① 然而，它为更精确地说明影响创意和激励的内在和外在因素开辟了道路。

这篇综述总结了针对创意的经济方面所做的工作，它表明经济因素在影响创造者选择"创意"程度方面发挥着作用。其基本模型就是在外部回报与挤入性财务支付所组成的预算约束条件下，内在满足的效用最大化。这与创意企业的"创意"形成了鲜明对比，后者被简单地设定为，营利性企业以利润最大化为目标，而非营利组织则有着多种动机（收入最大化、接触新受众等）。

6.2.4　计量问题

我现在讨论经济学家在测度版权对创意产业之创意的影响时，所遇到的定义和数据问题。

6.2.4.1　界定创意

关于创意或创意产业，似乎并没有一个一致的定义。前面提到的《2008年创意经济报告》（UNCTAD，2008）是联合国教科文组织（UN Educational, Scientific and Cultural Organisation）、联合国开发计划署（UNDP）、联合国贸易和发展会议（UNCTAD, UN Conference on Trade and Development）和世界知识产权组织（WIPO）联合发布的报告。关于创意，该报告的界定是：

---

① 例如，新加坡和中国香港使用了另一种"宏观"创意指数，按照联合国贸发会议（UNCTAD，2008）的思路，采用了更广泛的创意概念。欧盟《文化对创造力的影响报告》（DG INFSO and DGMarkt，2009）回顾了这些指标，并建议为欧洲制订一个类似的指数。这与这里的主题没有多大关系，只是注意到它也涉及测量个人创意的问题。

"'创意'是指形成新的想法并将其应用于原创性艺术作品、文化产品、功能创新、科学发明和技术创新。因此，创意具有经济属性，就此而言，它能促进企业家精神、培育创新、提升生产率，以及促进经济增长……'创造力'与原创性、想象力、灵感、独创性及创新性有关。富有想象力与表达思想是人的内在特征，与知识相关联，这些想法是智力资本的本质……在21世纪，人们对创意、文化与经济之间的互动，以及创意经济这个新兴概念背后的原理，有了越来越深入的了解"（UNCTAD，2008）。

此外，报告中"创意"一词适用于一系列项目——创意经济、创意产业、创意城市、创意集群以及创意产品和服务——这些表述暴露了我们对创意所做思考的松散特点：它们将个人创意与企业家"创意"、创意与创新混为一谈，它强调经济效果，而不检查触发经济价值创造链条具有"内在特征"的创意产生动机。尽管这份报告提出如何衡量创意，但讨论很快又回到选择一系列创意产品和服务，并将那些生产这些产品和服务的行业确定为"创意部门"。这份清单包括遗产、艺术、媒体和"功能性创作"——建筑、广告、设计和软件等，并将其对创收和就业的贡献作为衡量创意的基础。

相比之下，欧洲联盟委员会委托编写的《文化对创意的影响的报告》（Kea，2009）对创意可以根据创意部门的规模来衡量的观点提出了挑战，并根据专门设计的创意指数提出了自己的衡量标准。这项研究批评了欧盟与经合组织的许多报告和倡议，认为它们没有将个人艺术创意与科学或技术创意或创新区分开来，并声称"创意"的使用过于随意而贬值，这个批评也适用于贸发会议的报告。

众所周知，与文化政策有关的官方文件，都会详细说明创意产业的增长率及其对国内生产总值与就业的贡献，但这些数据并未涉及衡量创意这个更为困难的任务。少为人所知的是，"部门"数据最好是从国民收入账户的分散来源汇编而成，但是糟糕的是，根据行业自身提供的营业额数据所进行统计的可能是不可靠的猜测（Png，2008）。就业数据的问题就更严重，如下文所示。

6.2.4.2 测量创意产出

我们一直按照创意产业链中的"核心内容创造"的产出来衡量创意，这颇有争议。看看国际标准行业分类（ISIC）代码，就能发现查找相关数据的问题。国际标准行业分类的经济学理念，基本上是以农业、重工业和制造业，而不是服务业作为重要部门，这就给衡量创意产业造成了问题。因此，创意产业作为"部门"，就必须由不同行业分类的产品和服务组合而成。国民收入账户的目的只是为了在不重复计算的情况下，按统一方式衡量国民产出和收入，而明确特定产品和服务的归属对于确定哪个部门对国内生产总值的"经济重要性"有着重要意义，但是，显而易见的是，我们几乎不可能得到一个"真实"的创意产业的代表。事实上，这个问题在国际贸易统计中更为严重，我们仍然无法衡量创意服务贸易和国际专利转让的产出（UNCTAD，2008）。

虽然这些问题原则上是众所周知的，但我认为有必要举一个详细的例子。国际标准行业分类系统的工作原理是，按照一位数、两位数等标记信息化的概念。以"剧院"的分类为例：在国际标准行业分类"O-其他社区、社会和个人服务活动"。① 这包括2位数级别的"分部"：92-"娱乐、文化和体育活动"，再进一步细分为3位数921，即"电影、广播、电视和其他娱乐活动"；其后又是一个4位数的等级分类9214-"戏剧艺术、音乐及其他艺术活动"。最后，还进一步细分出：现场戏剧演出、音乐会和歌剧或舞蹈作品及其他舞台作品；团体或公司、管弦乐队或乐队的活动；个体艺术家的活动，如演员、导演、音乐家、作家、讲师或演讲者、雕塑家、画家、漫画家、雕刻师、舞台设计师和建筑商等；经营音乐厅、剧院和其他艺术设施；经营售票处；修复艺术品，如绘画等。显然，将如此多样化的活动放在一起，准确地衡量像"剧院"这样的特定类别，就需要相当多的专业知识，而且有可能会夸大某个特定项目的贡献，或扩张创意产业部门对国内生产总值的贡献。

显然，数据的细分程度越大，其准确性就越高。就此而言，英国文化、媒体和体育部（DCMS，2007）委托编写的一份报告就5位数细分的行业进行分析，这使得人们可以更详细地了解他们归类为"创意核心"的内容，包括"写作、表演、拍摄、执行、合成和编程"。但问题是，我们无法获得5位数的水平增值数据（至少在英国如此），因此，就不得不使用营业额数据（Frontier Economics，2007）。如果应用5位数的数据，那么"创意产业清单"中的"核心创意活动"对GDP的贡献率，将从3.4%降至2.7%。这个计算还显示，2005年英国创意产业创意核心内容有超过40%来自软件和游戏行业（大多数发达国家的情形可能类似）；音乐和表演艺术仅占创意核心内容的4%。要想掌握"艺术"创意的核心，我们就有必要对国民收入数据进行进一步细分。这还要求将创意性职业与行业分类相匹配，因为在这个层级，许多创意内容是由作为自由职业者和自我雇佣创作者个人制作的，他们从创造性工作中获得的净收入应计入增值。

6.2.4.3 计量创意劳动力

计量创意劳动力与上述的问题类似，涉及创意职业的分类，因此也涉及其就业统计。长期以来，对艺术家劳动力市场的研究，一直受到数据不足的困扰，即

---

① 参见 http://unstats.un.org/unsd/cr/registry/regcst.asp?Cl=17.

使政府机构收集了足够的具体数据,也难以处理自由职业与兼职化(Multiple Job-Holding)问题,这使得文化经济学家质疑基于官方统计数据的研究(Alper & Wassall, 2006)。与标准行业分类相对应的是标准的职业分类。例如,美国劳工统计局对"演员"(SOC 27—2011)职业的描述是:"在舞台、电视、广播、视频或电影制作中扮演角色,以提供娱乐、信息或引导。通过演讲、手势和身体动作来诠释严肃或滑稽的角色,以娱乐或告知观众。包括跳舞和唱歌。"[①]

为了确定那些创意产业就业人口,我们就需要确定艺术家的职业及其所从事的工作类型。标准行业分类与标准职业分类之间会有重叠,然而两种分类并不一定完全对应。例如美国,如果一个演员在剧院和电影业就业,她有可能被分配至标准行业分类目录中的剧院,也有可能是电影。尽管许多国家没有像美国那样复杂的数据,但要想匹配这两个标准并非易事,这个问题在欧洲联盟文化就业的研究中就显现无遗(Eurostat, 2007)。[②]

因此,由于许多员工从事非创意性的"单调"工作,所以将所有就业人口都纳入了"创意"就业的经济价值。但从另一个角度来看,受过艺术训练的人却没有被归类在创意行业,因此他们的创意价值就无法予以"计算"。因此,希格斯(Higgs, 2008)等人改进了创意就业的数据收集和分析的方法,他根据澳大利亚开发的所谓"创意三叉戟"模型,分析了英国的情况。该模型确定了创意劳动力的三个方面:"专业"艺术家和供职于创意产业的手工艺者,在这些行业中的"支持性"员工,以及供职于其他行业的"嵌入性"创意工作者。这是确定艺术家和其他创作者的增加值的重要一步,但正如作者所指出的那样,由于缺乏官方统计数据,因此也有局限性。[③]

6.2.4.4 衡量企业层面的创意

尽管经济学对创新有着浓厚的兴趣,但事实证明我们很难将创新的经济计量方法应用于创意(Demsetz, 2009)。[④] 对创新的实证研究通常侧重于企业,并以多种方式进行,如调查问卷(如经合组织的"奥斯陆手册")和专利统计。然而,两者都集中在创新的技术和科学的进展方面;两者不涉及创意本身,而且因为只关注公司,所以连个体创意者都被忽略了。此外,版权不能用来研究创意,因为专利是用于创新的,其理由很简单,就是版权无须注册或法院审核,其结果

[①] 参见 www. bls. gov/OES/current/oes_ stru. htm.

[②] 参见 O'Brien 和 Feist (1995), Towse (2001b).

[③] 该报告以英国劳动力调查为基础,该调查不包括自我雇佣的人员(尽管许多创作者和表演者都是自雇型自由职业者),因此必须根据人口普查数据进行插值计算。

[④] 舒姆克(Tschmuck, 2006)研究音乐产业的创新和创造力。比泽尔(Bitzer, 2005)研究的是知识经济下的研发计量,也存在类似的问题。

就是无法像专利那样有版权清单。有些创新研究使用调查问卷询问公司对版权的使用情况；然而，到目前为止人们对此还没有定论，毫无疑问的是，其部分原因是因为同一家公司经常既使用又创造版权作品（Greenhalgh & Rogers, 2007）。

斯通曼和巴卡什（Stoneman & Bakhshi, 2009）意识到这些问题，采用"软创新"概念来衡量创意产业的创意。软创新是从审美创新和文化创新两个方面来定义的，作者以录音、商业书籍和游戏中的新标题，与这些行业中的新标题占所有标题的比重（按销售加权）作为软创新的衡量标准，并利用行业机构所公布的数据构建指数。

然而，将软创新等同于创意也是有问题的。软创新仅在生产新产品和新服务的有限意义上与创意具有相似性，这与生产核心内容的个人创作者的创意相去甚远。斯通曼和巴卡什方法只测量市场上的产品，而忽略了创作与销售之间的阶段。此外，就创作作品的数量而言，那些被公司收购的作品，那些进入市场的作品，以及最终售出作品的数量之间，存在着巨大的差距。这可以被描述为产品创作的简单链条，在每个阶段都会有一个筛选或"把关"程序，所有创作者的版权产品都在这个程序之中被逐个筛选，然后产品才能被消费者选用，也就是出售。用示意图可表示为：创作者→版权作品→守门人/中介→公司→生产→销售→市场→消费。

这个示意图说明创意作为个人创作者的一种活动或过程，与以创意产业产出来衡量的最终进入市场的产品之间的区别。与版权作为激励创造作用有关的是第一个阶段，而不是最后一个阶段。这种区别导致利用市场数据来衡量创意变得异常困难。

此外，尽管经济学家通常认为，只有销售的商品才能为国内生产总值创造价值，但艺术和文化领域的许多人会考虑到文化价值，并认为创意具有外部效益，甚至具有很强的公共产品特征（Throsby, 2001）。未上市的作品，即使是未出版的作品，也可能具有文化价值，或以后变得重要。创作是一项不可预测的活动。

6.2.5 结论

本文的重点在于提请人们注意以下三点：第一，创意产业范式没有把重点放在个人创作者所创造的构成创意产业核心的创意内容方面；第二，需要研究版权为这些创作者提供的动机；第三，需要可靠的国家统计数据来衡量创意活动。本文认为，有些经济学模型可资利用，如实验经济学和神经经济学的模型，它们已经获得应用，而且有可能为今后研究创作者动机奠定基础。如果有更好的国家统计数据，我们就可以对艺术家供给决策模型的改进进行测试。到目前为止，各国政府依赖的是我所说的"倡导性数据",而不是客观证据(Towse,2004),这种做法似乎在创意产业范式下很普遍。

如何评价版权法作为一项促进创意的政策措施,仍然是一个亟待解决的问题。目前,无论是对个人创作者还是对创意产业的公司来说,都无法对版权进行估值。正如兰德斯和波斯纳(Landes & Posner,1989)在其开创性文章中所表明的那样,版权对创意既有消极的影响,也有积极的影响。搜索和获得版权所使用作品的许可,会给后来的创作者增加"创作成本",因此,版权法必须在对新作品作者的过多保护(激励作用)与后续创作者的创作成本(抑制作用)之间取得平衡。然而,与其他经济政策问题一样,版权成本与收益的相对价值是一个实证问题。即使我们发现了版权激励的积极作用,但如果要衡量由于创作成本而没有创作的东西就很难,这就像"夜里不会叫的无用之狗的例子"。因此,版权"强度"的"最佳"水平——即版权的范围、持续时间和执行程度的结合——是难以捉摸的,如果没有经验性的信息,经济学家无法就版权的这些特征向决策者提出明确的建议(尽管几乎所有的经济学家都认为版权期限太长,Akerlof et al.,2002)。

另一个需要进一步研究的话题是创作者所签订合同的中介作用:它们是侵蚀还是加强版权激励?创作者的低议价能力反映在常常需要转让权利的合同中。此外,签订雇用合同的创作者,也不能获得雇主所占有的版权(所谓"雇佣作品")。显然,版权合同在创意产业中的作用,是一个研究不足但值得研究的课题。

版权只是一个试图支持创意的制度之一,还有其他各种制度。弗雷(Frey,2000)强调了为机构和个人创意提供多种资金来源的必要性,并指出政府资助与奖项和奖品提供了内在与外在的动力。由于市场失灵而对艺术和文化进行政府补贴的理由仍然有效,所以没有理由认为版权法和创意产业范式会否定这一点。

参考文献

[1] Abbing Hans. Why are Artists Poor? The Exceptional Economy of the Arts [M]. Amsterdam: Amsterdam University Press, 2002.

[2] Alper Neil, Gregory Wassall. Artists' Careers and their Labour Markets [M]//Victor Ginsburgh, David Throsby. Handbook of the Economics of Art and Culture. Amsterdam: North Holland, 2006.

[3] Bitzer Jürgen. Measuring Knowledge Stocks: A Process of Creative

Destruction [J]. Kyklos, 2005, 58 (3): 379-393.

[5] Boldrin Michele, David Levine. The Case Against Intellectual Property [J]. American Economic Review, Papers and Proceedings, 2002, 92 (2): 209-212.

[6] Bolle Friedel, Philipp E Otto. A Price Is a Signal: on Intrinsic Motivation, Crowding-out, and Crowding-in [J]. Kyklos, 2010, 63 (1): 9-22.

[7] Boyle Melissa, Stacy Nazzaro, Debra O'Connor. Moral Rights Protection for the Visual Arts [J]. Journal of Cultural Economics, 2010, 34 (1): 27-44.

[8] Bryant William, David Throsby. Creativity and the Behaviour of Artists, [M] //Victor Ginsburgh, David Throsby. Handbook of the Economics of Art and Culture. Amsterdam: North Holland, 2006: 507-528.

[9] Caves Richard. Creative Industries. Contracts Between Art and Commerce [M]. Cambridge, Mass.: Harvard University Press, 2000.

[10] Cellini Roberto, Tiziana Cuccia. Incomplete Information and Experimentation in the Arts: a Game Theory Approach [J]. Economia Politica, 2003, 20: 21-34.

[11] Cowen Tyler, Tabarrock. An Economic Theory of Avant-Garde and Popular Art, or High and Low Culture [J]. Southern Economic Journal, 2000, 67 (2): 232-253.

[12] Degli Antoni, Giacomo. Intrinsic vs Extrinsic Motivations to Volunteer and Social Capital Formation [J]. Kyklos, 2009, 62 (3): 359-370.

[13] Demsetz Harold. Creativity and the Economics of the Copyright Controversy [J]. Review of Economic Research on Copyright Issues, 2009, 6 (2): 5-12.

[14] DCMS (Department for Culture, Media and Sport). The Creative Economy Programme: A Summary of Projects Commissioned in 2006/7 [R]. London, Department of Media, Culture and Sport, 2007.

[15] DG INFSO, DG Markt. Creative Content in a European Digital Single Market: challenges for the Future [EB/OL] http: //ec. europa. eu/avpolicy/docs/other_ actions/col_ 2009/reflec tion_ paper. pdf, 2009.

[16] Eurostat. Cultural Statistics 2007 Edition [R]. Luxembourg: European Communities, 2007.

[17] Frank Björn. On Art Without Copyright [J]. Kyklos, 1996, 49 (1): 3-15.

[18] Frey Bruno S. Arts and Economics [M]. Heidelberg: Springer, 2000.

[19] Frey Bruno S, Reto Jegen. Motivation Crowding Theory: A Survey of Empirical Evidence [J]. Journal of Economic Surveys, 2001, 15 (5): 589-611.

[20] Frontier Economics. Creative Industry Performance: A Statistical Analysis for the DCMS. London, DCMS [EB/OL]. http://www.cep.culture.gov.uk/index.cfm? fuseac tion=main. viewBlogEntry & intMTEntryID=3104, 2007.

[21] Greenhalgh Christine, Mark Rogers. The Value of Intellectual Property Rights to Firms and Society [J]. Oxford Review of Economic Policy, 2007, 23 (4): 541-567.

[22] Higgs Peter, Stuart Cunningham, Hasan Bakhshi. Beyond the Creative Industries: Mapping the Creative Economy in the UK [R]. London: NESTA, 2008.

[23] Intellectual Property Office (IPO). Strategy for Copyright in the Digital Age. Newport: IPO [EB/OL]. http://www.ipo.gov.uk/c-strategy-digitalage.pdf, 2009.

[24] KEA. The Impact of Culture on Creativity [EB/OL]. http://ec.europa.eu/culture/key documents/doc/study_ impact_ cult_ creativity_ 06_ 09. pdf, 2009.

[25] Kretschmer Martin, Philip Hardwick. Authors' earnings from copyright and non-copyright sources: from a survey of 25, 000 British and German writers. [EB/OL]. http://www.cippm.org.uk/ publications/alcs/ACLS%20Full%20report. pdf, 2007.

[26] Landes William, Richard Posner. An Economic Analysis of Copyright Law [J]. Journal of Legal Studies, 1989, 18: 325-366.

[27] O'Brien Jane, Andrew Feist. Employment in the Arts and Cultural Industries: an analysis of the 1991 Census [R]. London: Arts Council of England, 1995.

[28] Png Ivan. On the Reliability of Software Piracy Statistics. Paper presented at the SERCI conference, Berlin [EB/OL]. http://www.serci.org/documents.html, 2008.

[29] Png Ivan, Qui-Hong Wang. Copyright and the Supply of Creative Work: Evidence from the Movies. [R/OL]. http://www.serci.org/documents.html, 2009.

[30] Rushton Michael. The Moral Rights of Artists: Droit Moral or Droit Pecunaire? [J]. Journal of Cultural Economics, 1998, 22 (1): 1-13.

[31] Stoneman Paul, Hasan Bakhshi. Soft Innovation [R]. Research report S1/22, London, NESTA, 2009.

[32] Throsby David. Economics and Culture [M]. Cambridge: Cambridge University Press, 2001.

[33] Throsby David. An Artistic Production Function: Theory and an Application to Australian Visual Artists [J]. Journal of Cultural Economics, 2006, 30: 1-14.

[34] Towse Ruth. Copyright, Incentives and Performers' Earnings [J]. Kyklos, 1999, 52 (3): 369-390.

[35] Towse Ruth. Partly for the Money: Rewards and Incentives to Artists [J]. Kyklos, 2001, 54 (2/3): 473-490.

[36] Towse Ruth. Creativity, Incentive and Reward [M]. Cheltenham, UK: Edward Elgar, 2001.

[37] Towse Ruth. Number-crunching is Not Just a "Neutral" Activity [J]. Review of Economic Research in Copyright Issues, 2004, 1 (1): 79-82.

[38] Towse Ruth. Human Capital and Artists' Labour Markets [M] //Victor Ginsburgh and David Throsby. Handbook of the Economics of Art and Culture [M]. Amsterdam: North Holland, 2006: 867-894.

[39] Towse Ruth. Copyright and Artists: a View from Cultural Economics [J]. Journal of Economic Surveys, 2006, 20 (4): 567-585.

[40] Tschmuck Peter. Creativity and Innovation in the Music Industry [M]. Heidelberg: Springer, 2006.

[41] UNCTAD. Creative Economy Report 2008 [R]. Geneva: UNCTAD, 2008.

[42] Watt Richard. An Empirical Analysis of the Economics of Copyright: How Valid are the Results of Studies in Developed Countries for Developing Countries? [R] //The Economics of Intellectual Property: Suggestions for Further Research in Developing Countries and Countries with Economies in Transition. Geneva: World Intellectual Property Organisation, 2009: 65-108.

[43] Watt Richard, Ruth Towse. Copyright Protection Standards and Authors' Time Allocation [J]. Industrial and Corporate Change, 2006, 15 (6): 995-1011.

[44] Wijnberg Nachoem. Awards [M] //Ruth Towse. A Handbook of Cultural Economics. Cheltenham, UK: Edward Elgar, 2003: 81-84.

[45] World Intellectual Property Organisation (WIPO). Guide on Surveying the Economic Contribution of the Copyright-based Industries [R]. Geneva: World Intellectual Property Organisation, 2003.

[46] Withers Glenn. Artists' Subsidy for the Arts [J]. Australian Economic Papers, 1985, 25: 290-295.

6.3 为什么文化经济学忽视版权问题

6.3.1 介绍

我这次演讲的主题是文化经济学为什么忽略版权法，版权问题是文化市场最具有影响力的要素之一。因此，文化经济学失去其在文化政策方面起初所赢得的主动权，创意产业"运动"的兴起就几乎没有文化经济学的什么贡献了。具有讽刺意味的是，当一个从事版权经济学研究的同事受世界知识产权组织委托，就所谓的版权产业做一个实证研究，结果发现几乎所有的行业都可以在文化经济学的文献中找到，如音乐、电影和图书出版业以及艺术家的收入，但却没有认识到版权的作用（Watt，2007）。仅有的例外是，文化经济学关于未经授权使用版权材料（即盗版）做了不少的研究，尤其是在音乐行业，这些作品大多发表于其他专业的出版物。当然，世界知识产权组织也不是唯一进行版权行业研究的机构，很多国际组织（例如联合国教科文组织、世界贸易组织、联合国贸发会议等）也在研究版权法的影响，特别是版权法变动的影响。与此同时，欧盟国家、几乎所有的发达国家甚至是欠发达国家都有类似的研究。

版权法虽然是国内法，但通过《伯尔尼公约》和《罗马公约》，如今在世界范围内也取得了共识；目前，知识产权组织正在协调此事，该组织签署国也在协商有关版权法的国际条约，如 1996 年的《世界知识产权组织著作权条约》（WCT）和《世界知识产权组织表演和录音制品条约》（WPPT），以及所谓的《知识产权组织互联网条约》，后者涉及使用数字技术进行互联网传播。在欧洲，版权和作者权利在欧盟内部取得共识，并成为内部市场政策的一个部分。版权也是《与贸易有关的知识产权协议》（TRIPS）与《服务贸易总协定》（GATS）中处理版权作品国际贸易问题的重要原则，这使得版权成为贸易政策的一个因素。我想说的是，版权也是文化政策的一个重要方面，特别是在创意产业的经济政策背景下，版权的经济效应正日益得到认可。

数字化和互联网（我们很难将其分开，而且就本文的讨论而言也没有这个必要①）对文化领域的生产与消费造成了社会和经济的动荡，版权法挣扎着应对这种变化，但这种努力常常是徒劳的。与此同时，就连小学生也在课堂上接受警察关于版权法和非法拷贝害处的指导。这场剧变——这场创造性破坏的风暴——吸引了律师、社会学家和经济学家的注意，却没有引起文化经济学家的关注。文化经济学家一直以政策为导向，并继续争论补贴和规制的作用，那么，为什么就不考虑版权法的影响？

在我申述观点之前，有必要向那些研究版权问题的文化经济学家致敬，他们是基思·艾奇逊（Keith Acheson）和克里斯托弗·穆勒（Christopher Maule）、弗朗索瓦斯·本哈穆（Françoise Benhamou）、安德鲁·伯克（Andrew Burke）、萨姆·卡梅伦（Sam Cameron）、若尔·法尔·法奇（Joëlle Farchy）、维克托·金斯伯格（Victor Ginsburgh）、迈克尔·奥黑尔（Michael O'Hare）、艾伦·皮考克（Alan Peacock）、法布里斯·罗什兰特（Fabrice Rochelandet）、迈克尔·拉什顿（Michael Rushton）与大卫·索斯比。② 此外，还有些杰出的版权学者，威廉·兰德斯与理查德·波斯纳的合著（Landes and Posner, 1989; 2003），被认为是版权的法学和经济学分析的经典文献。帕梅拉·萨缪尔森（Pamela Samuelson）和亨利·汉斯曼（Henry Hansmann）曾在国际文化经济协会会议上发表演讲，并在《文化经济学刊》上发表相关论文。③ 尽管有了这些重要贡献，但我仍然认为，我们并未充分意识到版权在整个文化经济（我指的是表演艺术、遗产和文化产业）中的基础性作用。

6.3.1.1 什么是文化经济学④

在整个讲座中，我将提及文化经济学家和文化经济学，有人指出要就此做出解释，特别是当我认为文化经济学在版权法的讨论中有着独特的发言权时。当然，版权经济学有一个公认的领域，也有着自己的专业协会和期刊（版权问题经济研究学会与《版权经济学评论》）。此外，法律和经济学期刊以及"普通"经济学期刊，也发表关于版权及其分支学科（如产业组织）的文章，它们也显示出对版权的兴趣，尽管它们更关注专利问题。所有这些都是有关版权的经济学文

---

① 进一步参考 Küng et al.（2008）。
② 参考 Acheson 和 Maule（1999），Benhamou 和 Sagot-Duvauroux（2006-2007），Benhamou 和 Farchy（2007），Burke（1996），Cameron 和 Collins（2007），Farchy 和 Rochelandet（2000），Ginsburgh（2008），O'Hare（1985），Peacock 和 Weir（1975），Peacock（1993），Rochelandet（2003），Rushton（1998, 2001），和 Throsby（2001）。
③ 参见 Samuelson（1999），Hansmann 和 Santilli（2001）。
④ 进一步参考 Küng et al.（2008）。

献的来源,既然版权法适用于艺术和文化,那么,如果我们认为文化经济学的范围是可以界定的话,为什么我们不将版权经济学纳入文化经济学的版图呢?

我对文化经济学的概念,特别是关于其目标与范围的界定,可见于《文化经济学刊》的内页,这是我作为编辑为全新风格的杂志(1993)撰写的编者按,后来原封不动地登载出来:文化经济学将经济学分析方法应用于创意、表演艺术、遗产和文化产业,不管它是公有还是私人所有。它关注文化领域的经济组织以及生产者、消费者与政府的行为。它涵盖多种方法,主流的、激进的、新古典主义的、福利经济学、公共政策与制度经济学。今天,我还要更具体地提及文化问题,例如供给的多样性(尽管我们也可以说,最优选择始终是经济学的基本信条)和质量问题。当然,我们甚至可以这样说,"文化经济学,是文化经济学家之所作所为",如果是这样的话,他们就是参加文化经济学会议,订阅《文化经济学刊》并在上面发表文章的人。

为了进一步分析这个问题,我们可以问,经济学是如何界定分支学科的?我们是根据研究领域还是理论概念确定学科?我认为,与文化经济学相类似的领域是,环境经济学、教育经济学和卫生经济学,众所周知,它们就是以特定的方式研究特定的经济领域,同时其所使用的经济工具是其他领域常见的,如福利经济学、成本效益分析、条件价值评估技术、人力资本理论和现值贴现等。与教育经济学一样,文化经济学也较多利用消费外部性,作为公共财政和政府干预艺术和遗产的理由,正如环境经济学将生产外部性作为征税和规制的理由一样。但我们可以将其视为不同的研究领域。然而,这并不能解释为什么要用文化经济学方法来研究版权法。

事实上,版权经济学中有几种不同的研究方法(复制、产权、交易成本和福利经济学方法——Towse et al. 2008)。它们和版权的法与经济学不同,版权的法与经济学运用经济分析为版权的法律条款提供理论基础,如著作权的期限和范围、合理使用、雇佣作品等(Landes & Posner, 1989)。文化经济学增加了文化特殊性的方面,如前面提及的质量和多样性,就是所有国家文化政策的重要组成部分。我们不妨举例说明文化经济学方法的特殊性,普通的经济学可能考虑版权对全球贸易垄断市场与国家专业化优势的影响,却忽视一种语言(如今是英语,以后也许是中文,谁知道呢?)对文化集中程度的影响。文化经济学对艺术家劳动力市场的研究,也揭示了艺术家对金钱和非金钱激励的反应方式,这些与版权激发创造力的能力有关(Towse, 2001)。因此,运用文化经济学分析版权是有道理的。

6.3.1.2 为什么文化经济学完全忽视版权

让我们回到主题,为什么文化经济学基本上忽略了版权。我相信是因为文化经济学在其发展之初，艺术补贴是其主要话题，不幸的是，如今它就停滞在那里；此外，科技在艺术上并无太大改变的看法，亦有可能让人不认同数字化所带来的巨大发展。长期以来，文化经济学一直强调补贴高雅艺术，这显然转移了人们对版权的关注，而后者才是政府支持艺术与艺术家的古老方式，毕竟，版权早于对艺术的补贴政策，早在1709年英国就颁布第一部正式版权法——《安娜女王法》，后来法国和美国通过了版权法/作者权利法，然后蔓延至几乎所有的欧洲国家，最终遍及世界（通常是要求）各地。就版权法而言，并存着两种传统：一种是以经济权利为重点的盎格鲁—撒克逊版权法；另外一种是以精神权利为特征的民法作者权利的传统。[①] 然而，这两种传统之间的差异，正被有意加强的协调政策与文化产品和服务贸易的全球化所侵蚀。尽管如此，各国在法律及其管理与执行方面仍然存在差异。因此，虽然版权在20世纪初已经蔓延至全世界，而艺术补贴作为一项国家政策却始于二战。然而，如今政策所关注的版权侵权的主要问题，出现于20世纪90年代后期，这肯定会引起人们对版权经济问题的兴趣。但我要说的是，文化经济学家仍然落在后面，《文化经济学刊》并没有多少关于这个主题的文章，文化经济学年会关于版权或任何其他知识产权的论文也并不多见（尽管比过去有所增加）。

在这篇演讲中，我将比较版权与文化政策。我深信，文化经济学家对版权的经济分析应该有特殊的贡献：我们在理解艺术和创意产业的经济和文化方面，以及分析文化政策方面，积累了不少的经验，我们对艺术家劳动力市场也有深入的洞察，这些都是研究创意的重要动力。

6.3.2 作为文化政策的版权和补贴[②]

版权与艺术补贴的共同之处在于，它们都提供激励以便使文化产出能够超出市场所能达到的水平。[③] 从这个意义上说，它们都是文化政策的工具：补贴通过对艺术组织和个人的财政资助提供直接激励；版权通过给予创作者（个人或企业

---

① 英国的版权传统可以在其前殖民地国家找到，如北美、非洲、亚洲、澳大利亚和新西兰等，而作者权则见于法国、西班牙和葡萄牙前殖民地以及俄罗斯、中国和日本等国。

② 我在这里笼统地使用版权和文化政策这两个术语，显然，两者是有区别的。其重点是它们是可以并列的，例如，英国政府在很大程度上利用版权来促进创意经济，这样文化产业（音乐、出版、时尚等）就可以依赖市场，而不是靠拨款发展。

③ 使用"艺术补贴"这个词，忽视了已有非常可观的补贴，特别是在欧洲，这些补贴是针对所谓文化产业的各类行业，如电影、电视节目制作、广播、文学和音乐出版，有些国家还包括报纸，甚至是流行音乐。

家）垄断权利，从而通过市场间接实现目标。它使著作权人能够通过更高的价格（高于边际成本或"竞争性"价格，即使得创作者能支付创作作品的固定或沉没成本）来获取创作的回报。因此，版权法赋予创作者的专有权就是一种激励。请注意，虽然两者都能提供资金，但是，如果从公共财政的视角来看，它们之间有着明显的不同：纳税人支付补贴；而版权产品的消费者支付版权激励。

版权和补贴都是对市场失灵的回应；两者都以福利经济学作为其干预市场的理由；两者都是次优政策；两者都会产生寻租与道德风险；两者都引起了公众、经济学家甚至艺术家的广泛争议。此外，版权和补贴也作为相互的替代方案共处一起：早在19世纪，在英国所谓的专利大辩论期间，人们就意识到版权的不良影响，并提出另一种激励创造力的方式，即捐赠、评奖和奖励政策。普朗特（Plant，1934）甚至认为，版权并无经济必要性，并建议将作者资助作为替代方案；赫特和舒克曼（Hurt & Schuchman，1966）也持有这种观点。最近，鲍尔德林和莱文（Boldrin & Levine，2002）与沙维尔和范·耶普勒（Shavell & van Ypserle，2001）也提出类似的建议；而瓦里安（Varian，2005）认为毫无版权的必要性，认为最起码对于数字产品而言，其商业模式采用价格歧视就足够了。[1] 换句话说，他们认为没有市场失灵。然而，事实是版权法不仅存在，而且其范围和期限的限定越来越强。版权与资助是可以共存的，无论是从政策还是实践层面：原创者的版权作品可能获得资助，而获得资助的艺术机构在诸如戏剧、管弦乐、当代艺术展览之类的业务中也会支付版税以便使用版权作品。

加强还是削弱版权政策？尽管经济学家们仍然质疑版权存在的理由，但目前关于版权政策的辩论主要集中在版权保护的"强度"上。在不涉及任何法律细节的情况下，我们可以大致描述版权的主要内容。版权主要有三个方面内容，即范围（什么类型的作品受到保护）、期限（保护的时间长度）和实施（保护的效用）。每一项都可能因政策而改变，然而，"改变"在实践中不可避免地将意味着"扩展"。通过扩张范围（例如，引入数字作品的权利和音乐表演者的权利），延长期限（最近，从作者去世后的50年延长到70年，雇佣作品的期限则延长到95年，这就是美国的做法，如今欧洲也跟进了），强化实施（通过对篡改技术保护措施，即TPM，实施制裁，以便保护数字版权管理），使版权法不断得到加强。虽然有些律师认为技术保护措施只是扩大了法律的范围，以适应数字时代的要求，但另一些律师认为，这些措施显然超出了这一范围，限制了版权作品的合

---

[1] 这些作者都不会自称是文化经济学家，其著作也没有考虑版权的文化方面，哪怕是含蓄的考虑。他们不理解艺术补贴，只是将其作为一种选择；其兴趣主要集中在版权及其成本的道德风险方面，在瓦里安（Varian）的案例中，他们对商业软件的兴趣明显超过了文化产品。

法使用，也就是说，它本身也强化了版权。但是，即便没有互联网传播的额外影响，数字化本身也模糊了所有者的法律权利。① 然而，所有变化都有其管理的交易成本，并改变了创作者、中间商和最终用户之间的成本与收益的分配。决策者希望知道这些措施的相对成本与收益，但如果所有这些措施同时采用，就像以前已经实施的那样（因为立法者不喜欢经常修改法律），我们几乎不可能对其加以区分，特别是当这些变化是对技术发展的反应时。

6.3.3 版权在鼓励艺术创作方面的效果

人们普遍认为，在鼓励创造性方面，"强"的版权制度比"弱"的版权制度更有效。然而，我们很难从原理与现实层面进行核实。我们可能还会问，它在鼓励创造力方面的作用，是否比补贴等替代性政策更好？在文化经济学中，我们非常熟悉补贴（以及其他与文化有关的规制政策）的利弊：在这里，我将其与版权进行比较。

6.3.3.1 版权是一种激励

从文化政策的角度来看，版权作为激励艺术创作的手段，本质上有两个方面的缺陷：一是它不分青红皂白，无法激励或奖励高质量或创新的作品。版权自动授予所有"合格作品"，也就是说，只要作品符合法律规定的范围，而且有些情况下其解释也十分宽泛（比如说，文学作品就包括各种内容，从说明书直至获奖小说）。二是如果按照兰德斯与波斯纳（1989）的话来说就是，强化的版权制度会增加"创作成本"，也就是说它可能会更多地激励一位创作者，却对后来的创作者起到了抑制作用。

首先，版权法对"独创性"的要求，既不考虑作品的艺术质量，也不考虑作品的创造性，只是或多或少地要求作品是由本人原创而已；此外，版权作品要在市场上传播，其报酬也取决于市场的接受度，起初是由版权作品的"看门人"进行开发，其后由消费者为创作者的产品支付费用。因此，"看门人"对收入的追求和消费者的品味判断，就决定了创作者的回报。虽然这个方式所产出的回报，可以与流行作品的创作所付出的时间和精力相对等，但是，对于那些创作难度大且新颖的艺术而言，其回报与投入之间就很难对等起来。至于创作成本，这

---

① 我要感谢萨姆·卡梅伦（Sam Cameron）的洞见。他指出，数字化导致了所有权的法律权利的缺失，尤其是样片与数字模拟的使用，使流行音乐在这方面体现得更为明显。生产过程变得极其复杂，这使得我们很难识别甚至是感知其特征。显然，作者这个概念，对于文化经济学与版权而言，都是一个根本性的主题。

是指后来的创作者，例如衍生作品（例如翻译、编辑或以音乐样本或其他艺术为基础挪用重新生成的作品）的创作者，就必须抽出时间搜寻版权所有者，并取得许可权。这样的话，交易成本可能会不成比例地增加。例如，版权期限越长，追踪权利所有者（特别是继承人）的难度就越大，获得作品副本的可能性就越小（因为绝大多数版权作品已不在目录中）。因此，版权越强，后续创造者的创作成本就越高。

这就导致了一个重要的结论：加强版权似乎总是有利于现有的版权所有者，而对无论是艺术家还是利用其作品的公司而言，就有可能会抑制其创造力和多样性。版权一直被认为是消费者支付的垄断价格，与其给创作者的激励之间的一种权衡，但正如兰德斯和波斯纳所言，这实际上是在当前与今后的创作之间的一种权衡，这对文化政策具有重要意义。

然而，与版权不同的是，对艺术家的补贴有一个优势，就是能够将资助引向那些被认为具有独创性的艺术家所创作的产品。此外，文化决策者可以预先提供一定数量的确定资金，而版权则是对艺术家价值不确定的事后奖励。因此，补贴可以实现文化政策目标，并提供版权所不能提供的激励。但是，这就引出了这样一个问题：艺术家是否会对经济激励做出反应？而这同样适用于补贴和版权。虽然有人认为，就资助而言，不仅为艺术家提供了金钱的动力，而且提供了同行评议组成员的认可，但在版权法中也存在同样的"精神"激励，其形式是精神权利，也是对艺术努力的一种激励。①

6.3.3.2 版权在鼓励艺术创作方面的成效

版权既适用于主要的内容创作者——我们称其为文化经济学中的艺术家，也适用于利用其作品制作和销售产品或服务的企业——图书和音乐出版商、唱片公司、电影公司、广播公司、多媒体和游戏生产商等。"邻接权"或"与版权有关的权利"适用于录音和广播，也适用于音乐表演者，只是弱于作者权。艺术家通常通过创意产业中的营利或非营利公司将作品推向市场，按照凯夫斯（Caves, 2000）的说法，就是"平庸"的企业家在投资生产和营销活动时，将从创作者那里转让产权（尽管他没有详细说明所转让的产权性质）。就内容创作（书籍、电影剧本、歌曲）而言，作者按要求将版权捆绑（复制、发行、公开表演、提供权利等）转让给出版商，以换取版税。但是，如果艺术家被雇用，以及根据工作要求而指派创作版权产品时，版权就是"雇佣作品"，它属于雇主。

这些评论能够初步回答版权在鼓励艺术创作方面的效度，以及其他几点需要

---

① 参见 Towse（2006）。

考虑的问题。首先,我们需要考虑这是什么类型的权利,是作者权还是邻接权?其次,是权利束的哪种权利?虽然我们通常将版权视为单一的实体,但它实际上是由多种不同的权利组成的,其中有些权利有着更高的市场价值。再次,它们到底是谁的权利——权利是由原创者保留,还是雇佣作品的雇主,抑或转移给最终的商业机构?尽管版权有着详细的工作手册,但我们对作者能够保留其版权的具体比例却一无所知,与那些将版权交给出版商或雇佣作品的版权,我们对其他各种权利的价值所知甚少。这些都是需要详细研究的问题,但目前尚无这方面的研究。我们目前所做的研究就是,分析作者和表演者从版税和其他基于版权的报酬中获得多少收入。

这样的研究很少,我与米莉·泰勒(Millie Taylor)一起,对丹麦、瑞典和英国的音乐表演者从公共表演权所获的报酬进行了非常粗浅的研究(Towse,2001),其结果表明,一半以上的表演者,每年从公共表演权中所获报酬不足 90 英镑。日本也有类似的研究(Matsumoto,2002)。汉森等人(Hansen et al.,2003)研究芬兰作曲家、抒情作家和编曲者的经济状况,其调查结果表明版权收入只是少数音乐创作者的重要收入来源,但演出报酬除外。索斯比和霍利斯特(Throsby & Hollister,2003)发现,澳大利亚创意艺术家的版权收益很小,甚至微不足道(作曲家为 23%,作家为 18%)。克雷奇默和哈德维克(Kretschmer & Hardwick,2007)针对德国与英国作家的版权与非版权收入,做过一次大规模调查,在其调查的 25 000 名作者中,只有不到一半的人依赖写作为生;与此同时,其中德国作家的典型收入不到本国平均工资水平的一半,而英国作家则低于本国平均工资水平的 1/3。此外,他们发现版权收益较之非版权收益风险更大,而且分布更不平衡;换句话说,超级明星通过版权挣得盆满钵满,而其他艺术家却所获甚少,这个结论并不令人惊讶,但值得进一步的独立的科学研究。

这项研究尽管很少,却很困难,因为你必须说服相关组织提供数据,或就相关调查予以合作,但即便如此,它也没有回答版权在鼓励创造力上的效率问题。要做到这一点,你需要知道相对于版权收益(或仅仅只有版权收益)的创造性工作的供应弹性,而这方面没有成功的先例,而且显而易见的是,它也很难衡量。虽然我们可以针对专利做这样的研究,但由于发明者可以选择申请专利,也可以不申请,而版权是自动的,无须注册;每一件作品都受到保护,即使它永远不会进入市场(大多数作品都不会)。在这方面,我们所要做的就是测量艺术家劳动力供给弹性,这就是索斯比(Throsby,1994)所从事的重要工作。

关于版权在激发艺术家创造力效度问题的另一个方面思考就是,它对创意公司的激励。从版权被创意产业企业"劫持"并不断"游说"这个事实来看,它确实非常有价值（请记住塔洛克规则，即公司将游说以便使租金提升至生产者可获得盈余的程度）。贝蒂格（Bettig，1996）曾经做过一项针对版权资产对公司（大部分在美国）价值的研究，可惜没有后续研究；对这个问题还需要更多的研究，最好是在商学院进行。这里有几种假设需要检验：一种假设是版权对某些行业的价值可能比另外一些行业高，对规模较大的公司比规模较小的公司更有价值；另一种假设是不同权利有不同的价值（创作者也是如此）；而且，就我感兴趣的领域而言，版权为企业创造了资产，使其易于进行合并和收购，从而建立起我们所知的控制唱片、电影、出版和广播业的大型国际寡头集团。这种垄断使艺术家个人的谈判地位处于弱势，这个结果显然有些出乎意料。[①] 虽然最近版权法的修订明显有利于企业利益，但也改善了作者和表演者的权利。尽管如此，它们并没有有效地纠正这种不平衡，因为绝大多数创作者无法行使这些权利。[②]

关于这个部分可能的总结只能是，我们尚不太清楚版权激励艺术家的成效，因此仍需大量研究，而文化经济学应该首先承担起应有的责任。

6.3.4　版权费用

有关"复制经济学"（Economics of Copying）的文献（相对于版权法经济学）所关注的是由于版权垄断所导致的文化产品的较高价格，尽管这更像是张伯伦所描述的垄断竞争。[③] 毫无疑问，产品价格高于完全竞争所生成的价格，而这就是版权的工作方式。这就印证了麦考利（Macaulay）的著名观点，"版权是对读者的一种税收，目的是为作家提供赏金"[④]。但问题是，基于版权的产品价格，有多少是由版权决定的，消费者对这个额外价格的反应又是什么？其实这就是由于版权垄断带来的额外收入，对供给弹性影响有多大这个问题的另一侧面。这是我们真正需要知道的，如果我们要评估版权制度的成本和效益的话。

但是，除了较高的价格外，由于不同权利和市场的复杂性，版权除了产生兰德斯和波斯纳（Landes & Posner，1989）所谓的创作与管理成本之外，还产生了高昂的交易成本。出于多种目的，版权由集体权利管理组织（通常称为集体协会）管理，这些组织通常由法院或版权委员会或法庭实施行政规制。最著名的集体协会是音乐行业中处理作曲家和作者表演权的协会，如美国的作曲家、作家与

---

① 参见 Rose（1993），Towse（2001）。
② 参见 Towse（2007）。
③ 参见 Towse et al.（2008）。
④ 关于早期经济学家对于版权法的论点，参见 Hadfield（1992）。

出版商协会（ASCAP），英国的表演权协会（PRS）与德国的音乐版权管理组织（GEMA）等，但这里还有更多涉及具体权利和特定经济活动（广播、影印、公开播放录音、录像等）的协会。它们是会员合作性组织，代表会员收取版税和其他报酬，并管理其权利。集体权利管理（CRM）降低了权利人和用户之间的交易成本，因为集体协会颁发所谓一揽子许可证，使被许可人能够使用该协会所有成员的所有作品，事实上，也包括与其缔约的其他国家兄弟协会的所有作品。[①] 与集体权利管理相关的交易成本，包括由成员负担的行政费用，也包括用户费用，即用户不仅要缴交牌照费，还要费尽周折才能取得牌照（虽然如今网上就唾手可得）。然而，为许可证费所确定的费率往往受到质疑，要么由法院或法庭确定，要么由法院或部委确定，而就解决争端而进行的听证会既费时又费钱。集体协会还承担监测其成员作品使用情况的费用，以及在未经授权使用情况下的起诉费用。

因此，总的来说，版权制度的交易成本很高，而且随着法律的复杂程度而增加，但版权制度的"无谓损失"是否比补贴制度的"无谓损失"更大，谁也无法猜测。不过，管理版权的成本，包括其对价格的影响，是立法者所关注的问题，因此，我下面将通过最近有关版权的政策，对此予以说明。

6.3.5 最近关于版权的政策问题：欧洲的两个例子

与版权有关的政策问题涉及修改法律（主要是为了适应新型作品和技术或版权条款）及其对利益相关方（各种权利所有者和用户）的潜在影响，也涉及该系统是如何运作的，即其社会和管理效率。在相当长一段时间内，这些问题只由律师和公务员处理，但最近人们认识到版权对经济和社会的影响，这为社会科学家参与决策开辟了道路。毫无疑问，目前对创意产业作为经济增长引擎的强调，激发了人们对版权经济学的兴趣，因为版权被视为创意产业成功的必要条件。数字化造成了巨大的动荡，政府正在努力应对版权的管理。知识产权组织和各国政府日益意识到版权的经济方面作用，经济学研究正被用作立法进程的一部分，英国高尔斯报告（Gowers，2006），就是一个很好的例子。

欧洲联盟（欧盟）目前存在的两个政策问题，即对各国集体协会的监管和所谓的版权税制，就是这方面的例子。

这些政策属于欧盟委员会内部市场司，因为它们涉及成员国之间的不同做法

---

① 参见 Handke 和 Towse（2007）。

(因为版权法是国内法,只能服从欧盟委员会的指令);欧盟有处理欧盟内部跨国贸易的自由,并在存在内部贸易壁垒的情况下采取行动。但是它在文化政策方面只有有限的授权(例如,整个欧洲都有电影融资方面的倡议)。然而,由于版权集体协会是垄断组织,它们也受到竞争规制机构的关注,并在一些国家受到审查,在欧洲也受到欧共体竞争规制机构的审查。(Drexl,2007)

6.3.5.1 版权集体协会的规制

从经济学的角度来看,版权集体协会是非常有趣的组织:它们是代表其成员运行的非营利性集体,其成员通常既是作者又是出版商。除了美国的作曲家、作词家及音乐出版商协会和广播音乐协会(BMI),它们在每个国家都拥有管理权利的垄断控制,有些国家是通过国家授予的垄断。版权是有地域性和国别性的,这是垄断的合法理由,而从经济的角度来说,它们是自然垄断。虽然这种垄断权力引起了国家监管机构的关注,但自然垄断的优势通常导致人们接受其受到管制的垄断地位。国家集体协会签订国际协议,并许可使用彼此成员的作品目录,这极大地降低了交易成本,并使版权作品的全球化成为可能。然而,每个集体协会都会将其许可费的管理成本转嫁给注册用户,许多欧洲协会也会以相互抵扣的方式扶持那些贫困的会员,或者帮助年轻艺术家等。不过这并不普遍,特别是对有些协会的出版商成员而言,因为它们无法控制外国兄弟协会的所作所为,而且各个协会的管理效率各不相同。

集体协会的管理效率参差不齐,运作缺乏透明度,这是欧共体所关注的两个问题。然而,其主要目标是通过"一站式商店"方式——即由一个组织管理,却在全欧都有效——促进跨国间的许可使用,特别是(但不仅是)在线音乐销售。欧盟委员会还认为,版权所有者有权选择组织(在任何国家)来管理自己的权利,这应该通过数字权利管理(DRM)来实现。为了实现这些目标,欧盟委员会鼓励各组织之间的竞争,以提高效率和降低管理费用,促进使用数字版权管理,包括(按照 WIPO 互联网条约)在集体协会之外运作的个人权利持有者使用数字版权管理。

据我所知,虽然有若干关于集体组织的经济学研究(Handke & Towse,2007),但只有罗什兰特(Rochelandet,2003)对集体组织的管理框架进行了比较研究,该研究发现,很难获得经济研究所需的那种经济信息。[①] 事实上,只有

[①] 1996 年英国垄断与兼并委员会(Monopoies and Mergers Commission,MMC)对集体著作权组织的调查,提供了有关比较管理费用的信息;参见 Towse(1997),我试图在其中推动对此进行国际比较。关于不同国家类似组织的规则与行为的描述,则可见于 Besen 和 Kirby(1989);关于欧洲相关协会的法律结构请参见 Ficsor(2003)。

竞争主管机构或法庭要求获取这些信息，经济学家才能获得必要的内部信息。显而易见的是，我们需要对欧盟集体组织展开经济研究，以便为这些政策提供信息；① 初步的工作表明，效率和公平之间存在典型的权衡，更高的管理效率往往以所有创作者的普遍覆盖为代价，而那些小型创作者就面临这种绝境。② 这显然是一个属于文化经济学领域的问题，例如文化经济学家对艺术家劳动力市场和非营利组织有一定的了解，也因为这对文化多样性有影响，因为如果他们的艺术家无法获得报酬，那些"弱势"的民族文化和语言就会消失。监管版权集体协会不同于监管一般的自然垄断，它涉及更广泛的文化和社会问题（正如欧盟委员会所发现的那样）。

6.3.5.2 版权补偿金

许多欧洲国家，以及加拿大和日本，都有版权税，这是过去被称为"空白磁带税"的当代版本，顾名思义，空白磁带税是在20世纪70年代盒式磁带和录音磁带时代推出的，人们可以用它拷贝电台或录音产品的音乐和话语。这款税适用于复制机器或"软件"（磁带或盒式磁带），并已更新至适用于CD、CD刻录机和计算机；税收收入将转交给版权集体协会，由其分配给创作者、表演者和其他权利所有者，如唱片公司。并非所有欧洲国家（例如英国或爱尔兰）都征收这种税，而欧盟各成员国的税率也各不相同，因此，这有待欧盟内部市场政策来解决。鉴于非法复制十分猖獗，目前正在考虑是否在欧洲普及"版权"税，并以此向权利所有者支付报酬（大概是通过集体组织实施）。应该指出的是，这项税收实际上有例外情形，容许私人性质的复制，大多数欧洲国家法律对此都有规定，这也得到"欧盟信息组织指令"的授权。

然而，这项征税受到经济学家的反对，其理由与版权集体组织给予全面授权的理由相同；这些反对意见是，合作制度无法满足版权作为个人激励的意图，因为它不能利用价格信号告知创作者，哪些作品受市场重视并能够得到足够的激励。在某种程度上，我们可以使用播放列表与其他信息，来克服这个异议③；不过，事实上，许可费涵盖了每个成员所提供节目单中的所有作品，因此在同一个集体组织中就有不同组别的成员（例如古典作曲家与流行作曲家）之间交叉补贴的情况。

这些问题在版权征税情况下更加严重，因为版权税比一揽子授权更为直截了

---

① 幸运的是，就在我写这篇文章的时候，一直就这个问题与欧盟委员会（European Commission）争执不休的欧洲议会（European Parliament）呼吁进行这样的研究。
② 关于适当规制模式的建议，可参见 Towse (2007b)，以及 Drexl (2007)。
③ 参见 Snow 和 Watt (2005)，以及 Liebowitz 和 Watt (2006)。

当，因为并非所有空白媒介都用于复制，而复制的内容也不为人所知，因此，创作者不能根据其作品的使用而得到相应的补偿。尽管如此，对使用者和权利所有者来说，有着重要的利益，因为与一揽子授权一样，缴税实际上解除了复制设备所有人从权利所有者那里获得复制许可的义务。当然，它可以极大地降低交易成本。在撰写本文时，关于这个问题的讨论仍在继续，欧盟呼吁进行第二轮辩论。[①] 对咨询进程的公开答复，也为一般意义的版权研究，特别是这些问题的研究，提供了有用的定性数据来源。我们面临的挑战是，找到相关的定量数据，因为这些问题涉及成本和收益。

版权税虽有缺点，却是唯一可行的解决艺术家及其他版权所有者因其作品使用而获得报酬问题的方法。我们应该明白的是，版权只是次优方案，目前也没有其他更好的方法，因此，我们要根据市场的优劣，而不是根据帕累托最优概念来决定采用何种方案。

本文简要论述目前两个政策辩论，以说明文化经济学对于这个重要和富有挑战性的研究将大有作为。为什么是文化经济学？这是因为文化多样性、保护民族文化和激发创造力等主题，都需要进行经济分析。

6.3.6 结论

我这番苦口婆心演讲的结论很简单，那就是世界上存在着一个文化经济学家可以很好地探索的世界！要理解版权对文化市场的影响，并不需要详尽的法律知识，而需要从文化经济学角度理解文化市场、文化政策、公共财政和补贴、监管、艺术家劳动力市场以及艺术家为其工作所需的关切。我将重点放在版权对艺术家的激励上，当然就像对艺术家的补贴一样，它对文化作品的消费者与制作者都有更广泛的影响。同样，文化经济学家对政策福利方面的理解对其大有裨益。

我将补贴与版权对创造力的激励进行了比较，它们之间有不同之处：补贴有可能以一种积极的方式，引导创造力达到某些目标，特别是长期目标，而且有了补贴，创作者可以忽略市场的压力。有了版权，版权所有者将完全依赖市场获得回报。事实上，获资助的艺术家及艺术团体亦享有版权的利益；不过，当给予个体创作者补贴时，我们也要考虑资助者是否以雇佣作品方式获得版权，以激励雇佣者开发该作品；或者，我们可以将资助视为贷款，可以从作者的版权收入中予以返还。这是一个需要研究的课题。

---

① http://ec.europa.eu/internal_market/copyright/levy_reform/index_en.htm。

我们研究版权作为激励手段的困难，就会想到如下几个根本性问题：大多数国家的创意产业都是在版权保护下发展的，因此，一个违反事实的问题就是，如果没有版权，世界将会是什么样子？我们无法进行直接研究，因为属于版权法范围内的每一件作品都受到保护。然而，这种保护是昂贵的，兰德斯与波斯纳（Landes & Posner, 2003）提出的通过延期所致的永久版权的建议，就使那些至少没有价值的所谓"孤儿作品"能够进入公共领域，而不必等待其保护期限完全到期。另一个无可辩驳的问题是，即使我们知道版权并不能增加大多数艺术家的收入，但其议价能力是否因为拥有版权而有所增加？许多观察家会说，如果是这样，那只是因为集体行动的机构，而且这个职能至少在许多国家是由版权集体协会来履行的，这些协会提高了其议价能力。正如我所说的，这些都是具有挑战性的问题，我希望文化经济学家能够接受挑战。

那么，为什么文化经济学在很大程度上忽视了版权？这对我而言是个令人着迷的话题。我希望这个讨论能够激发人们更大的兴趣。

参考文献

[1] Acheson K, Maule C. Much ado about culture：North American trade disputes [M]. Ann Arbor：University of Michigan, Press, 1999.

[2] Benhamou F, Farchy J. Droit d'auteur et copyright [M]. Paris：La Découverte (Repères), 2007.

[3] Benhamou F, Sagot-Duvauroux D. (2006—2007). Économies des droits d'auteur. Place et role de la propriété littéraire et artistique dans le fonctionnement économique des filières d'industries culturelles. Culture Etudes, May.

[4] Besen S, Kirby S. Compensating creators of intellectual property：Collectives that collect [R]. RAND Report N° R S. -3751-MF, 1989.

[5] Bettig R. Copyrighting culture：The political economy of intellectual property [M]. Boulder, CO：Westview Press, 1996.

[6] Boldrin M, Levine D. The case against intellectual property [J]. American Economic Review, Papers and Proceedings, 2002, 9 (2)：209-212.

[7] Burke A. How effective are the international copyright conventions in the music industry? [J] Journal of Cultural Economics, 1996, 20 (1)：51-66.

[8] Cameron S, Collins A. Transaction costs and partnerships：The case of rock bands [J]. Journal of Economic Behavior and Organization, 1997, 32 (2)：171-

183.

[9] Caves R. Creative industries: Contracts between art and commerce [M]. Cambridge, MA: Harvard University Press, 2000.

[10] Drexl J. Competition in the filed of collecting management: Preferring "creative competition" to allocative efficiency in European copyright law [M] //P Torremans. Copyright law: A handbook of contemporary research. Cheltenham, UK: Edward Elgar, 2007.

[11] Farchy J, Rochelandet F. Protection of authors and dissemination of works in the digital universe. The case of the French film industry [J]. Communications & Strategies, 2002, 39: 37-58.

[12] Ficsor M. Collective management of copyright and related rights [R]. Geneva: World Intellectual Property Organisation, 2003.

[13] Ginsburgh V. The economic consequences of the droit de suite in the European Union [M] //Towse R. Recent developments in cultural economics. Cheltenham, UK: Edward Elgar, 2008.

[14] Gowers A. Review of intellectual property [R]. London: HMSO, UK Treasury, 2006.

[15] Hadfield G. The economics of copyright: An historical perspective [J]. Copyright Law Symposium, 1992, 38: 1-46.

[16] Handke C, Towse R. Economics of copyright collecting societies [J]. International Review of Intellectual Property and Competition Law, 2007, 38 (8): 937-957.

[17] Hansen A, Ponni V, Picard R. Economics of composition in a small nation: The situation of composers, lyric writers and arrangers in Finland [R]. Working paper, Business Research and Development Centre, Turku School of Economics and Business Administration, 2003.

[18] Hansmann H, Santilli M. Royalties for artists versus royalties for authors and composers [J]. Journal of Cultural Economics, 2001, 25 (4): 259-281.

[19] Hurt R, Schuchman R. The economic rationale of copyright [J]. American Economic Review, 1966, 56: 421-432.

[20] Kretschmer M, Hardwick, P. Authors' earnings from copyright and non-copyright sources: A Survey of 25 000 British and German writers [EB/OL]. Bournemouth University, Poole: CIPPM and ALCS. http://www.cippm.org.uk/publica-

tions/index. html, 2007.

[21] Küng L, Picard R, Towse R. The internet and the mass media [M]. London: Sage, 2008.

[22] Landes W, Posner R. An economic analysis of copyright law [J]. Journal of Legal Studies, 1989, XVIII: 325-363.

[23] Landes W, Posner R. The economic structure of intellectual property law [M]. Cambridge, MA: Belknap Press, 2003.

[24] Liebowitz S, Watt R. How to best ensure remuneration for creators in the market for music? Copyright and its alternatives [J]. Journal of Economic Surveys, 2006, 20 (4): 513-545.

[25] Matsumoto S. Performers in the digital era: Empirical evidence from Japan [M] //Towse R Copyright in the cultural industries. Cheltenham, UK, and Northampton, MA, USA: Edward Elgar, 2002.

[26] O'Hare M. Copyright: When is monopoly efficient? [J] Journal of Policy Analysis and Management, 1985, 4: 407-418.

[27] Peacock A. Paying the piper: Culture, music, money [M]. Edinburgh: Edinburgh University Press, 1993.

[28] Peacock A, Weir R. The composer in the market place [R]. London: Faber Music, 1995.

[29] Plant Arnold. The economic aspects of copyright in books [J]. Economica, 1934, 1 (2): 167-195.

[30] Rochelandet F. Are copyright collecting societies efficient organisations? An evaluation of collective administration of copyright in Europe [M] //W Gordon, R Watt. The economics of copyright: Developments in research and analysis. Cheltenham, UK: Edward Elgar, 2003.

[31] Rose M. Authors and owners: The invention of copyright [M]. Cambridge, MA: Harvard University Press, 1993.

[32] Rushton M. The moral rights of artists: Droit moral or droite pecunaire? [J] Journal of Cultural Economics, 1998, 22 (1): 1-13.

[33] Rushton M. The law and economics of artists' inalienable rights [J]. Journal of Cultural Economics, 2001, 25 (4): 243-257.

[34] Samuelson P. Implications of the agreement on trade related aspects of intellectual property rights for cultural dimensions of national copyright laws [J]. Journal of

Cultural Economics, 1999, 23 (1-2): 95-107.

[35] Shavell S, van Yperse1e T. Rewards versus intellectual property rights [J]. Journal of Law and Economics, 2001, 44: 525-548.

[36] Snow A, Watt R. Risk sharing and the distribution of copyright collective income [M] //Takeyama L, Gordon W, Towse R. Developments in the economics of copyright: Research and analysis. Cheltenham, UK: Edward Elgar, 2005.

[37] Throsby D. A work-preference model of artist labour supply [M] //Peacock A, Rizzo I. Cultural economics and cultural policies. Boston MA and Dordrecht: Kluwer, 1994.

[38] Throsby D. Economics and culture [M]. Cambridge, UK: Cambridge University Press, 2001.

[39] Throsby D, Hollister, V. Don't give up your day job yet. Sydney: Australia Council for the Arts. http://www.australiacouncil.gov.au/_data/assets/pdf_file/0017/2906/00_contents.pdf, 2003.

[40] Towse R. Communication: The monopolies and Mergers Commission's investigation of the UK music market [J]. Journal of Cultural Economics, 1997, 21 (2):147-151.

[41] Towse R. Partly for the money: Rewards and incentives to artists [J]. KYKLOS, 2001, 54 (2/3): 473-490.

[42] Towse R. Copyright and artists: A view from cultural economics [J]. Journal of Economic Surveys, 2006, 20 (4): 567-585.

[43] Towse R. The singer or the song? Developments in performers' rights from the perspective of a cultural economist [J]. Review of Law & Economics, 2007, 3 (3).

[44] Towse R. Regulating copyright collecting societies. Keynote talk. Poole, Dorset: Centre for Intellectual Property Policy and Management, Bournemouth University [EB/OL]. http://www.cippm.org.uk/symposia/Bournemouth%20Keynote%20talk%203%20December.pdf, 2007.

[45] Towse R, Handke C, Stepan P. The economics of copyright law: A stock take of the literature [J]. Review of Economic Research in Copyright Issues, 2008, 5 (1): 1-22.

[46] Varian H. Copying and copyright [J]. Journal of Economic Perspectives, 2005, 19 (2): 121-138.

[47] Watt R. An empirical analysis of the economics of copyright: How valid are

the results of studies in developed countries for developing countries? In World Intellectual Property Organisation (WIPO) (Ed.), The economics of intellectual property—Suggestions for further research in developing countries and countries with economies in transition [R]. Geneva: WIPO, 2007.

后 记

正如在序言中所说,写作这本书的最大初衷就是,要对得起那些像我一样投身文化产业专业的学生,让他们也能有机会从历史经典中汲取养分,不至于输在起跑线上。因此,后记最重要的就是要感谢他们,正是他们对知识的无限渴求,让我常常觉得有些亏欠,这本书就是抱着还债心态完成的。自2015年开始,露丝·陶斯教授主编的《文化经济学手册》就是中财本科生的参考书,所有同学都要求翻译其中的章节,我也无数次校对他们的译稿,其中的内容早已熟稔于心。正因如此,我对文化经济学有了更为宏观的格局,并开始收集文化经济学的经典文献,给研究生开了一门经典导读课。几年下来,我终于有了文化经济学学术史的基本框架,也有了一个电子版的《文化经济学经典导读》,自然就动了出版的念头。

众所周知,文化经济学诞生至今不过半个世纪的历史,如今即便是西方学术界也没有一部学术史著作,更谈不上什么经典读本,有的只是两部汇编的作品集,即露丝·陶斯主编的《文化经济学手册》与维克托·金斯伯格、大卫·索斯比的《艺术与文化经济学手册》,并未体现系统性的历史观。要想拿出一个经典读本就必须经得起历史的考验,就此而言,我想感谢本书所涉及文本的作者,如大卫·索斯比、泰勒·考恩与露丝·陶斯,他们通过邮件给予我很大的支持。特别是露丝·陶斯教授更是耳提面命,对学术史的脉络、框架,甚至文献的篇目给出具体的建议,这些建议使得笔者在梳理思路的同时,也有了更多的学术自信,出版的时机终于成熟。

从事文化产业研究已逾15年,其间除了出版两版《文化产业导论》外,其实并没有多少拿得出手的著作。我自己也常常在想,我国文化产业学科已有20余年的发展,前辈学人已经就概念、政策等宏观问题做了很好的基础性工作,我们这辈学者该如何拿过接力棒?这部书应该是本人交出的答卷——为文化产业学科更好发展奠定扎实的学术根基。为此,本人历时10余年,筹划文化经济学学术史基础三部曲,其余的两部则是译著《文化经济学手册(第三版)》与专著《文化经济学学术史》,本书的出版也算是完成了一项使命。

本书的出版自然离不开诸多友人的支持,我的同事何群教授、魏鹏举教授不仅与我分享作为文化产业学者的这种使命感,更是给予我无私的支持。首都经济

后　记

贸易大学出版社的王玉荣老师在图书出版过程中不仅付出了辛勤的劳动，更是给予我足够的耐心，让我成为那个毫无约束的"乙方"，希望这种关系与友谊长存。最后本书的翻译与校对得到学生们的大力支持，特别是武汉大学文化发展研究院的孙中源硕士，他参与了全文的校对，我接受了其提出的多处修订建议，他让我感受到这个学科的勃勃生机。